IWANGOROD
NARWA
NOWGOROD
RIGA
MALMÖ
HELSINGÖR
DANZIG
AMBURG
LÜBECK
LÜNEBURG
STETTIN
THORN
POSEN
OHENKIRCHEN
FRANKFURT
WARSCHAU
LEIPZIG
ERFURT
REICHENSTEIN
BRESLAU
ST. JOACHIMSTAL
FREIWALDAU
PRAG
KRAKAU
LEMBERG
NÜRNBERG
TESCHEN
ROSENBERG
REGENSBURG
SILLEIN
AUWÖRTH
THAYA
NEUSOHL
ORN
MÜNCHEN
SCHEMNITZ
SBURG
ROSENHEIM
WIEN
KARPFEN
AU
SCHWAZ
SALZBURG
PRESSBURG
NSBRUCK
HALL
W.-NEUSTADT
GASTEIN
TERZING
BLEIBERG
OFEN-PEST
VILLACH
BOZEN
FUGGERAU
KLAUSENBURG
TRIENT
MARBURG
LAIBACH
PETTAU
HERMANSTADT
VENEDIG
AGRAM
ZENGG
BOLOGNA
FLORENZ
LIVORNO
AQUILA
ROM
NEAPEL

Eugen Ortner

Glück und Macht der Fugger

Jakob Fugger der Reiche, Gemälde von Albrecht Dürer 1500 (Städt. Kunstsammlungen Augsburg).

Eugen Ortner

Glück und Macht der FUGGER

Mit 48 zeitgenössischen
Abbildungen

Ehrenwirth

Ortner, Eugen

Glück und Macht der Fugger / [Neubearb. von Curt Hohoff]. –
3. Aufl. – München: Ehrenwirth, 1977.
ISBN 3-431-01890-4
NE: Hohoff, Curt [Bearb.]

Neubearbeitung von Curt Hohoff

ISBN 3-431-01890-4

Gesetzt, gedruckt und gebunden bei Hieronymus Mühlberger, der ältesten Druckerei in Augsburg, deren historische Vorgänger bis auf die Blütezeit der Fuggerschen Machtentfaltung zurückreichen.
Printed in Germany 1977 b

Kometenschwärme hatten die Menschheit als Vorboten des roten Todes erschreckt, und dann war die Pest gekommen. Ein gewaltiges Erdbeben hatte Cypern, Rhodos, Griechenland, Italien und die Alpenländer heimgesucht. Die Menschheit war eingeschüchtert worden. Büßer und Geißler zogen von Ort zu Ort, hinter der Pest her, nach Osten zu. Große Kreuze, rote Fahnen, weiße spitze Hüte waren ihre Zeichen. Sie beteten dumpfe Litaneien. Wenn sie in eine Stadt kamen, sammelte sich auf dem Markt das Volk, das Schauspiel der großen Buße zu sehen. Die Geißler bildeten einen Kreis, warfen sich auf die Erde, jeder in der Stellung, in welcher er gesündigt hatte: der Meineidige mit erhobenem Schwurfinger, der Dieb mit begierig ausgestreckter Hand, der Ehebrecher auf dem Bauch liegend, der Mörder mit geballter Faust, der Gotteslästerer mit zerschnittener Zunge und verzerrtem Gesicht. Der Meister ging umher und schlug die einzelnen mit der Geißel, und dann nahm jeder Geschlagene die eigene Peitsche. Sie erhoben sich Paar auf Paar, gingen reihum und schlugen sich bis aufs Blut.

Waren die Geißler fort, ihre Gesänge, das Klatschen der Hiebe verhallt, dann löste sich wohl der Bann über der schweigend zuschauenden Menge. Man war dem Tod der Seele und des Leibes ja entronnen. Kurz und hinfällig war das Leben, gewiß, aber man besaß es noch und fühlte sich freier. Das Leben in der Stadt kam wieder in Gang, und die vielen Menschen, die aus allen Gassen zusammengeströmt waren, liefen zurück. Die Bauern fütterten ihre Pferde und gingen dann langsam durch die Gassen, wo es viel zu kaufen gab, Tücher, Spezereien, Waffen, Schmuck, feines Lederzeug. Aber sie kauften nicht, denn städtische Güter waren so teuer, daß es zum Verwundern war, wie die Kaufleute ihre Waren an den Mann brächten. Vor den Auslagen der Tuchhändler war großes Gedränge. Buntes Tuch lag in dicken Ballen dort.

Als der rote Tod vorbei war und nicht mehr zurückzukehren schien, begann das Leben fröhlicher und freier zu werden. Man merkte es an der Kleidung. Es war unglaublich: hier in Augsburg sah man Frauen mit Röcken, die einen Spannen über dem Knie abgeschnitten waren, darüber Mäntel wie aus einem Stück geschnitten; man nannte sie Glocken. Die Schuhe liefen vorn in Schnäbel aus. Wie zierlich sich die Frauen darin zu bewegen wußten! Sollte es wahr sein, daß die Hemden so weit ausgeschnitten waren, daß man die halbe Brust sehen könnte?

Da lagen flandrisches Wolltuch und venezianische Seide. Westfälische Tisch- und Bettücher gingen über See nach England und Skandinavien. Die Hansa betrieb den Handel an der Nord- und Ostsee. In Oberdeutschland aber wuchs der Lein auf unabsehbaren Feldern, in allen Bauernhäusern standen Webstühle, und in den Städten gab es Weber, die mehrere Gesellen beschäftigten. Die saßen in ihrer Werkstatt und woben und sinnierten – einen Faden hin, einen Faden her. Am Abend saßen sie beim Umtrunk am runden Tisch und steckten die Köpfe zusammen.

Im Jahre 1346 hatten Weber die Schlacht von Crécy gewonnen. Dreitausend aus Gent und ebenso viele aus Brügge hatten gegen den französischen König und seine Ritter für die englische Wolle gestritten, bis König Philipp mit Rittern und Söldnern hatte weichen müssen. Flandrische Wolle und venezianische Seide waren die begehrtesten Waren im Bereich der Christenheit. Mailand, Florenz, Venedig hatten, ebenso wie Brügge, Gent und Ypern, einen Großhandel in feinen Webwaren. Die Augsburger Weber wußten das; einige Gesellen hatten in Mailand wunderschöne Muster in die leinenen Tücher zu weben gelernt. In den flandrischen und italienischen Städten waren die Zünfte, die Weber an der Spitze, am Regiment beteiligt. Hatten nicht die Weber von Augsburg vor kurzem erst, am 7. und 8. August, ihren festlichen Umzug zur Erinnerung an die Schlacht auf dem Lechfeld gehalten? Im Jahre 955 hatte Kaiser Otto vor den Toren der Stadt die Hunnen geschlagen, und auch Weber aus den Stauden und aus der Stadt waren es gewesen, die durch ihre Tapferkeit dem Kaiser den Sieg erfochten hatten.

Es müßte anders werden in Augsburg, die Zünfte müßten am Regiment beteiligt werden! Je mehr die Weber tranken, desto hitziger wurden sie. Der alte Widolf, schon zweimal Zunftmeister gewesen, schüttelte den Kopf: »Was redet ihr? Regiment? Haben wir nicht unsre alten Geschlechter am Regiment? Regiment kostet Geld.« Dann sollten wohl sie, die Webermeister, mit Bischöfen, Kaisern und Päpsten verhandeln?

Die Weber schwiegen, denn Widolf achteten sie. Dann nahm einer

das Wort und sagte: »In Konstanz haben die Zünfte vor einem Jahr Teil am Stadtregiment erhalten, ohne Lärm und Blut.«
Ein anderer fiel ein: »Ebenso in Basel und Straßburg.« Nun wurden Zurufe laut.
Hans Weiß beschwichtigte die Erregten. Er hatte sich vor acht Jahren im Kampf der Stadt gegen Herzog Eberhard von Schwaben hervorgetan, als sie Zwingenberg gestürmt und geschleift hatten. Weiß galt als Anführer der jüngeren Weber und sagte: »Ich habe mit Joseph Burtenbach, dem Bäcker, und Hans Erlinger, dem Metzger, diese Nacht geredet . . .«
»Diese Nacht? Wie die Jakobiten«, fiel Widolf zornig ein. »Sollen auch wir drei Jahre Stadtverbot haben?«
Es war eine böse Sache gewesen. Damals hatten in den Kellern bei St. Jakob etliche Bürger beisammen gesessen, getuschelt und geschwätzt. Es war nichts dabei herausgekommen, aber der Rat hatte es für richtig gehalten, das Nest auszuheben und die Beteiligten für drei Jahre aus der Stadt zu weisen.
Widolf erhob sich und ging um den Tisch, dem Ausgang zu. Er war draußen, ehe Weiß ihn hatte beruhigen können. »Laßt ihn gehen«, sagten die andern, »er hat wegen seiner Klara Sorgen. Sieht denn ein Vater gern, daß ein Regiment gestürzt wird, wenn die Tochter heiraten soll?« Sie wandten sich ihrem Plan erleichtert zu und beschlossen, daß jeder Meister so viele Gesellen vom Lande an sich ziehen solle, als er zu unterhalten imstande war. Die Zunft könne nicht stark genug sein, wenn es zum Äußersten käme.
Auch Oswald Widolf stellte einen dritten Gesellen in seinem Hause an der Heiligkreuzgasse ein. Der hieß Hans Fugger und stammte aus Graben, wo der Vater einen freien Hof besaß. Die Fugger waren von eh und je Bauern auf eigenem Grund. Weder der Herr von Landsberg noch der von Guggenberg, auch nicht der Herzog von Teck, der im Lechfeld regierte, hatten die Fugger leibeigen machen können. Aber der rote Tod hatte in dem kleinen Graben zwei Drittel aller Menschen ins Grab gemäht. Die Mutter, Maria Fugger, hatte acht Kinder beerdigen lassen müssen. Nur Ulrich war als Säugling am Leben geblieben. Nach Ulrich waren dann noch zwei Buben gekommen, Hans und Klaus. Die Mutter lehrte die Söhne das Weben im Hause. Ulrich zog früh nach Augsburg, um dort die Tücher zu verkaufen. Die Bauern kannten das Geld, nicht nur weil sie hin und

wieder römische Münzen aus dem Boden gepflügt hatten, einfache Denare, manchmal auch Goldmünzen mit dem Bild des Kaisers Augustus, sondern am Horizont lag die Stadt Augsburg, auf einigen Hügeln am Rand der Hochebene, über den Lech hinblickend und zugleich in einem buchstäblichen Sinne über abgezweigte Läufe des Flußbetts gebaut. Das eilige kräftige Wasser, durch Schleusen weiter oberhalb reguliert, trieb handwerkliche Betriebe und diente zum Waschen und Bleichen. Die Römer hatten hier schon eine Stadt gehabt, Augusta Vindelicorum, daher kam der Name Augsburg. Ulrich brachte Geld aus der Stadt und zählte es Eltern und Geschwistern hin. Für Geld könne man kaufen, was man nur wünsche, in der Stadt gebe es alles, und für Geld könne man ebenso wie in Augsburg in Brügge und Mailand einkaufen. Hans hatte sich das gemerkt und beschlossen, in die Stadt zu ziehen; er war ein tüchtiger Weber, hatte einiges gespart, konnte auch mit einer kleinen Auszahlung rechnen, wenn er den Hof räumte. Der Vater Johannes hatte sich zwar gewundert, warum der stille Hans und nicht der lebhafte laute Ulrich ans Stadtleben dachte, doch Widolf war ein guter Meister, den er hatte loben hören. So war Hans Fugger in die Stadt gegangen, durchaus nicht als ein armer Teufel, sondern als Weber, der wußte, was er wollte. Ohne Schwierigkeiten hatte er die Erlaubnis, in die Stadt zu ziehen, erhalten, und eilfertig trug der Schreiber hinter dem Datum ein: »Hans Fugger in die Stadt gezogen.« Die Zulassungssumme war gleich in bar entrichtet worden. Nun saß er hinter einem der vier Webstühle des Meisters Widolf, ein kräftiger Schwabe mit hartem, fast kantigem Gesicht. Von der Mutter, einer geborenen Meixner, hatte er ein feines Lächeln. Die Augen waren grau, das Haar dunkel. Er hatte wohl auch an Klara gedacht, und sie fand an dem strebsamen neuen Hausgenossen Gefallen. Nach zwei Wochen riet Widolf ihm, zu bleiben, denn er hatte ihn tüchtig gefunden. Nun arbeiteten sie zu dritt neben dem Meister, zwei Augsburger Gesellen und Fugger aus Graben. Gern hätten die Augsburger den Eindringling wieder draußen gesehen, aber der Meister tat, als höre er ihr Sticheln nicht. Und die Klara redete mit dem Hans ganz anders als mit ihnen. Sie merkten es gleich.

Am Abend des 22. Oktober 1368, nach einem schönen Sonntag, den die Augsburger vor den Toren verbracht hatten, machte sich in den

Vorstädten von St. Jakob und St. Georg eine auffallende Unruhe bemerkbar, die sich bald gegen den Markt und den Perlach verbreitete. Viel Volk lief zusammen und drängte durch die Gassen zum Rathaus. Man tuschelte etwas von den Jakobitern, dann hieß es, die Weber wollten das Rathaus besetzen. Man hörte Zurufe, einige Augsburger ließen ihrer Meinung über das Stadtregiment freien Lauf. Die Menge schob sich weiter gegen den bischöflichen Fronhof. Aber dort hatte eine verstärkte Wache Tor und Bastei gegen die Stadt besetzt, obwohl Bischof Marquardt von Randeck in Dillingen weilte.

Am Brotmarkt entstand ein Tumult. Der Patrizier Jakob Büttrich war mit seinem Gefolge, von der Jagd heimkehrend, durch das Gögginger Tor in die Stadt geritten. Das dreiste Volk mißfiel ihm, er setzte sein Pferd in Trab. Aber bei St. Moritz stand die Menge wie eine Mauer und wollte dem Jagdzug nicht so schnell Raum geben, wie der Büttrich erwarten mochte. »Reitet eine Bresche!« rief er seinen Knechten zu. Das Volk lief schreiend auseinander, Rufe ertönten, Steine flogen hinter den Reitern her, als sie auf den Weinmarkt einbogen.

Um Mitternacht besetzten bewaffnete Weber unter Hans Weiß ohne Lärm die Tore der Stadt. Weiß, Burtenbach und Wessisprunner wollten noch in dieser Nacht das Regiment der Patrizier von Augsburg brechen und ein »zünftig Regiment« errichten. Sighart Schreiber, der Bierbrauer, gab das Zeichen; die Verschworenen eilten an ihre Standorte. Hans Weiß aber ging zum Weinmarkt, um die beiden Bürgermeister, Heinrich Hörwarth und Konrad Bitschlin, zu wecken und zu nächtlicher Sitzung aufs Rathaus zu bitten. Die Sturmglocke begann zu läuten, die Bürger und Ratsherren erwachten. Man schlüpfte in die Kleider – was würde es geben? Die Ratsherren ließen sich von ihren Knechten mit Fackeln voranleuchten zum Perlach. Sie trugen ihr Ornat. Am Perlach aber standen die Handwerker der Stadt unter Führung ihrer Obmänner ganz in Waffen. Vierundzwanzig Banner aller Gewerbe sah man im Schein der Fackeln.

Als die Ratsherren kamen, ließ man sie schweigend durch. Als letzter kam Johann Gossenbrot. Dann besetzten die vier Züge der Handwerker das Hauptportal und alle Nebenausgänge des Gebäudes. Ulrich Langenmantel, der beim Volk recht beliebt war, rief nun

Hans Weiß und fragte im Namen der Bürgermeister, was sie wollten.
Das Handwerk habe, sagte Weiß, wohl gegen den Brauch des Rates, aus seiner Mitte sechs Sprecher gewählt, die um Gehör bäten.
Ulrich Langenmantel ließ die Sprecher vortreten. Es waren Hans Weiß, der Weber, Joseph Burtenbach, der Bäcker, Heinrich Witzig, der Kürschner, Hans Erlinger, ein Metzger, Hans Wessisprunner, ein Kramer, und der Brauer Sighart Schreiber. »Folgt mir«, sagte Langenmantel. Hans Weiß ging als erster in die Ratsstube, wo die Herren auf den Wandbänken saßen. Heinrich Hörwarth der Ältere trug einen langen weißen Bart, neben ihm saß, heftig gestikulierend, Konrad Bitschlin. Dann sah man Johann Vögelin, Johann Dachs, Heinrich Vögelin, Berthold Riederer, Johann Ravensburger, Paulus Pfettner, Konrad Rehlinger, Bartholomäus Riederer, Johann Gossenbrot, Konrad Ilsung, Herwart Stolzhirsch, Hans Priol, gegenüber, den Tisch der Ratsherren bis zum Tisch der Schreiber zu vollenden, Heinrich Pfettner, Marquard Hagenor, Rüdiger Rappolt, Hans Welser, Werner Schönegker, Ulrich Langenmantel, Hans Rem, Leupold Karg, Heinrich Bach, Erhard Dillinger, Peter Langenmantel, Ulrich Freyschuh und Martin Hotter.
Ohne eine Anklage gegen den Rat zu erheben, sprach Hans Weiß mit gemessenen Worten von den Veränderungen im Regiment der befreundeten Städte Basel, Konstanz, Ulm und Straßburg. Zu allgemeinem Nutzen seien sie erfolgt, das Recht der Zünfte könne nicht zweifelhaft sein, wenn solche Städte sie ins Regiment gelassen hätten: gleiches fordere er für Augsburg, zünftiges Regiment. Das böse Wort Zunft war zum erstenmal öffentlich vor die Ohren des Hohen Rats gekommen, es gab eine Bewegung in den Reihen der stolzen Herren. Alle Blicke richteten sich auf den älteren Heinrich Hörwarth. Er hob die Hand, nickte bedächtig mit dem Bart und erbat von den Sprechern des Handwerks kurze Zeit zur Beratung. Weiß und seine Freunde gingen hinaus.
Zwei Stunden später konnte Hans Weiß der harrenden Menge am Perlach mitteilen, daß der Rat willens sei, der Forderung des Handwerks sogleich zu entsprechen. Beifälliges Gemurmel kam auf, man war halb enttäuscht, halb erleichtert. Hätte es dazu des nächtlichen Aufmarschs bedurft? Doch Ruhe! Konrad Bitschlin übergab im Namen des alten Regiments den Vertretern der Zünfte am Portal des

Rathauses Stadtbuch, Ratsschlüssel und Siegel. Dann leisteten die anwesenden siebenundachtzig Patrizier vor den Augen des Volkes auf dem Perlach den Eid, daß sie dem zünftigen Regiment Teil an der Herrschaft gäben und jeder ihm Treue halten werde hundert Jahre und einen Tag – also für immer.

Man ging auseinander und nach Hause. Die Zunftmeister trafen sich tief befriedigt beim Wein. Mehr als die Hälfte der Ratsherren waren ohne Zögern bereit gewesen, der zünftigen Forderung zu entsprechen, fast alle hatten sich überzeugen lassen. Freilich fehlten ein paar wichtige Namen. Jakob Büttrich war nicht erschienen, und Hartmann Ohnesorg hatte die Stadt mit seinen Knechten noch vor Torschluß verlassen. Die Zunftmeister waren des Sieges wohl froh, aber zugleich hatten sie Sorgen. Was tat man mit den vielen frisch in die Stadt aufgenommenen Gesellen? Gerade die mächtigsten Gewerbe, die Weber, Salzfertiger, Hucker, Schneider und Kramer hatten soviel Zulauf von auswärts gefunden, daß man versuchen mußte, die Gesellen wieder auf Wanderschaft zu bringen. Man erhöhte also den Preis für den Einkauf in die Zunft, der bei den Webern drei Gulden (vgl. Anhang) betrug, auf das Fünffache. Die Anforderungen sollten durch strenge Beschauer gesteigert werden. Der neue Rat gab den Beschauern Auftrag, nur erstrangigen Erzeugnissen den Stupf, das Warenzeichen der Stadt, zu geben.

Hans Fuggers Augsburger Mitgesellen freuten sich umsonst: Klara schlug einen reichen Kürschner als Freier aus, und Widolf wurde auf seine alten Tage noch einmal Zunftmeister. Wie bequem hätte er den Grabener Bauernburschen loswerden können! Aber wie im Leben der Neid keinen größeren Feind als die Liebe hat, so fiel noch am gleichen Tag Klara Widolf ihrem Fugger in die Arme. Der Alte wußte, was er geschehen ließ! Kein Weber in Augsburg verstand so kostbare Tischdecken zu weben wie der junge Fugger. Der Meister selbst bestaunte ihn. Bald erreichte er die Mailänder Vorbilder, und nun konnte Widolf Tücher für die Herrentafeln liefern. Die Mode war aus Italien nach Deutschland gekommen; man deckte den Tisch mit feinem Tuch und legte an den Platz jeden Gastes ein verziertes Mundtuch. In Augsburg wollte bald jeder angesehene Hausstand auf solche Sitte halten, saß doch die Frau des Hauses, abermals nach italienischem Vorbild, selbst am Tisch, und auch die Gäste brachten ihre Damen mit. Klara hatte eine Freundin, Elisabeth Gfattermann,

die eine Kundin nach der anderen in das kleine Gewölbe im Haus Widolf am Heiligkreuztor brachte.
Bei der Hochzeit war mit den Eltern auch Ulrich Fugger, der Handelstüchtige, nach Augsburg gekommen. Nun trat er öfter in die Werkstatt neben der Küche, nahm den Bruder beiseite und schimpfte auf die engen Grundsätze der Augsburger Zünfte, die wohl den alten Meistern gefallen könnten, den jungen aber nicht, denn sie hinderten das Fortkommen. Er bedrängte den Jüngeren, ihm feine Tafeltücher auf Treu und Glauben zum Verkauf auf fremden Märkten zu überlassen und redete ihm zu, selbst Handel, aus dem Hause heraus, zu treiben. Hans Fugger sprach mit dem Schwiegervater, aber er bekam nur ein unwilliges Brummen.
»Ein zünftiger Weber«, sagte Widolf, »treibt keinen Handel, und schon gar nicht auf fremden Märkten.« Wären die Kaufleute überhaupt eine ehrbare Zunft?
Ulrich lachte. »Eure Hucker und Kramer«, fragte er, »sind die nicht ehrliche Zünftler?«
Es gab Mitbürger, die Geschäfte durch ganz Oberdeutschland machten, bis Nürnberg und Wien; nach Frankfurt und Köln verkauften die Schmucker, Meuting und Breyschuh Augsburger Leinen und Decken. Zwei dieser Männer waren einst Weber gewesen. Meuting empfing in seinem Hause Kaufleute aus dem Welschland. Er tauschte Augsburger, Memminger und Ulmer Tuch gegen Seide und Gewürze. Damals war aus Mailand ein neues Gewebe gekommen, der Barchent, halb aus Leinen, halb aus Baumwolle gewirkt. Wegen seiner Weichheit und Festigkeit hatte er unter den Augsburger Webern Aufsehen erregt. Die Baumwolle wuchs in fernen Ländern und wurde in Venedig eingehandelt. Wer selbst nicht handelte, zahlte für Baumwolle den dreifachen Preis oder er war gezwungen, fortan für einen größeren Herrn im Verlag zu arbeiten. Hans Fugger wollte seinen Schwiegervater überreden, sich am Handel zu beteiligen. Der Alte widerstand. Als Klara eine Tochter gebar, wurde der Gegensatz noch einmal überbrückt. Das Kind erhielt den Namen von Widolfs gestorbener Frau Anna. Er sprach in aller Ruhe mit Hans. »Siehst du nicht, wie alles gekommen ist? Der Kaiser hat der Stadt Augsburg die Anerkennung des neuen Regiments verweigert. Das ganze Reich weiß es. Die Strauchritter fallen in die Gemarkung, als gelte kein Recht mehr. Konrad von Freyberg hat

Achingen niedergebrannt. Hartmann Ohnesorg lauert den Handelszügen auf – und da wollt ihr Brüder Handelschaft beginnen?«
Widolf hatte recht. Der städtische Handel lag schwer darnieder. Auch Graben war vom Feind verwüstet: Ulrich erschien wieder in Augsburg und nahm Wohnung in der Jakobervorstadt – er wollte dem alten Widolf nicht unter die Augen kommen.
Walther von Hochschlitz und Kirchheim war vom Kaiser zum Bischof von Augsburg gemacht worden, aber statt dem Kreuz trug er ein Schwert um den Hals und war ein Raufbold, der bei einer wilden Fehde Leib und Leben ließ. Sein Nachfolger trieb es nicht viel besser, lag mit Stadt und Domkapitel im Streit und ließ die bischöfliche Münze der Stadt zur Verschlechterung des Geldes mißbrauchen. Die Bauern behielten ihr Gemüse lieber für sich, als daß sie schlechte Groschen dafür annahmen. Als Hans Fugger als Meister seine Aufnahme in die ehrbare Zunft der Weber fand, war das Augsburger Pfund um den vierten Teil seines Wertes gefallen. Man rechnete nach böhmischen Gulden. Auch ungarisches, italienisches und französisches Geld war im Umlauf. Aber selbst im Rathaus war der Wechselkurs nicht immer bekannt. Einer übervorteilte den andern, ohne es gewollt zu haben. Das gesparte Geld verlor an Wert. Wer gestern ein wohlhabender Kaufmann war, mußte froh sein, wenn er heute wieder bei einem Handwerk unterkam. Das empörte Volk stürmte schließlich den bischöflichen Fronhof und die Münze. Man riß die Mauern ein, welche die bischöfliche Pfalz bisher von der Stadt getrennt hatten, schleppte die Steine fort, und einige bauten sich ein Haus daraus. Man forderte den Pfalzgrafen des Bischofs, Konrad von Höppingen, und den Münzmeister Eberhard vor Gericht. Der Rat machte kurzen Prozeß und schlug vor Tausenden von Gaffern den beiden Schelmen die Köpfe ab.
Widolfs Ersparnisse waren dahin. Er tat nun, als verstünde er die Welt nicht mehr. Hans und Klara aber hofften mit jeder Elle, die aus dem Webstuhl kam, auf ihr Glück. Hans hatte sich durch Schmucker zehn Ballen Baumwolle auf Kredit aus Venedig kommen lassen. Der Lein blühte nach wie vor in Graben. Nun stellte man Barchent her; Leinen die Kette, Baumwolle der Einschuß; es war ein weiches, kühles Gewebe, fest und schmiegsam, ein Tuch für jedermann.

2

Die mittelalterliche Stadt besaß innerhalb ihrer Mauern und Gräben noch Flächen, die landwirtschaftlich bebaut wurden, so daß sie ein weithin bäuerliches Aussehen hatte. Jedes Haus enthielt Stallungen für Vieh. Manche Handwerker hielten Kühe, vor allem die Lederer, welche die Felle ihrer eigenen Kälber gerbten. Die Bäcker hatten eine Vorliebe für die Schweinezucht, und der Rat sah sich schließlich gezwungen, genaue Vorschriften zu erlassen, zu welchen Tagen und Stunden kein Vieh auf den Gassen getroffen werden dürfe, vor allem nicht an Feiertagen, bei Prozessionen und Patronatsumzügen. Die Stadt war ein befestigtes Dorf. Nur die Kirchen und etwa die Burghäuser der Patrizier ragten steinern und mit Ziegeln gedeckt über strohgedeckte Holzhütten empor. Fünftausend Menschen lebten in den Häusern, die weitaus meisten waren Ackerbürger und Handwerker.
Zum Handel hatte man kein rechtes Verhältnis, obgleich die großen Familien der Bürgerschaft sich schon vom Handwerk gelöst hatten. Der Adel besaß nur Liegenschaften und Güter, deren Einkünfte in Naturalien abgeliefert wurden. Dem Handwerk waren Güte und Solidität der Leistung das Wichtigste. Massenanfertigung gab es kaum, und als eines Tages Andreas Gfattermann zu Hans Fugger kam und viele Ballen Barchent, ein ganzes Fardel (720 Meter), bestellte, für fünfzig Gulden, da war das ein unerhörter Auftrag und gab Arbeit für ein halbes Jahr. Gfattermann selbst hatte in seinem Haus am Bartshof acht Webstühle; zehn Weber in der Umgebung der Stadt arbeiteten für ihn. Er selbst widmete sich dem Handel mit allerlei Tuch und galt daher in den Augen des frommen Widolf als Faulenzer und Wucherer. Staunend hörte das bärtige Männlein, wie der blonde große Gfattermann im modischen Rock seinem Schwiegersohn den Auftrag gab. Hans Fugger nahm an. Er hielt stets einen großen Vorrat Barchent auf Lager, denn wollenes Tuch war für den Augsburger Markt zu teuer, und Leinen brachte zuwenig Gewinn, weil jeder deutsche Haushalt damals noch den eigenen Webstuhl hatte.

Das einstöckige Haus am Heiligkreuztor wurde der jungen Familie bald zu eng. Das zweite Mädchen, Kunigunde, war geboren. Vier Gesellen, eine Magd, der alte Widolf – sie alle brauchten Raum.

Der sparsame Schwiegervater hatte den Schuppen im Hof an einen Hucker vermietet, der seine Waren wöchentlich von den Bauern des Lechfelds erhielt. Diesen Schuppen wollte Fugger für seinen Barchent haben. Widolf gab nach, der Hucker zog aus. Die drei Ziegen des Haushalts wurden im kleinen Schuppen untergebracht. Fuggers Barchent, das »neu welsch Tuch«, war der italienischen Ware aus Mailand längst ebenbürtig; das bessere Allgäuer Leinengarn machte den schwäbischen Barchent glatter als ein Brett und schmiegsamer als Seide.
Gfattermann kam nun öfter zu Fugger und Widolf. Klara war von Jugend auf Elisabeth Gfattermanns Freundin gewesen. Es gab keine größeren Gegensätze, Klara war schmal und zierlich, sie ging in der Pflege ihrer Kinder auf. Elisabeth war stattlich wie ihr Vater, reif und üppig, mit klugen Augen, die begierig in die Welt schauten. Sie trug eine kostbare Kette um den Hals und hatte rundlich griffige Finger, die das Fuggersche Tuch lebhaft betasteten, denn sie pflegte den Vater auf seinen Reisen zu begleiten.
Widolf hüstelte. Obgleich er sich von der Arbeit zurückgezogen hatte, widersprach er gern: »Es ist nichts Gutes mit diesem Handel in die Welt gekommen!«
»Kennen Sie Venedig oder Genua? Dort ist die Welt«, sagte Gfattermann; er war ein Großsprecher.
»Wir sind Weber in Augsburg und bleiben es.«
»Auch ich bin ein Weber – gewesen«, lachte Gfattermann.
»Handwerk bleibt Gotteswerk. Sonst nimmt es ein schlimmes Ende mit uns allen.«
»Ein goldenes Augsburg wird mit der Zeit aufgehen.« Widolf schrak zusammen. Gfattermann hatte wie zum Spaß eine große Goldmünze aus seiner Tasche geholt und hielt sie dem Alten sichtbar zwischen zwei Fingern vor die Augen. Es war ein venezianischer Dukaten (vgl. Anhang) mit dem Bild Christi und der Inschrift: Sit tibi, Christe, datus, quem tu regis, iste ducatus.
»Sündhaftes Geld«, sagte Widolf mit Abscheu, »was steht darauf?«
Gfattermann übersetzte: »Dir, Christus, sei dieser Dukaten gegeben, da er dir schon gehört.«
Der Alte war entsetzt: »Sünde, Gfattermann – und des Heilands Bild darauf!«
Aber der Händler warf den Dukaten keck in die Luft, fing ihn

wieder auf und gab ihn Hans Fugger, der dabeigestanden hatte: »Er soll dir Glück bringen, Fugger, dir und mir.« Hans besah den Dukaten, die Frauen sahen zu. Es war, als hielte er mit diesem Sinnbild eine neue Zeit in der Hand.

»Wie ist es, Hans, fahr mit mir nach Nürnberg auf den Markt?!« Gfattermann sah Fugger an, in seinen Augen blitzte es vor Erwartung. »Der Handel hat wieder freie Bahn, seit der Burggraf von Nürnberg uns den Frieden mit dem Bayernherzog vermittelt hat. Was glaubst du, wie Wagen um Wagen über den Brenner nach Italien fährt? Und jeden Tag kommen die bayerischen Salzfuhrwerke aus Reichenhall durch Augsburg, wenn sie zum Rhein fahren. Es ist eine neue Zeit.«

»Sie reden, Gfattermann, wie die welschen Schwätzer«, sagte Widolf, da sein Schwiegersohn schwieg, »die Zunft verbietet den Handel um des Handels willen. Ich weiß, Sie haben Weber, die bloß für Sie arbeiten: es ist nicht in der Ordnung. So zieht man Gelichter in die Vorstädte, und das hetzt die armen Weber auf. Denn was tut der Mann, wenn ihm euer Auftrag fehlt? In Memmingen, Straßburg und Basel, in allen Städten, die unser Vorbild waren bei Einrichtung des neuen Regiments, hat es schon genügend Unruhe gegeben.«

»So warten wir, bis der Kaiser das neue Regiment bestätigt.«

»Der Kaiser ist weit; Böhmens Vater, des Reiches Stiefvater!«

»Wir werden unsere Steuern zu zahlen wissen, Widolf, Augsburg wird reich, und der Kaiser braucht Geld – es kann nicht lange dauern, dann kommt die Anerkennung.«

Gfattermann packte den Ballen Tuch und ging. Elisabeth küßte Klaras Wange, warf noch einen Blick auf Hans Fugger und folgte dem Vater.

Der freie Handel kam in diesen Jahrzehnten zu seinem Recht. In dem engmaschigen Netz der strengen Augsburger Zunftordnung waren Löcher, die sich mehr und mehr erweitern ließen. Waren die Kaufleute bisher nur Abnehmer handwerklicher Erzeugnisse, so traten jetzt Männer wie Gfattermann mit Aufträgen an das Handwerk heran, bereit, Rohstoffe auf Kredit zu liefern und kleinen Meistern, aber auch Gesellen, Werkgeräte und Webstühle auf Abarbeit zu stellen.

Der neue Bischof Burkhard von Erbach, Nachfahre des verwünschten Schadlang, verließ seine Trutzfeste Dillingen und zog mit Kriegsvolk zum Wertachbrucker Tor in Augsburg ein. Der große Rat hatte sich nicht zu dem Entschluß, dem Herrn Bischof solch lärmenden Einzug zu verbieten, durchringen können. Als der Bischof nun in seinem Palast am Fronhof saß und Klage wegen Zerstörung der Münze erhob, befürchteten die Zünfte eine Bedrohung ihrer neuen Stadtverfassung. Man erzählte, daß gewisse Patrizier zu weinfrohen Gelagen vom Prior der Benediktiner bei St. Ulrich und von den Dominikanern am vorderen Lech heimlich empfangen worden seien. Man sah geistliche Herren auf der Straße mit dem Schwert gegürtet gehen, Knechte in Waffen folgten ihnen. Die zerstörten Bastionen gegen die Stadt wurden am Fronhof wieder instand gesetzt.

Unter den Kleinbürgern der Vorstädte gärte es. Die Botschaft John Wiclifs fand auch in Deutschland Freunde: der Papst sei ein Verräter an der Kirche, die hohen Geistlichen wären allesamt Knechte des Teufels. Wo seien die demütigen Diener Christi, die Freunde der Armen? Weltlicher Besitz, weltliche Herrschsucht, weltliche Laster zeichneten die Prälaten aus. Wie sei es bestellt mit den Seelen der Völker, die Christus den Bischöfen zu Lehen, aber nicht zur Ausplünderung gegeben habe? – Es war das Evangelium der Armen, das mit den Reichen teilen will. Wenn die Reichen nicht teilen wollten, dann müsse man selbst die Teilung vornehmen: es sei eine schöne Gelegenheit, Bischöfe, Handelsherren, Kaiser und Papst für alle Zeiten los zu werden. Antipäpstlich und antikaiserlich war die erzeugte Stimmung.

Bischof Burkhard glaubte sich stark genug, um mit den Ketzern fertig zu werden. Er forderte von der Stadt Auslieferung der Rädelsführer, unterwarf sie der Folterung und entließ sie mit Brandmalen auf der Stirn. Aber statt abzuschrecken, trieben sie das Volk nun erst recht zur Empörung. Die Vorstädte rotteten sich zusammen und stürmten den Fronhof zum zweiten Mal. Der Bischof entkam und ritt zum Kaiser, Beschwerde zu führen über die aufrührerischen Augsburger. Karl IV. traf folgenden Entscheid: »Seine Kaiserliche Majestät bestätigen den Brief einer freien Stadt Augsburg vom Jahre 1368, betreffend Einführung eines neuen Regiments. Dies neue Regiment soll der Stadt zu Recht und mit Kaiserlicher Gnade bestellt sein. Jedoch soll wegen unziemlicher Reden gegen Kaiserliche Majestät besagtes neues Regiment – sich hinfür besser zu bewähren – mit einer Buße von 50 000 Gulden in rheinischem Geld bedacht sein. Gegeben zu Prag am 3. Sept. 1374. Carolus, Imp. Rex.«

Die Augsburgischen Säckelmeister erschraken, aber der Rat wußte sich jetzt im Recht und begann Banditen, Viehräuber, Plünderer und entsprungene Patrizier wie Hartmann Ohnesorg gefangen zu setzen, zu köpfen oder zu hohem Lösegeld zu zwingen. Konrad von Freyberg hielt sich zu seinen bayerischen Freunden. Jakob Büttrich verschwand über Nacht aus der Stadt. Nun konnte man die Grenzpfähle weiter stecken, mancher Bauer im Lechfeld wurde Bürger von Augsburg. Wer aber zahlte die fünfzigtausend Gulden? Das zünftige Regiment wagte keine Sondersteuer auszuschreiben; der Adel besaß kein Barvermögen und war dem geldhungrigen Rat ohnedies aufsässig genug. So befand sich die Stadt in Abhängigkeit von den reichen Zünften der Kaufleute, Salzhändler und Krämer. Indem diese das Geld gaben, machten sie die Anerkennung des zünftigen Regiments endlich rechtskräftig. Es wurde beschlossen, die Hälfte des Geldes in bar, die andere Hälfte in Leinen und Barchent zu zahlen, und der kaiserliche Kommissar billigte die Methode, denn die Steuern der Städte an das Reich pflegten teilweise in Naturalien gezahlt zu werden. Auch der Bischof hatte mit der Anerkennung der Stadt und ihrer räumlichen Erweiterung an Einfluß verloren. War sein Fronhof ehedem das Machtzentrum gewesen, so umgriff jetzt der Mauerring die untere Stadt und die St. Jakobsvorstadt. Um den Markt und den Perlach entstanden Häuser in Zeilen. Jeder Bürger hatte das Recht, an den Weg zu bauen und die Produkte seines Fleißes und seiner Kunst vor aller Augen zum Kauf zu bieten. Man baute hölzerne Läden vor das eigentliche Haus auf die Gassen hinaus. Über eine Stiege erreichte man das obere Stockwerk, wo die Familie wohnte. Der Hof verlor seine landwirtschaftliche Bedeutung und wurde mit Lagerhallen bebaut.

Nachdem der Rat ein Verbot erlassen hatte, feste Türme und Schutzmauern bei den Herrensitzen zu errichten, verloren auch die Adelsnester ihren streitbaren Charakter und fügten sich in die Gemeinschaft der Bürger. Die Herrlichkeit der Städte war Herrlichkeit der Zünfte! Wenn jährlich an Lichtmeß das neue Regiment zu seiner Wahl und »Verkehrung« schritt, leitete ein Hochamt bei St. Peter

die feierliche Handlung ein. Sodann erneuerte sich zuerst die oberste Behörde: von zwei Bürgermeistern, zwölf Baumeistern, zwei Sieglern und sechs Säckelmeistern wurde die Hälfte neu gewählt, die andere Hälfte blieb. Ebenso verkehrten sich der Große Rat, der Kleine Rat und der Alte Rat für ein weiteres Jahr.
Mit echt schwäbischer Pfiffigkeit hatten die Zünfte nach ihrer Machtergreifung die Hälfte aller hohen Ämter den Patriziern belassen, und ihnen damit Opfer an Repräsentation, Zeit und diplomatischen Gesandtschaften zugeschoben. Die Macht lag aber beim Großen Rat, hier standen zweihunderteinundzwanzig Vertreter der Zünfte nur zwölf Vertretern der alten Geschlechter gegenüber. So hatte man Weltklugheit mit Kraft in der Führung der Stadt gepaart.
Der Webmeister Fugger genoß steigendes Ansehen. Gediegene Arbeit zeichnete seine Werkstatt aus. In der Beschau, dem genauen Zählen der auf eine Handbreit vorgeschriebenen Fäden, war niemand so streng wie der alte Widolf. Hans Fugger selbst webte in seiner Kammer das »feine Fuggersche Tafeltuch«. Arbeiten kann jeder, aber Erfindung von Arten und Mustern ist nicht jedem gegeben. Fugger war unermüdlich in Entwürfen. Verschiedenartiges Knüpfen von Kette und Schuß ließ das Gewebe mannigfach erscheinen. So entstanden Blumen, Figuren und heraldische Zeichen. Immer mehr kam auch in zünftigen Kreisen der Brauch auf, Wappen zu führen; bei jeder Gelegenheit zeigte man sein Hauswappen – nun prunkte es in den wohlhabenden Häusern schon in Tischtuch und Servietten. Vor allem die reichen Zünfte der Bäcker und Schmiede gingen mit Eifer voran. Auch von Patriziern kamen Aufträge, alle wollten Tafeltücher mit Familienwappen haben.
Die Weberzunft ernannte Hans Fugger zu ihrem dritten Beschaumeister. Nun mußte er jede Woche einmal aufs Rathaus gehen, die verkaufsfertige Ware prüfen und mit dem Stupf versehen. Oswald Widolf war nicht wenig stolz auf diesen Schwiegersohn, und so gab er zu, daß die Zahl der Webstühle im eigenen Hause auf sieben erhöht wurde. Klara faltete vor den Augen ihrer Töchter Anna und Kunigunde die Tücher Stück für Stück. Wenn sie fertig war, ging sie zu ihrem Mann und sah ihm zu; stundenlang konnte sie schweigend bei ihm sitzen, wenn er webte, und seine flinken Finger, wie sie zwischen den Fäden sicher hin und her fuhren, bewundern.

Fugger ging nach dem eigenen Kopf. Von seinem Freunde Breyschuh erstand er einen großen Planwagen und Pferde und fuhr eines Tages mit seinen Webwaren auf den Markt nach München. Die Fahrt dauerte zwei Tage und folgte der alten Handelsstraße. Er verkaufte seine Ware so rasch und günstig, wie er berechnet hatte. Auf der Rückfahrt, als das Gespann hinter Mehring die Lechebene vor sich hatte, sah er links in der Ferne Graben, wo der elterliche Hof war, rechts sah er die Türme und Häuser von Augsburg. Einen Augenblick zögerte er. Sollte er die Eltern besuchen? Doch dann fuhr er in Richtung Friedberg nach Augsburg. Die kleine bayerische Stadt drohte befestigt über den Lech: Wie gut, daß man Frieden hatte!

Sein Schwiegervater empfing ihn im Hause und sah ihn abwartend an.

»Augsburger Tuch findet überall sein Lob«, sagte Fugger und zählte dem Alten sein Geld vor.

Der nickte: »Ich weiß, es liegt an dir, Hans – du bist unser Beschauer«, er legte ihm die Hand auf die Schulter.

Klara war froh, daß ihr Mann glücklich heimgekehrt war: »Hat dir der Büttrich nicht in den Stauden aufgelauert?« fragte sie ängstlich.

»Die Straßen sind jetzt so blank wie dein Küchengeschirr«, lachte Fugger und zog sie an sich.

»Demnächst fahren wir mit den Kindern nach Graben – zur Flachsernte.«

Die Grabener Bauern staunten, als der junge Fugger mit eigenem Wagen aus Augsburg kam und im Elternhaus abstieg. Er war nicht arbeitsscheu geworden. Hans half den Eltern und Klaus den Flachs brechen und hecheln. Klara saß an der Spindel und zog das Garn.

»Was verdient so ein Weber wie du in der Stadt?« fragte der alte Fugger bedächtig.

»Ein Fardel Tuch bringt fünfzig Gulden rheinisch in Augsburg«, antwortete Hans.

»Fünfzig Gulden rheinisch – das sind zwei gute Roß und ein Wagen.«

»Ein Fardel Tuch ist aber auch länger als die Tag' im Jahr«, seufzte die Mutter.

»In der Zeit eines Jahres webe ich zwei Fardel, Mutter.«

Die Kinder zu ihren Füßen zupften das Werg.

Im nächsten Frühjahr, 1377, gelang es Gfattermann, Hans Fugger zu der weiten Reise nach Nürnberg zu überreden. Dort fand jedes Jahr zu Ostern ein großer Tuchmarkt statt, der aus aller Herren Ländern beschickt wurde.
Die Fahrt bedurfte mancher Vorbereitung. Klara nähte ihrem Mann eine Schaube aus festem Tuch, damit er sicher gegen Regen und Kälte sei. Die Gesellen hatten im Hof dicke Ballen Barchent und kostbares Tafeltuch mit grobem Leinen zu Ballen zu verschnüren. Widolf überwachte die Arbeit. Als die Stunde des Abschieds kam, die Rosse schon angeschirrt waren und zwei Knechte mit Spießen auf den Kutschbock kletterten, führte Hans Fugger sein Reitpferd aus dem Stall. Nach Brauch der Herren wollte er den Wagen im Sattel begleiten. Er sah in seinem neuen Wams vornehm aus, ein blinkender Dolch hing am Gurt. Klara brachte ihm die Kinder, er küßte sie, und dann hing sie selbst weinend an seinem Halse. Dann saß er auf, polternd folgte der schwere Wagen mit den gewebten Schätzen seinem Schimmel.
Am Wertacher Tor traf Fugger auf den Wagenzug der Kaufleute nach Nürnberg. Als er an den Wagen vorbei an die Spitze des Zuges ritt, um die anderen Herren zu begrüßen, wurde das Plantuch von Gfattermanns Wagen gelüftet, und am Spalt erschien für einen Augenblick Elisabeth Gfattermanns lachendes Gesicht.
Das Reiten war ihm seit den Jugendjahren in Graben ungewohnt geworden. Auch war ein Ochs noch lange kein Pferd, und so dankte Hans Fugger den Heiligen, als die Türme von Donauwörth gegen Abend näher und näher kamen. Der Zug hielt an, die Fuhrknechte sprachen ihr Dankgebet: dann ging es auf einer hölzernen Brücke über die Donau, und sie rollten ohne angehalten zu werden in die Stadt Donauwörth. Gfattermann, überall bekannt, hatte den Zoll der Ladungen bereits unterwegs geschätzt und war, die Formalitäten zu erledigen, vorausgeritten. Er empfing den Zug auf dem Marktplatz und führte die Herren in die »Goldene Kugel«.
Beim Abendessen saß Fugger an der Seite Elisabeths. Sie war in bester Laune, und die trinkfrohen Kaufleute aus Donauwörth, welche gekommen waren, ihre Augsburger Freunde zu sehen, hatten ihre Späße mit der Tochter Gfattermanns und ihrem wortkargen Tischherrn. Fugger war in der großen Welt und was sich so nannte ein Neuling; als die Männer seinen Namen hörten, schauten sie ihn

prüfend an, gleichsam als wollten sie raten, ob ihre Vorstellung von dem Weber der bekannten Tischtücher mit der Wirklichkeit übereinstimme.

Am folgenden Tag ging die Fahrt weiter. Die Landschaft bestand aus Wäldern, der Weg lief hügelab, hügelauf. Am Spätnachmittag erreichten sie glücklich das Altmühltal; vorsichtig, mit eingehängten Bremsschuhen, rumpelten die Wagen zum Fluß hinunter. Da die Furt nicht benutzbar war, denn es hatte geregnet, setzten die Fahrzeuge eins nach dem andern auf einer Fähre über den Fluß. Gfattermann war ungeduldig. Hätte er den Aufenthalt geahnt, wäre er lieber über die feste Brücke bei Eichstätt gefahren, obgleich die bischöflichen Zöllner ein hohes Brückengeld nahmen. Aber sie kamen glücklich über den Fluß. Auf der anderen Seite mußten die Wagen mit Vorspann zur Anhöhe gefahren werden, und dann ritt Gfattermann mit zwei Knechten nach Weißenburg voraus, um wieder Quartier zu machen.

Am nächsten Mittag erreichten sie das Rednitztal, fuhren aber nicht hinunter, sondern hielten sich auf dem oberen Fahrweg. Die Türme der Kirchen von Nürnberg sahen sie den ganzen Nachmittag vor sich, auch das Schloß des Grafen von Hohenzollern, die erste richtige Kaiserburg, die Hans Fugger in deutschen Landen sah. Es war schon spät. Auf dem Herrenmarkt drängten sich die Kaufleute. Tuchhändler saßen in ihren hölzernen Verschlägen. Aus ganz Europa schienen Kaufleute gekommen zu sein, sogar Pelzhändler aus Leipzig und Krakau – Zobel galt jetzt als die große Mode. An erster Stelle war venezianische Seide gefragt, auch flandrisches Tuch brachte hohe Preise. Dann folgten im Rang der schwäbische Barchent und schwäbisches Leinen.

Im oberdeutschen Handel verkaufte man alles Tuch »im Stück«. Ein Stück war ein Ballen von siebzig Ellen (die Elle zu einundsechzig Zentimeter); die Augsburger Elle Barchent kostete vier Pfennig, das Stück brachte also einen Preis von zweihundertachtzig Pfennigen, das war in Volkswährung ein Pfund und vierzig Pfennige oder zwei Gulden rheinisch, acht Schilling, sechs Heller in der Währung des Reiches.

Einen ungleich höheren Preis erzielte Damast. Schon zehn Ellen Seidendamast brachten eineinhalb Gulden rheinisch, so daß ein Stück auf zehn Gulden kam. Dabei wurden Seide und feines Leinen

nach der kürzeren Augsburger Elle (zu neunundfünfzig Zentimeter) gerechnet. Gfattermann verhandelte die Augsburger Bestände; er war erfahren, hatte rednerische Gaben und kannte die fremden Kunden ebenso wie die Nürnberger Handelsleute. Er erzielte für das feine Fuggersche Tafeltuch fast den gleichen Preis wie für Seide! In einigen Stunden hatte er alle Bestände des erstaunten Geschäftsfreundes an den Mann gebracht. Fuggers Beutel war voll. Der Nürnberger Stadtadel schien noch größeren Luxus zu treiben als der Augsburgische und Münchner, wenn er für gezierte Tafel-, Mund- und Taschentücher soviel Geld ausgab.
Abends saß man im »Gläsernen Himmel«, und wieder saß Elisabeth Gfattermann neben Hans Fugger. Ihr Vater führte das große Wort bei Tisch. Das war ein Mann, er kannte Gott und die Welt! Manchmal stieß er Fugger mit dem Fuße an: das große Geschäft wäre gemacht!
Man hörte hier viel von Reich und Papst. Wenzel, der Sohn des verstorbenen Kaisers Karl IV., sei ein Narr und Säufer, der die Reichskrone schief auf dem Kopfe trüge. Aber ein Deutscher, Urban VI., war Papst geworden mit Hilfe der Deutschen, Engländer und Italiener, während Schotten, Franzosen und Spanier zu Avignon Clemens VII., einen Franzosen, gewählt hatten. Würde die Heilige Kirche nun wie das Heilige Reich zerfallen? Die Leipziger wußten bereits aus Prag von einem jungen Magister, namens Hus, zu berichten, der großen Zulauf habe, und an der Universität gegen Kirche und Reich hetze.
Was der Hus wolle, fragte Fugger.
Hus wolle ein eigenes Reich für die Böhmen und eine Reformation der Kirche an Haupt und Gliedern.
Das sei noch nicht das Ärgste, meinte Gfattermann. Schlimmer sei, daß Wenzel die Reichsvogtei in Schwaben an Herzog Leopold von Österreich gegeben habe, der ein Feind der Städte sei. Das richte sich gegen alle, nicht nur die schwäbischen und fränkischen Städte, sondern gegen Schweizer, Bayern und Württemberger. Wo blieben die Freiheiten, wenn ein Habsburger mit Reichsvollmacht mitten unter den unmittelbaren Städten und Ländern sitze?
Das wüßten sie schon, rief ein Ravensburger. Die Städte hätten sich ja zusammengefunden zum Schwäbischen Städtebund: Ulm, Konstanz, Memmingen, Eßlingen, Lindau, Kempten, Ravensburg,

Kaufbeuren, Reutlingen und Augsburg. Ob die Augsburger schon Söldner geworben hätten?
Wagen auf Wagen, antworteten die Augsburger, hielte beim Heiligkreuztor und lüde Getreide ab. Man mache sich auf das Äußerste gefaßt.
Es würde schlechte Zeiten geben – das dachten alle, wenn sie es auch nicht aussprachen.
Als Fugger heimkam, empfing ihn Klara mit Tränen. Ihr Vater lag krank im Bett. Der Beichtvater war schon dagewesen und man sah, daß es jetzt mit dem alten Widolf zu Ende ging. Er begrüßte den Schwiegersohn fast herzlich. Hatte er im Bett nachgedacht? Er sagte zu Hans Fuggers Verwunderung: »Was die andern, die Gfattermann, Schmucker, Breyschuh tun, das kann ich dir nicht verwehren. Besser, du selbst treibst Handel, als daß die andern dich aushandeln und um den gerechten Lohn der Arbeit bringen. Wir haben es gut gemeint in der Zunft – aber keine Ordnung hält für immer.«
So hatte sich der Alte gegen Ende des Lebens doch durchgerungen. Als er gestorben war, folgten alle Weber Augsburgs – es sollen dreitausend gewesen sein – seiner Leiche zum Gottesacker von St. Anna. Am Grabe umringten die Zünfte ihren Jungmeister Hans Fugger in allen Ehren und geleiteten ihn in die Trinkstube des Rathauses zu einem feierlichen Leichentrunk. Jeder wußte, daß Widolfs Hinterlassenschaft an Geld nicht groß sein konnte, aber groß war das Erbe an Zucht und Fleiß.
Hans Fugger nahm die Bestände auf. Er beschloß, die Zahl der Webstühle nochmals zu erhöhen, auch wollte er wie Gfattermann fremde Webstühle draußen für sich arbeiten lassen. Doch zugleich kamen die ersten Rückschläge. Der Bruder der alten Frau Fugger in Graben war bei einem Streit im Wirtshaus von Kirchheim erschlagen worden. Das Gericht sprach den Toten nicht frei von Schuld. Fuggers Tochter, die kleine Kunigunde, bekam die Blattern und starb. Klara selbst wurde still und blaß, sie mußte sich niederlegen und bald war allen klar, daß sie nicht mehr aufstehen könne; sie litt an der Auszehrung. Ihre schmalen Wangen hatten fiebrigen Glanz, die wächsernen Hände hielt sie über der Brust gefaltet, die Augen wanderten müde von Tür zu Tür, als wollten sie den Ereignissen im Hause noch folgen. Kam ihr Mann zum Bett, lächelte sie wohl. Manchmal kam Elisabeth und brachte ihr eine wohlrie-

chende Essenz oder Räucherwerk gegen den quälenden Husten. Für Anna brachte sie Zuckerwerk mit. Dann ging Fugger zurück in seine Werkstatt; es plagte ihn, zwischen Klaras Sterben und Elisabeths Leben ratlos stehen zu müssen. Dann starb Klara. Fugger hielt das schluchzende Kind im Arm, die Magd betete laut zu Füßen der Toten. Die Gesellen versammelten sich stumm im Gang des Hauses.

3

Zehn Webstühle klapperten in Fuggers vereinsamtem Haus. Von Zeit zu Zeit rollte der große Planwagen, von Knechten geführt, durch das Tor und schloß sich dem Zug der Kaufleute nach München, Nürnberg und Frankfurt an. Andreas Gfattermann führte die Geschäfte für Hans Fugger auf treue Hand. Die Gemeinschaft bewährte sich, denn Gfattermann war ehrlich. Die Augsburger Kaufleute waren allgemein beliebt und angesehen; ihr schwäbisches Wesen, gemächlich und großzügig zugleich, gefiel den Leuten. Im Tauschgeschäft waren die Herren vom Lech, wie man sie nannte, nicht zu übertreffen. Augsburg wurde dank seiner Lage zum Stapelplatz der aus Venedig kommenden levantinischen Waren. Man handelte Pfeffer, Zimt und Gewürznelken ein und zahlte mit schwäbischem Leinen, Getreide, Holz, und aus dem Osten kommendem Pelzwerk. Italienisches Öl war begehrt, hin und wieder tauchte schon Rohrzucker auf, welcher den heimischen Honig später verdrängen sollte.

In Augsburg kreuzten sich die Handelsstraßen von Venedig, Florenz, Mailand und Genua nach Frankfurt und Köln mit der Donaulinie von Wien und Salzburg nach Württemberg und dem Elsaß. Die wichtigsten Handelsstraßen Deutschlands führten über die Alpen nach Italien; sie befanden sich in deutscher Hand und liefen in Augsburg zusammen. Deutschland selbst war ein landwirtschaftlich reiches, gut angebautes Land. Überall sah man Getreidefelder, Weinberge und vorstadtische Gemuse- und Obstgarten. Die ungeheuren Wälder lieferten reichlich Holz und Wild, und am Harz, in Böhmen und Tirol fand man Silber, das seit Jahrhunderten abgebaut wurde. Deutschland war der europäische Silberlieferant, ein Umstand, der mit dem Aufkommen des gemünzten Geldes immer wichtiger werden sollte. Da die Bewohner fleißig waren, konnte ein solider Reichtum entstehen, der sich vor allem im Anwachsen und der politischen Bedeutung der freien Städte zeigte. Hier fanden sich die Händler zu Zünften wie die Handwerker zusammen. In Nürnberg, Frankfurt und Köln gab es bereits Unternehmer, die Handwerker in Dienst stellten. So wandelte sich die Wirtschaft des Landes, und ihr Opfer waren die ländlichen Adligen. Je wohlhabender und politisch unabhängiger die Städte und ihre Bünde wurden, desto mehr kam es zu Neid und Mißgunst der Fürsten und Ritter auf Städte und Kaufleute.

In Augsburg hatte man in den Zeiten Wenzels die allgemeine Wehrpflicht ausgebaut. Jeder gesunde Mann mußte fortan mit seinem Meister antreten, wenn die Sturmglocke rief. Für den Fall der Gefahr hatte jeder Bürger seinen Platz auf der Mauer oder in den Gassen. Die Zunftmeister waren mit ihren zehn Mann starken Fähnlein einem Hauptmann unterstellt. Die Stadt hatte sechzehn Hauptleute, zwei auf dem Perlach, zwei auf dem Kitzenmarkt, zwei auf dem Judenberg, zwei bei St. Moritz, vier in der Vorstadt St. Jakob und vier in der Unteren Stadt. Jeder Hauptmann führte zehn Fähnlein. Augsburg hatte also in diesen Jahren eine Wehrmacht von sechzehnhundert Mann. Die Patrizier mußten sich auf dem Perlach versammeln. Zwar war Leopold von Österreich von den Schweizer Eidgenossen geschlagen und hatte selbst mit sechshundertfünfzig Lehnsleuten den Tod gefunden, zwar brachen in Hall in Tirol, in Nördlingen und Rothenburg die Bürger die Nester des Adels, rief Hans Besserer in Ulm die Bürger gegen Eberhard von Württemberg auf – aber Wenzels Bruder Sigismund, hieß es, sammle in Böhmen Kriegsvolk und Gefolgschaft unter den fanatischen Anhängern des Hus. Gegen wen? Augsburg baute seine Mauern und Gräben aus. Meister Hermann schmückte Tore und Türme mit Fresken und Verzierungen. Man wollte ein neues Rathaus bauen.

Die Bürger bildeten ein heimliches Gericht aus Bürgern und Bauern, die heilige Feme. Ein Beklagter, welcher sich der legalen Gerichtsbarkeit durch Gewalt oder wegen seiner hohen Stellung entzog, wurde mitternachts durch dreimaliges Klopfen an der Tür geweckt. Vermummte führten ihn mit verbundenen Augen durch die Gassen in einen Keller. Dort saß die heilige Feme, angeblich von Kaiser

Karl dem Großen gegründet, vermummt um einen Tisch. Auf dem Tisch lag ein Totenschädel. Selten wagte ein Beklagter zu fliehen. Sein Leben wäre verwirkt gewesen, die Feme wußte ihre Opfer überall zu treffen. Folgte er aber dem Spruch und nahm die gerechte Strafe auf sich, konnte er sich schweigend entfernen. In Augsburg zählte das heimliche westfälische Gericht zu jener Zeit zweiunddreißig Mitglieder, und es waren, wie man sich zuraunte, nicht nur Namen von altem Klang, wie Rehlinger, Mülich, Langenmantel, Rem und Vögelin unter den freien Schöffen, sondern auch ein Thomas und Georg Breyschuh, Hans Fuggers gute Freunde. – So half man sich gegen die Machtlosigkeit der Obrigkeit.

Eines Abends trat Ulrich, der ältere Bruder, zu Hans Fugger in die niedrige Stube. Er gab sich gefällig, trug das Haar in feinen dunklen Locken, ein italienisches Samtbarett darüber. Man kannte ihn kaum wieder. Als Gespannführer von Ravensburger Kaufleuten war er durch Europa gekommen, bis nach Breslau und Krakau. Er erzählte und prahlte ein wenig: »Bei euch in Augsburg ist das Leben noch schlicht – du solltest Florenz sehen oder Genua! Im Hafen liegt Schiff an Schiff. Die Venezianer haben mit dem Türken Streit und Genua macht ihnen schwere Konkurrenz in Alexandrien, auf Cypern, in Aleppo . . .«

»Was möchtest du in Augsburg?« fragte Hans; er wollte den Bruder ablenken.

»Ich habe mein Geld draußen verdient«, antwortete Ulrich und leerte einen Beutel auf den Tisch, Florins aus Florenz, Zechinen aus Venedig, rheinische Gulden, böhmische und Meißener Groschen waren darunter. »Sieh diesen an, le gros tournois«, sagte er und hob die größte Silbermünze der Christenheit auf, »aus Frankreich.«

»Viel Geld«, sagte anerkennend der Weber und betrachtete die abgegriffenen Münzen.

»Ihr treibt das Stichgeschäft, hör ich«, fragte Ulrich und sah den Bruder belustigt an, als sei das Stichgeschäft längst überholt, »der baratto, – weißt du, was barattiere im Italienischen bedeutet?«

Der Baratto war das Tauschgeschäft, in dem sich Hans Fugger, wie ganz Augsburg wußte, zu einem Meister entwickelt hatte. Fand er auf einem fremden Markt kein Geld, so tauschte er Waren gegen Ware. Im Baratto durfte man höhere Preise als im Bargeldverkehr einsetzen. So brachten die Stichgeschäfte mit dem größeren Risiko

größeren Gewinn. Alle unternehmungslustigen Kaufleute suchten diese Geschäfte, sie lieferten auch auf Kredit und gaben Vergünstigungen und Geschenke. Das kirchliche Zinsverbot machte den Geldhandel ja für Christen zur Gewissensqual. Beim Baratto ging es Ware gegen Ware.
Als Hans schwieg, sagte Ulrich: »Barattiere heißt Betrüger.«
Hans fuhr auf: »Nicht bei uns.«
»Mag sein, aber es gibt in Florenz, Siena, Pistoja, Lucca, Genua Banken, die gewähren auf Staatseinnahmen, Zölle und Steuern langfristige und verzinsbare Kredite.«
»Geld mehrt sich nicht von selbst; Zinsen, sagst du?«
»Der Heilige Vater verpachtet die Ablaßgebühren auf Jahre.«
»Du erzählst mir nichts Neues. In Nürnberg gibt es die Logea, die Börse auf dem Herrenmarkt. Dort sitzen die städtischen Münzbeschauer, neben den jüdischen Geldleihern und den Wechslern. Auch ich habe am Schönen Brunnen in Nürnberg schon Wechselgeschäfte gemacht – man weiß ja nie genau, wie die Geldsorten zueinander stehen. Wer einen Sinn dafür hat, gewinnt Vorteile.«
»Sieh an, das hast du schon begriffen.« Offenbar kam Ulrich nicht mit der Sprache heraus. Hans forschte ihm nicht weiter nach, sie sprachen von den Eltern in Graben, von Klaras Tod. Als Hans dem Bruder ein Nachtlager anbot, schlug der lachend aus, es erwarte ihn jemand am Kitzenmarkt.
Längere Zeit mied er des Bruders Haus, doch man sprach davon, daß Ulrich Fugger der Tochter Agnes des Webers Mundsam Augen mache und sie vom Vater als Frau erbeten habe. Eines Sonntags kam dann Ulrich mit Agnes in das Haus an der Heiligkreuzgasse. Gfattermann und Tochter waren gerade bei Hans. Ulrich sprach von Geschäften in Deutschland und Italien: »In Florenz gibt es ein Geschlecht der Medici, Kaufleute, die sind den Fürsten gleich an Reichtum und Ansehen. Sie sind eine Familie, und bilden vermögensrechtlich eine Gemeinschaft – das macht sie mächtig.«
»So hoch kann sich in Augsburg keine Familie vermessen«, meinte Gfattermann, »selbst die reichen Welser nicht. Wir im Norden sind Händler, fahren von Ort zu Ort, von Messe zu Messe. Da sind mir gute Freunde lieber als arme Verwandte.« Er dachte an Mötteli und Humpiß, die Hauptteilhaber der großen Ravensburger Handelsgesellschaft, seine Freunde.

»Die Medici besitzen alles zusammen, als unveräußerliches Hauptvermögen, das sich nur innerhalb der Familie vererbt.«
»Was geht's uns an?« sagte Gfattermann, »die Ravensburger Herren haben zusammen ein Vermögen von hunderttausend Gulden – du mußt es doch wissen, Ulrich, und obwohl keiner dem andern verwandt ist, teilen sie jeden Gewinn miteinander. Zum Wohle!« Er trank Hans Fugger zu und schnalzte befriedigt mit der Zunge. Dann war Gfattermann plötzlich begierig, ein paar Goldmünzen mit Ulrich zu tauschen. Die Männer gingen hinaus, Agnes Mundsam mit ihnen, und Hans blieb mit Elisabeth zurück. Er trank einen Schluck Wein, schwieg, trank noch einen Schluck, sagte noch kein Wort, das Glas war leer. Sie wollte an den Tisch treten und das Glas nach Hausfrauenart forträumen, aber sie wußte nicht, wie sie um den breit und schweigend dasitzenden Mann herumkommen sollte. Er griff nach ihrer Hand, sie wollte sich wehren, aber er nahm das große schöne Mädchen in die Arme. »Das hab' ich nicht von dir gedacht«, sagte sie leise, aber er fühlte, daß sie das Gegenteil meinte.
»Werde meine Frau, Elisabeth.« Sie legte die Arme um seinen Nacken und ihre Lippen auf die seinen.

4

Obwohl jeder ehrbare Weber zum Meister seiner Zunft gewählt werden konnte, galt seit einiger Zeit stillschweigend die Regel, daß nur angesehene und vermögende Männer ins Regiment gebracht wurden. Der Gewählte hatte nicht nur den festlichen Empfängen der Stadt beizuwohnen, sondern mußte oft in fremden Städten die Zunft vertreten – und das kostete Geld. Als Ratsherr und Zunftmeister gab es keine Vergütung, das waren Ehrenämter. Kurz nach der Hochzeit seiner Tochter mit Hans Fugger war Gfattermann zum ersten Meister der Weber gewählt worden, es war natürlich, daß auch sein Schwiegersohn dadurch zu Ansehen kam. In der Person Gfattermanns schien sich die neue Zeit selbst in den Augsburger Hohen Rat gewählt zu haben. Er hielt an fünfzig Webstühle in Betrieb, davon zehn am Bartshof im eigenen Hause, die anderen in der Umgebung der Stadt. Der dicke schwerblütige Mann, der gern einen Schoppen trank und auch mehrere, der immer gut gelaunt und leutselig blieb, jedem Mädchen an das Kinn griff, seine Gesellen und Arbeiter gerecht entlohnte, dieser großmächtige Mann wurde Fuggers bester Förderer. Da er als Zunftmeister der Weber im Rat der Stadt zu tun hatte, verblieb dem Schwiegersohn die Führung der beiden Werkstätten. Auch die Beschickung der großen Märkte und Messen besorgte Fugger. Donauwörth, Ulm, Ingolstadt, München und Nürnberg waren die Hauptplätze neben Augsburg selbst. In diesen Städten öffnete sich dem Schwiegersohn manches große und reiche Haus. Seine sachliche, ruhige Art, die Qualität seiner Arbeit, die Vernunft seiner Ansichten gefielen den Leuten. Kinder und Kindeskinder sollten noch viele Jahrzehnte den Nutzen vom Ruf ihres Vaters und Firmengründers haben.

Wenn er dann wieder daheim war, erwartete ihn Elisabeth. Wie anziehend konnte sie sein, wenn er Gäste mitbrachte! Ihr rotblondes Haar duftete nach Rosenöl, seine Fülle wurde durch ein Netz aus Seide zusammengehalten. Am Hals trug sie mattrote Korallen auf einer Schnur. Ihr erster Sohn war Andreas, der zweite, kaum ein Jahr darauf, Michael. Sie lachte über den Wiegen der Kinder, spielte und scherzte mit ihnen. Das Haus am Bartshof, wohin die Familie übersiedelt war, füllte sie mit Singen und Vergnügen. All die fremden Herren, welche Hans Fugger, den kunstvollen Weber, in Augsburg um seines Tafeltuchs willen besuchten, machten ihre Angebote doppelt so rasch, so leicht, weil sie sich auf galante Art in die Hausfrau verliebten, wenn Elisabeth ihnen den Becher kredenzte.

Ulrich hatte am Kitzenmarkt seine Agnes geheiratet. Er wollte dem Bruder, zudem der jünger war, nicht nachstehen, hatte einige Webstühle aufgestellt, handelte mit Hanf und Flachs und hielt ein Fuhrwerk. Sein Freund war der bischöfliche Münzmeister Hans Hofmair, der zugleich Goldschmied war. Agnes trug auf ihrem derben Hals eine goldene Kette, die auf Ratsbeschluß nur den Frauen der Patrizier erlaubt war. Sie gebar Ulrich die Kinder Hans, Barthel, Seitz und Andreas.

Als der alte Fugger in Graben starb und sein Sohn Klaus ihm folgte, kam es zwischen Hans und Ulrich zu schweren Streitigkeiten, weil Ulrich die Mutter, deren Liebling er von jeher gewesen, zu sich nach Augsburg nehmen, das Bauernhaus in Graben aber verkaufen wollte. Gerade Ulrich hatte in den letzten Jahren aus

den väterlichen Ernten an Flachs und Hanf die größten Vorteile gehabt. Da erwachte in Hans, dem städtisch gewordenen Weber, der freie Bauernstolz der Familie. Er löste mit Einwilligung seines Schwiegervaters die Ansprüche des Bruders an den elterlichen Besitz mit einer Summe ab und setzte einen Vetter aus Kirchheim als Verwalter auf den Grabener Hof. Die Mutter, die Domina Fugger, zog zu Ulrich auf den Kitzenmarkt. Es war ihr Glück, denn bald brach im Allgäu der Sturm los. Der Abt von Kempten brachte das Land aller Bauern, die ihren Zehnten nicht hatten aufbringen können, unter die Jurisdiktion des Stiftes. Darüber brachen Unruhen aus. Bischof Burkhard von Erbach verhaftete bei Füssen plötzlich Kaufleute, die von Venedig kamen: er glaubte den Augsburger Patriziern einen Gefallen zu tun. Aber er irrte sich; die Zünfte riefen ihre Fähnlein auf, und auch die Patrizier folgten dem Ruf der Sturmglocke. Noch nie waren die Augsburger so einig gewesen. Das Volk stürmte im ersten Anlauf die bischöfliche Pfalz, die Dechanei und Münze und zerstörte sie.
Der Münzmeister versteckte sich im Hause seines Freundes Fugger. Vergeblich suchte Ulrich auch seinen Bruder Hans für die bischöfliche Partei einzunehmen. In der Stadt gingen die Unruhen weiter. Drohend legte sich das Volk vor St. Ulrich, dessen Prior den Knechten des Rates den Zutritt verwehrte, als sie nach versteckten Waffen suchen wollten. Die Eintracht des Volkes wurde erst schwankend, als man hörte, der Bischof setze sich mit dem Herzog von Bayern ins Vernehmen. Die Stadt wandte sich vergeblich an Kaiser Wenzel in Prag und seinen Bruder Sigismund in Ungarn: Herzog Stephan von Bayern, der streitbare Bischof und Graf Eberhard von Württemberg legten ihre Truppen rings um die Stadt Augsburg.
Würde der Schwäbische Städtebund Entsatz schicken? Ein Mann aus Ulm fand nach Augsburg und sagte Hilfe zu. Auch Nürnberg wußte einen Boten in die Stadt zu bringen. Im Großen Rat verkündete Hans Langenmantel, daß die Kornhäuser bis unter die Dächer gefüllt seien. – Draußen im Reich sah es schlecht aus, das Jahr 1389 schien den Triumph der Fürsten über freie Städte und freie Bauern zu bringen. Bis auf Friesland und die Alpenländer waren die Bauern Deutschlands Hörige der Herren und Ritter geworden. Die Städte erlagen in der Schlacht bei Oppenheim dem Grafen Rupprecht von der Pfalz. Dieser Edelmann ließ sechzig

Pfeffersäcke, wie man die Kaufleute nannte, lebend in die Speyerer Kalköfen werfen. Stephan II. von München-Ingolstadt stand mit Frankreich im Bund; nach dem Fall Ulms widerstand ihm nur noch Augsburg – es war die einzige Stadt des Reiches, in der die bündische Flagge wehte, von dort wurde man mit eisernen Kugeln beschossen und, wenn man nahe kam, mit Pech und Schwefel überschüttet.

Die Belagerer konnten die Stadt nicht einnehmen und beschlossen, sie auszuhungern. Der Rat mußte schwere Sondersteuern ausschreiben, verbot die Geldflucht, verbot das Ausziehen. Jeder Handel erlag, die Schulden wuchsen auf zweihunderttausend Gulden. Die Landstraßen waren in Feindeshand, die Dörfer und Güter wurden verwüstet. Die Reichen sahen ihre Landsitze von den Mauern aus in Flammen aufgehen. Jeder Bürger mußte Soldat sein. Hans Fugger stand mit seinem Fähnlein beim Heiligkreuztor auf der Mauer mit allen seinen Gesellen in Waffen. Elisabeth blieb mit den Kindern unter der Obhut des Vaters im Bartshof. Gfattermann war der beste Sprecher seiner Zunft im Rat, wenn es galt, die Stadt zu verteidigen.

Elf Monate hielt Augsburg die Belagerung aus, dann zog der Feind ab. Es war ein großer Sieg für die Stadt, aber wirtschaftlich war sie ruiniert. Dem Elend zum Trotz war das neue Rathaus fertig geworden, Hermanns dreigiebeliger Bau. Dort zog nun Hans Fugger als Zwölfter seiner Zunft mit ein, denn man brauchte weitschauende Männer im Rat. Die Tatkraft und Welterfahrung der Kaufleute müßten Augsburg retten.

Fuggers Barvermögen betrug nach dem Kriege fünfzehnhundert Gulden. Gfattermanns Truhe war ungefähr viermal so schwer.

Kaum war der Krieg überstanden, da flackerte die Lebenslust stärker auf als je zuvor. Die Ansprüche, welche auch der einfache Mann an Kleidung, Küche, Ausstattung und Schmuck stellten, stiegen über alles gekannte Maß. Augsburg hatte dreißig Goldschmiede und Juweliere, von denen Konrad Bäsinger sowie die Peutinger, Riederer, Seld, Ravensburger und Schongauer weit über die Stadt hinaus ihren Ruf und ihre Kunden hatten. Die oberitalienischen Familien der Sforza, Este, Medici wurden nun Vorbilder der Augsburger Patrizierfamilien und Kaufleute. Die Welser, Rehlinger, Tucher, Hirschvogel und Besserer nahmen einen großen Aufschwung, sie

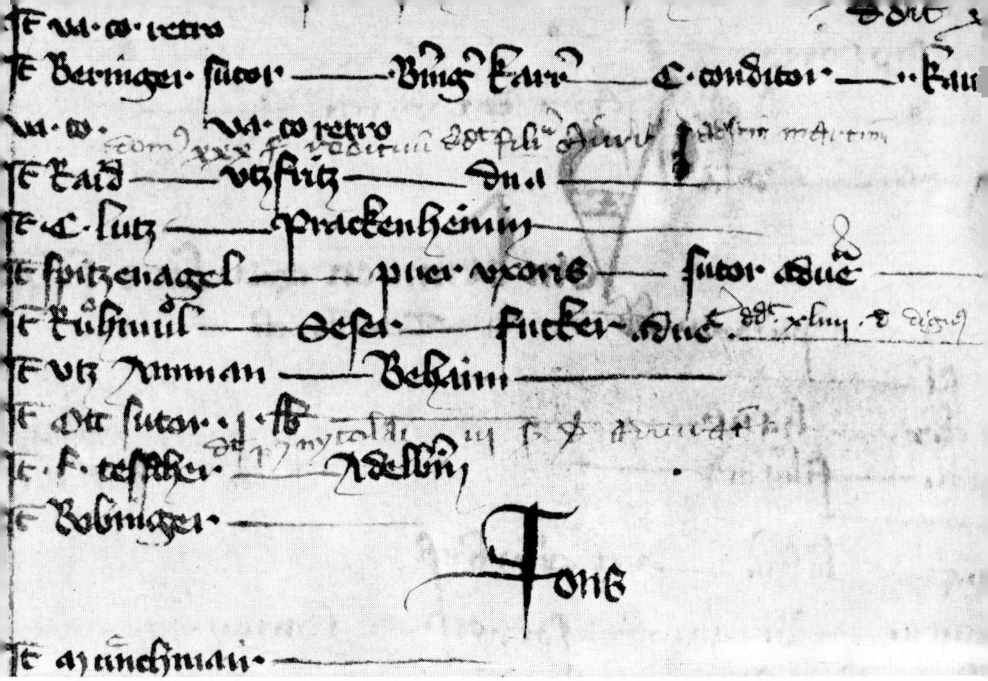

Oben: »Fucker advenit« (7. Zeile). Erster Eintrag von Hans Fugger im Augsburger Steuerbuch 1367.
Unten: Fuggersches Webstück 1461 mit eingewebtem Firmenzeichen.

Jakob Fugger der Alte, nach einem verschollenen Original, Schloß Babenhausen.

zählten zu den Reichen, während Hans Fugger, der Zwölfer seiner Zunft, nicht mitzählte, seine Webstühle in strenger Beschau hielt und trotzdem wochenlange Reisen in alle Städte Oberdeutschlands zu machen verstand. Der Fuggerzug fuhr mit drei Wagen auf die Märkte; Fugger galt als der eifrigste Händler weit und breit. Er mußte dem Rat 1393 »gerechte Steuer« schwören, ein Zeichen, wie hoch man ihn einschätzte. Er schwor reinen Gewissens und setzte für seine Tochter Anna ein Leibgeding aus. Das war die einzige Art von Kapitalsanlage, die damals einem Christen möglich war: Fugger zahlte der Stadt einmalig eine größere Summe Geldes in bar mit der Bedingung, daß die Stadt seiner Tochter von diesem Geld eine »ewige« Rente jährlich auszahle. Diese Ewigrenten waren für die verarmte Stadt ein Lockmittel, das sie den Bürgern bot. Der Stadtsäckel erhielt große Summen Bargeld – der Nutznießer der Rente aber konnte hoffen, wenn er lange lebte, mehr ausgezahlt zu erhalten, als er ehedem eingelegt hatte.

Das Geschlecht des Lorenz von Egen war durch ererbten Reichtum und skrupellosen Grundstückshandel aufgestiegen. Lorenz von Egen, ein hochfahrender Mann, hielt es mit dem Bischof und dem bayerischen Herzog. Er hatte im Kriege jede Vermittlung zwischen Stadt und Herzog abgelehnt. Nun hörte man, er wolle dem Bischof die Münze und das Münzrecht abkaufen. Gfattermann berichtete dem Rat; man war bestürzt und erklärte sich eher bereit, dem Bischof die zerstörte Münze aufzubauen und erhöhtes Prägegeld für jede Münze zu zahlen, als daß man zugab, daß der Bischof sein kaiserliches Recht vom Jahre 1355, Kupfer- und Silbermünzen zu schlagen, einem so anmaßenden Mann wie Egen überließ.

Länder, Fürsten, Städte und Grafen hatten Prägerechte erworben, und dadurch kamen unzählige Münzsorten in Umlauf. Alle Versuche der Kaiser, durch Gesetze Ordnung herzustellen, waren vergeblich. Nicht einmal für bestimmte Landesgebiete konnte man Münzvereine zustandebringen. Unaufhörlich wurden Münzen eingezogen, verändert, neu geprägt. Schließlich war die Verwirrung so groß, daß das Geld nicht mehr ein unveränderlicher Maßstab für den Wert der Waren war, sondern daß es selbst als Ware galt. Unter gleichem Namen- und Nennwert hatte diese Geldware in Augsburg einen anderen Wert als in Nürnberg, Frankfurt oder den bayerischen Herzogtümern. Die Wechsler machten große Geschäfte, die Prager Groschen gegen Regensburger Pfennige, deutsche Gulden gegen italienische Florine, die Münze des einen Landes gegen die des anderen eintauschten. Dabei wurde ein Aufgeld erhoben, das die Wechselgewinne der Währungen noch überstieg. Die ersten Geldwechsler waren italienische Lombarden. Sie saßen in vielen deutschen Städten in festen Niederlassungen. Ihre Wechselgeschäfte wurden durch die Juden überholt. Die tauschten nicht Metall gegen Metall, sondern sie liehen Geld gegen Pfand und Zins aus. Alle Welt klagte über ihren Wucher. Sie hatten päpstliche und kaiserliche Schutzbriefe, denn den Christen war das Zinsnehmen verboten. Die zunehmende Komplizierung der Wirtschaft kam aber nicht mehr ohne Banken und Bankgeschäfte aus. 1368 nahm der Frankfurter Rat bei vier Mainzer Juden Geld auf und zahlte nicht weniger als zweiundfünfzig Prozent Zinsen. In Augsburg stieg der gesetzliche Zinsfuß einmal sogar auf sechsundachtzig und zweidrittel Prozent. Man hielt die Juden für Hasser des Christentums und beschuldigte sie ruchloser Verhöhnung und Lästerung des Weltheilands in ihren Synagogen. Man legte ihnen die Verbreitung der Pest und Vergiftung der Brunnen zur Last. Der Haß machte sich Luft in grausamen Vertreibungen, wobei sich die verschuldeten Fürsten hervortaten. Kein Wunder, daß die Juden in den Städten Schutz suchten und fanden.

Augsburg kannte die Macht des Geldes. Die Stadt baute dem Bischof eine neue Münze. Die Weber errichteten am verkehrsreichsten Punkt der Stadt, am Judenberg, ein Zunfthaus mit prächtig geschmückter Fassade. An ihm vorbei führte die alte Reichsstraße mitten durch die Stadt. Im Umkreis hatten die Tuchhändler ihre Läden und Stände. Dort stand Wagen an Wagen, und in den großen Kellern stapelte man Leinen und Barchent. Im Oberstock des Zunfthauses war eine Trinkstube eingerichtet, die in Deutschland ihresgleichen suchte. Sie war mit den Wappen des Handwerks ausgemalt. Bei der ersten Schmauserei in dieser Stube traf Andreas Gfattermann der Schlag. Wenige Stunden später fand er einen sanften Tod im Bett.

Als die Nachricht durch einen Boten zu Elisabeth kam, schrie sie auf, aber dann fand sie sich und betete ein Vaterunser. Die Geschäfte Gfattermanns und Fuggers wurden vereint. Die Weberei blieb in der Heiligkreuzgasse, ebenso Spinnerei und Bleicherei, denn dort gab es noch grüne Wiesen. Der schöne große Bartshof aber, mitten in der Stadt gelegen, wurde dem Testament des Toten entsprechend das Handelshaus der Firma Gfattermann-Fugger. Hier war Hans Fuggers Geschäftsstube; hier vertrat ihn, war er auf Reisen, seine Frau. Im ersten Stockwerk wohnte die Familie mit der Tochter Anna aus erster Ehe, dem sechsjährigen Andreas, dem fünfjährigen Michael und dem vierjährigen Peter. Hausarbeit und Sorge für die Kinder überließ Elisabeth den Mägden und einem Pater von St. Ulrich, der als Magister bestellt war. Sie selbst hatte ihres Vaters Sinn für die Geschäfte geerbt und wurde die Seele des Kontors.

Ulrich Fugger stand seinem Bruder an Erfolgen kaum nach. Er hatte sechs Kinder, der älteste war Andreas, der den Fuggerkopf des Großvaters hatte, aber bald starb. Die Domina lebte hier als verehrte Großmutter des Hauses – doch dann trat ein Ereignis ein, für die alte Frau schlimmer als alles, was sie je erlebt. Ulrich Fugger hatte, mit seinem Wagen von Ulm kommend, auf offener Straße dicht vor der Stadt ein gewaltsames Ende genommen. Als man ihn fand, stand das Fahrzeug im Straßengraben und die Pferde grasten. Im Wagen lag Fugger in seinem Blut, mit weit aufgerissenen Augen. Ein früherer Geselle hatte ihm aufgelauert und ihn mit einem Morgenstern erschlagen. Ulrich hatte die Reise, wie schon oft, trotz aller Warnungen allein unternommen. Die Stadt tat den flüchtenden Mörder in Bann – aber das Haus in der Klebsattelgasse, das sich Ulrich gekauft hatte, war jetzt ohne Vater und Ernährer. Agnes verstand nichts vom Geschäft. In der Wiege lag der kleine Konrad, noch keine drei Monate alt.

Hans Fugger ordnete den Nachlaß des Bruders und nahm die Mutter zu sich, aber nach einigen Wochen starb sie aus Gram über das Ende ihres liebsten Sohnes. Agnes verkaufte Haus und Geschäft an ihren Schwager, der dafür ihr und den Kindern eine Rente gab. Es hatte sich als aussichtslos erwiesen, die Firma Ulrichs selbständig weiterzuführen. Hans nahm die großen Söhne des Bruders zu sich in die Lehre.

So besaß er also im Jahre 1396 drei Häuser in der Stadt, das Widolfsche, das Gfattermannsche und das des Bruders. Eine Schar von Kindern, lauter Söhne und Neffen, wuchs um ihn heran und saß unter seiner Leitung an den Webstühlen. Oft kam er des Morgens selbst, um seinen Lehrlingen auf die Finger zu sehen und die Gesellen anzuhalten, streng mit ihnen zu sein. Hannes, jetzt der älteste der Neffen, ging eigene Wege und trat bei einem Händler in die Lehre. Elisabeth und Agnes mieden einander. Sie hatten sich schon früher nicht gegrüßt, die Mundsams und Gfattermanns.

Wollte Hans Fugger seiner Frau nach all diesen Aufregungen eine freudige Überraschung bereiten, oder war es schon damals sein Wunsch, die in der Stadt verstreut liegenden Betriebe in einem geräumigen Haus zusammenzufassen? Er erwog den Kauf eines großen Anwesens in der Stadtmitte. Ein Geschäftsfreund namens Ulrich Tott stand 1396 mit einem Vermögen von fünftausend Gulden an achter Stelle der steuerzahlenden Bürger Augsburgs, über ihm standen nur die Familien der Herwarth, Welser und Rehlinger. Er bestärkte Fugger in seinem Plan und bot ihm das »Haus vom Ror«, zwischen Judenberg und Perlach gelegen, zum Kauf an, das einem Kramer gehörte. Die Lage des Hauses galt als hochbürgerlich, denn die Nachbarn waren der Großkaufmann Joseph Arzt und der Händler Konrad Gräßlin. Der Besitzer, Grau, war durch zu weitläufige Verbindlichkeiten in Schwierigkeiten geraten und wollte sein Haus für fünfhundert Gulden in bar und ein Zugewicht in goldenem Schmuck im Wert von hundert Gulden an jedermann verkaufen.

Fugger versteuerte dreitausend Gulden Vermögen, also wagte er den Kauf und zwängte sich, ein Emporkömmling, zwischen die beiden Kaufherren. Grau hatte das Haus zwanzig Jahre früher für die Hälfte der Geldsumme erstanden.

Elisabeth machte das Haus vom Ror zu einem der ersten Bürgerhäuser Augsburgs. Das feinste Tafeltuch ihres Mannes lag auf dem Tisch. Die Fassade wurde neu bemalt. Zu ebener Erde, in den Verkaufsräumen, wurden Fuggersches Leinen, Damast und Barchent feilgeboten. Man nannte Fugger bereits den »Glücksweber«. Das war im Sommer 1399, als Elisabeth in dem neuen Haus an der Ecke der Reichsstraße, von zwei Mägden betreut, noch einmal in den Wehen lag. Das Kind, das zur Welt kam, wurde Jakob getauft.

5

Zehn Jahre sollte die Stadt Augsburg Frieden haben, und in diesen zehn Jahren ging sie einem allgemeinen und großen Wohlstand entgegen. Zwanzigtausend Menschen wohnten hinter den dicken Mauern, waren Handwerker, Kaufleute, Ackerer und Adlige. Die Stadt war im Reich berühmt, und auch die einreisenden Welschen staunten über die schönen Türme mit ihren Verzierungen und über die Wandmalereien an den Häusern der Reichen. Man beschloß, einen Turm zu bauen, einen rechten Lug-ins-Land, der am Nordende der Stadt noch höher über die Gärten und Bleichen des Lech ragen sollte als der kunstvolle Turm des Meisters Hermann mit den vier Erkern am Haunstetter Tor.

Im Innern der Stadt standen die Häuser der Zünfte wie ehedem die Burgen des Stadtadels. Nach den Webern hatten die Bäcker ihr Haus unter Dach gebracht. Ihnen folgten die Metzger, Kramer, Bierbrauer und Kürschner. Die Goldschmiede und Weinschenken gehörten zu den »Salzfertigern«. Das Anreichen des Salzes in kostbaren Fässern aus Silber oder gar Gold eröffnete die Gastmähler, Atzungen und Schmäuse. Die Salzfertiger erwarben als reiche Zunft ein Haus am Perlach, dessen prächtige Trinkstube vom Spielteufel beherrscht wurde: dort rollte allabendlich das Geld.

Als die Stadt nach Burkhard von Erbachs Tode den gutgesinnten Grafen Eberhard von Kirchberg zum Bischof bekam, der die Stadt und ihr Leben nicht weniger als den freundlichen Anblick städtischer Häuser liebte, wurde der Dom erneuert. Das Dach war schadhaft und die Mauern waren unansehnlich geworden. Auch die bischöfliche Pfalz und die Wohnungen seiner Beamten ließ der Graf zu neuem Glanze erstehen. Dadurch hob sich das Einvernehmen mit der Stadt, zumal der Bischof nicht nur mild gesinnt, sondern mildtätig war und reiche Leute, selbst den stolzen Egen, zu Stiftungen und Pfründen zu bringen verstand.

Trotz der allgemeinen Lebenslust regelte die Zunftgewalt das tägliche Leben nach festen Gebräuchen. Kleider- und Luxusvorschriften wurden erlassen, die Ordnungen in den Bädern sollten eingehalten werden, was freilich schwierig war, denn die vielen öffentlichen Bäder waren äußerst kurzweilig; weil die Menschen das Vergnügen gern moralisch bemänteln, gab man die Bäder als gesundheitsfördernd aus. Man badete in großen Bottichen, und zwar nackt, in einem geheizten Zimmer, das oben von einer Galerie umlaufen war. Männer und Frauen badeten zusammen, stundenlang saß man sich im Bottich gegenüber, unterhielt sich, ließ Lautenspieler kommen, klatschte und buhlte; die Zuschauer auf der Galerie amüsierten sich nicht weniger als die Badenden selber. Ehrsame Frauen gingen freilich ungern in die Badstuben. Obwohl man damals nicht prüde war und sich niemand schämte, nackt zu sein, warteten in den Bädern auch junge Dinger auf, von denen man wußte, daß sie sich für ein Goldstück mit einem Mann in ein Kämmerchen sperren ließen. Der Rat mußte befehlen, daß Mädchen, die noch keine Brüste hatten, nicht mit in die Bäder genommen werden durften.

Die Stadt fand Zustrom vom Lande, vor allem junge Handwerker zog die Stadtluft an. Die Zünfte mußten sich gegen die Überwanderung sperren, man erschwerte die Gesellenprüfung, erhöhte die Sitzjahre im Verhältnis zu den Wanderjahren und forderte Meisterstücke von solchem Wert, daß ein armer Geselle die Kosten dafür nicht zahlen konnte.

Der Wahltag der Zunft galt als besonderer Feiertag. Die Zünfte wählten ihre Vertrauensleute am Ende des Jahres – zu Lichtmeß wurde dann der Rat verkehrt. Die Weber trafen sich schon am Morgen zu einem gemeinsamen Essen im Weberhaus. Da es für die Aufnahme aller Weber zu eng war, verfügte man sich zum Tanzhaus der Stadt. Der alte Zunftmeister entbot den Neujahrsgruß, ein Ehrenhumpen mit Wein machte die Runde. Dann folgte die geheime Abstimmung über den neuen Meister und den Rat der Zwölfer. Viele Weber brauchten die Hilfe des Stadtschreibers, denn sie konnten nicht schreiben, daher zog sich die Wahl bis spät in den Nachmittag. War sie vollzogen, ließ man erst die Zwölfer, dann den neuen Zunftmeister auf die Gerechtigkeiten der Zunft schwören und trinken. Darauf nahm man das Nachtmahl gemeinschaftlich ein, Spielleute traten auf, man erheiterte sich mit Rundgesängen, und noch vor Mitternacht zogen die Weber mit ihren Neugewählten zum eigenen Zunfthaus zurück und setzten das Gelage fort, solange sie trinken konnten. Stadtschreiber, Spielleute und Schankknechte wurden reichlich belohnt. Auch der Zunftrichter, der Kellermeister, der Büchsenmeister, die Ballenbinder und gar die Karrenzieher erhielten ihr Neujahrsgeschenk.

Die alten Patrizierfamilien schlossen sich der zünftigen Verfassung jetzt enger an. So hartnäckig man sich gegen Zuzug von außen sperrte und so schwer man es selbst dem schwäbischen Landadel machte, in Augsburgs vornehme Kaste aufgenommen zu werden, so sehr wünschten die alten Familien Anschluß an die Zünfte. Längst waren diese ja nicht mehr Handwerkervereine, sondern Unternehmerverbände, in denen Kaufleute die Politik für das Gemeinwesen machten. Wer also unter den Adligen nicht ein armer Landbesitzer bleiben wollte, rückte an die Kaufleute, Weinhändler, Salzfertiger und Kramer heran. Sie alle bildeten einen Großbürgerstand, dessen gemeinsames Wappen ein Geldsack hätte sein können. Man gab seinen guten Namen für erfolgreiche Firmen her, man bildete selbst Firmen und suchte einen tüchtigen Geschäftsführer aus der Zunft. So beteiligten sich die Welser am Gewürzhandel, die Höchstetter am Tuchhandel, die Herwarth handelten mit Edelmetallen, die Mülich, Dendrich und Vittel mit jeder Ware, die man bot.
Diese Gesellschaft von Patriziern und Emporkömmlingen suchte auch gesellige Verbindung. Man aß und trank an einem Tisch, man grüßte sich auf der Straße und schloß sogar Ehen untereinander. Schließlich wünschte man eine gemeinsame Herrentrinkstube am Perlach, aber der zünftige Rat verweigerte die Genehmigung. Deshalb trafen sich diese Kreise im Hause Peter Riederers an der Ecke des Brotmarkts, dem Rathaus gegenüber. Unter den fünfundzwanzig Patriziern ragte der derzeitige Bürgermeister Sebastian Ilsung hervor. An Ansehen stand ihm Bartholomäus Welser kaum nach, auch nicht Heinrich Herwarth. Sieben Herren waren vom Landadel, unter ihnen Konrad von Knörringen und Franz Burggraf, welche als Offiziere in städtischem Sold standen. Zweiundvierzig Zunftangehörige wurden Mitglieder dieser »Herrentrinkstube«. Hier konnte jeder frei reden, wie überhaupt die Bürger Meinungs- und Redefreiheit in ganz anderem Maße genossen als die bewunderten Bürger der italienischen Städte, die von ihren Despoten und Signorien auf Schritt und Rede überwacht wurden und vor dem Gefängnis zitterten. Nur die Anhänger des böhmischen Hus unterdrückte man, denn sie beschimpften Kaiser, Papst und Reich. Ihr Pöbel hatte zweitausend deutsche Studenten aus Prag vertrieben, und die hatten mit ihren Professoren die Universitäten zu Leipzig, Heidelberg und Ingolstadt gegründet.

Hans Fugger blieb der Herrentrinkstube fern. Auch Elisabeth, ehedem der geselligen Unterhaltung zugetan, blieb hinter den Kontobüchern. Das Geschäft ging vorzüglich, schon hatte Fugger an dreihundert Webstühle in Betrieb. Er war sparsam, lebte schlicht, er trank und spielte nicht, und obgleich Fugger jetzt der Bürgerschaft als wahrer »Hans im Glück« erscheinen mußte, blieb er auch mit fünfzig Jahren der einfache Mann. Die Gatten freuten sich an den Kindern. Der jüngste, Jakob, hatte große blaugraue Augen und feines dunkles Haar, er schien der hübschen Mutter am meisten ähnlich unter den Brüdern. Sie war ganz vertan in das Kind und hielt ihm wohl eine Spindel vor die Augen. Er war in dem neuen Stammhaus geboren, und Elisabeth ließ sich in mütterlich stolzer Vorahnung nicht davon abbringen, daß die Geburt im »Haus vom Ror« ein glückhaftes Vorzeichen sei. Fugger lachte dann. Sein Andreas war sechzehn Jahre älter als Jakob und schon ein tüchtiger Weber, ebenso Michael, der ein Jahr unter Andreas stand. Dieser Andreas war ein etwas verwöhnter und eigenwilliger junger Herr. Er war noch nicht vierundzwanzig, da kaufte der Vater, kurz vor seinem Tode, als Lehen vom Hause Österreich vier Sölden, einen Hof und ein Gut zu Burtenbach um zweihundertvierzig Gulden: Andreas würde Lehensträger sein, was dem stolzen Sinn des jungen Webers schmeichelte.

Fugger brauchte nicht mehr selbst mit dem Wagen von Ort zu Ort zu fahren, denn die Augsburger Metzgerzunft hatte ein Verkehrsnetz mit zuverlässigen Frachtführern entwickelt, und Hans, die Vorteile dieser Einrichtung einsehend, war einer der ersten, der sie benützte. Die Metzgerfahrt von Augsburg bis Venedig dauerte drei Wochen, und ein reitender Metzgereilbote erreichte Venedig schon in der erstaunlichen Zeit von zwölf Tagen. Das schaffte kein Kaufmann im ganzen Land. Fugger saß in der kleinen Geschäftsstube am Judenmarkt. Bis zum späten Abend konnte man sehen, wie er dort mit seinem Gesellen Lukas die Fahrten vermerkte und Aufträge niederschrieb, auf der Schiefertafel rechnete und Zahlen zusammenzog.

In der Wand versteckt war ein Kästchen mit dreitausend Dukaten in bar. Fugger war in fast vier Jahrzehnten, die er in Augsburg lebte, vom einfachen Gesellen trotz Pest, Hunger, Krieg und Streit aufgestiegen zum ersten Weber Augsburgs. In allen großen Städten

hatte er Vertreter, die seine Interessen wahrnahmen und die ihrerseits ihn als Vertrauensmann für den Augsburger Markt in Anspruch nahmen.
Andreas war in Nürnberg bei einem Bruder des Heinrich Schmucker in der Lehre, später wollte man ihn als Volontär nach Venedig schicken. »Welt bringt Geld« hatte sein Großvater Gfattermann gesagt, wenn er guter Dinge aus dem Tor zu Handelsfahrten geritten war, und »Welt bringt Geld« hatte Elisabeth ihrem Ältesten beim Abschied nachgerufen.

»Ich will noch einmal nach Graben fahren«, sagte Hans Fugger zu seiner Frau. Sie wußte, wie er an dem väterlichen Hof hing. Kürzlich erst hatte er zu dem Grundeigentum in Graben zweihundertachtzig Tagewerk Wiesmahd und einen Hof an der Mindel gekauft um zweihundert Gulden.
»Willst du wieder Gründe kaufen?« lachte Elisabeth.
Fugger wiegte den Kopf: »Grund und Boden – was will man mehr? Der verbrennt nicht. Vielleicht wird einmal ein Fugger froh sein, ein eigenes Stück Land unter den Füßen zu haben.« So tief steckte das Bäuerliche in ihm! Elisabeth rechnete und überschlug die Kapitalsanlage: für ihren Sinn hatte das Land Rechenwert.
»Ich hab der Agnes vorgeschlagen, sie solle aufs Land ziehen. Aber sie will nicht«, sagte er.
»Laß sie, biete ihnen nicht an, was sie nicht mögen, Fugger, man macht sich unbeliebt! Du hast immer das Beste für Agnes und ihre Buben gewollt, aber es gibt Leute, die wollen nicht ihr Bestes. Sieh nur den Hannes!«
Hannes Fugger, Ulrichs Sohn, war aus Venedig heimgekommen, aber von seinem Onkel am Judenberg wollte er wenig wissen. Es erschien ihm läppisch, am eigenen Webstuhl zu sitzen, wie seine Brüder und Vettern, und gar noch im Auftrag des Onkels!
»Er hat das Haus am Nathansgarten gekauft«, sagte Fugger. »Nun wird Agnes zu ihm ziehen und Konrad auch. Hoffentlich gelingen dem Windhund die Geschäfte. Er steht schon als Handelsmann im Register und versteuert siebenhundert Gulden.«
»Das ist viel Geld, und wenn man damit umzugehen versteht«, lächelte Elisabeth, »vermehrt es sich rasch. Wenn man eine bestimmte Summe hat, dann geht es wie von selbst. Das hab ich bei meinem

Vater gesehen. Aber wenn man diese erste Summe nicht übersteigt, weil man zu flott lebt und mit Häuserkäufen anfängt ...«
»Ich weiß, du magst die Mundsamsöhne nicht. Aber unser Andreas ist eben auch kein sparsamer ...«
»Unser Andreas?!« Sie war ordentlich aufgebracht, wie der Vater ihren Sohn Andreas mit jenem Hannes vergleichen könne. »Andreas ist ein Weber, Fugger! Hast du nicht selbst gesagt, wie er sein Handwerk von klein auf gelernt hat, wie er es wirklich beherrscht? Aber dies Bürschlein, der Konrad, es ist eine Schande, daß er Fugger heißt: Bei der Beschau wurden fünfundsiebzig Fäden minder gezählt als die rechte Zahl war.«
Sie schwieg einen Augenblick, dann machte sie ihrem Ärger über Hannes wieder Luft: »Und der mit seinem ›welschen Tuchgeschäft‹! Ich seh ihn schon kommen, wie er ein Darlehen von uns braucht. Aber nicht von uns, nicht von mir! Dann mag er hingehn, wo seine Brüder sind.« – Die Brüder waren in der Welt verschollen.
»Also ich fahre nach Graben, Elisabeth, den neuen Pächter zu sprechen, der Lein blüht ...«
»Mache dich nicht ans Unkrautjäten!« Sie drohte ihm mit dem Finger. Im vorigen Jahr hatte sich der reiche Fugger in bäuerlichem Eifer ans Unkrautjäten gemacht und darüber die Heimfahrt verpaßt. Am nächsten Mittag war er kreuzlahm auf einer Strohschütte liegend in die Stadt gefahren. Die Söhne und Neffen hatten sich das Lachen schlecht genug verbissen.
Manchmal überfiel Hans Fugger eine Schwäche. Er mußte sich an eine Hauswand lehnen. Längere Zeit konnte er das geschickt verbergen, er sprach einen Weber an, oder machte mit dem kleinen Michael einen Scherz. Er liebte die Stadt jetzt sehr, trotz eines gelegentlichen Ausflugs nach Graben. Er war stolz auf die breiten Türme über den vielen Dächern, wenn er sie, mit der Familie vor den Toren der Stadt, an Sonntagen dem kleinen Jakob erklärte: »Das ist der Luginsland, das der Perlach, und der dort, neben ihm, und etwas niedriger?«
»Das ist der Jakoberturm«, sagte Jakob mutwillig.
»Aber nicht doch, der kleinere!«
»Der Göggingertorturm!«
Nun merkte Fugger, daß der Sohn seinen Schabernack mit ihm trieb. Der Kleine wußte ja, daß der Vater den Turm des Roten Tors

meinte. Er hatte alle Türme seit dem vierten Lebensjahr so gut im Kopf wie seine Mutter die Ausstände beim bayerischen Adel.
Hier war es schön, außerhalb dem dräuenden Zickzack der Stadtmauer, wo die Gärten und Wiesen, die Bleichen und Auen waren. Michael schoß mit der Armbrust auf Krähen. Auch Jakob versuchte es, aber er war zu schwach, das Werkzeug zu spannen. Ein Pfeil fiel in die Wertach: Michael hatte versuchen wollen, den dicken Mörser auf der Bastei hinter dem Wasser zu treffen. Nun wunderte er sich, weil die Entfernung so groß war, daß sein Pfeil nicht hinflog. »Aber richtige Pfeile, Vater, die langen hin!«
»Mit Pfeilen schießt man nicht auf Mörser, mein Lieber.«
»Erzähl vom Krieg«, bat Michael, aber Fugger spürte plötzlich wieder den Schwindel kommen. Er ging auf einen Ackerwagen zu und setzte sich wie zufällig auf die Deichsel. Jakob kletterte neben ihn und wollte zu wippen anfangen. »Laß es, Jakob!«
»Ist dir nicht gut, Vater?« fragte Michael; er sah, wie Fugger der Schweiß ausbrach.
»Es geht schon. Kommt, Buben, wir wollen heimgehen!«
Fugger mußte sich ins Bett legen. Das hatte er schon zweimal gemußt, aber diesmal sollte er nicht mehr aufstehen. Elisabeth rief Andreas aus Nürnberg heim. Er sollte mit ihr in der Geschäftsstube arbeiten. Wenn sie dann zu ihrem Mann nach oben kam, die immer noch schöne, volle Frau mit dem faltenlos blühenden Gesicht, dann sprachen sie kaum von Geschäften, sondern von der Jugend. Fugger erzählte ihr von dem Vater und der Mutter, von der Flachsernte, und wie er dann als junger Weber eines Tages nach Augsburg gegangen sei zum Meister Widolf.
»Und dann die Klara!?« Sie lachte ihn an.
»Bald sehe ich sie wieder, Elisabeth.«
»Wie du redest, Fugger!« Aber sie empfand, daß es nun mit ihrem Mann bergab ging. Wie hätte der immer an die Zukunft Denkende sonst an die Vergangenheit denken können?
»Wir müssen den Dechanten bitten, Andreas«, sagte sie, wieder unten, zu dem Sohn.
Hans Fugger, Beschaumeister und Zwölfer der Weber, auch Beischöffe des heimlichen Westfälischen Gerichts, erlebte den Sommer des Jahres 1408 nicht mehr. Man trug ihn nach St. Moritz auf den Gottesacker, drei Söhne folgten der Leiche und viele tausend

Weber. Er war noch nicht sechzig Jahre alt geworden. Andreas war damals vierundzwanzig, Jakob neun. Sie waren mit Michael die Erben eines weitläufigen »Verlages«, für den um und in der Stadt wohl hundert Weber tätig waren. Elisabeth trauerte um ihren Mann, aber sie vergaß nicht, die Zukunft der Söhne zu überdenken. Der Älteste mußte gleich als Lehensträger von Burtenbach ausgerufen werden, damit die männliche Nachfolge gesichert blieb. Andreas fühlte sich sehr geschmeichelt, als die Hintersassen nun auf ihn vereidigt wurden. Er hatte eine doppelte Lehre als Weber und als Goldschmied hinter sich, nun sollte er schleunig nach Venedig gehen, damit seine kaufmännische Ausbildung den letzten Schliff erhielte. Sein Bruder Michael, weniger begabt, sollte die Mutter in der Weberei und Lagerhaltung unterstützen. Jakob ging noch in die Klosterschule von St. Ulrich.
Drei Tage nach dem Tode des Mannes liefen die Webstühle bereits wieder, als ob nichts geschehen sei, und am vierten Tag wurden die Hallen und Lager am Judenberg wieder für die Kundschaft geöffnet. Elisabeth, erst vierundvierzig Jahre alt, nahm die Leitung der Firma in die Hand; niemand sollte merken, daß ein Wechsel eingetreten war.

6

Andreas reiste über Brixen und Klausen in Gesellschaft von Nürnberger und Augsburger Kaufleuten nach Italien. Die Reise dauerte beinahe drei Wochen. In den beiden letzten Tagen hatte sich Andreas mit einem jungen Innsbrucker selbständig gemacht und den schwerfälligen Zug hinter sich gelassen. Sie ritten mit zwei Knechten durch venezianisches Festlandgebiet. Die Markusrepublik hatte vor kurzem den Sprung von den Lagunen auf das reiche oberitalienische Land gemacht. Soeben waren die Carrara aus Padua vertrieben. Noch sah man in jeder Ortschaft Kompanien und Fähnlein der bunt zusammengewürfelten venezianischen Soldtruppen. Niemand beachtete die gut berittenen Herrn, die nach Venedig reisten. Übrigens kamen ihnen an der breiten lehmigen Landstraße ununterbrochen Reiter, Lastwagen, Herden und Karossen entgegen, so wie auch vor und hinter ihnen Reiter und Fahrzeuge auf dem Wege zur Lagunenstadt waren. Man bewegte sich in aller Gemächlichkeit, aber zielbewußt. Seit man auf venezianischem Boden war, fürchtete niemand mehr für seine Sicherheit. Die Republik von San Marko garantierte allen Kaufleuten Freiheit der Handelswege.

Der junge Innsbrucker war schon mehrmals in Venedig gewesen. Er sagte zu Fugger: »Hier kümmert sich niemand um uns – aber sobald wir das eigentliche Stadtreich betreten, ist man nicht mehr Herr seiner selbst.«

Andreas hatte schon öfter aus dem Munde seines Gefährten solche Äußerungen gehört. Er wußte natürlich, daß kein Ausländer in Venedig selbständig Handel treiben durfte, daß die Makler vielmehr das Geschäft in Händen hielten und von ein- und ausgehenden Waren Steuern, Taxen und Zölle erhoben wurden, gegen die alle landesherrlichen Verkehrsabgaben in Deutschland Trinkgelder waren – aber daß der Innsbrucker gar eine Quarantäne fürchtete, schien ihm absurd. »Weshalb, wir sind doch gesund?«

»Man kann nie wissen, was sich die Signorie ausgedacht hat, Herr Fugger. Die Venezianer sind erstaunlich geschickt, wenn sie Geld haben wollen. Man wird uns untersuchen, man wird feststellen, daß wir gesund sind, man wird uns willkommen heißen – aber zugleich schreibt man unsere Personalien auf, schiebt einen Dukaten Taxe und Paßsteuer ein, schlägt Listen mit den Namen der Feinde Venedigs nach: kurz und gut, wir sind nicht im Lande eines Fürsten oder Bischofs, sondern in der Höhle des Löwen. Venedig will Handel mit aller Welt – deshalb betrachtet es jeden fremden Kaufmann als Konkurrenten und Feind. Sie werden sehen, daß man Ihnen vorschreibt, wann Sie ausgehen und mit wem Sie sprechen dürfen.«

Sie wurden von einer vierspännigen Kutsche überholt, die im Trab gezogen wurde. Zwei Vorreiter drängten alle Passanten auf den Seitenweg. Andreas und sein Begleiter verhielten ihre Pferde und sahen die an langen Riemen in ihrem Fahrgestell hängende Karosse herankommen. Die Vorhänge waren geschlossen, aber am Schlag bemerkten sie das päpstliche Wappen.

»Seine Heiligkeit schickt wieder einen Boten nach Venedig«, sagte der Innsbrucker, »um dem Dogen vorzustellen, wie schändlich es ist, wenn Venedig christliche Sklaven an die Ägypter verkauft.«

»Ist es wahr – verhandelt man christliche Sklaven in mohammedanische Länder?«

»Venedig handelt mit allem, was Geld bringt; es verkauft die Christen seiner illyrischen Gebiete an den ägyptischen Sultan und führt dafür Morgenländerinnen nach Europa ein. Kennt man bei Ihnen in Augsburg keine maurischen Kammerkätzchen und keine Äthiopier als Türsteher?«
Andreas war betroffen; das wäre nichts für meinen frommen Bruder Jakob, dachte er, aber er ließ sich nicht anmerken, daß die Vorstellung eines schwarzen Türstehers für ihn etwas Schmeichelhaftes hatte. Sollte er sich nach solch einem Menschen in Venedig umsehen? Aber dann fiel ihm das Entsetzen seiner Mutter ein und er beschloß, die drei Monate in Venedig aufzupassen, daß ihm ja nichts entginge, was zur Lebensart der Herren gehörte. Andreas Fugger hatte eine Schwäche für die große Welt.
In der Christenheit gab es keinen Ort um das Jahr 1410, wo man eher das Gefühl vom Mittelpunkt der Erde hätte haben können als in Venedig. Die Stadt hatte zweihunderttausend Einwohner, sechsmal soviel wie Augsburg, das die erste Stadt des deutschen Reiches genannt wurde. Venedig beherrschte das Mittelmeer mit dreitausenddreihundert Handelsschiffen und den berühmten fünfundvierzig Galeeren mit elftausend Mann Besatzung. Mit Hilfe dieser Flotte hatte Venedig die Konkurrenten Genua und Pisa geschlagen; vor kurzem hatte man sich auf Morea, dem Peloponnes, festgesetzt.
Seit der listige Doge Dandolo im Jahre 1204 mit Hilfe eines Kreuzzugheeres die Hauptstadt von Ostrom, Konstantinopel, erobert hatte, war Venedig weit über die Grenzen seiner Kolonien und Stützpunkte im Mittelmeer hinaus die Beherrscherin des orientalischen und russischen Handels geworden. Bis zum Schwarzen Meer kamen die venezianischen Kaufleute, sie saßen in Sudak auf der östlichen Krim und in Asow an der Mündung des Don. Wie in der Antike kam das Getreide für Venedig und Italien aus Südrußland. Auch gegenüber, an der Nordküste Kleinasiens, saßen die Venezianer, nämlich in Sinope und Trapezunt. Hier mündeten die transasiatischen Karawanenstraßen, auf denen Marco Polo bis nach China gekommen war. Auf der Straße vom Persischen Golf kamen und gingen die Waren von Indien.
Venedig besaß Kreta und beherrschte von hier aus die syrische Küste, wo Antiochia und Lajazzo in Armenien die Endstationen der

Binnenhandelsstraßen waren. Von Kreta segelte man in zwei Tagen nach Ägypten. Die Venezianer brachten neben den russischen Sklaven solche aus Griechenland, Albanien, Slawonien und Serbien auf den berühmten Markt von Kairo. Überall gab es venezianische Handelsstationen, die steuer- und zollpolitisch bevorzugt behandelt wurden. Wenn die östlichen Potentaten nicht soviel Verstand hatten, Venedig Vorteile zu gewähren, dann ließ die Signoria einige Galeeren vor ihren Häfen erscheinen.
Die Genuesen waren die ersten, welche im Verkehr mit England, Skandinavien, Flandern und Holland den Seeweg benützten, aber bald folgte ihnen Venedig, als die westliche Alpenstraße von Mailand mit Zollschikanen belegt wurde. Der französische König, oft mit Mailand im Bunde, trieb eine Handelspolitik, die nach venezianischer Ansicht nur dem Säckel des Königs diente. Daher umging man Frankreich, und nun lagen im Hafen von Sluys an der Swin, vor Brügge, die italienischen Karavellen, Karachen und Galeeren neben den Koggen der Hanse. Brügge war Endpunkt der Rheinschiffahrt, es wurde der Grenz- und Umschlagplatz für die hansischen und venezianischen Handelsmonopole.
Fuggers Begleiter kannte Brügge von seinen Reisen. Hoch pries er die Freiheit der Gäste in der nordischen Stadt, in Venedig aber sei man streng an den Fondaco dei Tedeschi gebunden, das gemeinsame Kontor der deutschen Kaufmannschaft, wo auch sie Quartier nehmen würden.
Vor ihnen lag die Stadt. Was Tausende gesehen und erlebt hatten, die spiegelnde weite Lagune und drüben die ausgedehnte und künstlich zusammengebaute Masse von Inselchen, mehr als dreihundert an der Zahl, die Venedig hieß, sah nun Andreas Fugger. Der Anblick der Inselstadt des heiligen Markus, umgeben von Symbolen der ersten Flottenmacht der Welt, war äußerst befremdend für einen Deutschen. Nicht nur der südliche Hauch der Luft, die stille Bläue des Wassers, der Inselcharakter der Stadt waren erregend, sondern mehr noch das Orientalische. Als sie nun in einer Gondola auf die Inseln zufuhren – weil der Innsbrucker sagte, das erste Mal müsse man Venedig mit einer Gondel erreichen – und in den großen Kanal kamen, der wie ein verkehrt geschriebenes S durch die Stadt ging, schien es Fugger, als werde der doppelte Charakter der Stadt in der Spiegelung der herrlichen Paläste im Wasser sinnbildlich.

Zwar gab es in Augsburg und Innsbruck feste und reiche Häuser – aber das hier war ja eine Stadt von Palästen; Treppen führten zum Wasser hinab. Prächtige Säulen trugen die Wappen der Besitzer, galonierte Wächter standen an den Stegen. Und während der fischig scharfe Geruch der Lagune ihm zu Kopfe stieg, meinte Fugger wahrhaftig in eine andere Welt gekommen zu sein, einen Hauch des Morgenlandes zu spüren. Was fuhr und trieb nicht alles in Booten, Kähnen und Gondeln an ihnen vorbei! Er wunderte sich ebenso über die Unmenge der beladenen Frachtboote wie über die Schnelligkeit und Eleganz der vornehmen Privatgondeln, die sich mit zwei oder gar vier stehenden Ruderern lautlos fortbewegten. Ohne zu fragen, brachte sie der Gondoliere zum Fondaco dei Tedeschi. Übrigens waren die Zöllner an der Einfahrt des Canale Grande betont höflich, so daß der Innsbrucker nicht recht behielt. Das jüngste Zerwürfnis mit Genua machte die oberdeutschen Kaufleute wichtiger als je für die Markusrepublik. Das riesige Haus der Deutschen stand im Herzen der Stadt, gleich links vor der Rialtobrücke. Es war ein quadratischer Bau mit einem Innenhof. Zu ebener Erde waren die Kaufläden und Lagerräume, oben enthielt er die Schreibstuben und die Verwaltung, denn die Deutschen bildeten, wie in den nordischen Hansehäfen, eine abgeschlossene Gesellschaft im eigenen Hause, mit bestimmten Gesetzen. Jeder Kaufmann hatte ein Kämmerchen zum Wohnen. Oben befanden sich Kammern und Säle für deutsche Reisende, die in Venedig ihr Schiff erwarteten, und für die nicht unbeträchtlichen Scharen von Pilgern zum Heiligen Lande. Fast hundert deutsche Kaufleute hatten hier einen Sitz, die meisten von ihnen hatten ständige Vertreter, aber es gab auch Inhaber der Ladengeschäfte und schließlich die Söhne reicher deutscher Kaufleute, die einige Monate in Venedig verbrachten, um die Gepflogenheiten des italienischen und levantinischen Handels kennenzulernen.

Andreas hatte über den Fondaco und seine Bewohner schon viel gehört, als er aber dort eintrat, war ihm seltsam zumute. War es doch nicht viel anders, als träte er aus der freien, offenen Welt in ein Kloster mit strenger Ordnung. Es gab keine Frauen im Hause. Die Gottesdienste waren Pflicht und auch die Mahlzeiten wurden gemeinsam, nach »Tafeln« geordnet, eingenommen. Zur Zeit gab die »Nürnberger Tafel«, unter Jörg Volkamer, den Ton an. Der

Das Fuggersche Lilienwappen mit Wappenbrief Kaiser Friedrichs III. für die Fugger von der Lilie 1473.

Wir Friderich

FRIDERIC
ANNO ETA

Präsident der Tafeln war zugleich Lehrherr und Vater von einigen fünfzehn Deutschen. Alles war genau geregelt, vom Aufstehen bis zum gemeinsamen Nachtgebet. Arbeits- und Ruhezeiten waren vorgeschrieben. Es gab gebotene und gesellige Zusammenkünfte, an denen jeder teilnehmen mußte. Die Kaufleute des Fondaco bildeten aus den ständig Anwesenden eine Innung, die ihrerseits Präsidium und Verwaltung wählte. Alle Gäste mußten sich der Verwaltung und den Oberen unterwerfen. Übertretungen wurden geahndet. Wer den Fondaco verlassen wollte, erhielt einen Begleiter. Für die beliebten nächtlichen Ausflüge zu den Kurtisanen brauchte man italienische Agenten, Schweigegelder und Taxen, denn die findige Signorie hatte auch die Kurtisanen hoch besteuert. Jörg Volkamer sah auf Ordnung und Zucht. Er hielt den beiden Neuankömmlingen eine geschickte Standpauke, allerdings auf Herrenart: die Deutschen seien angesehen in Venedig, sie sollten also nicht bescheiden oder gar sparsam auftreten, immer in bar und ohne viel zu handeln bezahlen! Die Signorie habe die Ausfuhr venezianischen Geldes verboten, es bliebe also nichts übrig, als sein Geld in Ware anzulegen oder es auszugeben. Man möge sich mit den Maklern, welche allmorgendlich den Hof des Fondaco mit Geschrei erfüllten, gütlich verständigen, denn man brauche die Leute nun einmal und solle ihnen ihren Verdienst nicht unnötig schmälern. Aber er verböte ihnen – hörten sie recht? er verböte ihnen – auf Angebote einzugehen, welche das gesellige Leben der Stadt beträfen. Die Deutschen seien in Venedig, um Handel zu treiben!

Diese Ratschläge befolgte man. Rund um den Fondaco, in den kleinen Kneipen an den Kanälen, wimmelte es von allen Farben und Rassen. Hier schien ein ewiger Karneval zu herrschen, und Andreas sah, daß sogar Pilger, an ihren Hüten erkenntlich, ebenso daran teilnahmen wie die lebenslustigen Kaufmannssöhne aus aller Welt, die in ihren Niederlassungen und Faktoreien so klösterlich streng gehalten wurden.

Andreas ging wie im Taumel durch diese lärmende Welt aber er verlor sich nicht daran. Es gab zuviel, das ihn lebhaft fesselte. Vor allem erkannte er den Vorzug des Rechnens mit arabischen Ziffern. Bisher hatte man mit den schwerfälligen lateinischen Ziffern gerechnet. Die arabischen erlaubten wegen ihrer knappen Zeichen für Einer, Zehner, Hunderter, Tausender und der Schreibung nach Stel-

Kaiser Friedrich III. im Alter von 53 Jahren.

lenwerten ein übersichtliches Auf- und Abrechnen großer Posten. Auch lernte Andreas ein System der doppelten Buchhaltung; er sah die Vorzüge und prägte sich das Schema ein.
Jörg Volkamer unterhielt sich gern mit Fugger. Den Namen des Augsburger Kaufmannshauses kannte er seit Jahren, nun war er beeindruckt von der selbstbewußten Redeweise des jungen Andreas, der demnächst die Firma führen sollte. Er machte ihn mit den wirtschaftspolitischen Zusammenhängen einer Kommune wie Venedig vertraut.
»Sie müßten auch nach Florenz gehen, Herr Fugger«, sagte er, »nicht nur weil das Bankwesen dort besser entwickelt ist als hier, sondern, weil die Florentiner Tuche und Seiden das Ergebnis einer Verfeinerungsindustrie sind, dem Fuggerschen Betrieb ähnlich.«
»Ich habe davon gehört, die Florentiner sind konkurrenzfest.«
»Wie bei Ihnen in Augsburg herrschen in Florenz die Zünfte, und die Zünfte werden beherrscht von Kaufleuten. Diese Kaufleute sind so stark, daß sie den Ansprüchen der einfachen Wollkratzer, Kämmerer, Spinner, Heimarbeiter und Weber nicht zu gehorchen brauchen. Die Kaufleute setzen den Lohn fest – alles andre, der Handel, die Steigerung und Senkung der Preise, ist Sache der Kaufleute.«
»Das ist bei uns in Deutschland schwer möglich.«
»Warum? Soviel ich aus Nürnberg weiß, ist die dortige Metallindustrie den Handwerkern gegenüber unabhängig und macht dem englischen Zinnmonopol erheblich Konkurrenz.«
»Bei uns gibt es andere Gesetze, Herr Volkamer! Immer noch gelten die strengen Vorschriften des Zunftregiments und der kirchlichen Geld- und Sozialordnung. Das deutsche Recht verpflichtet den Arbeitgeber, auf Gesundheit, Arbeitskraft, Ehre der Untergebenen zu achten – in Florenz aber beruft man sich auf das römische Recht, das nur den einzelnen und den Erfolg des Individuums kennt.«
Volkamer wunderte sich über diese gelassene Ausführungen. Andreas fuhr fort: »Außerdem, selbst wenn ich wollte, könnte ich solche Methoden in Augsburg und bei den Fuggern nicht durchsetzen, denn meine Mutter würde mich eher enterben als zulassen, daß ich über die Köpfe unserer Weber hinweg spekulierte.«
»Hier in Venedig sieht man immer wieder, wie Recht und Gesetz, Freiheit des einzelnen und Gebote der Kirche unter die Räder kommen, wenn der Kaufmann verdienen möchte. Jetzt hat die Signorie

eingesehen, daß Dalmatien und Illyrien zu arm sind, die wachsenden Kosten für die Flotte zu decken. Deshalb will sie das italienische Festland erobern. Glauben Sie mir, man denkt ernstlich daran, alles Gebiet bis Verona zu besetzen, ja bis zum Gardasee, damit man auch den Eingang der Straßen nach Deutschland in die Hand bekommt. Aber andererseits, wenn die Türken Miene machen, eine venezianische Faktorei in Syrien zu beschränken, dann schreit man um seinen Ingwer aus Indien, die afrikanischen Paradieskörner, den Ceylonpfeffer, südasiatischen Galgant, um seine Gewürze, Myrrhen und griechischen Weine – und gibt den Türken nach, um sie nicht zu reizen. Da mag der Heilige Vater noch so sehr die Signorie warnen!« –

Nach drei Monaten ritt Fugger aus Venedig nach Augsburg zurück. In seinem Gepäck hatte er nicht nur den Nürnberger italienischen Sprachführer seines Tafelvorsitzenden Hans Volkamer mit den wichtigen Münztabellen, Maßen, Gewichten und den international gültigen Handelsbräuchen, er hatte für den Rest seines Geldes im Auftrag seiner Mutter auch drei Wagen Baumwolle erstanden, breite, weiße, flockige Baumwolle, die in schwere Bündel gepreßt war.

Über Cortina kam er nach Innsbruck und kehrte im Elternhause seines Reisebegleiters ein, der selbst noch in Venedig geblieben war. Hier hörte er von großen Silberfunden gar nicht weit von der Stadt, in Schwaz. Er zögerte nicht, Ruhetage einzulegen und nach Schwaz hinüberzureiten. Er kam mit Bergknappen ins Gespräch und erfuhr, daß mancher, habe er nur Geld und Geduld, sein Glück bei den Gewerken machen könne: man müsse neue Gruben bauen, dann würden die Silberwerke von Schwaz die reichsten Europas sein. Bis nach Klausen und Terlan seien Silber und Kupfer in Mengen zu finden.

Damals war das Silber in Europa knapp geworden, denn die aufkommende Geldwirtschaft brauchte es zur Münzprägung. Seit Jahrhunderten hatte das Gold zu Silber wie 1 : 20 gestanden; seit einigen Jahren war der Kurs aber 1 : 15 (vgl. Anhang).

Andreas' Gastgeber wußte zu berichten, daß Nürnberger Kaufleute Interesse für Tiroler Bergwerke gezeigt hätten. Bisher habe die Hansa das Kupfer für die Nürnberger Werkstätten aus Schweden und das Zinn aus England besorgt. Seit man in Sachsen und am

Harz Silber, in Böhmen Blei fördere, könne das Tiroler Silber den Weltmarkt entscheidend verändern.
Andreas fragte, bei wem die Rechte der Ausbeutung lägen.
»Die Paumgartner aus Kufstein haben das Vorkaufsrecht im Land Tirol, aber sie sind finanziell kaum stark genug für Großunternehmen. Nun hört man, Manlich und Merz, aus Ihrer Heimatstadt, wollten Anteile kaufen.«
Andreas schüttelte den Kopf: »Das ist ein Geld, das spät Früchte trägt, scheint mir. Mögen die Manlich und Merz sich mit den Gruben plagen – ich komme von Venedig und weiß, was die Fugger tun.« Dabei dachte er an die Fuhrwerke im Hof.
Als Andreas heimkam, hatte die Mutter Neuigkeiten für ihren Ältesten: »Denke dir, dein Vetter Hannes war da und wollte ...«
»Ein Darlehen?«
»Ich habe glatt abgeschlagen. Wozu braucht er unser Geld? Am Ende kommt der Salzburger Erzbischof uns mit einer Klage, und es gibt eine Verwarnung durch den Hohen Rat, man möge sich sauberer Handelschaft befleißigen! Ich habe bei der Gelegenheit alle Verpflichtungen deines Vaters gegen Agnes und ihre Kinder abgelöst – ich bin quitt mit der Mundsamtochter.«
Andreas lachte, so war seine Mutter, sprudelnd und entschieden, er wußte gut, von wem er diese Eigenschaften geerbt hatte. »Was macht unser stilles Brüderchen, das Jaköble?«
»Der Jakob!« Sie begann zu erzählen, Jakob war ihr Stolz, und Andreas hörte mit etwas bitterer Neugier zu, wie sie von der Bedachtsamkeit und Klugheit des jüngeren Bruders sprach und darüber vergaß, ihn zu fragen, was er aus Venedig Neues bringe.
Sie ereiferte sich immer mehr: »Es war gut, daß wir uns trennten, Andreas. Mein Schwager Ulrich – Gott hab ihn selig – hat keine glückliche Hand gehabt, als er heiratete; wer weiß, was aus den Kindern wird. Besser geschieden als ...«
»Aber Mutter, ich bin ja einverstanden! Natürlich soll man auseinander gehen, wenn man sieht, daß man nicht zueinander paßt.«
»Wie du redest: aus der Art sind sie geschlagen, aus der Fuggerschen soliden Art! Dein Bruder Jakob – der hat die rechte Art!«
»Laß mich mit dem Jakob, er ist ja noch Schulbub!«
»Ein Schulbub, das ist er – versprich mir Andreas, sorge für ihn, wenn ich einmal nicht mehr lebe!«

»Natürlich sorge ich für ihn. Er soll auf Jahre nach Mailand, Venedig, Florenz gehen. Dort lernt man was. Ich wollte, ich hätte Florenz gesehen, das Bankwesen studiert.«

»Du weißt genug, Sohn. Du mußt die Firma übernehmen, schon schwätzt man im Rat gegen Witwen, die nicht wieder heiraten und die Geschäfte ihres Mannes weiterführen. Ich und noch einmal heiraten! Du übernimmst die Firma auf deinen Namen, Andreas – ich bleibe im Hintergrund!«

Andreas erweiterte sogleich den Betrieb. Neben dem Fuggerschen Tafeltuch stellte man Barchent her, jenes feste, doch weiche Gewebe aus Linnen und Baumwolle. Er ließ die venezianische Baumwollverbindung nicht abreißen. Die Erträge der eigenen Flachsfelder hatte man zu steigern gewußt. Andreas zog seinen Vetter Barthel aus Graben näher an die Firma, er sollte im ganzen Strich zwischen Lech und Wertach für die Fugger in Augsburg Lieferverträge mit den Bauern machen. Die Fugger nähmen den Lein bereits auf dem Acker zu einem guten Preis ab. Auch Baumwollgarn, eine Neuheit aus Baumwolle und Flachs, wurde hergestellt. Die Garne wurden auf eigene Bleichen gelegt. Andreas hatte in Venedig marktmäßig zu denken gelernt, nun spekulierte er glücklich mit Flachs und Baumwolle, die als Rohstoffe ständig im Preis schwankten. Standen die Garnpreise schlecht, dann ließ er um so eifriger weben, damit Michael sein Tuchlager voll bekam. Jakob aber saß, im zweiten Jahr nach Absolvieren der Schule, bei seinem großen Bruder am Judenberg in der Buchhalterei.

7

Sigismund von Ungarn war deutscher Kaiser geworden, er galt als ehrgeizig, und man hoffte, daß in ihm die Eigenschaften seines Geschlechts zu neuem Glanz kommen würden, Geisteskraft und Gewandtheit eines Karl IV. und Heinrichs VII. Hingabe an große Ideen. Man mußte die Türken bekämpfen, die Reichseinheit herstellen, das Schisma beseitigen, die Kirche reformieren. Aber Sigismund hatte auch die bösen Eigenschaften der Luxemburger, den Hang zu lustigem Leben, Verschwendungssucht, Projektemacherei und Verschlagenheit. Er war ein Freund der Städte, weil sie Geld hatten. In einem Streitfall mit Venedig zeigte er sich klug und schloß um die runde Summe von zweihunderttausend Dukaten einen raschen Frieden. Die Kirche hatte drei Päpste, Sigismund wollte diesen Zustand auf einem allgemeinen Konzil beenden. Dort könnte man auch mit dem böhmischen Magister Hus abrechnen, der kein großes Licht, aber Aufrührer der Böhmen war. Hus selbst hatte gegen den vom Papst verhängten Kirchenbann an ein allgemeines Konzil appelliert.

Auf der Reise von Prag nahm Kaiser Sigismund in Augsburg bei Peter Egen in dessen Palast am Weinmarkt Wohnung. Jeden Morgen zeigte er sich im Erker den vielgeliebten Bürgern. Bürgerschaft und Rat machten sich Hoffnung, Seine Majestät werde das Konzil in ihre Mauern berufen. Aus dem Prunkzimmer des Egenschen Hauses gingen die Depeschen täglich in alle Welt, jeder konnte die kaiserlichen Eilboten aus- und einreiten sehen, welche die Einladungen zum Konzil in alle Länder zu bringen hatten. Auf diesem Konzil sollte nicht mehr, wie ehedem, nach Ständen und Fakultäten, sondern nach Nationen abgestimmt werden. Das erschien aller Welt als eine begrüßenswerte Neuerung; auch die drei Päpste hatten ihre Unterwerfung unter diesen Modus zugesagt.

Die Stadt hatte dem Kaiser einen gehäuften Becher mit Goldstücken zum Empfang überreicht. Die Zünfte ließen ihm eine Fuhre Tiroler Wein ins Palais fahren. Der Adel und Egen selbst schenkten ihm Pferde, und da der Rat seinen unkaiserlichen Hang zu schönen Mädchen kannte, folgte ein Fest dem andern; der Monarch liebte Geselligkeit und Unterhaltung, ließ sich zur Jagd und zum Tanz bitten, besuchte die Ratsstube und das teuerste Freudenhaus. Peter Egen, lieb Kind beim Rat der Stadt, wich nicht von der Seite des Kaisers, der stets in guter Laune schien. Er wurde in den Adelsstand erhoben und durfte sich, für seine Bemühungen um das persönliche Wohl der Majestät, Peter von Argon nennen. Und dann fiel die Entscheidung – für Konstanz. In einem neuen Streit mit Venedig bot Konstanz dem Kaiser die Übernahme der Truppenwerbung an. Es schlug vor, den oberdeutschen Handel statt über Augsburg, Mittenwald nach Venedig fortan über Konstanz, Chur und Mailand nach Genua, der Konkurrentin Venedigs, zu leiten. Auf einem der Feste, die das enttäuschte Augsburg jetzt in bescheidenerem Rahmen feierte, führte Andreas Fugger auf dem Tanzhaus der Patrizier die vornehme Barbara Stammler vom Ast zum erstenmal zum Tanz. Um den Hals trug sie eine kostbare goldene Kette, ein modisch kleines Hütchen saß auf dem blonden Haar. Ihr Mund schien hochmütig geschlossen – aber sie fand an dem wohlgekleideten, reichen, jungen Fugger Gefallen, der den Kopf stolzer trug als mancher Adlige.

Einige Monate später fand die Hochzeit statt. Trotz der mütterlichen und brüderlichen Bedenken erweiterte Andreas den Betrieb, stellte täglich neue Gesellen ein und ließ, wenn nicht verkauft wurde, auf Vorrat arbeiten. Vierhundert kleine Weber standen in seinem Lohn. Er fühlte sich als Großunternehmer, und die Liebe machte ihn kühn: die Familie Stammler hatte ihn in ihren Kreis geschlossen, ein Lächeln seiner Barbara besiegte alle Bedenken.

Die Gegensätze zwischen arm und reich hatten in den Zünften zu unerträglichen Spannungen geführt. Im Laufe der vergangenen Jahre war ein System der Löhnung ausgebildet worden, das allen Vorschriften der Kirchen und der Zunft Hohn sprach. Das Geld wurde immer beliebter und knapper, daher bezahlte man die Gesellen, kleinen Handwerker und Heimarbeiter wie in alten Zeiten mit Naturalien, Gebrauchsgegenständen und Lebensmitteln. Was sollte ein armer Weber mit Bechern, mit Geschirr, mit vornehmem Hausrat? Die Lohnherren hatten das Zeug in Massen irgendwo eingekauft und brachten es nun nach Geldwert, statt einer Bezahlung, an ihre Leute. Wo blieb da die kirchliche Vorschrift vom gerechten Lohn? Wo blieb die Vorschrift der Zunft von wertgerechter Bezahlung?

Das Zunftregiment schien machtlos gegen die Geschäftemacher in den eigenen Reihen zu sein. Sie waren als »Mehrer der Gesellschaft« die tonangebenden Leute in der Herrentrinkstube, konnten mit ihrem Geld jedes unbequeme Maul stopfen und sich überall Freunde machen. Wenn man durchgreifen wollte, wechselten sie die Zunft. Wer konnte unterscheiden, ob die reichen Weber noch Handwerker oder eher Händler waren?

Auch Andreas fühlte sich als »Mehrer der Gesellschaft« und ansehnliches Mitglied der Herrentrinkstube. Die Fugger waren durch die Ehe und Barbaras reiche Mitgift eine vornehme Familie geworden. Man hatte das Haus am Judenberg umbauen und erneuern müssen, denn der Hausrat der Braut paßte nicht in die schlichten

Räume. Elisabeth zog mit Michael und Jakob zurück in den Bartshof. Sie legte den Arm um Jakob, der jetzt fünfzehn Jahre alt war, und sagte: »Vertrag dich mit dem Andreas!«
»Er ist nicht gut zu dir, Mutter.«
»Er wird zu uns zurückfinden. Er hat eine schöne reiche Frau, und nun möchte er vor ihr und ihrer Familie etwas gelten.«
Sie hatte einen Plan, den sie ihrem Jüngsten jetzt verriet. Er sollte Gold- und Silberschmied werden.
Jakob war aufs äußerste überrascht. »Aber warum denn, Mutter, wir Fugger sind doch Weber?«
»Sieh mal, Jakob, dein Bruder Andreas hat 1410 bei Peter Reuschle eine kurze Lehre als Goldschmied durchgemacht, aber er hat sie abbrechen müssen. Ich habe mit Ulrich Hofmair, dem Goldschmied, geredet, er will dich aufnehmen. Auch die Stammler, Barbaras Familie, hat Goldschmiede.«
»Fürchtest du, Mutter, der Andreas werde mich eines Tages aus der Weberei . . .?«
Sie unterbrach, daran hatte sie wahrhaftig nicht gedacht, aber sie wunderte sich über den Instinkt dieses Sohnes. Sie sagte: »Du mußt dich mit Andreas vertragen. Es kann nicht schaden, wenn du das Geldwesen von der technischen Seite her kennenlernst, Jakob. Du und dein Bruder, ihr nennt euch noch Weber – aber seid ihr es?«
»Ich will immer Weber bleiben.«
»Lerne das Metall kennen, aus dem man Geld macht, Jakob; jetzt läuft in Augsburg wieder schlechtes Geld um. Seit dem Kaiser das Konzil zu Konstanz mißlungen ist und alle Aussichten für den Handel mit Genua fehlgeschlagen sind, muß Augsburg herhalten.«

Jakob Fugger lernte bei Ulrich Hofmair und Jöß Herwart im Jahre 1418 aus und ging wie sein Bruder Andreas nach Venedig, um die Kaufmannschaft der Welschen im Fondaco dei Tedeschi kennenzulernen. Dadurch entging er geistlichen und leiblichen Fährnissen, denn der Heilige Vater hatte Augsburg am 11. Juni 1418 mit dem Bann belegen müssen, weil sich Stadt und Rat weigerten, eine Prügelei im Dom zwischen streitenden Parteien, bei der Dechant Gottfried Harscher schwer verwundet worden war, gutzumachen. Hinter dem Streit steckten böhmische Prädikanten; sie predigten den betrogenen Webern allgemeine Gleichheit und den Laienkelch.

Die Folgen des päpstlichen Machtspruchs wurden in der Stadt sogleich spürbar. Bischof Anselm brachte die bayerischen Herzöge in Harnisch, so daß die ewigen Zollstreitigkeiten aufgebauscht wurden und die Herzöge den Handel der Stadt sperrten. Den Augsburger Salzstadel in Freising verkauften sie als leichte Beute. Dann schlossen sie die Schleusen des Lech und legten dadurch die Mühlräder in der Jakobervorstadt still.
Eine Stadt, die in Acht und Bann getan war, konnte nicht auf Schonung rechnen, ihre alten Rechte waren wertlos. Keine Glocke rief zur Messe, kein Priester sprach ein Gebet, es gab keine Absolution, keine Hochzeit, keine Beerdigung. Nur die Anhänger des in Konstanz verbrannten Johann Hus predigten: das Jüngste Gericht nahe, vor dem alle Menschen gleich seien. Die armen Teufel begannen im Geist schon die Güter dieser Erde zu teilen. Und nun zogen mißfarbene Nebel am Himmel hin, stickige Luft legte sich in die Gassen, das frische Brot verdarb bei den Bäckern unter Schimmel, die Tiere ekelten sich vor dem Futter. Die Singvögel verließen ihre Nester, und nur Raben und Geier blieben über der Stadt. Die Leute klagten über Herzschmerzen, Kopfweh. Dann kamen Übelsein, Erbrechen. Die Atmung wurde schwer, ein Fieber ergriff die Kranken, und schließlich durchbrachen schwarze Beulen die Haut: Die Pest war in Augsburg. Zur Verteilung der mißfarbenen Nebel ließ der Rat etliche Stücke grobes Geschütz auf der Mauer abbrennen. Die Feinde vor den Toren hoben verwundert die Köpfe und meinten, die Augsburger schössen in den Himmel, der ihnen feindlich sei. Aber dann merkte man, was vor sich ging, und die Belagerungsarmee wurde von höllischem Entsetzen gepackt: die Pest war unter die dreißigtausend Einwohner gefahren, Gottes Strafgericht für die eigensinnige, widerspenstige Stadt! Sie soll von Konstanz hereingeschleppt sein? Direkt aus der Hölle kommt sie wie der Antichrist.
Man legte Balsampflaster auf die Beulen, und wenn der Kranke den achten Tag überlebte, war er gerettet, dann wich der üble Gestank, er bekam Lust zu essen und zu trinken. Wenn die Beulen aber fest und rot wurden, nach innen tiefe Löcher bildeten, der Puls rascher wurde, das Gesicht spitzer und kalkweiß, die Zunge blutig und zerrissen, dann starb der Kranke noch am siebten Tag; wenn er an diesem Tag nicht starb und dem Würger entkam, dann blieb er blind oder taub und sein Geist war auf immer verwirrt.

Ohne Beichte und ohne Wegzehrung starben zweitausend Menschen in vierzehn Tagen.
Die Ärzte verordneten Zitrone, Knoblauch, Schwefel. Mit indischem Kampfer stärkte man das Herz, denn die Pest hielt man für eine Herzfäule, die das Innerste verderbe. Vor allem mußte man den Atem des Kranken meiden. Da flohen also Kinder vor den Eltern, Eltern vor den Kindern. Ein Mensch fürchtete den andern, man schrie sich ein Halt zu und hielt Knüttel bereit, um jeden Verdächtigen von sich zu scheuchen. Es half nichts, täglich starben viele Hundert dahin. Der Feind zog ab. Man begrub die Toten erst in, dann vor der Stadt in Massengräbern. Tag und Nacht fuhren Karren durch die Straßen, um die Toten einzusammeln. Maskierte Knechte luden sie mit Gabeln auf die Karren. Die Reichen flohen auf ihre Güter, unter ihnen Andreas Fugger mit seiner Familie. In fünf Wagen war alles untergebracht, was ihm wichtig war, im ersten saß Barbara mit dem kleinen Lukas. Sie trug ihr reichstes Kleid und ihren ganzen Schmuck am Leibe. Im zweiten Wagen saßen Mägde und Kammerfrauen, die drei letzten Wagen waren mit Geld und Gut beladen. Der Lehnsherr von Burtenbach begleitete den Zug mit zwanzig Knechten zu Pferde. Drohend hielten sie die langen Speere vor sich zwischen den Ohren der Pferde, denn Räuber hatten sich die Gelegenheit zunutze gemacht und erhoben Lösegeld an den Wegen. Viele der Flüchtigen, die nicht so großes Gefolge hatten, mußten Lösegeld zahlen.
War man dann an Ort und Stelle, nahm man Aufenthalt in abgeschlossenen, ruhigen, windstillen Teilen des Besitzes. Die Zimmer wurden mit Schwefel ausgeräuchert. Man trank heißen Wein, damit das Herz fröhlich und lebendig blieb, und auf der Brust befestigte man als Amulett einen grünen Smaragd.
Elisabeth Gfattermann-Fugger blieb in der Stadt und leitete die Firma im Namen der Söhne. Als jedoch ihr Zweiter, Michael, dem roten Tod erlegen war, verließ auch sie die Stadt und begab sich nach Graben.
In Augsburg starb jeder zweite Mensch, Mann, Weib oder Kind. Nur Greise und Krüppel blieben unempfindlich gegen die Ansteckkung. Mädchen in voller Schönheit und kräftige junge Burschen packte der Würger am liebsten. Fünfzehntausend Menschen starben – das Ende der Welt schien bevorzustehen. Die Weber zählten die

Hälfte ihrer Meister und Gesellen zu den Opfern; Elisabeth hatte Boten nach Burtenbach geschickt, die melden mußten, daß die Betriebe zum Stehen kämen, da die Weber wie die Fliegen stürben. Barbara bestimmte ihren Mann, auf dem Lande zu bleiben, bis die Seuche erloschen war.

Der päpstliche Bann wurde endlich gelöst, der Bayer ließ sich von Peter von Argon besänftigen, aber neue Aufregung kam über die Stadt, als das Kapitel die Forderung stellte, alle Toten der Pest, welche ohne Beichte und Wegzehrung gestorben seien, müßten aus den Friedhöfen ausgegraben und auf dem Schindacker beigesetzt werden. Die Sechzehntausend hatten ja wie Heiden sterben müssen. Der Rat weigerte sich, auf die Forderung des Kapitels einzugehen und setzte seinen Willen endlich durch. Als man die Quartiere der Stadt durchging, ergab sich, daß die Armen, welche eng und dicht beieinander gelebt hatten, der Seuche in weit stärkerem Maß zum Opfer gefallen waren als die reichen Bürger. Die Zünfte hatten Not, ihre gelichteten Reihen mit Zuwanderern zu füllen, die Reichen aber kehrten mit gesteigertem Lebenswillen und Selbstgefühl zurück.

Eifriger als je schlossen sich die großen Familien nun zu Gesellschaften zusammen. Vorbild war immer noch die Ravensburger Handelsgesellschaft, mit der sich keine der Augsburger Firmen vergleichen konnte. Ravensburger und Konstanzer hatten die Gesellschaft groß gemacht; nun traten Kaufleute aus den Reichsstädten am Bodensee hinzu, solche aus St. Gallen, Bern und Freiburg in der Schweiz folgten.

Die bedeutendste gemischte Handelsgesellschaft bildeten in Augsburg Ulrich Arzt und Bartholomäus Welser. Arzt hatte durch geschickte Spekulation mit Häusern und Grundstücken ein Vermögen von vierzigtausend Gulden erworben. Er galt als der reichste Mann der Stadt und war der vornehmste Nachbar der Fugger am Judenberg. Armer Eltern Söhne drängten sich in den Handel. Zu ihnen gehörte Burkhard Zink aus Memmingen, der spätere Chronist der Stadt. Auf Wunsch seines Vaters hatte er Magister werden sollen, war jedoch seinem Pfarrherrn entlaufen und in ein Nürnberger Metallgeschäft eingetreten. 1420 kam er nach Augsburg in die Firma des Joseph Kramer. In dessen Auftrag war er in Tirol, dann im venezianischen Tuch- und Gewürzhandel. Nach einigen Jahren wurde er bereits Geschäftsführer in der Gesellschaft des Peter von Argon und tauschte in Venedig Eisen, Blei, Silber und Bernstein gegen Baumwolle und Safran. 1430 unternahm er in Argons Auftrag eine Reise bis Cypern, doch die Venezianer faßten Mißtrauen gegen den allzu geschäftseifrigen Schwaben und wiesen ihn aus. Nach einer Auseinandersetzung mit Peter von Argon trat Zink der Gesellschaft des Ulrich Arzt mit Hans Meuting bei, der Konkurrenz des Hauses Argon. Er gab eine Kapitaleinlage von siebenhundert Gulden. Dafür war er mit fünfhundert Gulden zu vollem Gewinn und Verlust beteiligt, der Rest von zweihundert Gulden mußte als »Voraus« eingelegt werden und wurde bei der Gewinnberechnung nicht mitgezählt. Dennoch erhielt Zink in drei Jahren 1440 bis 1443 im ganzen dreiundzwanzig Prozent, also sieben zwei Drittel Prozent für ein Jahr, während der gewöhnliche Kapitalzins im Reich fünf Prozent betrug.

Bartholomäus Welser, der Ältere, bildete mit Gossenbrot in Augsburg, mit Vöhlin in Memmingen und Paumgartner in Nürnberg eine oberdeutsche Handelschaft, die sich vor allem mit dem Export edler Metalle und dem Import von Gewürzen befaßte. Meuting, den Fuggern durch seine Mutter Anna verwandt, bildete mit Hartmann Sulzer eine Gesellschaft. Andreas Fugger hätte sich, nach der Rückkehr von Burtenbach, diesen beiden gern angeschlossen, aber Elisabeth durchkreuzte die Pläne, weil sie für die Familienanteile Jakobs fürchtete.

Als Jakob aus Venedig und Florenz nach Augsburg kam, war er ein Mann geworden. Er hatte sein zurückhaltendes Wesen nicht verloren, aber sein Wille schien sich entfaltet zu haben. Elisabeth merkte es mit Wohlgefallen. Sie erzählte ihm von Andreas – sie hoffte, die Brüder würden sich nach Michaels Tode nähern. Sie sprach wenig und suchte in den ersten Wochen herauszubekommen, was Jakob in der italienischen Welt gelernt hatte und ob sich sein Sinn, wie vor Jahren der des Älteren, ganz der Kaufmannschaft zugewandt hätte.

Jakob hatte eine Weltkarte mitgebracht, und abends, wenn er mit der Mutter allein war, pflegte er sie auszubreiten und in Gedanken darüber zu sitzen. Die Erde war eine gewölbte Scheibe, um welche das Meer wie ein Gürtel floß. Die Sphären des Himmels bewegten sich mit all ihren Sternen darüber hin. Die Erde war Mittelpunkt der Welt, Europa lag im Mittelpunkt der Erde und Italien im Mittelpunkt Europas. Venedig, die Stadt des geflügelten Löwen, war das Tor zwischen Osten und Westen, zwischen Christen und Heiden, zwischen Land und Meer. Aber nun war eine Stadt fern im Westen in das Blickfeld der Kaufleute getreten, Lissabon. Gab es noch Länder jenseits der Meere? Könnte man auf dem Meeresgürtel um die Landmassen von Afrika fahren? Müßte man dann Indien zu Schiff erreichen? Die Sterndeuter und Spekulanten der Geographie sprachen davon. Wie weit könnte man auf Schiffen nach Süden fahren, ohne in dämonische Regionen von Riesen, Zauberern und Magnetbergen zu kommen? Kürzlich hatten die Portugiesen Madeira entdeckt, und wenn die Berichte stimmten, mußte es ein Paradies im Ozean sein, das verschollene Land Atlantis. Da wuchsen Trauben süßer als die von Italien, Gewürzpflanzen und kostbare Farbhölzer. Dann hatte man die Azoren entdeckt, ein unerhörter Triumph für die Geographen, und sie waren noch fabelhafter und paradiesischer als Madeira.

Jakob erklärte seiner Mutter die Lage der neuen Inseln anhand seiner Karte. Elisabeth verstand nicht, wenn er sagte: »Das ist unser Augsburg«, und auf einen kurios beschrifteten und verzierten Platz wies.

»Und was ist das?« Sie wies oben rechts auf eine schwarze Schlange. Er lachte: »Das ist der Nilus, Mutter, der Fluß in Ägypten.« Er beugte sich über den Text und las übersetzend: »Der Nil, in dem man das Gold findet.«

»Aber diese Striche, Jakob?«

»Das sind Linien für die Seefahrer, sie verbinden Hafen mit Hafen, deshalb nennt man die Karten Portolankarten. Und diese Striche sind Meridiane, denn du mußt wissen, man hat das verkleinerte Bild unserer Erde, solch eine Karte, mit Mittagslinien überzogen. Es sind die gedachten Linien, durch welche alle Gestirne gehen, wenn sie den höchsten Stand haben.«

Sie starrte ungläubig auf das bunte Blatt. »Das verstehe ich nicht, Jakob. Hast du dich in Italien mit diesen Dingen abgegeben?« »Das hat Gründe, Mutter, wenn es stimmt, was da am Rand der Karte steht, ANTILIA – wenn das Land Antilia eines Tages gefunden wird: dann ist Lissabon das neue Venedig der Erde. Ich habe in Venedig Seeleute getroffen, die schworen, sie seien in Antilia gewesen, und dort gäbe es Menschen mit Hörnern, mit einem Auge, und große Tiere, deren Ausscheidungen Perlen seien.«

»Nichts für uns, Sohn! Wenn das euer Vater an seinem Webstuhl gehört hätte! Erzähle mir lieber von Florenz. Man sagt, die Medici nähmen für den Heiligen Vater die Pfründen und Zölle von England und Schottland ein?«

»Sie stehen in enger Verbindung. Giovanni Medici hat Johann XXIII. für achtunddreißigtausend Dukaten aus der Gefangenschaft in Heidelberg gelöst.«

»Johann unseligen Angedenkens? Ist es wahr, daß ihn der Heilige Vater begnadigt hat?«

»Johann hat schwer gebüßt, jahrelang in Haft gelebt, seines Amtes entsetzt. Papst Martin hat ihn begnadigt, und er ist als Bischof von Tuskulum, ein gebrochener Mann, 1419 gestorben.«

»Wie halten es die Florentiner mit dem Zins?« Das war die große Frage in diesen Jahren überall, wo sich Vermögen sammelten.

»Sieh, Mutter«, begann Jakob, »ich sprach vorhin von Lissabon. Venedig ist für einen Reiter acht Tage weit, Lissabon ist acht Wochen weit. Wie soll da ein einzelner Kaufmann, der seine drei oder vier Wagenzüge hat, imstande sein, solch weite Fuhren zu machen! Er braucht Schiffe, und Schiffe kosten Geld. Nur die Großen werden imstande sein, den Lissaboner Handel mitzumachen. Die Welser, Hochstetter, Imhof, Ebner und Volkamer in Nürnberg, der Ruland in Ulm – ich weiß, daß man sie Großwucherer und Schinder nennt, und daß man sie nicht minder haßt als die Juden. Sie wollen den deutschen Markt beherrschen, nein: sie müssen ihn beherrschen, nur sie sind fähig, solch teuern weitläufigen Handel zu treiben! In Venedig und Genua kann auch der einzelne Kaufmann Handel treiben und kaufen. Aber in Spanien und Portugal sind Kauf und Verkauf schwieriger und kostspieliger. Man muß besondere Faktoreien einrichten, wo Vertreter mit Prokura sitzen. Das kann sich kein einzelner leisten, und deshalb tun sich mehrere zusammen.«

Elisabeth war tief verwirrt – da hatte sie Andreas um Jakobs willen von den Gesellschaften ferngehalten, und nun sang der Jüngere das Lob der Gesellschaften. »Aber der Zins? Die Kirche verbietet ihn, und zugleich nimmt der Papst Kapital von den Medici auf, um den Lateranpalast zu bauen, den Kirchenstaat zu vergrößern?«

»Seit hundert Jahren führen die Bardi in Florenz ein Conto per Dio, ein Konto für den lieben Gott, mit zwei Anteilen in ihren Büchern. Das Conto Messer Domen et Dio ist auch beim Bankrott unangreiflich; es dient christlicher Wohltätigkeit.«

»Lorenz Egen hat hier eine Antonius-Pfründe gestiftet, ausgerechnet er, der Gierigste und Bedenkenloseste von allen, und auch die Rehlinger, Welser und Ilsung suchen sich und die Ihren durch fromme Werke vom Fluch des Geldes zu lösen. Bruder Lorenz aber sagte am Sonntag in der Predigt: ›Leihet, ohne daß ihr hoffet‹. So sagt der Heiland selbst bei Sankt Lukas im Evangelium, und dann brachte er lange Stellen vom heiligen Gregor von Nyssa, dem Kirchenvater, daß Zinsnehmen unnütz und unersättlich sei. Arbeit und Handel seien gut, aber das Geld in sich sei unfruchtbar. Ohne zu säen und zu pflügen will der Zinsnehmer, daß es ihm gedeihe und sich mehre.«

»Ich weiß, Mutter, aber ohne Geld kann die Welt nicht mehr bestehen. Der Heilige Vater hat vor wenigen Jahren den census realis als zulässig erkannt als Leibrente, die ich dem Geldgeber jährlich zahle; sie darf ein Zwanzigstel bis ein Zehntel der Summe betragen. Es ist jene Rente für Anna, die in Augsburg immer erlaubt war. Auch ein Haus, einen Acker darf ich als Sicherheit verpachten. Die großen Herren geben ja Städte und Rechte an die Gläubiger zu deren Nutzen dahin!«

»Der Kramer und Goldhändler Konrad Hirn und seine Frau Afra haben alle anderen in Ausübung ihrer Gewissenspflicht übertroffen. Sie haben die Pest auf ihrem Gutshof Topfheim überstanden und vor dem Karmeliterprior von Sankt Anna – du kennst ihn, Heinrich Brümster – das Gelübde abgelegt, ihr gesamtes Vermögen der Kirche zu geben, denn Kinder haben sie nicht. So stiftete Konrad zuerst ein Pilgerhaus mit vier Betten für arme Christen, die nach Rom, Loreto und Santiago de Compostela wollen. Afra stiftete ein Seelhaus für alte Jungfern in der Sankt Annagasse. Den Karmelitern selbst aber gaben sie die größte Stiftung: eine Kapelle neben der Kirche mit einer ewigen Messe, einem ewigen Licht und einem Salve Regina, ferner gaben sie ein Legat, zu Händen des Klosters, für verarmte Goldschmiede.«

»Die Augsburger werden fromm, scheint mir, während man draußen in der Welt auf die Händler und Wucherer der Stadt schimpft.«

»Wart's ab! Wenn der Konrad stirbt, werden ihn die Goldschmiede in der eigenen Kapelle beisetzen. – Du gehörst ja zur Zunft!«

Sie sah ihn etwas spöttisch an, sie hatte gehört, daß er im Hause des reichsten Goldschmieds von Augsburg, Bäsinger, einen Besuch gemacht hatte; aber Jakob ging nicht auf die stumme Frage ein, sondern sagte: »Ich habe nun die Zahl unserer Weber fast wieder voll, es war schwer, genügend tüchtige Leute zu bekommen. – Hat sich Andreas nicht viel um die Betriebe gekümmert?«

»Er hat so vieles, um das er sich kümmern muß, dein Herr Bruder.«

Einige Wochen darauf kehrte Andreas vom Lande in die Stadt zurück, er war freudig überrascht, daß Jakob bereits einige hundert Weber angeworben hatte, zugleich aber stutzte er. Wollte Jakob sich in den Vordergrund drängen? Und als nun Jakob vorschlug, er, Andreas, solle die Kaufmannschaft führen, während er selbst sich des Weberei- und Färbebetriebes annehmen werde, sagte Andreas unvermittelt: »Wir wollen teilen zwischen uns beiden.«

»Ich teile nicht. Für den einen Fugger gibt es nur den andern Fugger, und bevor du dich mit Fremden zusammentust, versuche mit mir auszukommen, Andreas!«

»Ich habe andere Pläne.«

»Ich will wie der Vater ein Weber bleiben«, sagte Jakob, »du aber führst das Handelsgeschäft auf Gewinn und Verlust.«

»Das will ich . . .« unterbrach Andreas den Jüngeren.

»Du führst das Handelsgeschäft – für dich und für mich«, versetzte Jakob.

Andreas war überrascht, er bedachte sich. Hielten die Brüder zusammen, so standen sie den Welsern fast gleich und gehörten zu den zehn reichsten Familien der Stadt. Trennten sie jedoch das Vermögen mit fünf zu drei Teilen, wie der Vater für diesen Fall testamentarisch verfügt hatte, so mußte er trotz seiner fünf Teile mit fremden Gesellschaftern, die ihren eigenen Kopf hatten, zusammengehen. Das bare Vermögen der Firma betrug fast fünftausend Gulden, die von Elisabeth als der eigentlichen Leiterin der Firma mit zwanzig Gulden jährlich zu versteuern waren; zu jener Zeit zahlte man in Augsburg von je zweihundertvierzig Gulden Vermögen einen Gulden Steuer.

»Es gilt«, sagte Andreas und hielt dem Bruder die Hand hin.

Nun begann für Jakob eine saure Zeit. Viele Wochen vergingen,

Ulrich Fugger, Kupferstich von Wolfgang Kilian.

VDALRICVS FVGGER
FILIVS 2.
IACOBI SENIS.

bis die Gesellen an den Webstühlen lernten, feines Fuggersches Tafeltuch zu weben oder auch welsches Tuch, das Jakob den Mailänder und Venezianer Webern abgeschaut hatte. Im Färben aber war er der vielbewunderte Meister. Leuchtend rote, grüne, gelbe und blaue Gewebe füllten die Lager: es war eine Art Geheimwissenschaft, die er aus Venedig mitgebracht hatte. In den Kaufgewölben drängten sich die Damen und legten die Stoffbahnen versuchend über die Schulter. So etwas! Man war entzückt. Dieser Jakob! Wo sei der bloß? Jakob ließ sich entschuldigen, die Vorbereitungen zur Frankfurter Messe ...

8

Der Goldschmied Bäsinger, ein kleiner beweglicher Herr, wurde von seinen Zeitgenossen auf zwanzigtausend Gulden geschätzt. Er hatte rasche Gebärden und eine spitze Nase, der Mund war klein aber schnell, beinah hätte man ihn für geschwätzig halten können. Doch Behendigkeit und Redekunst waren die Kehrseite eines glänzend entwickelten Sinnes für Geld und Rechnen. Durch seine Hände ging der Silberhandel Augsburgs mit Tirol, Sachsen und Böhmen, und da der Wohlstand der Wirtschaft des deutschen Reiches vor der Entdeckung der amerikanischen Schätze auf diesen Silbergruben ruhte und das Reich eine Art Silbermonopol für Europa hatte, war das Warenzeichen Bäsingers, ein halbiertes Rechteck, einem lateinischen B ähnlich, von Brügge bis Venedig bekannt.
Goldschmied nannte er sich, und seine Ausbildung war handwerklich, aber längst war er Bankier und Händler großen Stils geworden. Die Gold- und Silberschmiede Augsburgs, die zur Zunft der Salzfertiger und Weinschenken gehörten, zählten um 1430 etwa hundert Namen. Die Hierlinger, Flicker, Labich, Spitzmacher, Peutinger, Riederer, Schanternell, Fideler, Nathan, Gräßlin und Öselin wetteiferten an Kunstfertigkeit und Geschmack. Augsburger Schmuck war in ganz Europa bekannt. Bäsingers Werkstätte hatte sich auf große Tafelstücke, Aufsätze, schwere Truhen, Schüsseln, Leuchter, Löffel und Salzfässer spezialisiert. Salzfässer von Ellenhöhe in getriebenem Silber bildeten den Hauptschmuck einer vornehmen Tafel. Jedes Salzfaß war mit einem kunstvollen Schloß versperrt, zu dem der Hausherr den Schlüssel führte. Es war strenge

Georg Fugger, Gemälde von Giovanni Bellini, 1474.

Sitte, das Salzfaß zu Beginn der Mahlzeit zu öffnen und jedem Gast sein Quentchen auf einer Krume Brot zu reichen. So zeigte man, daß das Salz des Hauses rein war und nicht, wie man es hie und da von den Welschen hörte, vergiftet.

Jakob Fugger wußte also, was er tat, als er Bäsingers hübscher Tochter, die er seit der Kindheit kannte, den Hof machte. Eine Heirat war eine ökonomische Handlung, durch Heiraten kamen Geld zu Geld, Familie zu Familie. Barbara hatte hellblonde Haare und blaue Augen und war in einem besonderen Sinne hübsch, nämlich städtisch. Andreas' Frau, die Stammler von Ast, war auch hübsch – aber der fehlte das Bürgerlich-Pfiffige, das Barbara Bäsinger von ihrem geldgewandten Vater hatte. Sie war nicht so hochmütig wie die adlige Stammler, und Elisabeth Gfattermann konnte die wohl überlegte Wahl ihres Sohnes Jakob nur gutheißen. Im stillen triumphierte Elisabeth, daß sie auch Jakob das Goldschmiedehandwerk hatte lernen lassen. Jetzt wüßte er, wozu es gut gewesen.

Jakob gewann durch die Heirat mit Barbara Bäsinger mehr als einen reichen Schwiegervater und Erblasser, nämlich eine vorzügliche Haus- und Geschäftsfrau, die es mit der eigenen Mutter aufnehmen konnte. Jakob war sich mit seiner Frau einig. In ihnen floß das gleiche Blut der arrivierten Bürger, der gleiche Wille, das Vermögen um seiner selbst willen zu mehren, und nicht wie bei Andreas und seiner Frau, es bloß zum Prunk und zur Repräsentation zu verwenden.

Jakob Fugger war kein schöner Mann, er hatte eine viel zu große, vorn knollige Nase, und über ihr kniff eine mit den Jahren schärfer werdende Falte die Stirn. Der Mund war verschlossen, so daß sein Gesicht einen fast mürrischen Ausdruck hatte. Dazu kam der sonderbare Blick der schief gestellten Pupillen, die eine Mischung von schwäbischer Bauernschläue und zähem Handwerkergeist anzudeuten schienen. Energie sprach aus diesem Gesicht – und das ist ja wohl mehr als Schönheit. Auch Barbara sollte mit der Zeit, als sie ihre elf Kinder bekam, einen ähnlich strengen, fast knochigen Schwabentypus herausbilden, ein strenges Bürgergesicht, das alles Fremde abwies und seine Nöte nur Gott anvertraute.

Der bischöfliche Münzmeister Peutinger war Bäsingers Freund. So kam Jakob mit seinem Schwiegervater manchmal zu ihm in die neue Münze beim Tanzhaus. Bäsinger war ein Meister im Legieren von Gold und Silber mit Kupfer und Zinn, und wenn er den Hammer auf den Prägestempel schlug, so meinte man, er sei nichts als sein Leben lang Handwerker oder Münzmeister gewesen. Das Justieren und Sortieren des geprägten Geldes ging ihm sicherer von der Hand als dem Peutinger.

In der Münze entstand das Teufelsgeld, wie Bruder Lorenz es in den Predigten nannte. Hundert Stück wurden abgezählt und gehäufelt. Wie der Holzkohlenofen glühte, die weißen Silberbarren herbeigerollt wurden, die Fässer mit dem roten Kupfer! Die Metalle mußten sich von der Luft abgeschlossen binden, das war das Wichtigste bei der Arbeit. Drüben hämmerten die Präger dann Münze auf Münze aus der Legierung, erst die Ober-, dann die Unterseite. Die heidnische Göttin Zisa erschien mit der Zirbelnuß, dem Zeichen der Stadt, auf der einen, das Bild des Bischofs auf der anderen Seite der Münze.

Hier schien sich Bäsinger am wohlsten zu fühlen: »Geld, Geld, Geld für alle Welt!« sagte er zu seinem Schwiegersohn. Doch der sah ernst drein. Bäsinger nahm eine Münze und warf sie hoch: »Es ist e i n Leben, oben und unten, wie sie auch fällt. Acker und Arbeit: schön und gut! Aber wo das Geld rollt und wie es rollt – das ist's! Eins hübsch zum andern; sieh, wie sie gegeneinanderpassen, das gibt eine Rolle, du fühlst dich reich, wenn sie in der Tasche steckt! Web du dein Tafeltuch, ich schmiede die Tafelaufsätze, Barbara kocht und füllt sie mit guten Sachen: die Herrentafel ist fertig!«

Bäsinger war Feinschmecker und von seiner Frau Dorothea selig her einen leckeren Tisch gewöhnt. Vor allem die Gewürze liebte er. »Ein hübsches Weib ist so köstlich wie gepfefferte Speis!« Das war einer seiner lüsternen Lieblingssprüche, wenn er bei Jakob zu Tisch kam und Barbara die vollen Schüsseln vor ihnen aufbaute.

»Pfeffer, Fugger, gehört auf die Speise, Pfeffer macht den Hausherrn lustig, Pfeffer ist dem Gold gleich, ein Geschenk für Könige! Und der Safran, mein Lieber, stärkt das Herz, macht die Speisen herrlich rot und gibt Kraft zur Liebe!« Er lachte schallend.

Er kannte alle Gewürze. »Mit Ingwer besticht man die Richter! Wer tränke noch sauern deutschen Wein? Gewürzwein geht über alles, selbst der edle Tiroler braucht Würze.«

Jakob schwieg. Er hörte gern zu, wenn Bäsinger redete, doch ihm war diese Art von Unterhaltung nicht gegeben.

»Mit Muskat und Zimt gewinnt man die Herzen schöner Frauen. In zierlichen Beuteln schenkt man sie den Damen.«
Ein Gewürztaumel hatte die Zeit ergriffen, als habe der neue Geist, der aus Italien über die Alpen drang, sich mit einer Schärfung der Zungen, Gaumen und Nasen verbunden. »Wer gut schmeckt, begreift gut«, sagte Bäsinger.
Das einfache Essen der Vorfahren, Milch und Brot, Brei aus Rüben, am Sonntag ein Stück Rauchfleisch, genügte nicht mehr. Selbst die Bauern verzichteten nicht auf Salz und Pfeffer. Neben dem Tuchhandel wurde der Gewürzhandel das größte Geschäft: Andreas Fugger wußte, was er tat. Sollte er den Welser und Gossenbrot den oberdeutschen Pfefferhandel allein überlassen? Ein Peter Egen dankte seinen Reichtum dem Safran.
Egen – oder von Argon, wie er sich jetzt nennen durfte – hatte nach des Vaters Lorenz Tod am Weinmarkt ein prachtvolles Haus erbaut und die Fassaden durch Meister Jörg mit Fresken schmücken lassen, welche die Geschichte der Stadt Augsburg mit den Schicksalen der eigenen Familie auf etwas protzige Art in Zusammenhang brachten. Als Kaiser Sigismund nach der Krönung in Rom durch Augsburg kam, 1433, war er Taufpate von Peters Sohn. Es war allen Eingeweihten klar, daß Peter mit kaiserlicher Hilfe eine Vormachtstellung in der Stadt erstrebte. Dachte er an die Medici in Florenz? Schon hatte er sich den Hohen Rat durch ein Darlehen verpflichtet und durfte die Brückenzölle an mehreren Toren der Stadt kassieren. Zweifellos liebäugelte er wie sein Vater mit dem Gedanken, die Münze an sich zu bringen.
Sein geschäftlicher und kommunaler Widersacher war Ulrich Arzt. Trotz seines Reichtums war er ein einfacher und bescheidener Mann geblieben und lebte in seinem Haus am Judenberg ähnlich zurückgezogen wie Jakob Fugger, sein Nachbar. Aber in allen öffentlichen Dingen war er entschieden auf der Seite der Zünfte. Mehrfach hatte er sich als Bürgermeister den Bestrebungen Egens widersetzt. Doch in der Hussitenzeit hatte Egen der Stadt einen Kredit eingeräumt, und endlich triumphierte er über Arzt, indem er 1434 zum ersten Bürgermeister gewählt wurde.
Andreas gehörte zu Egens Partei. Er und seine Gemahlin hatten beim Besuch des Kaisers in der Nähe der Loge Seiner Majestät gesessen, und Barbara sah ihren Lukas in Zukunftsträumen bereits

mit den adligen Herren Turniere ausfechten. Andreas hatte in Peters prächtigem Haus die Herzöge von Bayern kennengelernt und dadurch seine Handelsbeziehungen festigen und erweitern können. In der Herrentrinkstube fand er die Gesellschaft, die er suchte, und sprach selten von seinem Bruder, dem Weber. Er war wie Peter ein Zechgenosse des jungen Prinzen Albrecht von Bayern-München. Der Hohe Rat wagte keinen Einspruch zu erheben, wenn Peter ihm für tolle Streiche Einschlupf am Weinmarkt bot. Der Prinz hatte die Baderstochter Agnes Bernauer in Augsburg kennengelernt. Das Paar wurde heimlich in St. Anna getraut. Als die Ehe mit Kindern gesegnet, des Prinzen Glut aber abgekühlt war, überbrachte ein Beauftragter Argons Herzog Ernst, dem Vater des Prinzen, verlässige Nachricht von der Affäre. Der Herzog lud Agnes freundlich auf seine Burg nach Straubing, ließ sie in einen Keller werfen und am 12. Oktober 1435 als Hexe, die seinen Prinzen verführt habe, in der Donau ersäufen.
Die Augsburger wollten Argons Stadtschloß stürmen. Aber Peter und Albrecht befanden sich auf einer neuen verliebten Fahrt zu einer norddeutschen Dame, der schönen Elisabeth von Braunschweig. Murrend verlief sich der Haufe, weil im Augenblick nichts auszurichten war: »Da seht, wie die Fürsten den Bürger ansehen! Was sind wir denn, wenn die Fürsten Mörder und Verräter sind?«

Andreas war damals auf der Frankfurter Messe und verkaufte Fuggersches Tafeltuch und Barchent und erstand Pfeffer, Ingwer, Safran und Zimt. Als er zurückkam, war seine Mutter Elisabeth, geborene Gfattermann, gestorben. Siebenundzwanzig Jahre lang hatte sie die Firma geleitet, und nun lag sie, die schönen Hände um ein Kreuz gefaltet, aufgebahrt zur ewigen Ruhe. Sie hatte Vermögen und Risiko vorsichtig verteilt, nüchtern gewirtschaftet, Gulden auf Gulden gelegt. Die Brüder sahen, wie sehr ihre Mutter wegen dieser Eigenschaften im stillen respektiert gewesen war. Die Augsburger Kaufleute erwarteten, daß der stolze Andreas sich jetzt von Jakob trenne. Mancher hoffte wohl, Partner des Andreas werden zu können, der als weitgreifender, in Entschlüssen schneller Herr große Einsätze wagte. Aber die Brüder einigten sich. Kürzlich erst hatte der Bankrott Gossenbrots andere Familien, die Pfettner, Dillinger und Bach, ins Verderben gezogen. Auch Hans Herwarth war vorübergehend in Zahlungsschwierigkeiten. Andreas selbst war unsicher geworden; die in Frankfurt eingehandelten Gewürze hatte er diesmal mit Verlust verkauft und Jakobs Webstühle waren es, die den Verlust wettmachen sollten.

Die alte Generation starb. Konrad Hirn war 1426 feierlich von den Goldschmieden in der eigenen Kapelle beerdigt worden. Hans Bäsinger, sein Freund, Beschaumeister der Zunft, übernahm durch einen Reversbrief mit Hans Goppelt die Hinterlassenschaft. Als dann auch Konrads Frau Afra zum Sterben kam, erhielt Meister Jörg durch Bäsinger den Auftrag, einen Marmorsarg und zwei Altäre für das Ehepaar Hirn zu fertigen. Das waren Beispiele für ihr Jahrhundert! Denn bald entstanden jetzt in deutschen Städten überall Kapellen mit spitzen gemalten Fenstern und Altarbildern und Sarkophagen zum Heil derer, die dem ewigen Heil näher sein wollten als ihre Mitmenschen draußen auf dem Friedhof. »Hier liegen Konrad Hirn und seine Hausfrau Afra«, hatte Meister Jörg kunstvoll auf die Särge gemeißelt, zu ewigem Gedenken an ihre armen Seelen. Bäsinger selbst war weltlich gestimmt; ihn und seine Seele könnte der Mammon nicht gefährden. Er lieh sein Geld gegen Sicherheit und Zinsen ohne Sorge für das Seelenheil aus, wie es die Goldschmiede und Bankiers in London, Amsterdam, Paris, Lyon und Florenz schon lange taten. Als Zunftmeister war er Sachwalter der städtischen Almosentruhe im Rat der Stadt; diese Truhe mußte voll sein, dann erst konnte man aus ihr ausschütten: wie gut, daß es fromme Leute gab, die ihr Geld dieser Truhe vermachten! Als nun auch Peutinger starb, ernannte die bischöfliche Verwaltung Bäsinger mit Billigung eines Hohen Stadtrats zum neuen Münzmeister.

Auf dem Geldmarkt herrschte Unsicherheit. Geringhaltige Öttingische Münzen, verfälschte böhmische Pfennige hatten das gute Augsburger Geld verdrängt. Schon wollten die Ausländer nur Gold und Silber in Zahlung nehmen oder Ware gegen Ware tauschen. Die Bauern weigerten sich, für die böhmischen Schinderlinge, wie sie hießen, auch nur einen Sack Rüben herzugeben. Gutes Geld wurde einbehalten.

Bäsinger machte sich Gedanken, wie man den Kredit des Geldes heben könnte. Er sprach mit seinem Schwiegersohn darüber, doch der hatte, wie Bäsinger merkte, immer noch das alte Bauernvorurteil gegen alles Geld, das nicht seinem Metallwert entsprach.

Bäsinger sagte: »Das Geld – was ist es anderes als ein Vermittler? Diese Münzen sind als Metall nicht soviel wert, wie draufsteht – das ist nur bei Goldmünzen der Fall – sondern soviel, wie der Kaiser oder das Land oder die Stadt mir garantieren.«
»Was garantiert die bischöfliche Münze?«
»Den Wert! Du wirst sehen, Schwiegersohn, ich werde der Welt zeigen, wie man den Glauben an das Geld festigt!«
Bäsingers rettender Gedanke fand bald im ganzen Reich Nachahmung. Er forderte alles laufende Geld zur Gehaltsprobe und Bestätigung seines Wertes auf die Münze, und das gute Geld wurde, als fürderhin allein gültig, mit dem Wappen der Stadt überprägt. Augsburg hatte Kredit, das gute Geld kam aus dem Strumpf zum Vorschein und verdrängte nun von selbst die geringhaltigen Sorten. Für größere Zahlungen führte Bäsinger, da an Gold überall Mangel war, kurzerhand den Silberbarren ein. Große Gewinne flossen in seine Tasche. Der Augsburger Silbermarkt war durch Bäsingers Geschäftsverbindungen und die Stellung als Zunftmeister in seiner Hand. Agenten saßen in Rammelsberg bei Goslar, in Kuttenberg in Böhmen, den Zentren der Silbergewinnung. Nun war er in Innsbruck gewesen. Friedrich mit der immer leeren Tasche, Herzog von Tirol, gab um bares Geld Bergwerksrechte preis. Bäsinger verhandelte mit den Tiroler Gewerken. Er wollte den Schwiegersohn mit ins Geschäft bringen, doch Jakob sagte: »Ich kenne Tirol und habe auf der Reise nach Venedig bei Innsbruck ein Bergwerk gesehen – was soll ich in den Gruben und Stollen von Schwaz?«
»Eine zukunftsreiche Sache, Schwiegersohn, denk an deine Kinder. Im Bergwesen gewinnt der, der den längsten Atem hat. Was ich heute investiere, kommt mir nach Jahren zugute, aber dann auf Jahrzehnte!«
Barbara saß bei den Männern und sprach ihrem Mann zu, der Vater habe recht, man müsse seine Dukaten anlegen.
Jakobs ernstes Gesicht verzog sich zu einem Lachen: »Unsere Dukaten anlegen, schön und gut, aber ich bin Weber.«
»Du bist ebenso Goldschmied wie ich«, sagte Bäsinger.
»Ich bin an den Andreas gebunden und der hat das Geschäft auf den Gewürzhandel festgelegt. Du steckst im Silbergeschäft von Kindsbeinen an, du spekulierst gern. Ein Fugger ist vorsichtig.«
»Wie der Andreas«, spottete Bäsinger.

»Das spekulative Geschäft«, sagte Jakob, »ist auf die Dauer keine Grundlage. Wie gewonnen, so zerronnen, sagt man wohl.«
Nach der Arbeit suchte sich Jakob zu zerstreuen, und dazu benützte er seine Karten und ein neues Instrument, das er kürzlich in Nürnberg gekauft hatte, einen Kompaß. Die geheimnisvoll zitternde Nadel stand nach Norden. Was waren das für Kräfte? Man erzählte sich von dem stählernen Sarg Mohammeds, der in Mekka zwischen zwei großen Magneten freischwebend in der Luft hing.
Inzwischen gab es schon neuere Instrumente, Astrolabien, mit denen der Seemann bei Nacht nach den Sternen segeln konnte. Burkhard Zink hatte den Venezianern auf seiner Cypernreise allerhand nautische Künste abgesehen, das war einer der Gründe gewesen, weshalb sie ihn als lästigen Ausländer abgeschoben hatten. Aber solche Instrumente hätten sie nicht gehabt. Burkhard hatte der Handelschaft entsagt und vorgezogen, Stadtschreiber von Augsburg zu werden; das war ein hochangesehenes Amt, gut bezahlt und ließ Muße für sein Lieblingsprojekt, die Chronik der Stadt. Einigermaßen verwundert, hörte er von den Nürnberger Instrumenten Fuggers; ob der an die Seefahrt dächte? Aber die Deutschen waren keine Seefahrer mehr, die Macht der niederdeutschen Hansa war seit zehn Jahren gebrochen.
Nun hatte Barbara einen Sohn geboren, Ulrich, der hatte nicht mehr die strengen Züge der Fugger, seine Backenknochen schienen feiner gebildet, die Stirn weicher gerundet, der Mund hübscher, die Nase zarter. Die bäuerliche Derbheit war fort und Jakob sagte zu seiner Frau, der Kleine sähe ihr ähnlich.

Als Bäsinger aus Tirol zurückgekommen war, verstand er seine Erfolge in Augsburg kundzutun. Er hatte den Schwazer Gewerken erhebliche Summen vorgestreckt und dafür Anteile erhalten. Der Münzmeister ward viel bewundert, man drängte sich an ihn, suchte seine Bekanntschaft. Auch Andreas Fugger nahm mit ihm Verbindung auf. Die Stammler drängten Andreas, sich von dem bedächtigen Jakob zu lösen; aber es wäre dumm von Andreas gewesen, das jetzt, da er Jakobs Schwiegervater brauchte, zu tun. Achttausend Gulden versteuerte er im Gewürzgeschäft, das sich mächtig gehoben hatte, und dies Geld sollte nun rollen und laufen. Jakob schlug zwar vor, das Geld in den Tuch- und Barchenthandel zu stecken, aber An-

dreas wies auf die jüngsten Verordnungen der Zünfte hin: Die freie Preisbildung sollte mit aller Macht verhindert werden, damit der kleine Mann, die Masse der armen Weber, geschützt wurde. Bäsinger wußte Wunderdinge aus Tirol zu berichten, kürzlich hätten pflügende Bauern silberhaltiges Gestein zu ebener Erde entdeckt. Die Bergknappen hätten Erze gefunden, deren Edelmetallgehalt höher sei als im Harz und in Böhmen.
Andreas hätte gerne ein Schiff ausgerüstet. Seine achttausend Goldstücke schienen ihm dazu wie geschaffen. Er würde nach Alexandrien und Antiochia fahren. Aber die Welser hatten schlechte Erfahrungen in Venedig mit solchen Plänen machen müssen, denn die Signoria hatte die Anträge schroff abgelehnt. Mit Genua hatten Augsburg und Ulm aber seit Jahren keine Verbindung mehr. Bis Lyon und Marseille war der Weg zu weit. So blieb nur Bäsingers Silberunternehmen in Tirol. Andreas steckte sein Geld hinein.
Friedrich mit der leeren Tasche besaß die Anrechte der Bergregale seines Landes. Die privaten Gewerke bauten die Erze ab. Den Zehnten des Roherzes mußten sie im voraus an die Regierung in Innsbruck entrichten. Das gewonnene Metall sollte dem herzoglichen Wechselamt übergeben werden, das den amtlichen Preis dafür zahlte. Diesen Preis nannte man »Wechsel«. Weil Friedrich aber ein Verschwender war und die Rechte weit in die Zukunft hinaus vergab, nützte ihm der Besitz der Silbergruben wenig.
Bäsinger war der erste Augsburger, der Anteile an den Gewerken Tirols erwarb. Überall hatte ja der gewandte Münzmeister seine Freunde – so hatte er auch persönliche Beziehungen zur Innsbrukker Regierung, den Räten des Herzogs und zum Wechselamt. Neben dem Silber war in Tirol Kupfer entdeckt, in Kärnten war Blei gefunden, das man zum Ausschmelzen der silberhaltigen Erze brauchte. Bäsinger sah in Gedanken schon einen Rundbetrieb von Hüttenwerken entstehen und sich selbst zu Augsburg in der Mitte des Kreislaufes von Silber, Kupfer, Blei. Keine Stadt des Reiches lag für den Tiroler Bergbau so günstig wie Augsburg. Tirol und Venedig, das hieß Erze und Gewürze! Bäsinger glaubte, bald würden Tirols Gruben die der übrigen Welt erreichen, wenn nicht übertreffen.
Erze und Gewürze, Bäsinger und das Haus Fugger! Sollte man den Schwiegersohn nicht in einem vornehmen Symbol auf die Verbin-

dung der Interessen von Weberei und Erzen aufmerksam machen? So ließ er es sich nicht nehmen, da Fugger soeben Vorsteher der Weberzunft geworden war, ihm einen goldenen Haspel zu schenken, den er von seinem besten Gesellen herstellen ließ. Bäsinger liebte die Kunst der Anspielung, mit besonderen Formen den Gedanken Ausdruck zu verleihen. Man schmiedete goldene und silberne Löwen, Krokodile, fremdartige Fische, Käfer und Schlangen. Echt augsburgisch war Elfenbein in Gold, als Trinkhorn oder als Wandschmuck, gefaßt, oder eine Kokosnuß als Zuckerbüchse, mit goldenen Füßen und goldenem Deckel. Gern stellte man goldene und silberne Perlen her, Zitronen, Bananen, ganz besonders aber große goldene Augsburger Straußeneier. Der Haspel sollte für den Schwiegersohn ein Haus- und Warenzeichen sein. Es glich einerseits dem Haspel der Weber, doch zugleich dem lateinischen F und U, schließlich auch, da die Antike und ihre Mythologie nie untergegangen waren, dem Dreizack des Gottes Neptun, wenn auch mit kurzem Stiel: in Gottes Namen mochte sich jeder dabei denken, was es sei. Jakob nahm das kostbare Geschenk höflich in Empfang, Barbara strahlte, aber auf den Tiefsinn der Andeutung, auf eine Verbindung von Weberei und Bergbau ging Fugger nicht ein. Mochten andere sich das Ihre denken: er bliebe Weber. Die Zeiten waren unsicher.

Kurz nach der Wahl der Zünfte, am Dreikönigstag des Jahres 1452, brachen in den Augsburger Vorstädten Unruhen aus, die zu Zusammenrottungen vor den Bäckerläden und zu Plünderungen führten. Der alte Rat sah sich, kurz vor seinem Rücktritt und mitten in den Vorbereitungen zum Empfang des neuen Kaisers Friedrich III. und seines Kanzlers, Kaspar Schlick, gezwungen, die Vorstädte zufriedenzustellen, indem er das Brotgewicht der Bäcker auf der städtischen Waage nachprüfen ließ und für die betrügerischen Bäcker an der Roßschwemme von Sankt Ulrich einen Schwippgalgen errichtete. Die Bäcker waren empört: diese Schmach ihnen? Was hätten sie denn getan? Beim Backen und Wiegen, das wisse doch jedes Kind, könne man sich versehen, es gäbe Schwundverluste ...

»Aber stets zum Vorteil der Bäcker.«

Die Bäcker waren außer sich, sie sperrten ihre Läden und zogen nach Friedberg.

Der Rat befahl Bäckergesellen zu sich und richtete im Brothaus eine städtische Bäckerei ein. Nur drei Tage dauerte es, da schickten die Bäcker eine reumütige Abordnung an den Rat, es sei ein Versehen, man wolle sich vertragen, nicht so schlimm gemeint, man garantiere das Gewicht, auf Ehre!

Aber der Rat kannte die Bäcker. Er blieb fest und ließ den Zunftmeister Hans Taglang auf zehn Jahre aus der Stadt verweisen.

Es blieb kaum Zeit, nachdem die Ordnung hergestellt war, letzte Anstalten für den Empfang der Majestät zu treffen. Dann zog sie ein, von hundert Reitern begleitet. In drei Truhen lag der kaiserliche Schatz, der den Augen des Volkes Pracht und Herrlichkeit vortäuschen mußte, denn Friedrich III. war auf Geldsuche bei den Städten, weil die Türken im Osten an der Grenze standen. Schlick, der bucklige Kanzler, ritt seinem Herrn jeweils voraus, um die Pfade diplomatisch zu ebnen.

Augsburg holte den Monarchen mit tausend in die Farben der Stadt gekleideten roten und weißen Reitern von Friedberg ab. Der Kaiser saß in einem festlichen Wagen, müde von der Reise, aber lächelnd, als ihm die beiden Bürgermeister, Ulrich Rehlinger und Hans Vittel, den Gruß der Reichsstadt entboten. Die Gasse bis zum Weinmarkt wimmelte von Menschen. Vor dem Hause Peters von Argon, wo Friedrich Wohnung nehmen würde, brachte der Rat sein Ehrengeschenk dar, einen goldenen Becher mit tausend Gulden, den Friedrich gnädig entgegennahm. Nach fünf Tagen zog der Kaiser leicht verstimmt weiter, denn Kaspar Schlick hatte beim Hohen Rat der Stadt taube Ohren für des Reiches Not gefunden. Peter von Argon aber, vom Kaiser in Titel und Rang bestätigt, glaubte, es sei an der Zeit, Zünfte und Patrizier, Pöbel und Kaufmannschaft gegeneinander auszuspielen und die bischöfliche Münze erwerben zu können. Ein überraschendes Ereignis kam ihm zu Hilfe.

Hans Bäsinger, bischöflicher Münzmeister und Tiroler Gewerke, war seit längerer Zeit in Zahlungsschwierigkeiten. Er hatte sich in ein großes Spekulationsgeschäft mit Silber und Seide eingelassen, das durch unerwartete Umstände mißlungen war. Es wurde bekannt, daß auswärtige Gläubiger an dreißigtausend Gulden von ihm zu erwarten hätten, und nun hatten sich in Augsburg Forderungen in Höhe von zwanzigtausend Gulden eingestellt. Bäsinger verließ in der ersten Verwirrung die Stadt. Andreas Fugger löste sich in einer öffentlichen Erklärung von ihm. Jakob aber, der Schwiegersohn, bot sich dem Rat als Bürge an. Bäsinger kehrte zurück. Der Rat nahm ihn in Haft und entzog ihm das Amt des Münzmeisters. So konnte Peter von Argon die Münze zum Preis von zweitausend Gulden vom Bischof erwerben. Der Rat war überrumpelt. Noch stärker wurde das Befremden, als Peter die Münze in sein eigenes Haus am Weinmarkt verlegte. Die Patrizier drohten mit offenem Aufruhr. Aber Argon wußte, wen er gegen den Adel und die Kaufherren auszuspielen hatte. Mit Hilfe der »armen Hansen« wurde Argon zum Tribunus Augustae gewählt, zum ersten Bürgermeister. Er regierte wie ein souveräner Fürst, schmähte öffentlich das Stadtregiment, kam nicht zu den Sitzungen des Hohen Rates und verteilte Geld und Ämter nach Gunst und Laune. Er hielt bewaffnete Knechte und verbrachte seine Tage meist außerhalb der Stadt, in Ulm oder beim Bischof in Dillingen. Suchte er mit Unterstützung des Bischofs das Augsburger Regiment zu stürzen?

Jakob Fugger hatte wohl nicht erwartet, daß sein Bruder, ein Mehrer der Gesellschaft, sich an Bäsingers Verpflichtungen beteiligen würde – aber die Brüder trennten sich nicht sofort. Jakob versprach Andreas vielmehr, die Angelegenheit des Schwiegervaters mit eigenen Mitteln zu ordnen. Er schloß einen Vergleich. Ein Drittel der Schuld wurde Bäsinger nachgelassen, für den Rest verbürgten sich seine Brüder, vor allem sein Schwiegersohn. Bäsinger ging mit seinem Sohn nach Schwaz – er konnte hoffen, bei den Gewerken einen lohnenden Posten zu finden. Er war längst nicht so bekümmert wie seine Tochter. Seine Bedenkenlosigkeit kam ihm zugute: er würde sich schon hocharbeiten!

Jakob Fugger sah seine Grundsätze bestätigt. Jetzt mußte er abermals Gulden auf Gulden legen und vorsichtig weiterwirtschaften. Sein Ansehen hatte einen Augenblick gelitten, aber sein Eintreten für die Schuld Bäsingers hatte großen Eindruck gemacht. Jeder Augsburger Kaufmann konnte sich freilich ausrechnen, daß Fugger einige gute Jahre brauchte, um den Verlust auszugleichen, denn Bäsinger war etwa doppelt so wohlhabend wie Jakob gewesen – und dementsprechend verschuldet. So wurde es stiller um Jakob und Barbara. Kein lautes Lachen war mehr im Bartshof zu hören, kein guter Freund mochte sich zu einem Trunk dorthin begeben. Für die Familie des Kaufmanns gibt es ja kein größeres Leid als den Bankrott. Nicht nur der Kredit, auch die Ehre steht in Frage. Fugger

mußte, um die Gläubiger zu befriedigen, zehntausend Gulden eigener Kapitalien flüssig machen. Er mußte von vorne beginnen. Alle seine Ämter gab er ab. Die Webstühle klapperten ununterbrochen.
Andreas hatte seinen Handel jetzt von dem des Bruders getrennt. Pfeffer und Safran brächten leichteren Gewinn, sagte er, als Barchent und Leinen. Jakob hatte bisher zu dem Handeln und Treiben des Älteren geschwiegen, der Burtenbach und drei Häuser in der Stadt besaß, der in Norddeutschland Vertreter hatte und daran dachte, im Osten des Reiches Kontore zu eröffnen, der ein Freund des Argon und der Herzöge von Bayern war. Jetzt aber brach bei ihm der Groll durch; er bezeichnete das Geschäfts- und Familiengebaren Andreas' als unsolid und setzte seiner Barbara auseinander, daß man einen Fuß vor den andern setzen müsse, langsam und stetig, und daß es bereits zu spät sei, wenn man merke, daß der Grund unter dem Fuß schwanke. Man müsse ihn vorher prüfen. Der einzige Grundsatz der Kaufmannschaft sei Solidität. Deshalb habe er den Schwiegervater gedeckt. Sein Bruder aber, der dem Alten geschäftlich viel näher gestanden, habe sich zurückgezogen.
Als der Streit der Stadt mit Argon sich zuspitzte, forderte der Rat den Bürgermeister auf, sofort in sein Amt zurückzukehren. Argon weigerte sich mit schroffen Worten. Da versammelten sich in Augsburg die Schöffen des heiligen westfälischen Gerichts, dreißig an der Zahl, zu denen auch Jakob Fugger gehörte, denn das Amt galt auf Lebenszeit, und beschlossen, den unbotmäßigen Tribunen zu stürzen. Man entsetzte ihn des Amtes. Als er daraufhin an der Spitze seiner Söldner in die Stadt kam, fand er das eigene Haus verschlossen und von Stadtsoldaten bewacht.
»Undankbare Stadt«, schrie er in wildem Zorn und wollte die Tür mit dem Schwert aufbrechen. Doch Heinrich Langenmantel trat ihm an der Spitze des Rats entgegen. Argon verbrachte die Nacht in einer Schenke und verließ die Stadt am andern Morgen unter wilden Drohungen.
Über seine fürstlichen Freunde erwirkte Peter die kaiserliche Acht gegen Augsburg. Die Städte traten in ein Bündnis. Es gab langwierige Belagerungen und Feldzüge. Burkhard Zink, dreiundfünfzig Jahre alt, zog als Ausgeber und Spenditor der Soldknechte ins Feld und der Krieg endete, wie er schrieb, »Schad gegen Schad«. Der Kaiser löste die Stadt endlich vom Bann, und Peter von Argon wur-

de tags darauf in Wien im Graben tot gefunden. Es ging das Gerücht, er sei mit Wissen und Tun der freien Schöffen der heimlichen Acht zu Wien an einer Weide erhängt worden.
Die hohen Kosten des Krieges führten in Augsburg zu einer Sondersteuer auf Liegenschaften. Sie traf Andreas, den Haus- und Grundbesitzer, weit härter als Jakob, der sich schon wieder zum ersten Weber hinaufgearbeitet hatte. Die Brüder standen nun fast gleich, und am 1. September des Jahres 1454 trennten sie für sich, ihre Kinder und Kindeskinder auf alle Zeiten liegende und fahrende Habe »und schieden voneinander ohne Groll«.

9

Barbara Stammler hatte ihren Mann schon längst ermuntert, die Familiengemeinschaft der Fugger aufzulösen und sich mit den reichen Kaufleuten Hämmerling und Ehem zu verbinden. Nun folgte Andreas ihrem Drängen und dem seines Sohnes Lukas. Man hatte ihn schon zu Argons Zeiten den Prächtigen genannt, um seine kostspielige und auffallende Lebensart von der des Bruders, des Bedächtigen, zu unterscheiden. Üppig schossen die Sprößlinge Barbaras hoch, sie hießen Lukas, Regina, Anna, Felizitas, Jakobus, Matthäus und Hans. Die Knaben waren wohlgestaltet an Körper, stolzen Geistes, den jungen Edelleuten und Patriziern gleich. Die Mädchen, vor allem Felizitas, jetzt zwölf Jahre alt, waren vornehm und anmutig wie ihre Mutter.
Andreas hatte als Herr von Burtenbach nahe Beziehungen zu Adel und Patriziat. Er verkehrte freundschaftlich mit dem Grafen von Königstein, der jetzt über die Münze verfügte, und war durch seinen Handel mit Metall, Schmuck, Seide und Gewürzen mit dem Goldschmied und Münzmeister Stephan Gräßlin in naher Verbindung. Augsburg wurde in diesen Jahrzehnten »die Goldene Stadt«. An hundert Goldschmiede lebten in seinen Mauern, ihr Versand von Gold- und Silberwaren ging in alle Welt. An den Kleidern trug man Agraffen, Plättchen, Knöpfe, Gürtel, Schnallen aus Edelmetall. Eine modische Besonderheit waren Mützen und Hauben mit goldenen Schnüren.
Kürzlich hatte der Rat seine erste Bauordnung erlassen. Schon 1416

hatte Augsburg mit der Pflasterung der Hauptstraßen um den Perlach und den Weinmarkt begonnen. Jetzt pflasterte man den Domplatz, den Heumarkt und den Roßmarkt. Blumengärten zierten die Binnenhöfe der reichen Häuser, und in stillen Winkeln plätscherten Brunnen: vor kurzem hatte man die erste Wasserleitung gelegt. Stadtknechte sammelten täglich den Unrat von den Straßen. Die Kadaver toter Hunde und Katzen wurden vom städtischen Wasenmeister geholt. Straßenbeleuchtung gab es nicht, aber das Leben in den Trinkstuben brachte es mit sich, daß in allen Gassen Diener und Knechte mit Fackeln und Windlichtern zu treffen waren, die ihre Herrschaft zu einer Festlichkeit begleiteten und wieder nach Hause brachten. Die Tore der Stadt wurden bei Einbruch der Dunkelheit sorgfältig verschlossen.
Auf seiner neuerlichen Reise durch Deutschland hatte Äneas Sylvius Piccolomini fast alle großen Städte kennengelernt und Straßburg ein sauberes Venedig, Basel eine vornehme Doktorenstadt, Nürnberg des Reiches Schatzkästlein genannt. Vor allem aber lobte der weltkundige Italiener und künftige Papst die Städte Köln, Worms und Augsburg. Kein europäisches Land, schrieb er, als Gesandter aus Rom kommend, habe solche Städte wie Deutschland. Ihr Aussehen wäre frisch und neu, als seien sie gestern erst fertiggeworden. Keinem Volk habe Gott soviel offenbare Gunst erwiesen wie den Deutschen der Mitte dieses Jahrhunderts. (Man schrieb das Jahr 1458). Überall sähe man angebaute Fluren, Getreidefelder und Weinberge, ländliche und vorstädtische Obst- und Gemüsegärten, schöne Häuser, anmutige Landhäuser. Nürnberg und Wien wären die reichsten Städte im Reich, auch wohl die volkreichsten. Nürnberg erschien Äneas Sylvius, als er aus Niederfranken kam, in einem wahrhaft majestätischen Glanz dazuliegen. Vor allem aber rühmte er die Freiheit in den deutschen Städten: »Die Bewohner der sogenannten Freistaaten Italiens sind eigentlich Knechte, in Venedig, Florenz und Siena. Denn sie werden, außer den wenigen, die am Ruder sind, wie Sklaven behandelt. Sie dürfen weder ihr Vermögen nach Gefallen benutzen noch ihre Meinung frei heraussagen. Ständig wird ihnen das Geld abgepreßt. Bei den Deutschen hingegen ist alles heiter und froh. Niemand kann um sein Vermögen gebracht werden, jedem bleibt sein Erbe, und die Obrigkeit schadet nur dem, welcher anderen schadet.«

Überall wurden Kirchen und Rathäuser gebaut, Stiftungen für Kranke und Arme schossen aus dem Boden. Nie war Deutschland so reich wie damals, und das verdankte es dem Fleiß und der Betriebsamkeit seiner Bürger, sowohl der Handwerker wie der Kaufleute.
Aber der Wohlstand hatte seine Kehrseiten: Prachtliebe, Üppigkeit und Vergnügungssucht erzeugten eine fast blinde Gier nach immer größerem Besitz. Die Gier verweltlichte die Menschen und artete in eine Verachtung Gottes, der Kirche und ihrer Gebote aus. Viele Waren tauchten auf den Märkten auf, die reiner Luxus waren. Selbst gewöhnliche Bürger trugen Perlen am Hut, goldene Ringe an den Fingern, mit Silber beschlagene und goldene Gürtel. Die Kleider waren mit Silber gestickt, die feineren Stoffe waren Samt und Altas. Man trug weiße gefältelte Hemden mit goldenen Borden, Mäntel und Röcke hatten im Winter Umschläge und Unterzeug von Zobel, Marder und Hermelin. Die Bürgersfrauen und ihre Töchter durchflochten die Zöpfe und Haarknoten mit Goldschnüren, umhingen den Hals mit Perlketten, trugen auf dem Kopf goldbestickte Hauben oder goldene Krönlein. Man ließ das Haar gern offen auf den Rücken hängen und liebte Baretts mit kostbaren Federn. Man hatte nach Art der Heiligenscheine Diademe um den Kopf. Wer selbst keine Haare besaß, nahm fremde; man schminkte sich und kannte künstliche Zähne aus Elfenbein.
Der Adel vom Lande, um es den Städtern gleichtun zu können, verkaufte seine Ländereien. Die Bauern verdienten an der Belieferung der Städte mit Geflügel, Schlachtvieh, Wein, Obst und Gemüse. Statt die Erträge zur Bezahlung der Grundschuld zu verwenden, kauften sie sich geschlitzte Röcke, Pluderhosen und Schnabelschuhe. Der übergroße Reichtum wirkte an den Bauern besonders protzig. In Stadt und Land klagte man über die Zunahme des Volkslasters der Trunksucht.
Im Frühjahr 1458 kam der Bruder Kaiser Friedrichs, Herzog Albrecht von Österreich, mit seiner Gemahlin nach Augsburg. Die Stadt strahlte in der Fülle von weißen und roten Fahnen und im Grün frischer Birkenbäume. Andreas Fugger lag krank zu Bett. So war sein Sohn Lukas am dritten Tage mit den vornehmsten Familien der Stadt zum Empfang geladen. Im Namen des Vaters brachte er dem Herzog die besten goldgewebten Stoffe als Geschenk mit. Die Stadt selbst kredenzte dem Fürsten einen goldenen Becher mit

Hochzeitsbildnis Jakob Fuggers d. R. mit Sibylla Arzt von Thoman Burgkmair, 1498.

Maximiliani prim
Romanorū Imperator
Archiducis Austrie Effigie

fünfhundert Gulden. Der hohe Besuch hatte politische Hintergründe und berührte Augsburgs eigene Interessen: Der Herzog verlangte im Namen der Majestät eine bündige Erklärung der Stadt für oder gegen Wittelsbach. Andreas Fugger und seine Söhne waren für unbedingte Unterstützung des Kaisers und mit ihnen ein großer Teil der Patrizier. Andere Familien fürchteten für ihre Güter auf dem Lande, bei einer kriegerischen Auseinandersetzung würden die verwüstet und geplündert werden. Der Bischof war auf bayerischer Seite, da die Stadt sich geweigert hatte, die ketzerischen Prediger auszuweisen. Die Stadt zögerte mit der Entscheidung. Drohte die kaiserliche Acht oder drohten die bayerischen Plünderer?
Da löste der kriegslustige bayerische Herzog die Frage mit einem Gewaltakt, indem er Donauwörth mit Infanterie und Artillerie überfiel und zur Übergabe zwang. Das Landvolk floh nach Augsburg, seine Dörfer und Höfe brannten. Der Krieg zog sich lange hin, und darüber starb Andreas und wurde in St. Moritz begraben. Lukas folgte dem Sarg in voller Rüstung. Jakobus, Matthäus und Hans gingen in kostbaren Gewändern einher. Dann folgte Jakob Fugger, der Weber. Auch er trug ein dunkles vornehmes Gewand, aber von einfachem Schnitt. Sein ältester Sohn Ulrich ging eng neben ihm, als wolle er von den vornehmen Vettern Abstand halten. Jakob war rasch wieder wohlhabend geworden, nicht nur, weil er sparsam und fleißig war, sondern auch, weil der behende Schwiegervater seine Stellung in Tirol so gefestigt hatte, daß er Gelder zurückzahlen konnte. Man sprach davon, daß Bäsinger dem Schwiegersohn ohne dessen Wissen Anteile an den Tiroler Gruben gesichert habe. Jetzt endlich erfüllte sich, in kleinerem Rahmen, Bäsingers Traum: die Gruben gaben um ein Vielfaches her, was er früher investiert hatte. Venedigs Bedarf an Silber und Kupfer schien unersättlich – dafür gab es Baumwolle in Fülle, und Jakob konnte seinen Betrieb bedeutend erweitern. Tausend Webstühle klapperten in und um Augsburg für ihn. 1454 hatte Jakob sieben Kinder. Ulrich war der Älteste, ein kluger junger Mann. Im Abstand von zwei Jahren folgten Andreas, Anna, Hans, Markus, Peter und Georg, kräftige Fuggergestalten mit dem feinen Gesicht ihrer Mutter. Am Tage nach der Beerdigung besuchte Jakob die Witwe seines Bruders. Die geborene Stammler von Ast empfing ihn in tiefer Trauer, schlug aber die angebotene Hilfe höflich ab. Die Söhne seien alt genug, um

Kaiser Maximilian I., Gemälde von Bernhard Strigel.

die Handlung selbständig weiterführen zu können. Wenn der Krieg zu Ende sei, werde man weitere Pläne des Entschlafenen ausführen und große Faktoreien in Nürnberg und Wien, vielleicht in Venedig, aufbauen.
Der Krieg werde dauern, meinte Jakob, denn Pfalzgraf Friedrich, ein Verwandter der Bayern, baue in Heidelberg einen Turm, den er »Trutzkaiser« nenne. Ein allgemeiner Reichskrieg schien zu drohen.
Zwei Jahre vergingen, und es kam nicht der Friede, sondern eine Hungercholera, und in dieser Zeit, am 6. März 1459, wurde Jakob Fugger, das zehnte Kind des Webers, geboren. Es war so schwach, daß man an seinem Aufkommen zweifelte. Wenige Wochen darauf ließ Kaiserin Eleonore der geliebten Stadt die Geburt eines Prinzen melden, des Erben des Kaiserreichs, Maximilian. Der Rat gab Befehl, das Ereignis durch Böllerschüsse und Freudenfeuer zu begehen. In den Kirchen fanden feierliche Gottesdienste statt. Einige Monate darauf gab es dann Frieden, und der Kaiser ließ sich herbei, die Waffenhilfe der Stadt Augsburg gebührend zu belohnen. Mehreren kaisertreuen Familien erwirkte Herzog Albrecht kaiserliche Gunst, darunter auch den Söhnen des Andreas Fugger, voran dem ehrgeizigen Jakobus, sodann dessen Brüdern Lukas, Matthäus und Hans. Sie erhielten den Rang kaiserlicher Herren und Ratgeber und wurden – da sie große Jäger waren – in dem kaiserlichen Wappenbrief als »Fugger vom Reh« ausgezeichnet.
Die Brüder waren, als sie die Botschaft erhielten, gerade zur Jagd in Burtenbach. Lukas ordnete an, daß man in feierlichem Zuge in die Stadt zurückkehren solle: Bläser und Herolde vorneweg, die vor den Toren feierlich um Einlaß baten. Dann folgten, mit ihren Gästen, die »Fugger vom Reh«. Bürgermeister Langenmantel begrüßte die Neuerhöhten am Tor, und dann ritten auf prächtigen Zeltern die Fugger in die Stadt, Jakobus, der besondere Günstling des Kaisers, neben Lukas mit dessen Braut Maria Ehem, die einen Falken auf der Schulter trug. Es folgten Matthäus und Hans Fugger in Gesellschaft der Ehem, Konzelmann, Stammler und Roggenburger mit ihren Damen, teils zu Pferde, teils in eleganten Jagdwagen mit ausgeschlagenen Polstern. Auf den Straßen waren die Leute zusammengelaufen und gafften, als die Hörner bliesen, und so zogen die Herren mit Begleitung zu ihrem Haus am Judenberg. Hier

empfing sie der kaiserliche Abgesandte, Graf Falckenstein, und erhielt den Ehrentrunk gereicht. Zur Seite des Grafen saß Barbara Stammler, die Witwe, ihrer Vornehmheit und Schönheit mehr als je bewußt. Der Graf war ein galanter Mann, in der großen Welt erfahren und weitgereist, war er doch ehedem des Kaisers Brautwerber bei Leonore von Portugal gewesen.

Die Tafel war prächtig gedeckt mit blendend weißen Fuggerschen Tüchern und silbernen Gedecken. Während des Tischgebets setzte der sorgfältig überlegte Aufzug der Dienerschaft mit den Schüsseln ein. Lukas als Herr des Hauses öffnete das mächtige Salzfaß. Das Mahl begann mit Wildbret, das man in Burtenbach erlegt hatte. Der Gesandte und seine Dame nahmen gebratene Tauben. Es gab frische Fische aus Lech und Wertach, dann zartes fettes Ochsenfleisch. Schließlich erschien nach neuester burgundischer Sitte, in einem Couvert, unter verdeckter Schüssel, ein gebratener Fasan, den man wieder in sein Gefieder gesteckt hatte. Das war der Höhepunkt des Schmauses. Erst vor wenigen Jahren hatte man unter den Rittern des Goldenen Vließes in Burgund die Pfauen- und Fasanenfeste eingeführt, teils pompöse, teils drollige, nach strengen Etiketten verlaufende Prunk- und Schauessen, und sie gipfelten in einem Gelübde über dem edlen Vogel. So sprach nun Lukas Fugger: »Ich schwöre bei Gott, bei der glorreichen Jungfrau Maria, bei meiner Dame und diesem Fasan, allezeit Kaiser und Reich zu schützen gegen Türken und Heiden.« Nach dieser romantischen Pose begann die Musik zu spielen, und die Herrschaften sangen das erste Tafellied, während die Diener süße Speisen auftrugen: Augsburger Honiggebäck, Reis mit Mandelmilch auf byzantinische Art, Zucker und Zimt, zuletzt eine resch gebratene Eierspeise mit Safran und Pfefferkörnern.

In den Ecken des Saales hatte man vier Fäßchen mit Wein stehen, und die Diener boten Tabletts mit zinnernen und silbernen Bechern an. Man sang das zweite Lied. Man speiste Apfelsinen, Melonen, Pomeranzen und Datteln. Man sang das dritte Lied. Es war von Clara Hätzler gedichtet, übermütig und grotesk. Clara hatte eine Stimme wie eine Nachtigall und sang nicht nur zur Liturgie im Dom, sondern kecke Gesellschaftslieder, die den Stolz der Augsburger bildeten; jeder kannte die Verse:

Wer ein übel Weib hat,
Tut sich ihr bei Zeit ab
Und kauf sich einen guten Bast,
Häng sie drauf an einen Ast,

Nehm der größten Wölfe drei,
Häng sie in der Nähe bei –
Wer sah denn je ein' Galgen
Mit einem schlimmern Balgen?

Man zechte bis tief in die Nacht hinein.

Die Firma hieß jetzt »Lukas Fugger und Gebrüder«. Sie betrieb ihre Geschäfte im ganzen damaligen europäischen Raum. Lukas pflegte vor allem die Beziehungen nach Dänemark und den nordischen Ländern. Er saß als Haupt der Firma in seinem Kontor am Judenberg, in der Schreibstube des prächtigen Andreas. Matthäus reiste nach Florenz und Mailand, Jakobus nach Venedig, Hans nach Nürnberg, Frankfurt, Köln und Brügge, also die Rheinlinie hinauf. Die Brüder waren reine Handesleute, sie handelten mit allem, was die Gelegenheit der großen Märkte bot. Aus Danzig und Lemberg bezog man Bernstein und Pelze, aus Nürnberg Messingzeug und Zinnwaren, die im Afrikahandel mit den Negern wichtig waren. Kürzlich hatte Bartholomeo Diaz die Sierra Leone, soeben die Goldküste entdeckt. Die weißen Händler tauschten Gold, Elfenbein, Früchte und Felle. In Lissabon war ein Markt für Negersklaven eröffnet. Aus Venedig, dem Tausch- und Stapelplatz, bezogen die Fugger Seide und Seife, Gewürz und Früchte.
Lukas hatte ein neues System eingeführt. Durch Vertrauensleute an allen wichtigen Plätzen ließ er die Waren unmittelbar vom Herstellungsort in den Bestellungsort senden. So wurden die Waren nicht mehr über Augsburg geleitet, und man sparte Steuer, Beschau und Lagerungsspesen. Lukas hatte immer bares Geld und gab reichlich Kredit. Bei jedem Anlaß erwiesen sich er und Jakobus als treue Wappenträger des kaiserlichen Hofes – als »Fugger vom Reh«. Auf seinem Zug nach Rom nahm der Kaiser ein Quartierangebot des reichen Lukas an. Nun ließ Lukas das Haus am Judenberg feilbieten, und Käufer wurde sein Onkel Jakob. Sie kamen überein,

daß das Haus vom Ror vierhundert Gulden in bar kosten sollte. Außerdem würde Jakob für seine Schwägerin eine Altersrente bei der Stadt erwerben, die der Witwe im Jahre dreißig Gulden sicherte. Lukas selbst war bei Abschluß des Vertrages in den Niederlanden. Um jeden erträglichen Preis verkaufen, war sein Gebot gewesen. Nun erstand er am Weinmarkt ein Haus.
Lukas und Jakobus hatten den Romzug des Kaisers mit finanziert und ritten im Gefolge nach Rom. Aber die Mittel reichten nicht zur Krönung, Friedrich III. kehrte unverrichteterdinge über die Alpen zurück.
Die Türken standen in Ungarn und Krain. Teilweise herrschte Hungersnot im Reich; man klagte über schlechte Münzen, und die Bauern wollten plötzlich ihren Zehnten lieber in Geld als in Naturalien zahlen. Hie und da gab es Zusammenrottungen der vom Adel bedrückten Bauern. Im Elsaß zeigte man als Zeichen der Verschwörung auf hohen Stangen den Bundschuh. Es war nicht zu leugnen, daß in Städten wie Ulm, Augsburg und Straßburg das zünftige Regiment ganz in die Hände der vermögenden Händler geraten war. Als Kaufleute und Arbeitgeber bestimmten sie selbstherrlich Löhne und Preise. Der Kaiser brauchte Geld von ihnen und hatte sie freigebig mit Rechten und Wappenbriefen ausgestattet. Die kleinen Handwerker und der bürgerlich-bäuerliche Mittelstand wurden unruhig. In Augsburg leitete ein Zimmermann, Ulrich Schwarz, einen Aufstand der Weber und Zimmerleute: sie verlangten offene Rechnungslegung vom Rat, persönliche Verantwortung der Steuer- und Baumeister für alle Ausgaben der Stadt und eine Herabsetzung der neuen Getreide-, Bier- und Leinwandsteuer. Jakob Fugger nannte sich noch immer einen Weber, jetzt entschloß er sich zum Anschluß an die Kaufleute. Die zünftige Ordnung befand sich offenbar in Auflösung, und die reich gewordenen Mitglieder der Zünfte wollten Freiheit. Jakob hatte sich weniger um das städtische Regiment gekümmert als um seine Familie; seine Söhne sollten jetzt Kaufleute werden. Zwar war Bäsinger gestorben und sein reicher Nachlaß in Tirol mußte geordnet werden, zwar hetzte Schwarz gegen die »Mehrer der Gesellschaft« – aber wer weiterkommen wollte, fand in den engen Zünften keinen Platz. Jakob hatte schmerzliches Lehrgeld zahlen müssen. Andreas und Johannes, die ältesten Söhne, waren in Venedig als Lehrlinge gestorben. Der vierte, Markus, zeigte

Neigung zum geistlichen Stand, ein in sich gekehrter Charakter, seit einiger Zeit Chorherr in Regensburg. Er hatte starken Einfluß bei seinen Brüdern, vor allem auf Jakob, den Jüngsten.

Ein neuer Geist kam über die Stadt Augsburg. Burkhard Zink hatte sich immer schon für die Erlernung der lateinischen Sprache eingesetzt und in jungen Jahren gegen geringes Entgelt Abschriften lateinischer Bücher geliefert, etwa von Kaiser Marc Aurels Betrachtungen und Catos Distichae de moribus ad filium. Unter Abt Melchior von Stamham, Baccalaureus aus Wien, lehrte man Latein an St. Ulrich. Sigmund Meisterlin, ein Mönch, schrieb eine Chronik in deutscher und lateinischer Sprache. Er und Bruder Lukas gaben den Söhnen Jakob Fuggers jetzt Unterricht in Latein, Geschichte und Mathematik.

Jakob freute sich, daß seine Söhne Ulrich und Markus zu den »antikischen Geistern« gehörten, die sich oft im Hause des Altbürgermeisters Sigismund Gossenbrot, der gleichfalls in Wien studiert hatte, versammelten. Bürgermeister Bartholomäus Welser befliß sich lateinischer Rede und hoffte eines Tages den Nachweis erbringen zu können, daß der Stammbaum seiner Familie auf den römischen General Belisar zurückginge. Und dann verkehrte Großkaufmann Peutinger in dieser illustren Gesellschaft – kürzlich hatte man die Taufe seines Sohnes Konrad gefeiert, und der Vater hatte gemeint, wenn der Sohn ein Gelehrter würde, dann sollte es ihm recht sein. Das waren neue Ansichten und für einen Kaufmann aus dem Bürgerstande wohl zu billigen.

Jakob sah die Söhne gern in diesem Kriese verkehren. »Das ist besser«, sagte er, »als es den Rittern und Fürsten nachzumachen. Ihre Feste und Turniere, bei denen wir nur geduldet sind, weil man unser Geld will, sind hohl und albern.«

Fugger war ein Bürger und wollte es bleiben. Während er die adlige Heirat seines Bruders und den Prunk von dessen Söhnen für verfehlt hielt, sah er in dem neuen Kreis mit seinen geistvollen Gesprächen eine wertvolle Erweiterung der bürgerlichen Lebensart. Lieber Geld für Pergamente oder gar die herrlich schwarz gedruckten Bücher Gutenbergs in Mainz ausgeben als für Rösser und Schabracken!

Neben der jungen Buchdruckerkunst war damals die Sorge für die seit Jahren durch Europa ziehenden griechischen Gelehrten aus Konstantinopel wichtig. Sie hatten Schätze antiker Schriften griechischer und arabischer Schrift mitgebracht, für die man in Florenz unerhörte Summen zahlte. Freilich gab es um 1470 in Augsburg noch niemand, der Griechisch lesen und schreiben konnte, wenn man auch auf den Abenden im Hause Welsers lateinisch reden mußte. Dieser Kreis stiftete jetzt für den Abt von St. Ulrich und Afra die Mittel für eine Buchdruckerei und Bibliothek. Schon 1457 hatte man den gelehrten Benediktinern ein Predigthaus gebaut. Als dann Hans von Hildesheim die ehrwürdige romanische Stiftskirche untersuchte und baufällig fand, ermutigte Welser den Abt Melchior zu dem Entschluß, eine neue Kirche von St. Ulrich und Afra zu bauen, damit dem ragenden Dom am andern Ende der Stadt ein ebenso ragendes Bauwerk am Roten Tor gegenüberstehe. Beim Abbruch der alten Kirche fand man römische Münzen und Feldzeichen. Im Auftrag des Rates untersuchte Bartholomäus Welser einen Grundstein mit lateinischen Ziffern und Buchstaben und erkannte ihn als römischen Grenzstein der Augusta Vindelicorum. Man hatte Ursache, Latein zu können: man war eine römische Stadt! Jakob Fugger, seit dem Tode seiner Ältesten fromm geworden, stiftete eine ansehnliche Summe zum Bau des Münsters. Melchior von Stamham trieb die Arbeit energisch vorwärts. Hans von Hildesheim und Valentin Kindlin aus Straßburg leiteten die Bauhütte. Aber Jakob Fugger sollte den fertigen Bau nicht sehen, denn er starb am 23. März 1469, nicht in seinem Geschäftshaus am Judenberg, nicht in seiner Schreibstube, auch nicht bei seiner Familie im Bett, sondern im Bartshof am Webstuhl, als er einen Gesellen unterwies, feines Fuggersches Tafeltuch recht kunstvoll zu weben.

10

Der Mann mit dem Haspel, der eigensinnige, aber verlässige Kaufmann Jakob Fugger, war ohne ein Schmerzenswort am Webstuhl gestorben, nur mit einem leisen Flüstern. So schnell und ohne Krankenlager war er aus dieser Welt geschieden, daß seine Familie und die Freunde es kaum zu fassen vermochten; immer noch glaubte man, die gedrungene Gestalt mit der Pelzmütze langsamen Schrittes vom Bartshof nach dem Judenberg wandeln zu sehen, das grobe, aber gute Gesicht zu Boden gesenkt oder den Blick der blaugrauen Augen etwas verwundert zum Gruße erhoben.

Zäh und fleißig hatte Jakob jedes unsichere Risiko vermieden und auf diese Weise etwa fünfzehntausend Gulden hinterlassen. Er stand an siebenter Stelle unter den reichen Leuten von Augsburg, weit vor seinem Neffen Lukas. Der reichste Mann war ein Ehem, der zweitreichste Lukas Welser, und dieser war immerhin doppelt so vermögend wie Jakob. In die eigentliche Spitzengruppe drang auch Barbara Fugger, Witwe Jakobs, nicht vor, obgleich sie das Vermögen bis zu ihrem Tode auf dreiundzwanzigtausend Gulden brachte. Barbara war keine Geschäftsfrau wie ihre Schwiegermutter Elisabeth, die Gfattermann. Aber sie blieb die Seele der Firma, bis die Söhne mündig und untereinander einig waren. Vorläufig sollte Ulrich, der Älteste, die Südlinie leiten, also den Handelsweg von Innsbruck nach Venedig, Georg die Nordlinie über Nürnberg nach Leipzig und Breslau. Der lebenslustige Peter sollte die Nürnberger Niederlassung führen, die noch der Vater mit Martin Baumgartner am Herrenmarkt eingerichtet hatte. Die späteren Schwiegersöhne – Meuting, Muelich und Rem – hielt man von der Firma fern. Es war Prinzip, keine fremde Familie Einblick in das Geschäft nehmen zu lassen, ganz abgesehen davon, daß die Schwiegersöhne patrizischer Herkunft waren. Wilhelm Rem schrieb gar Bücher.
Jakob hatte seiner frommen Stimmung entsprechend gern gesehen, daß eine Tochter ins Kloster ging, und nicht ohne praktische Hintergedanken hatte er Markus, den sie gewöhnlich Marx riefen, Kleriker werden lassen. Markus war glänzend begabt und wurde nach Abschluß der Studien nach Rom berufen, wo er als Scriptor in die Registratur der Bittgesuche beim Päpstlichen Stuhl eintrat. Er konnte mit einer diplomatischen Laufbahn bei der Kurie rechnen. Ulrich, jetzt Chef des Hauses, begleitete Markus auf der Romfahrt und konnte den freundlichen und frommen Bruder mit seiner halben Seele an das väterliche Unternehmen binden. Markus erklärte sich bereit, neben seinem geistlichen Amt die geschäftlichen Interessen der Brüder in Rom wahrzunehmen.
Schließlich war von den elf Kindern nur das jüngste, der elfjährige Jakob, ohne berufliche Bestimmung, ein Knabe mit grüblerisch blauen Augen, kantigen Backenknochen und dem verschlossenen Mund aller Fugger. Er war bisher von den Brüdern, vor allem Markus, unterrichtet worden und wohlbehütet zwischen Vater und Mutter aufgewachsen. Nun hatte der Tod des Vaters sein Gemüt ange-

griffen. Was für eine Welt war das, die ein Mensch verließ, ohne zu den Seinen zurückschauen zu können? Wie war solches Verstummen erklärlich? Dort in St. Moritz hatte man ihn zur letzten Ruhe gebettet. Immer noch hörte Jakob die väterliche Stimme; nie hatte sie ihn hart angeredet. Man hielt es für das Beste, wenn auch Jakob Geistlicher würde, jedenfalls Marx war dafür, und Jakob hatte es ihm halb und halb beim Abschied versprochen. »Ich verschaffe dir von Rom aus eine gute Pfründe, Kleiner«, hatte Markus gesagt.
»Das wird nötig sein, denn unsere geistlichen Beziehungen reichen nicht weit«, meinte Ulrich.
»Wenn nur unser Bischof nicht den steten Streit mit der Stadt hätte!« seufzte Barbara. Der Bischof wollte unbedingt verhindern, daß die Söhne der reichen Augsburger in sein Kapitel kämen; wie in den Zünften würden dann die reichen Familien auch im Kapitel das entscheidende Wort haben. Der neue Bischof, Johann von Werdenberg, stand sowieso im Verdacht, er wollte sich mit Hilfe des Mittelstandes und der bewaffneten Haufen des Ulrich Schwarz das Zunftregiment vom Halse schaffen und die Patrizier einsetzen. Schwarz war Zimmerer, ein großer Mann mit gutem Mundwerk, doch unbeherrscht, voll Geltungstrieb und Habgier. Er benützte jede Gelegenheit, die Herren herauszufordern und das Regiment der reichen Zünfte als lächerlich oder hilflos hinzustellen. Es war klar, daß sich in Augsburg eine neue Auseinandersetzung vorbereitete, und sie würde zwischen arm und reich stattfinden, eine Entscheidung von revolutionärem Charakter. Alle oberdeutschen Städte fürchteten sie.
Beim Einzug des Bischofs hatten die Zünfte alle Männer zum Spalierstehen aufgeboten, die Seitenstraßen waren mit Ketten und Palisaden versperrt. Der Bischof zog zu seinem Palast unter unheilvollem Schweigen, von Kriegsknechten geleitet, von den bayerischen Herzögen und dem Bischof von Eichstätt gefolgt. Man schloß einen Kompromiß, der Bischof wollte den Burgfrieden wahren. Abends gab es ein Festessen auf der Pfalz, zu dem durch besondere Herolde alle Mitglieder der Herrenstube, Patrizier und reiche Kaufleute, geladen waren. Im Laufe der Unterhaltung hatte der Bischof von Eichstätt Ulrich Fugger um ein Darlehen von fünftausend Gulden gebeten. Seine Stadt war im kaiserlich bayerischen Krieg zerstört, und der Bischof, ein zuchtvoller Mann der neuen reformerischen

Richtung, wollte sie aufbauen. Man erwartete viel von diesem Bischof Wilhelm. Die Mißstände im Leben der Kirche hoffte er durch strenge Ordnung, durch Glauben und Lehre zu ändern.
Ulrich dachte an seinen Bruder Jakob. Zu Eichstätt gehörte das Benediktinerkloster Herrieden an der oberen Altmühl, ein bekannter Wallfahrtsort und Hort ernster Frömmigkeit. Der Bischof war bereit, Jakob in die Reihe seiner Stiftsherren aufzunehmen. Ein Teil des Darlehens sollte als »Einkauf« Jakobs gutgeschrieben werden. Aus diesem Kapital erhielt Jakob jährlich vier Mark Silber; das war nicht viel, deckte aber die Kosten der Schulzeit in Herrieden. Wenn Jakob Magister und Doktor sei, könne er Kanoniker in Eichstätt, Professor an einer Universität, vielleicht auch römischer Chorherr werden. Man wurde einig; Markus besorgte die nötige Zustimmung aus Rom. Jakob war zwölf Jahre alt, und Ulrich und Markus hatten den Bruder jetzt standesgemäß versorgt, das Weitere würde Sache des Studiums, des Fleißes, der Bewährung sein. Es war gut, daß Jakob das unruhige Augsburg verließ.
Die gärende Stimmung in der Stadt dauerte fort. Schwarz war von den Zimmerleuten zum Zunftmeister gewählt und saß im Großen Rat. Er fehlte in keiner Versammlung. Sein mächtiger Kopf mit dem struppigen Haar wirkte unter den vornehmen Herren und eingeschüchterten Handwerkern wie ein Fanal. Er sprach viel und immer dasselbe: »Die Wucherer sind ärger als die Raubritter auf den Landstraßen. Diebstahl ist schlimm, Betrug ist schlimmer, aber Wucher ist des Teufels liebstes Mittel! Jesus sagt bei Lukas: ›Leihet, ohne auf etwas zu hoffen!‹ und in der Bergpredigt sagte er: ›Seid willig im Leihen!‹«
Dann saß der Rat beklommen da, denn gegen die Heilige Schrift, das Wort Jesu, konnte man nicht aufkommen. Zu dumm, diese Vermengung von Agitation mit der Religion! Kein Geistlicher konnte dem Rat sagen, was zu reden sei gegen solche Argumente; Schwarz behielt recht und alle Welt hatte ein böses Gewissen.
Nach langem Hin und Her glaubte man in dem Vorschlag des Bürgermeisters Johann Vittel einen Ausweg gefunden zu haben. Der Kaiser brauchte Soldaten gegen die Türken, man solle die aufrührerischen Gesellen und Arbeitslosen als Söldner anwerben und auf diese Weise ein Reichsheer aufstellen! Zugleich sei des Kaisers Zentralgewalt im Reich befestigt. Das Geld? Die reichen Städte würden

der Majestät das Geld vorschießen. Ulrich Schwarz erkannte die Gefahr. Der Bürgermeister wollte die bürgerlichen Freiheiten Augsburgs an den Kriegsbüttel verschachern? Die Zünfte traten auf seine Seite und verboten ihren Anhängern, der Werbetrommel des Kaisers zu folgen.

Als der Kaiser zu einem Reichstag nach Augsburg kam, fand er taube Ohren. Der Kanzler Rebwein war verzweifelt. Da bot er Bischof Johann die schwäbische Grafschaft Burgau zum Pfand für zweiundfünfzigtausend Gulden. Auch die Welser, Herwarth, Vittel, Hagenor und Fugger vom Reh versprachen Hilfe – zumal es gar nicht gegen die Türken gehen sollte. Der Kaiser hatte den Plan gefaßt, seine geschwächte Hausmacht durch eine Heirat seines Sohnes Maximilian mit Maria von Burgund, Tochter Karls des Kühnen, zu mehren.

Burgund war um die Mitte des Jahrhunderts, als sich die Medici erst erhoben, Frankreich und England innere Kämpfe hatten, das an Barmitteln, Rittermacht, Gütern und Kostbarkeiten reichste Land Europas. Die Familie der Herzöge besaß Burgund, Flandern, Artois und Pikardie mit den reichen Städten Lille, Ypern, Arras, Gent und Brügge, besaß Brabant, Antwerpen, Hennegau, Luxemburg, Limburg, einen Teil des Rheindeltas, Holland und Seeland. Burgund reichte von den südlichen Alpen bis zur Nordsee. Es war also ein vorzüglicher Plan des Kaisers, Karl den Kühnen, dem das Elsaß, Aachen, Metz und Geldern schon verpachtet waren, in seiner Tochter zu beerben und mit der Heirat die ganze Masse von Ländern und Reichtümern an das Haus Habsburg zu bringen. Nun war es soweit und die Majestät, obwohl leberleidend, befand sich mit dem Thronfolger Max auf dem Wege nach Trier, um das junge Paar zusammenzugeben.

Man wußte, wie prunkliebend der Burgunder und seine stolze Ritterschaft waren. Wenn man sich an Aufwand nicht mit ihnen vergleichen konnte, so wollte man doch nicht ärmlich erscheinen. In Augsburg sollte ein Gefolge von rund tausend Mann neu ausgerüstet werden. Wer hatte soviel Tuch auf Lager und gäbe es auf Kredit? Hans Rebwein erkundigte sich unter der Hand, man nannte den Namen Ulrich Fugger. Rebwein kam mit ihm zusammen, man wurde einig, und dann begab sich Rebwein, des Reiches Kanzler, persönlich in das Haus am Ror, um die Bestände an bunter Wolle und Seide in Augenschein zu nehmen. In seiner Begleitung war Prinz Maximilian, den angeborene Neugier trieb, unter die Leute zu gehen. Ulrich und Georg Fugger empfingen den erlauchten Prinzen mit dem Kanzler des Reiches in ihrem vornehmsten Zimmer, und während die Brüder den Kaufvertrag mit dem Kanzler besprachen, strich Prinz Max, dem es zu langweilig wurde, in dem großen Haus umher. Im ersten Stock gelangte er an eine Tür, die halb offen war. Eine Knabenstimme war da zu hören, die laut lateinische Vokabeln übte. Maximilian trat näher und hörte einen Augenblick zu. Die Stimme fuhr fort: »redimo – wieder zurückkaufen, redintegro – wieder ergänzen ...«

Max sah einen Knaben seines Alters, er trat ein: »Lernen Sie Ihr Latein so gern?« fragte er und nahm dem verblüfften Jakob das Buch aus der Hand: »Donatus – ein gräßlicher Schmöker, hab wenig Lust dazu.«

»Wer sind Sie?« fragte Jakob den kecken Schmäher der lateinischen Grammatik.

»Sie könnten mich schon gesehen haben im lieben Augsburg«, scherzte Max.

Da erkannte ihn Jakob und trat ein paar Schritte zurück. »Kaiserliche Hoheit«, sagte er und verbeugte sich. Max ging auf ihn zu und legte ihm die Hand auf die Schulter. Der Kaisersohn und der Kaufmannssohn musterten sich einen Augenblick schweigend. Dann zog der Prinz unter dem unverwandten Blick dieser blaugrauen Augen die Hand zurück und machte sich um so eifriger über Jakobs Bücher her. Da lagen aus den Druckereien Gunthers, Zauners, Jakob Bämlers und Anton Sorgs schöne Exemplare der Schwarzen Kunst, eine Bilderbibel, Welt- und Himmelskarten, ein astronomisches Kalendarium, ein frommes Volksbuch mit gotischen Initialen. Maximilians dunkle Augen glänzten, die kühne Nase bebte. Der Kalender des Augsburger Ratdolt aus dessen venezianischer Offizin erregte seine Teilnahme.

»Schenken Sie mir das?!« sagte er keck.

Jakob schüttelte den Kopf verneinend. »Es gehört meinem Bruder Ulrich«, sagte er mit Nachdruck.

»Ich will es dennoch behalten«, sagte Maximilian trotzig, hielt das Buch fest und ging hinaus.

Jakob folgte ihm und beide traten gleichzeitig in das Beratungszimmer, wo der Kanzler noch mit den Fuggern über die Lieferung und die Sorten der Tuche verhandelte. Als der Prinz eintrat, erhoben sich die Männer.

»Sind Sie Herr Ulrich Fugger?« fragte Max.

»Das bin ich, erlauchter Prinz.«

»So schenken Sie mir dieses Buch? Ich bitte darum. Der dort will nicht, daß ich's behalte.«

»Nehmen Sie es, Prinz, Sie können es behalten«, sagte Ulrich mit höflichem Lächeln und verbeugte sich.

Max nahm das Buch unter den Arm und näherte sich Jakob, als wolle er ihm spöttisch zeigen, daß er seinen Willen durchgesetzt habe. Dann aber legte er den Arm um ihn und zog den etwas unlustigen Altersgenossen in den Hof des Hauses. Dort bewies er, daß er Jakob in der Kenntnis der lateinischen Sprache zwar nicht gewachsen, im Ballspiel aber weit überlegen war.

Die Augsburger Schneider bekamen alle Hände voll zu tun. Die ganze Umgebung des Imperators erhielt bunte Gewänder aus Wolle und Seide. Bis Pfingsten müßte alles fertig sein, damit das Gefolge vornehm und flott wirkte. Auch die Lederer, Plattner, Gold- und Waffenschmiede bekamen Arbeit. Die kaiserlichen Pferde wurden beschlagen. Das dauerte einige Wochen, und die Schulden bei Bäkkern, Wirten, Metzgern und Gemüsehändlern wuchsen auf zweitausend Gulden, und weil man wußte, daß der Schuldner geldlos war, sperrten mißtrauische Gläubiger die kaiserlichen Ställe: vor der Bezahlung dürfe die Majestät nicht reisen!

Diese Wochen vertrieb sich der fünfzehnjährige Prinz mit Reiten und Ballspiel. Er hatte sich mit dem jüngsten Fugger angefreundet und stellte fest, daß Jakobs Eifer bei den lateinischen Vokabeln den seinen doch nicht sehr übertraf. Er habe nur deshalb intensiv gelernt, vertraute Jakob dem Prinzen an, weil er demnächst wieder vier Monate in Herrieden absitzen müsse. »Absitzen?« wunderte sich Max, »ich dachte, Sie seien ein feiner Stiftsherr, machten schleunig Magister und Doktor und würden Chorherr?«

Jakob lachte. »Erst mal geh' ich dort zur Schule, Hoheit, und dann sehen wir weiter. Mein Bruder Marx, das ist ein geborener Kanonikus und kluger Gelehrter, sitzt in der Rechnungskammer des Heiligen Vaters, denn wir Fugger sind und bleiben Kaufleute.«

»So gefällt es Ihnen nicht in Herrieden?«

»Herrieden ist schön, aber langweilig, Hoheit. Wenn es anders wäre, kehrte ich nicht nach den vorgeschriebenen vier Monaten Residenzpflicht immer wieder hierher zurück.«

»Wozu Residenzpflicht?«

»Damit ich meiner vier Mark Silber nicht verlustig geh', Hoheit. Glauben Sie, ein Fugger ließe sein Geld verfallen?«

Maximilian wunderte sich über diese Bürgersleute. Jakob fuhr fort: »Wenn ich recht was lernen wollte für den geistlichen Beruf, müßte ich überhaupt nach Ingolstadt auf die Universität gehn. Ich denke aber, daß man mich eines Tages nach Venedig in die Lehre schickt.«

Die jungen Herren spielten Ball im Hof der bischöflichen Residenz. Der Hof hatte an den vier Wänden über dem Umgang ein flach abfallendes Dach. Die Kunst bestand darin, den Ball mit Racketts so zu schlagen, daß er ein Stück weit über dies Dach lief und dann in der jeweils feindlichen Hälfte des Hofes – in der Mitte hatten sie einen Strich gezogen – niederfiel; dort mußte der Ball einmal springen und zurückgeschlagen werden.

Soeben kam Ulrich Fugger mit Rebwein zur kaiserlichen Audienz. Jakob vergaß das Spiel und betrachtete seinen Bruder, wie er gemessenen Schrittes neben dem Kanzler im bischöflichen Palast verschwand. Maximilian wurde unter dem Gaffen ungeduldig und schlug seinen Ball mit solcher Wucht, daß er ein Fenster im ersten Stock des Palastes zerbrach, die Scheiben klirrten. Jakob war erschrocken, aber der Prinz lachte und deutete, als die Wache aus dem Fenster sah, spitzbübisch auf den unbeholfen dastehenden Jakob, als sei der am Unglück schuld. Die Wache, den kaiserlichen Prinzen sehend, schloß gutmütig das Fenster. »Das war nicht recht, Hoheit«, sagte Jakob.

»Sie sind verärgert? Kommen Sie mit hinauf; mein Vater hat eine Überraschung für die Fugger, es wird Ihnen Freude machen.« Der bischöfliche Thronsaal sah vornehme Gäste. In Anwesenheit des Kanzlers und hoher Reichsfürsten, des Erzbischofs von Mainz, des Bischofs von Augsburg, belohnte Friedrich III. die treuen Dienste, welche Ulrich und seine Brüder dem kaiserlichen Hof aus Anlaß der Brautwerbung geleistet hatten. Weil Hochburgund die Lilien im Wappen führte, sollten Ulrich und seine Brüder zwei Lilien im Wappen tragen, das er ihnen hiermit verlieh (eine Lilie im geteil-

ten Feld war seit alten Zeiten das Zeichen der Welser), »damit Unsre und des Reichs getreue Ulrich, Marx, Peter, Jörg und Jakob Gebrüder Fugger vor Unserer Kaiserlichen Majestät gerühmt sind.« Die Brüder trugen den kostbaren Wappenbrief nach Hause. Oben auf dem Pergament prangte ein Helm mit Büffelhörnern. Zwischen dem Text, der die Titel des römischen Kaisers zeigte, war der gotische Schild mit goldenen und blauen Lilien. In den Farben glich das Wappen denen der Fugger vom Reh, das derselbe Kaiser den Vettern vor elf Jahren verliehen hatte, aber das Bild war neu.
Die Konkurrenz in Augsburg konnte ihren Spott freilich nicht verbergen. Das sei wohl der Preis für Tausende von Ellen Tuch in Wolle und Seide? Auch Jakob begriff die Verleihung des Wappens in diesem Sinne, aber Ulrich erklärte ihm etwas von oben herab – Jakob sollte es nie vergessen: »Es ist ein großer Unterschied, Brüderchen, ob man irgendeinem bankrotten Krämer auf die Beine hilft oder dem kaiserlichen Haus. Irdische Güter kann uns der Kaiser nicht geben, aber Ruf und Ehre, die der Kaufmann Kredit nennt, und das im ganzen Reiche!«

Jakob ging nach Herrieden zurück. Das Städtchen hatte zwischen wehrhaften Türmen und hohen Mauern altfränkische Fachwerkhäuser und wurde überragt von der doppeltürmigen Stiftskirche und dem Benediktinerkloster. Zweigeteilt floß die Altmühl in trägen Windungen um die Stadt. Das Laub gilbte auf den sanft in der Sonne ansteigenden Höhen. Der Himmel schaute auf eine schmucklose Landschaft. Auf dem nahen Wartberg stand die Burg des Grafen von Öttingen, dem der Markt von Herrieden als Lehen des Eichstätter Bischofs gehörte. Der Graf, ein feuchtfröhlicher Gebieter, kehrte oft im Kloster ein, mit dem Herrn Abt einen Humpen zu trinken.
Die Brüder und Kanoniker, fast hundert, lebten miteinander in stiller Eintracht. Kaum der Lärm eines Erntewagens schallte über die hohen Klostermauern. Die kleinen Fenster des Wohntrakts standen offen, und drinnen konnte man die Mönche sehen, wie sie malten oder schrieben. Es war ein Gebot des heiligen Ordensstifters Benedikt, daß die Mönche durch Abschriften römischer und griechischer Klassiker die Kultur der antiken Welt in die christliche Gegenwart zu überliefern hätten, war doch die Antike die natürliche Vorstufe

des Christentums. Zwar kannte nur Pater Cyprian, der aus Rhodos stammte, die griechische Schrift, aber nun mußten die Schüler, wenn sie beim Pater Columban hinreichend im Lateinischen unterrichtet waren, auch in Cyprians griechische Klasse. An schönen Nachmittagen unternahm das Kloster unter Führung des Vater Abtes eine der bei den Jüngeren hochbeliebten Pilgerfahrten nach San Salvator im Rauhenzeller Forst. Auch Eichstätt war nicht allzu fern, und der Bischof kam oft herüber. Dann gab es nicht nur ein Amt in der Kirche, sondern ein hochfestliches Essen mit Wild, Geflügel und Wein, und bei diesen Gelegenheiten erfuhr man, was draußen geschah, in den Städten und Fürstenhöfen und an der römischen Kurie, dem Mittelpunkt der Welt. In Ungarn verzöge sich der Kriegslärm. (Gott sei Dank, man hatte nicht umsonst gebetet!) Der Kaiser liege im Felde gegen Karl von Burgund! – Dann werde es wohl nichts mit der geplanten Hochzeit des Kaisersohns? – Und in Augsburg wäre wahrhaftig ein toller Hufschmied dem kaiserlichen Wagen in die Zügel gefallen, weil er sein Geld für den Beschlag von zwanzig Rössern zu kriegen gehabt. Unerhört! –
Was habe die Majestät gesagt? –
Höchst ungnädig habe sie abgewinkt, da habe der Pöbel zu johlen begonnen und nun sei es der Majestät übel aufgestoßen, und der peinliche Zwischenfall habe den Hohen Rat ein Darlehen von viertausend Gulden an die Majestät gekostet.
»Darlehen«, kicherte der Graf. »Als ob Majestät je in der Lage sei, ein Darlehen zurückzuzahlen!« –
Der Bischof räusperte sich und warf dem Grafen einen Blick zu, er möge sich in Gegenwart der Alumnen seiner Meinung nicht so deutlich entäußern. Weshalb der Kaiser mit dem Burgunder Händel habe, wisse er wohl nicht? –
Der Graf war politisch wenig beschlagen und erfuhr, daß Friedrich dem Herzog die Königskrone versagt habe, und das sei doch des ehrgeizigen Burgunders eigentliche Bedingung für die Hand seiner Tochter gewesen. –
»Ah«, sagte der Abt höflich, »das ist große Politik! Dann hat ja Herr Ulrich Fugger dem Kaiser die neuen Kleider umsonst geschenkt?« So sei es auch wieder nicht, denn die Hauptpersonen, Maria und Prinz Max, hätten Gefallen aneinander gefunden. –
Das erfuhr man also auch im Kloster Herrieden, aber sonst konnte

es verzweifelt langweilig sein für jemanden, der seine Tage hier nicht zu beschließen gedachte.
Pater Felix, der Astronom, erklärte den Alumnen, die Welt sei eine Kugel. Das war neueste Wissenschaft oder auch älteste, je nachdem, denn kürzlich war ein arabischer Text erbeutet worden, und bei der Lektüre hatte man festgestellt, er sei vom großen Aristoteles und da stehe, daß die Welt eine Kugel sein müsse.
Die Schüler wunderten sich und einer fragte, ob dann die Antipoden auf dem Kopf stünden?
»Gewissermaßen, von uns aus gesehen, tun sie das.«
Das war unglaublich.
»Die Portugiesen sind kürzlich so weit an der Goldküste Afrikas nach Süden gefahren, daß es keinen Schatten mehr gab – man hat die Sonnenuhr nicht mehr lesen können.«
»Wenn die Erde eine Kugel ist, dann strahlt der Himmel über ihr überall. Wo sind dann Oben und Unten? Wo sind Himmel, Erde und Hölle und in welchem Verhältnis sind sie zu denken?« Viele Fragen, keine Antworten! Der göttliche Dante habe die Hölle noch als feurigen Abgrund im Erdinnern gedacht. Jenes Werk des Aristoteles sei dennoch wahr, denn auch Claudius Ptolemaios' Werk, Megale Syntaxis, habe man arabisch, unter dem Titel Almagest, im Kloster Athos gefunden, und dieser Autor schreibe von einer Erde, die im Mittelpunkt des Alls liege. Außer ihr gäbe es noch tausendachtundzwanzig Sterne, die in himmlischen Sphären um sie wanderten.
»Die Vorstellung von der Erde ändert sich fortwährend«, schloß Pater Felix für heute, »Gott allein ist unwandelbar.«
»Amen«, sagten die Schüler und stürmten hinaus in den Klosterhof.

II

Die Erhöhung des Jakobstammes hatte keine Annäherung an die Fugger vom Reh gebracht. Zu tief hatten sich die Trennung der Väter und die verschiedene Lebenshaltung der Mütter ausgewirkt. Barbara Stammler von Ast hatte in fast unbegreiflicher Eitelkeit und Verkennung der Fuggerschen Grundlagen ihre Kinder zu einem Leben in Pracht und Aufwand erzogen. Lukas führte das Geschäft von Augsburg aus, er war schon zum zweitenmal verheiratet und lebte an der Seite seiner Gemahlin Clara, geborene Konzelmann, wie ein Fürst des Reiches. Er war hochfahrend und stolz, aber zugleich tüchtig und gewandt. Matthäus besaß in Mailand ein eigenes Handelshaus und gab sich wie ein welscher Herr. Johannes handelte über Nürnberg bis Antwerpen und London. Mit Ausnahme Annas, die als Klosterfrau nach Wertingen ging, waren die Töchter glänzend verheiratet, Barbara mit dem Kaufmann Thomas Grandner, Ursula mit Gastel Haug, Walpurga mit Konrad Schneider, einem Teilhaber des Hauses Welser, Felizitas mit Hans Roggenburger aus Ulm. Der bedeutendste war ohne Zweifel Lukas, auch er wollte Weber sein und wurde 1474 Vertreter dieser Zunft im Großen Rat. Er widerstand keinem Ehrenamt und wurde Wollschauer, Einiger, Heringsschauer und Steuermeister. Als Einiger mußte er zum Beispiel Ehefrauen zu dem Versprechen veranlassen, sich künftig als züchtige Hausfrau zu halten, Streitigkeiten der Nachbarn schlichten und Beleidigungen zwischen Trunkenen als ungültig und ungeschehen erklären. Auch übernahm er kostspielige diplomatische Aufträge in andern Städten. Dem König Maximilian übermittelte er durch einen Wechsel von Antwerpen nach Innsbruck das Geld für die Söldner in den Niederlanden.

Seine Erfolge machten ihn kühn. Die Stadt Löwen schuldete ihm zehntausend Gulden, die er allzu großzügig gewährt hatte und später nicht eintreiben konnte, als das Reich die Acht über die Stadt verhängte. Sein Vater Andreas hatte bei aller Weltgewandtheit und Prunkliebe keinen Tag vorübergehen lassen, ohne hinter den Büchern zu sitzen und die Lager zu inspizieren. Diese Arbeit im kleinen gaben die Brüder auf. Dem Lukas fehlte, bei großen Anlagen, vor allem die Stetigkeit. Er wollte rasch reich werden, und nach der Verleihung des Wappenbriefes an seine Vettern glaubte er den Vorsprung seiner Linie durch prunkhaftes Auftreten halten zu sollen. Er machte nun Geschäfte, wo er sie fand, löste sich immer mehr vom Handel und wurde Bankier. So unvorsichtige Kredite wie der an die Stadt Löwen durften sich nicht wiederholen, aber es geschah doch, und als Lukas auf dem Höhepunkt des Ansehens stand, waren die Grundlagen eines soliden Geschäfts schon im Schwinden.

Auch Lukas hatte über den teuern Wappenbrief der Vettern gespottet. Die Lilien-Fugger waren durch ihn weder Adelige noch Patrizier geworden, doch ihr Geschäft nahm einen mächtigen Aufschwung: sie trieben Handel mit dem römischen Kaiser! Ulrich und Georg wußten den väterlichen Betrieb rasch auszudehnen, man sprach davon, daß sie dreitausendfünfhundert Webstühle in eigener Regie betrieben, dazu kamen die von auswärtigen Plätzen bezogenen Webwaren. Das gestiegene und offenbar immer noch steigende Bedürfnis vor allem nach schweren und teueren Stoffen hing mit dem Reichtum und der Mode zusammen, aber auch mit der politischen Umstellung der Fürstenhöfe. Hatten die Fürsten, vor allem die Kaiser, bisher keine festen Residenzen gehabt, sondern waren in ihren Landen von Pfalz zu Pfalz gezogen, so bildeten sich jetzt in Wien, Prag, Innsbruck, in München und Heidelberg kostspielige Hofhaltungen heraus, mit Schwärmen von Hof- und Verwaltungsbeamten, Ehrenchargen und Räten.

Die Fuggerschen Lager enthielten damals: rotes und schwarzes Schlepptuch, sittichgrüne, schwefelblaue, goldrote Wollstoffe und modische Farben wie Aschengrau und Rosenrot. Es gab Halb-Enderistuch, schwarzes Ultrafini, Frankfurter und niederländisches Arras, Schmalbrustel, Gießertuch, weißes Friedbergertuch, weißes Drispinger, Usinger, rotes Kromburger, englisch Grau, schwarzes lembergisches Tuch, Atlas, Damast, Taft, Samt, lindisch, venedisch, carcassoner und lyoner Samte, Bombasin und große Ballen und Stapel von Venedig-Marinado, Matzis, Seide und Baumwolle. Das waren die Stoffe, mit denen geistliche und weltliche Höfe, reiche Bürger, Offiziere und Landsknechte sich so prächtig ausstaffierten, wie sie von großen Künstlern gemalt wurden.

Der Tuchhandel der Lilien-Fugger hatte die Geschäfte der Reh-Fugger längst, aber in aller Stille, überholt. In England, Ungarn, Polen und Schlesien kleidete man sich mit ihren Stoffen. In der Geschäftsführung herrschte Arbeitsteilung, doch ließ man nie die Zügel aus der Hand. In entscheidenden Augenblicken war an den wichtigsten Punkten stets einer der Brüder anwesend. Soweit sie mit anderen Firmen zusammenarbeiteten, suchten sie sich möglichst bald frei zu machen.

Markus schien in Rom unentbehrlich geworden zu sein. Der Heilige Vater übertrug ihm nacheinander Domherrenstellen in Augsburg, die Propstei an der Marienkirche in Regensburg und später die von Sankt Johann in Freising. Doch nie hatte Markus eine dieser Stellen angetreten: der Papst wollte auf seine Kraft in Rom nicht verzichten. Einen gewandten, geschäftstüchtigen Mann wie ihn konnte man in der Registratur nur zu gut brauchen. Da saß im fernen Schweden etwa ein Kollektor der päpstlichen Einnahmen, die aus Ablässen, Chorstellen, Liegenschaftsverwaltungen, frommen Stiftungen und Verwaltungsgebühren bestanden. Die Nürnberger Faktorei der Fugger hatte geschäftliche Beziehungen nach Schweden, und nun erbot sich Markus, das Geld auf bequeme Weise über seine Brüder nach Rom zu leiten, und zwar bargeldlos. Er ließ sich die Summe nennen und überwies sie aus dem Fuggerschen Guthaben in Rom der kurialen Hauptverwaltung. Ähnlich geschickt vermittelte er etwa den Wunsch eines Pfarrers in Waldstetten, der ihn in Rom um Erleichterung des Fastengebots für seine Schäfchen angegangen hatte. Die Gebühr betrug hundertfünfzig Dukaten. Aber warum sollte der Pfarrer das Geld nach Rom schicken? Das war teuer, langwierig und unsicher. Markus schrieb ihm: »Sie werden mit der Sendung am sichersten gehen, wenn Sie das Geld meinem Bruder geben und dafür einen Schein an mich von ihm erhalten; das genügt.« Der Pfarrer brachte Ulrich seine Dukaten, erhielt eine Quittung und schickte den Schein, einen »Wechsel«, an Markus, der das Geld aus seinem Guthaben an die Registratur überwies.

Es gab natürlich Banken am Vatikan, und die gehörten den Medici, Pazzi, Chigi oder Altoviti. Unter den Deutschen, die bankmäßige Geschäfte mit der Kurie abwickelten, stand Markus bald viel beneidet an erster Stelle. Die deutsche Gemeinde in Rom wußte seine Dienste zu schätzen und machte ihn zum Provisor an ihrem Anima-Hospital.

Peter Fugger saß in Nürnberg und besorgte den Einkauf der Fertigwaren. Er starb aber im Jahre der kaiserlichen Wappenverleihung. Jakob erfuhr die Nachricht in Herrieden, er war vierzehn Jahre alt. Nach der Beerdigung bei St. Johannis besprachen die Brüder das Schicksal der Familie. Nun war der dritte Bruder tot, sie selbst waren zwar jung und kräftig, beide unverheiratet, aber sie konnten die Last des Geschäftes auf die Dauer nicht tragen. Man beschloß, Jakob aus dem Kloster heimzuholen und nach Venedig in die Lehre zu schicken. Inzwischen wollte Georg versuchen, die Nürnberger Filiale von Augsburg aus zu leiten und alle Wochen auf ein paar Tage nach Nürnberg fahren.

Georg selbst machte sich auf nach Herrieden.
»Jakob, die Mutter ruft dich zurück.«
»Die Mutter?«
»Die Mutter und wir, deine Brüder. Wir bitten dich, komm heim.«
Der Angeredete stand vor ihm in der Kutte der Armut, der Keuschheit und des Gehorsams. Georg war dem schmächtigen Jüngling gegenüber ein breiter, behäbiger Mann mit etwas rundem Gesicht.
»Mein Leben gehört Gott«, sagte Jakob ernst und trat an das kleine Fenster seiner Zelle.
»Unser seliger Vater . . .«
»Bald empfange ich die niederen Weihen, Bruder, und ich habe Markus versprochen, Geistlicher zu werden wie er.«
»Du warst ein Kind, als du hierherkamst, Jakob, und ein Versprechen, das man als Kind gab, gilt nicht. Wolltest du im Ernst Markus folgen, müßtest du intensiv studieren, kanonisches Recht und was sonst dazu gehört. Du willst doch nicht Dorfpfarrer oder Eichstatter Stiftsherr werden?«
Jakob zuckte zusammen, nein, das wollte er nicht. »Bisher habt ihr mich von dem Geschäft ferngehalten.«
Georg stutzte. Sollte der Kleine gekränkt sein? »Du bist vollberechtigter Miterbe des väterlichen Vermögens, Jakob.«
»Aber nicht des Geschäfts, der Handlung!«
»Wenn du mitkommst, wirst du genau so beteiligt wie Ulrich und ich. Aber du mußt vorher eine Lehre durchmachen. Venedig, Rom – wo du willst.«
»Ja, Rom«, sagte Jakob, »ich fühle mich nicht als Geistlicher. Ich werde kein Prediger, kein Seelsorger, ich bin kein Jurist und Wissenschaftler. Was ich möchte und könnte . . .« er zögerte.
Georg fühlte, daß er gewonnen hatte.
». . . das wäre, eine Reform durchzuführen, Georg! Es ist eine neue Zeit, auch für die Kirche!«
Georg lachte laut heraus: »Also Kardinal willst du werden? Das überlaß Markus!«
»Nicht Kardinal«, sagte Jakob, aber er wagte nicht zu gestehen, daß er von großer Macht träumte.
»Ich will dich nicht drängen, Jakob, überleg es dir genau, wer mit deinen Jahren daran denkt, Kardinal zu werden, ist ein schlechter Priester. Bleib hier, lerne Latein und Geographie – aber mach dich

mit dem Gedanken vertraut, daß wir dich eines Tages ins Geschäft holen.«
Georg ritt wieder heim und Jakob fühlte sich allein. Sollte er wirklich dem geistlichen Stande entsagen? Er nahm einen Stift und rechnete aus: eine Mark Silber sind vier Gulden, vier Mark waren für ihn im Jahre sechzehn Gulden (die kölnische Mark Silber, die sich seit dem 15. Jahrhundert mehr und mehr durchsetzte, wog 233,86 Gramm). Und welche Zahlen hatte Georg gesprächsweise hingeworfen? Demnach war das Kapital der Brüder mehr als tausendmal so groß wie Jakobs Einkünfte – ihn schwindelte. Dann fiel ihm ein gutes Argument ein, das er seinem Bruder hätte entgegenhalten können, daß nämlich Markus und er hätten Geistliche werden sollen, damit das Vermögen der Familie beieinander bliebe! Nun hatten sie Gottes Strafe, drei Brüder waren tot: die beiden Lehrlinge in Venedig, Peter in Nürnberg! – Jakob blieb vorerst in Herrieden.

Die neue Ratswahl in Augsburg vollzog sich unter dem Druck der Straße. Ulrich Schwarz, ihr Wortführer, konnte neben Bartholomäus Welser als Bürgermeister in den Hohen Rat einziehen. Die Partei des Mittelstandes hatte gesiegt. Sogleich ließ Schwarz in der Druckerei Bäumler Streitschriften gegen die Besitzenden drucken und kostenlos verteilen; man legte die Schrift in den Packhäusern zwischen die Warenballen nach auswärts. Auch im folgenden Jahr wurde Schwarz gewählt, und nun stellte er selbst mit schlauem Eifer eine Macht von fünfhundert Fußsoldaten, hundert Reitern und zwanzig Hackenschützen auf, welche die Schweizer gegen Karl von Burgund unterstützten. Der Feldzug wurde äußerst kostspielig, und Schwarz verstand es, den Ärger auf die reichen Herren am Weinmarkt und Perlach abzuleiten.
Abermals entschloß sich der ehemalige Bürgermeister Vittel, vor dem Kaiser in Wien Klage gegen Schwarz und seine Umtriebe zu erheben. Doch bei der Rückkehr ließ Schwarz die Brüder Vittel kurzerhand verhaften und wegen Verrats am zünftigen Regiment von einem Schnellgericht zum Tode durch das Schwert verurteilen. In der Stadt stand Mann gegen Mann. Die reichen Kaufleute und Patrizier versammelten sich in der Herrentrinkstube; man besprach einen Versuch, die Verurteilten gewaltsam zu befreien. Die Gattin Hans Vittels tat einen Kniefall vor Schwarz. Doch das Hochgericht

am Fischmarkt war schon aufgeschlagen, Hunderte von Neugierigen und Parteigängern hielten sich die ganze Nacht hindurch dort auf. Am frühen Morgen erschien der Profoß mit den beiden Verurteilten. Sie umarmten sich erschüttert vor allem Volk und behielten ihre Würde, als das Urteil noch einmal verlesen wurde und der Henker das Schwert nahm.

Es war ein offener Rechtsbruch der Schwarzschen Partei. Man sprach von einer geheimen Sitzung des westfälischen Femgerichts. Doch Schwarz wußte die große Zahl hinter sich, und außerdem wurde er von einer Leibwache auf allen Wegen beschützt. Als nun Karl von Burgund starb, erklärte der Kaiser die Acht über Augsburg und beauftragte Jörg Vittel, den Bruder der Gerichteten, die Stadt offen zu befehden.

Schwarz wurde 1478 abermals gewählt. Er wollte den geringeren Zünften, ihrer Kopfzahl gemäß, ein für allemal die Überlegenheit im Rat verschaffen und die Vormachtstellung des Kapitals beseitigen. Seine Agitatoren hielten Ansprachen in jeder Kneipe und forderten, was den Habenichtsen und Faulenzern ebenso gefallen mußte wie den schlechtbezahlten Webern und am Aufstieg gehinderten Gesellen: gleiches Recht für alle Zünftler und Aufteilung der großen Vermögen! Wicliff und Hus hatten diese Argumente religiös motiviert: Ein Reicher geht eher durchs Nadelöhr, als daß er ins Himmelreich kommt. Und die Armen? Sie glaubten, mit Diebstahl und Gewalttat, besser zu sein.

Der Zunftmeister der Bäcker, Johann Taglang – einer von denen, die damals die Leute um das Brotgewicht betrogen hatten – hielt Schmähreden gegen die Welser, Gossenbrot und Herwarth. Andere bedrohten den zweiten Bürgermeister, Jos Ohnesorg, einen resoluten, alten Herrn, als er sich zu einer Sitzung begeben wollte, in der eine Klage gegen Schwarz' Schwiegersohn verhandelt werden sollte. Es gab einen Krawall und man hörte Rufe, Schwarz und Fries, sein Tochtermann, seien Betrüger. Als Schwarz selbst erschien, trat der junge Peter von Wertingen ihm entgegen und rief: »Der muß an den Galgen!« Man wollte Peter festnehmen, aber er entkam.

Jos Ohnesorg hatte inzwischen den Stadtvogt mit Knechten geholt. Der drang mit zehn Bütteln in die Sitzung und nahm Schwarz und andere Rädelsführer im Namen des Kaisers und des Stadtrats fest. Nun verband man sich schleunigst mit den Truppen vor der Stadt, und während der Marschall von Pappenheim Tore und Stadthaus besetzte, beschuldigten sich Schwarz und sein Freund Taglang gegenseitig auf der Folter der ärgsten Untaten. Beide wurden zum Tod durch den Strang verurteilt. Am Tag der Hinrichtung fuhr Schwarz in seiner Amtstracht auf den Richtplatz, auf dem mächtigen Kopf trug er aber eine Narrenkappe. Als er an der Herrenstube vorbeikam, waren dort alle Fenster dicht besetzt, Hohnrufe wurden laut, auch aus dem Munde von Damen, bis sich Schwarz die Kappe aus den struppigen Haaren riß und mit beiden Fäusten zu den Fenstern hinaufdrohte.

Der Karren fuhr weiter bis unter den Galgen. Mit einem Fluch auf das reiche Gesindel legte sich Schwarz selbst den Lederriemen um den Hals und sprang vom Brett.

Vierzehn Tage lang sollte er hängen. Aber der Marschall von Pappenheim mußte Tag und Nacht Wachen um den Richtplatz stellen. Und noch ehe Schwarzens Leiche zur Beerdigung freigegeben wurde, fand man den zweiten Bürgermeister, Jos Ohnesorg, an einem Morgen erschlagen hinter dem Roten Tor.

Um diese Zeit traf die Fugger von den Lilien ein zweiter, womöglich noch härterer Schlag: Dr. Markus Fugger in Rom starb. Georg hatte seit einem Jahr eine Bank errichtet, die mit ihrer Filiale am Nürnberger Herrenmarkt bischöfliche Kollekten und päpstliche Türkensteuern aus dem Norden und Osten des Reiches, selbst aus Dänemark, zu treuen Händen in Zahlung nahm und über Venedig nach Rom weiterleitete. Da Marx durch seine Brüder bevollmächtigt war, konnten die Fugger nach dem Beispiel der Florentiner Banken einen internationalen Zahlungsverkehr mit ihren »kleinen Scheinen« über Augsburg einrichten. Diese kleinen Scheine der Fugger waren die ersten Wechsel, welche im Reich in Umlauf kamen und sich bald großer Beliebtheit erfreuten.

Jakob in Herrieden widersetzte sich jetzt nicht mehr, als Georg kam, ihn zu holen. Hatte er heimlich darauf gewartet? Ein Glück, daß er nur die niederen Weihen hatte.

Der Abt legte dem jungen Chorherrn keinen Gewissenszwang auf; Jakob solle tun, was ihm richtig schiene. Längst hatte der Abt erkannt, daß dieser kühle Kopf und zurückhaltende Charakter weder für die enge Gemeinschaft des Klosters noch für das betriebsame Leben der höheren Geistlichkeit jener Zeit geschaffen sei: mochte er sein Heil als Kaufmann versuchen! Jakob verbrachte einige Tage mit sich selbst in seiner Zelle. Weltfreudig war er durchaus nicht, dieser jüngste Sohn des bedächtigen Jakob. Oft schlug sein Herz zaghaft, wenn ein Schrei aus der kleinen Stadt nächtlich zu ihm drang. Was war die Welt? Teufelswerk, Versuchung? Wenn eine Sternschnuppe fiel, gab es einen Lichtschweif am Himmel und dann herrschte wieder undurchdringliches Dunkel. Reiter der Apokalypse, die Welt würde einstürzen, wenn die Kirche nicht erneuert würde! Dann floh Jakob in das Gebet, Gott selbst mußte ihn trösten, allein in der Sicherheit des Glaubens strahlte ihm zeitlos ewiges Licht, aber fern und kühl wie der Polarstern. Wollte Satan auch ihn jetzt abziehn von unserer tiefen Bestimmung, lockend mit den Gütern der Erde, ihn ablenken von dem Gedanken der theologischen Ordnung, Erlösung durch Christi Blut? Sein Vater hatte gewebt sein Leben lang, gearbeitet und Handel getrieben und gegrübelt. Auch das war ein Dienst vor Gott gewesen, gerecht und christlich, ehrliches Leben eines frommen Bürgers. Im Traume sah er den Vater, das Antlitz schien zu leben, die Augen mit dem hellgrauen Blick schauten unverwandt auf ihn, den Sohn, herab. Der Mönch sprang vom Lager und ging dem Bild entgegen, er taumelte in halbem Schlaf. Gottes Ehre durch Dienst auf der Erde! Draußen flammte hell ein Blitz, Donner rollte ihm in der Ferne nach. Wie ein Dreizack stand der Blitz am Himmel, ein feuriges Zeichen: der goldene Haspel.

Die Mutter empfing den Sohn im Ordenskleid mit feierlichen Verbeugungen. Da der Bischof die Bürgersöhne vor drei Jahren neuerlich durch eine päpstliche Bulle vom Hochstift Augsburg ausgeschlossen hatte, mußte Jakob bis zur Reise nach Rom in der Familie wohnen. Das war Jakob nur lieb, nun konnte er ohne Aufsehen sein Knabenzimmer am Judenberg beziehen, und zwischen der Lektüre gelehrter Werke brach er zu Streifzügen durch Lager und Kontore auf.

Augsburg erhob sich, wie von einem bösen Dämon nach Schwarz' Ende befreit, zu frohem Leben, prächtiger und stolzer als je war die freie Stadt. Die Reichen feierten Freudenfeste und hielten an ihren Toren für den Armen Wein und Brot bereit. Aus Ulm, aus Nürnberg, aus Memmingen und aller Welt kamen Gäste, und selbst hungrige Ritter mit prangenden Namen zeigten sich an den fetten Tafeln der Bürger. Die Geschlechter bezogen bei St. Moritz ein eigenes Tanzhaus, schritten mit den Töchtern der großen Kaufleute beim Klang der Zinken und Pauken gravitätisch daher und Clara Hätzler sang das Lob der Augsburger Damenwelt:

Die Augsburger Jungfrauen
Lassen sich wahrlich beschauen,
Sind holdselig von Angesicht
Und mit Gebärden abgericht,
Mit Kleidern also angetan,
Daß sie gefallen jedermann:
Im Haus, auf der Gaß und beim Tanze
Haben sie acht auf ihre Chance.

Das Leben in der Familie Fugger war von einer stillen, herzhaften Frömmigkeit, die dazu beitrug, dem jungen Herrn seine Rückkehr in die Welt zu erleichtern. Die Mutter hatte bei St. Moritz eine Stiftung gemacht und eigenes Gestühl in der Kirche erworben, Ulrich hatte seinem Namenspatron zu Ehren den Wiederaufbau der Abtei nach Kräften gefördert und auch die Errichtung eines Seitenaltars mit Tafelgemälden und bunten Fenstern übernommen. In diesen Fenstern sollten die Wappenblumen der Fugger in leuchtendem Felde prangen.

Jakob begriff jetzt deutlicher, warum die Familie ihn aus der klösterlichen Abgeschiedenheit in die Welt zurückgeholt hatte. Ulrich führte als Haupt der Familie die Geschäfte. Jetzt stand er vor der Hochzeit mit Veronika Lauginger, täglich kam sie mit ihrer Mutter ins Haus. Die vornehme, stille Braut gefiel Jakob und er unterhielt sich oft mit ihr. Auch Georg war verlobt. Regina, die Tochter des wohlhabenden Peter Imhof, schien gut zu dem behäbigen Bräutigam zu passen. Da er wöchentlich nach Nürnberg fuhr, schmollte sie, weil sie ihn gar so selten sah.

Ulrichs Schreibstube am Judenberg war ein schmaler Raum mit kunstvollem Schnitzwerk in getönter Eiche, über der Tür sah man das verliehene Familienwappen. Durch mattes Glas drang das Licht nicht eben hell in die Stube, die nicht an dem lauten Weinmarkt, sondern einer Seitengasse lag. Nebenan arbeiteten drei Schreiber unter Georgs Aufsicht. Man sprach davon, die Räume zu erweitern,

vor allem die Schreibstube Ulrichs sollte in einen Raum mit luxuriöser Ausstattung verwandelt werden.
»Ich finde es prächtig genug bei euch«, sagte Jakob.
Georg war anderer Meinung: »Warst du schon bei den Vettern vom Reh? Lukas hat sich an der Stadtwaage ein Haus gebaut, in dem er die Herzöge von Bayern und andere Herrschaften empfängt.«
»Die Reh-Fugger waren nie unser Vorbild.«
»Seit kurzem hat uns Lukas im Steueraufkommen übertroffen«, sagte Ulrich, »das will zwar wenig heißen, denn es ist eine Selbsteinschätzung, und ich gebe Lukas nicht den halben Kredit, den ich mir selbst gebe, aber du weißt nicht, wie wichtig diese Dinge sind, wenn man Bankier wird.«
»Stephan Krumbein ist Lukas' Vertreter in Leipzig und Krakau, Konrad Numan für Köln und Antwerpen, Andrea de Bonsignoribus für Mailand. Wenn diese großen Häuser seine Vertretung übernehmen, muß was dran sein«, sagte Jakob.
Ulrich lachte: »Du bist vorzüglich im Bilde, Brüderchen! Ich will nichts gegen Lukas sagen. Er nimmt den ärmsten Webern, die sonst nichts an den Mann bringen, ihre Produkte ab. Das ist weniger Geschäfts- als ein politisches Prinzip; jetzt will Vetter Lukas noch Findelhauspfleger werden.«
»Wie stehn wir zu Jakobus?«
»Ehrlich gesagt – er will nichts von uns wissen. Seit er mit Ursel Rem verheiratet ist, sieht er in uns kleine Wollkrämer, die ängstlich auf ihrer Geldtruhe sitzen. – Aber Matthäus in Venedig besucht uns manchmal, nimmt auch Aufträge mit. Du wirst nächstens mit ihm zu tun bekommen, er ist ein halber Signore geworden, äußerst flott. Wir unterhalten uns vorzüglich, aber Geld habe ich ihm nie mitgegeben. Er hat mir übrigens Hans Koler als italienischen Vertreter besorgt.«
»Den Augsburger Koler?«
»Ganz recht, mit dem kannst du deutsch reden. Hat dir der Vetter Hans gefallen?«
Jakob war vor kurzem mit Georg nach Nürnberg gefahren. Hans Fugger vom Reh, Lukas' vierter Bruder, hatte sich mit diesem überworfen, war nach Nürnberg gezogen und Safranbeschauer geworden.
Jakob antwortete: »Er baut an der Fleischbrücke ein Haus und hat uns stolz umhergeführt, kennst du das Haus?«

»Ein Bürgerhaus, hörte ich.«

»Gewiß – er ist kein Lukas«, sagte Jakob, »doch jetzt entschuldige mich, Georg, ich muß zum Reiten.« Er ging, Georg sah ihm nach; er hatte den Kleinen sehr gern, und nächstens würden er oder Ulrich ihn nach Rom begleiten und in Venedig zur Lehre einschreiben lassen. Man wollte Jakob in Rom von der Pfründe und seinem geistlichen Versprechen lösen.

Nicht nur der Reitunterricht diente der Vorbereitung der Reise nach Italien. Jakob lernte Italienisch, was ihm bei seinen lateinischen Kenntnissen nicht schwerfiel, und eignete sich Kenntnis der Münzen und Gewichte an. Vor allem saß er eifrig über den nachgelassenen Geschäftspapieren seines Bruders Marx. Sollte es nicht möglich sein, fortzuführen, was der Doktor und römische Magister im Interesse der Fugger begonnen hatte?

Ulrich war skeptisch und etwas verwundert gegenüber der Unternehmungslust des unerfahrenen Bruders. Italien, zumal Rom sei finanziell ein heißer Boden, und wenn gar der kluge Marx dort nur langsam habe Fuß fassen können . . .

Jakob hatte seine eigenen Gedanken.

Mutter Barbara verpackte unterdessen im Gepäck allerlei medizinische Kräuter, von denen man annahm, daß sie dem Italienreisenden, in die Mahlzeiten gemischt, das Fieber vertrieben. Mit Wehmut dachte sie an die beiden Halbwüchsigen, die vor Jahren im fernen Venedig gestorben waren. Täglich betete sie, daß Jakob gesund zurückkommen möge. Sie verpackte also Latwerge zum Purgieren, Marzipan, Lebzelten und süßes Kraftbrot, das den Darm zwischen den Mahlzeiten anregen sollte, Gerstenwein zum Gurgeln und kleine Säckchen mit Sauerampfer und Süßholz zum Auflegen bei Fieber. Gegen Schlaflosigkeit – obwohl Jakob kaum daran litt – packte sie Nachtschatten und Kamille ein. Aus Rosenöl sollte er in Venedig Dämpfe bereiten, damit der berüchtigte Gestank des Meeres ihm nichts anhabe. Dann brachen sie auf. Der Sommer war vorüber, der Herbst war angenehm zum Reisen. Rom war das Ziel, die Reise dauerte mehr als vier Wochen. Sie ritten über Innsbruck, den Brenner, an der Etsch entlang bis Verona, wo sie das verfallene Haus Dietrichs von Bern über der Stadt sahen. Gerade wurde ein großer Pferdemarkt abgehalten, und die Brüder, mehr aus allgemein kaufmännischem Interesse, als weil sie es auf Pferde abgesehen hatten, besuchten ihn. Der Herzog von Mailand ließ fast alle Pferde durch Musterungskommissionen aufkaufen und zahlte hohe Preise; es hieß, er brauche die Pferde für einen Feldzug gegen Frankreich.

In Florenz prangte die goldene Lilie der Medici von den Zinnen der schönsten Paläste. Bewaffnete Knechte standen vor den Toren. Die Fugger konnten einige Prunkhäuser fürstlicher Kaufleute sehen. In den Höfen waren kunstvoll angelegte Gärten oder nutzbringende Orangenhaine. Viele der alten Bauten wurden mit neuen Fassaden versehen. Jakob staunte, die Stadt sah aus, als habe jeder Florentiner eine befestigte Burg, und oft zierte eine goldene Lilie die Wände; wortlos schauten sich die Fugger an: zwei Lilien schmückten auch die Satteldecken ihrer Pferde. Eine Frau deutete auf die Deutschen, als sie die Lilien in Blau und Gold sah. An der Ecke der großen Straße entstand ein Gedränge, und eine Wache winkte die beiden Augsburger zur Seite. Lorenzo de Medici, der Bruder des kürzlich ermordeten Giuliano, kam in einem über und über vergoldeten Wagen gefahren. Acht weißgekleidete Reiter begleiteten ihn.

Il Magnifico, der Prächtige, hieß er beim Volk. Aber Lorenzo war mehr, nämlich Gönner und Freund der Künstler und Gelehrten.

An Lorenzos Seite saß Clarissa Orsini, seine Gemahlin. Ihr dunkles Auge fiel auch auf die beiden Deutschen, Lorenzo folgte ihrem Blick und traf das bleiche asketische Gesicht Jakobs. Der senkte zum Gruß vor dem reichsten Mann der Erde ein wenig den Kopf. Lorenzo lächelte, und schon war der Wagen vorbei. Einige Tage darauf kamen die Brüder nach Rom.

Martin V. hatte den Sitz der Kurie vom Lateran in den Vatikan verlegt. Um die Engelsbrücke war ein neues Viertel entstanden. Paläste großer Herren und Prälaten nahmen mit den Fronten herrlich breite Straßen ein, und am Tiber sahen die Reisenden die Banken der Florentiner Geldleute und derer von Siena, Pistoja, Lucca und Genua.

Obwohl die päpstliche Großfamilie, Sixtus IV. und seine Neffen mit dem Hofstaat, dem kanonischen Zinsverbot getreu, miteinander in Naturalwirtschaft lebte, förderte die Kurie ein finanzielles System, für das der Ankömmling, Jakob Fugger, die größte Teilnahme zeigte. Immer schon hatten die Päpste aus Peterspfennig, Türkensteuern, Kaufgeldern für Ämter, für Gebühren und Gefälle

Geld bekommen, denn regieren kostet Geld, und die Bewohner Roms hatten seit den Tagen Caesars nie einen Pfennig Steuer zu zahlen brauchen. Auch die Bewohner des Kirchenstaates waren steuerfrei in Zeiten, als die Fürsten Europas ihre Städte und Herrschaften um Geld verpfändeten, verkauften, verliehen oder unverhohlen erpreßten. Die blühenden und reichen Landstriche des Kirchenstaates zahlten ihre Verwaltung, sonst nichts. Alle Kosten der Verteidigung, der Erwerbung von Städten, der Truppenbesoldung, der üppigen Bauten mußten von den Überschüssen des Papstes gedeckt werden.

Die apostolische Kammer war die Mutter des Geldes, hieß es; in ihrem Schatten waren die internationalen Geldinstitute der Erde emporgewachsen, die Altoviti, Strozzi, Gaddi, Martelli aus Florenz, die Spanocchi und Ghinuzzi aus Siena, die Sauli, Lomellini, Grimaldi, Gentili aus Genua. Sixtus war der Sohn armer Fischersleute und über das Generalat der Franziskaner zur höchsten Würde der Kirche emporgestiegen. Unbedenklich machte er sich daran, seine Neffen mit Fürstentümern zu versorgen. Darüber war er mit den Medici in Streit geraten, und es gab Leute, die offen sagten, er sei schuld an jener Verschwörung der Pazzi in Florenz, deren Opfer Giuliano geworden war. Das Ereignis, erst wenige Monate her, hatte dem Papst mehr Schaden als Vorteil gebracht, zumal Lorenzo lebend davongekommen war. Sixtus schien im Trubel der politischen Ereignisse zu vergessen, daß er der höchste Seelsorger der Christenheit sein sollte. Als die Fugger eine Audienz wünschten, wurden sie mit ihrem geistlichen Anliegen gar nicht vorgelassen und auf den Amtsweg verwiesen. Da sie genügend Geld hatten, erreichten sie Jakobs Resignation ohne Schwierigkeiten.

Die Brüder besuchten das Grab ihres Bruders Marx in Santa Maria dell' Anima, der Kirche der Deutschen. Sie wohnten einer Seelenmesse für den Verstorbenen bei und übergaben einem Bildhauer die von Jakob lateinisch entworfene Inschrift für die Gedenktafel: »Hier liegt der hochwürdige Herr Markus Fugger aus Augsburg, Kanonikus von Augsburg, Regensburg und Freising, Lizentiat und Magister, Skriptor an der kurialen Gesuchsregistratur und dieses Hospitals Provisor. Er starb, im dreißigsten Lebensjahr, am 19. April 1478.« Jakob sann der merkwürdigen Lebensweise des Gestorbenen nach. Der hatte also Geld eingenommen und ausgeliehen, nicht nur für sein Amt, sondern auch für seine Augsburger Brüder. Vertrug sich so weltliches Gehaben mit dem geistlichen Leben? Freilich hatte Markus nie persönlichen Gewinn beansprucht. Sein Leben war ein Hort guter Werke gewesen. Hatte der Fluch, der vom Geld ausging, ihn nicht getroffen? Und doch war Jakob wie jeder Christ nordischer Länder befremdet, als er das bürokratische und finanzielle Gerüst der Kurie erkannte.

Er veranlaßte Ulrich, den Aufenthalt in Rom auszudehen; es gäbe genügend zu tun. Markus' Nachlaß mußte gordnet werden, man konnte Geschäftsfreunde aufsuchen und Verbindungen anknüpfen. Jakob selbst aber wurde von den freien Bankinstituten gefesselt, die es in Rom gab.

Das Finanzsystem des Papsttums war, obwohl die Päpste nie Geld hatten und persönlich anspruchslos lebten, das am meisten fortgeschrittene der Welt. Das Geld gelangte in beträchtlichen Summen an den Hof des Heiligen Vaters, und hier zerfloß es in tausend Hände. Sixtus bediente sich des Rates seines Protonotars Sinolfi, um ganze Kollegien neu zu errichten, die Stellen wurden dann für einige hundert Dukaten verkauft. Er erfand die sonderbarsten Titel, zum Beispiel hundert Janitscharen, und jeder Janitschar mußte tausend Dukaten zahlen, so daß Sixtus dadurch hunderttausend Dukaten einnahm.

Sixtus verkaufte Notariate, Protonotariate und Stellen von Prokuratoren bei der Kammer. Die Summen, welche er empfing, waren gleichsam Anleihen, deren Zinsen die Stelleninhaber aus ihren Ämtern als Einkünfte herausholen mußten. Die Amtsträger erhielten keine Gehälter, denn das Amt war ihre Einkunft. Leicht führte dies System zu offener Simonie, leicht erhielten Unwürdige und Unfähige die Stellen; sie mußten dann ihrerseits einen Vertreter stellen, der seinerseits das Amt erkaufen mußte. Einfacher als an der Kurie war die Frage der Einkünfte bei den päpstlichen Beamten im Kirchenstaat zu lösen: sie wurden auf die Zölle und Sporteln ihres Gebiets angewiesen. Es war das erlaubte System von Leibrenten auf ein hingegebenes Kapital. Da jedes Amt nur auf Lebenszeit vergeben wurde, gab es im Gegensatz zum fürstlichen Lehnssystem keine Erblichkeit. Erledigte Ämter fielen an die Kurie zurück und wurden frisch verkauft.

Auf diese Weise erklärte sich Jakob die stete Bewegung und die

Möglichkeit des Fortkommens an der Kurie. Er mußte dies System bewundern, und zugleich sah er, wie reich der Heilige Vater hätte sein können, wenn er seinen blühenden Staat wie die Könige von Frankreich und England besteuert hätte. Doch sah er ein, daß der Papst als geistlicher Fürst seine Untertanen nicht wie ein weltlicher ausplündern dürfte – wenn nicht der Kirchenstaat auseinanderbrechen sollte.

Noch ein Gedanke ging Jakob durch den Kopf: von hier aus könnte man ein finanzielles Netz über Europa spannen. Wie, wenn es gelänge, die Einkünfte des Papstes grundsätzlich mit den »kleinen Scheinen« der Fuggerschen Brüder nach Rom zu übermitteln? Die hiesigen Banken gaben sich mit so mühsamen Geschäften weniger ab, sondern besorgten den Prälaten zu wucherischem Zins die Summen zum Stellenkauf, übermittelten Ablaßgelder und Türkensteuern und wechselten den wohlhabenden Pilgern ihr Geld. Könnte man nicht das europäische Handelsnetz der Fugger zur Grundlage einer römischen Bank machen, welche die päpstlichen Einkünfte verwaltete?

Die Brüder wohnten im »Goldenen Kopf«, dem Gasthaus der Deutschen, und hier entwickelte Jakob dem aufhorchenden Ulrich eines Abends seine Gedanken. Sie hatten etwas Zauberhaftes. Er schlug vor, Markus' Beziehungen nicht abzubrechen, sondern zur Grundlage weiterer und größerer zu machen. Man müßte Paul Koler, den Vertreter Augsburgs beim Vatikan, vielleicht beauftragen. »Wir haben den Finger schon am Teller«, sagte er, »weshalb sollen wir ihn nicht ganz zu fassen kriegen?«

»Die anderen Banken werden sich wehren.«

»Das sind Geldinstitute, wir aber sind eine Handelsfirma, unsere Tätigkeit ist anderer Art.«

»Wir könnten es versuchen«, sagte Ulrich, »wir werden Koler in Venedig treffen.«

Zehn Tage später verrichteten sie in dem kleinen Kirchlein von Mestre das Dankgebet für die gelungene Reise von Rom nach Venedig und setzten über. Die Brüder Hans und Paul Koler empfingen sie und wurden von Ulrich mit dem neuen Plan Jakobs bekanntgemacht. Sie waren einverstanden; Hans würde als Fuggervertreter hierbleiben und Paul in Rom.

Oben: Hof des Fondaco dei Tedeschi in Venedig.
Unten: Schloß Schmiechen, von Jakob Fugger 1509 erworben.

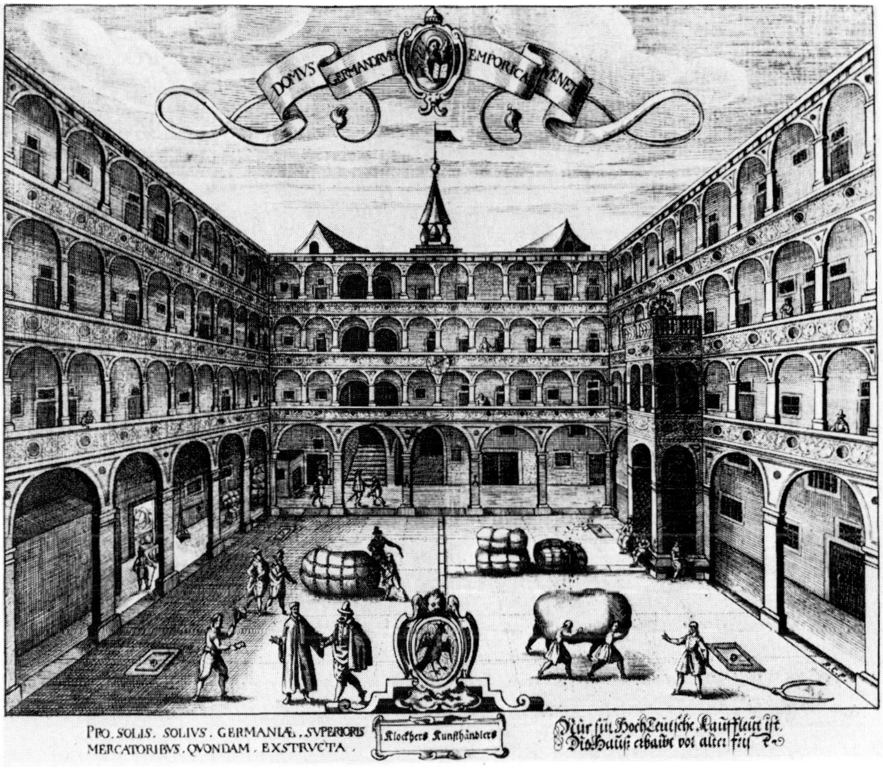
DOMVS GERMANORVM EMPORICA VENET
PRO. SOLIS. SOLIVS. GERMANIÆ. SVPERIORIS
MERCATORIBVS. QVONDAM. EXSTRVCTA.
Klockhers Kunsthändlers
Nür für HochTeütsche Kauffleüt ist.
Dis Hauß erbaut vor alter Zeit

Schloß Schmiehen.

Gerechte Conterfectung des schlos vnnd Marckt Kyrchberg an dem wasser die yler genant Gelegen.

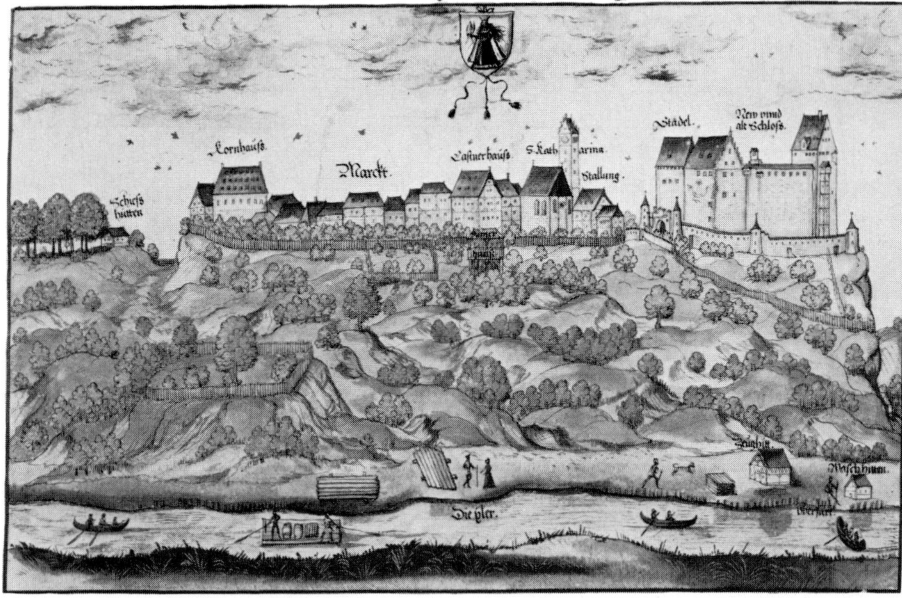

Hans Koler sollte Jakob in Venedig beraten, denn Ulrich wollte nach Augsburg zurückkehren. Am Abend des ersten Tages nahmen sie an einem Empfang der Signorie für alle Deutschen teil. Der Vertreter des Dogen reichte auch Ulrich und Jakob mit höflichen Worten die Hand. Es war ein Sonntag, das Kaufhaus der Deutschen am Rialto lag in feierlicher Stille. Nach einer Erweiterung enthielt der Fondaco dei Tedeschi außer den Warenlagern jetzt hundert Kammern als Wohn- und Schreibstuben. In der Mitte des Hauses lag die Kapelle, wo ein deutscher Geistlicher jeden Morgen die Messe las. Links davon befand sich die Weinschenke. Eine breite Treppe führte in den ersten Stock des Gebäudes zum Fest- und Speisesaal. Hier standen die Deutschen und Italiener; die gemessene Haltung der Deutschen stach bewußt ab von der welschen Lebhaftigkeit. Ein Teil der Kaufleute war kostbar wie Fürsten gekleidet.

Wie seit hundert Jahren saß man noch immer an zwei Tafeln, der Nürnberger und der Regensburger. Lübeck, Köln, Worms, Mainz, Frankfurt, Speyer, Straßburg und Basel gehörten zur Nürnberger, während Augsburg, Ulm, Ravensburg, Konstanz, Wien, Linz, Salzburg und Laibach zur Regensburger Gruppe zählten. Die jungen Kaufleute, Lehrlinge genannt, saßen jeweils am Ende der Tafel und hatten bei Abstimmungen kein Recht. Hier begrüßte Christoph Scheuerl, Vorstand der Nürnberger Tafel, am nächsten Tage die Novizen, ermahnte sie, sich in der Stadt des geflügelten Löwen freundlich und bescheiden zu betragen, einen sittlichen Lebenswandel zu führen, Fleiß aufzuwenden, alle Vorkommnisse im Handel scharf zu beobachten und gegen die Vorgesetzten – alle deutschen Kaufleute, die eine Kammer im Fondaco hatten – allezeit treu und gehorsam zu sein. So wollte es das Herkommen. Was die jungen Kaufmannssöhne lernen konnten, war so verwirrend wie wertvoll, nicht nur auf dem Gebiet der Kaufmannschaft, sondern auch an Menschenkenntnis und Erfahrung der internationalen Welt.

Gegen Abend machte Lorenz Haller mit den neu Eingetretenen eine Gondelfahrt. Palast stand an Palast, und viele dieser reichen Bauten waren nicht nur repräsentative Firmenhäuser, sondern zugleich Lagerhalle, Stapelplatz und Kaufhaus. Die Piazetta glänzte in mattem Grün, in rotem Gold. Nun bogen die Gondeln in den Canale di San Marco, dann in noch engere Kanäle des ältesten Venedig. Wenn sich eine Tür zum Wasser in den Häusern öffnete, stockte die Fahrt.

Schloß Oberkirchberg *(oben)*, 1507, und Schloß Markt Biberbach, 1514 durch Jakob Fugger erworben.

Dann schien eine Hand zu winken, offenes Haar sah man im Licht einer Ampel. Haller warnte die jungen Leute in humoristischer Form: die Mädchen locken auf griechisch, slowenisch und deutsch. Dann gab er dem Gondoliere ein Zeichen und brachte seine Novizen nach dem Fondaco zurück.
Am andern Morgen war das Kaufhaus der Deutschen wie ein Bienenhaus. Die Türen ging auf und zu, das Geschrei der italienischen Makler, Lastträger, Arbeiter erfüllte den Hof. Alle Deutschen mußten ihre Waren hier anbieten, Kupfer, Silber, Gold, Leder, Woll- und Leinwandstoffe, Pelze aus dem Norden, Hölzer und Getreide. Dafür empfingen sie morgenländische Gewürze und Luxuswaren, Griechenwein, Seide, Gläser und kostbare Stoffe. Der Handel mit der Levante selbst war ihnen, wie jeder unmittelbare Seeverkehr mit dem Osten, verboten. Die Venezianer kauften und verkauften durch Makler. Mit dem von den Deutschen eingenommenen Geld durften diese nicht heimkehren, sondern mußten es in orientalischen und venezianischen Waren anlegen.
Es war ein strenges System der Bevormundung des freien Handels, bei dem die Venezianer doppelt, als Käufer und als Verkäufer, verdienten. Jede Einfuhr nichtdeutscher Waren war streng untersagt; so durften die Deutschen keine englische Wolle und kein flandrisches Tuch feilbieten. Regelmäßige und unregelmäßige peinliche Kontrollen mußten sie über sich ergehen lassen. Es gab besondere Beamte zur Beaufsichtigung der Handelstätigkeit. Die italienischen Makler hatten dafür zu sorgen, daß alle Zölle, Steuern und Abgaben ungeschmälert der Kasse Venedigs zuflossen. Man sprach davon, daß der Fondaco den Venezianern täglich etwa hundert Dukaten an Abgaben einbrächte.
Das Geschrei dieser Makler war es, das Jakob aus dem Schlafe riß. Ulrich war schon im Hof. Jakob wusch sich eilig, zog sein Wams an und stand, den Morgentrunk vergessend, mitten im Gewimmel der fremdartigen Menschen und Sprachen. Hier war alles vielfältig, die Mengen, die Maße, die Münzen. Es gab Fässer, Ballen, Packen und Barren. Man unterschied im Längenmaß die Ellen von Augsburg, Wien, Bozen, Konstaninopel, Rom, Brabant, Barcelona und Nürnberg. Matthäus Fugger, der Vetter vom Reh, befand sich in Ulrichs Gesellschaft und hieß Jakob willkommen: etwas geringschätzig sah er Jakobs blasses Gesicht und konnte sich die Bemerkung nicht ver-

kneifen, dieser Vetter werde das Klima hoffentlich besser vertragen als seine Brüder vor Jahren.
Hier sollte Jakob einige Monate bleiben – man hatte keine Frist gesetzt; Ulrich hoffte wohl, daß er sich schnell das Wichtigste aneignen werde, denn seit Jakob in Rom sein kaufmännisches Talent offenbart hatte, glaubte Ulrich, daß Jakob besonders das Ineinandergreifen von Politik und Wirtschaft interessieren würde. Hier träfe Jakob Deutsche von der Ost- und Nordsee, Franken und Bayern. Da sich alle gleich weit von der Heimat fühlten, mußten sie sich nahekommen. Hier konnte man Ungarn, Genuesen, Griechen und Spanier kennenlernen und das Transportwesen in seiner typischen Verbindung von Schiff und Wagen studieren, lernte Zeiten berechnen, Verluste einkalkulieren, politische Rücksichten nehmen. Hier konnte man auch, vom Verkauf der Metalle aus, die wirtschaftlichen und finanziellen Möglichkeiten des Montangeschäfts studieren.
Venedigs Beispiel war einzigartig, weil dieser Staat seit einem Vierteljahrtausend von der Wirtschaft und für die Wirtschaft lebte. Die Adligen hatten sich nicht gescheut, Kaufleute zu werden, und die ersten Beamten der Republik gingen aus den reichen Patriziern hervor, die das Handwerk unterdrückt hatten und die Staatsgeschäfte nach handelspolitischen Kalkulationen betrieben. Das Geschlecht des jetzigen Dogen, Giovanni Mocenigo, gehörte zu den Exponenten wirtschaftlichen Denkens in der Politik. Es war offenes Geheimnis, daß der Kaufmann Andrea Cornaro von Cypern her maßgeblichen Einfluß auf die Politik hatte. Cornaro, Eigentümer der cypriotischen Zuckerplantagen, war ein Mann, der Cypern an die venezianischen Besitzungen in der Levante anschließen wollte; er würde wissen, weshalb seine Nichte den letzten König der Insel geheiratet hatte, war doch der Bruder des Dogen vor der Insel mit einer Flotte erschienen, zum Schutze Ihrer Majestät der Königin Caterina: so gehörten Politik und Wirtschaft zusammen. Venedig wußte sich Städte und Fürsten durch eine geschickte Anleihepolitik zu verbinden; nicht zu rasch und nicht zu reich, aber auch nicht zu wenig und nicht im falschen Augenblick mußte man die Dukaten springen lassen. Die Staaten müßten von Verweigerung und Gewährung der Kredite abhängig werden. Kupfer und Silber, Baumwolle und Tuche, Gewürze und Weine schön und gut, mit ihnen handeln und

spekulieren war eine geringere Kunst als das Spiel mit den goldenen Kugeln. Zwei Dinge, lernte Jakob, seien unentbehrlich. Die Nachrichtenübermittlung müßte rasch, sicher und zuverlässig sein und die schwerfällige deutsche Buchführung müßte ersetzt werden durch die Banktechnik der Italiener. Durch eine Kombination von Wirtschaft, Bankwesen, Politik, Wechselverkehr war das Geld Beherrscher des Weltmarktes geworden. Die Naturalwirtschaft war durch Kreditwirtschaft überwunden. Man neigte gar zur Überschätzung des Goldes in der Volkswirtschaft und meinte, derjenige sei der stärkste, dessen Geldschatz am größten wäre.

Jakob war viel zu sehr Kaufmannssohn, als daß diese Theorie seinem Empfinden entsprochen hätte. Für ihn war das Geld ein Mittel, die Wirtschaft in Bewegung zu setzen – um neues Geld aus ihr zu gewinnen. Gerade Italien war der Beweis dafür, denn Italien hatte seine Reichtümer durch Handel erlangt, während Deutschland noch weitgehend an der Naturalwirtschaft festgehalten hatte.

Das Geld war ein Spiegel des Handels. Die italienische doppelte Buchführung erlaubte in jedem Augenblick an Hand der Kontobücher Soll und Haben zu überblicken. Ungewöhnlich rasch erfaßte Jakob die Vorteile. Sie lagen in der Versachlichung aller Geschäftsbeziehungen. Italienische Sprache, doppelte Buchführung und Rechnen mit arabischen Ziffern waren die Hauptlehrfächer im Kaufhaus der Deutschen. Jakob, der sich jetzt Giacomo rufen ließ, hatte mit der Sprache keine Schwierigkeiten. Es machte ihm Spaß, statt mit den schwerfälligen römischen Zahlen mit den arabischen Ziffern zu addieren und subtrahieren. Auch Zeichen für Plus und Minus hatten die italienischen Hexenmeister. Die doppelte Buchführung kannte er in ihren Anfängen, weil sein Onkel Andreas damals einen Hauch davon mitgebracht hatte. Einen Handel in allen Begebenheiten festzuhalten und in zwei Reihen säuberlich aufzuschreiben, beide Reihen dann gegeneinander abzuwägen und zu vergleichen, gleichsam ein Stück Leben wie ein abstraktes Ding von sich abzurücken und einem größeren Gang einzuordnen, das entsprach Jakob Fuggers eigener Wesensart, seinem kalkulatorischen Charakter.

Ulrich Fuggers Brautschaft mit Veronika Lauginger wurde durch die Eheschließung 1479 beendet. Die zarte Frau brachte adligen Glanz und einen großen Namen in das Haus vom Ror. Auch Georgs Eheplan mit Regina Imhof, die gar rittbürtig war, mußte den großbürgerlichen Fuggern von den Lilien wie eine Rangerhöhung erscheinen. Die Brüder beteiligten sich daher mit reichen Gaben am Bau St. Ulrichs; man mußte Ulrich Schwarz ausstechen, denn dieser schlaue Politiker hatte das bürgerliche Selbstgefühl durch nicht unbedeutende Stiftungen für seinen Namenspatron gehoben. Ihn zu überbieten, das war ein Gebot der Ehre und der Politik. Man suchte nach tüchtigen Meistern und gewann Michael Erhart von Ulm und Gumpolt Gültinger. Als Gutachter kam Adolf Daucher, der damals Aufsehen zu erregen begann. Die Fugger von den Lilien hatten sich den kommunalen Streitigkeiten bisher ferngehalten, aber als entschieden werden mußte, ob Mittelstand und Handwerker oder Großkaufleute und Handelsherren die Politik der Stadt bestimmten, blieb keine Wahl.

Ulrichs Prinzip war, den Umsatz stetig zu heben und dadurch größere Gewinne zu erzielen. Er glich in der Vorsicht seinem Vater. Auch Georg war für eine mäßige Ausweitung des Handels. Von einer schärferen Kalkulation der Preise, vom Ausnützen der Konjunkturen, oder gar von den bei andern Handelshäusern üblichen Spekulationen wollten sie nichts wissen. Die Welser-Vöhlin versuchten in Reichenstein den Goldbergbau. Ludwig Meuting ließ sich mit der Innsbrucker Regierung auf spekulative Silbergeschäfte ein, indem er dem Herzog Zehntausende von Gulden lieh, dafür bekam er das Recht, den Gewerken und Schmelzern die Ausbeute abzukaufen.

Ulrich war solchen Geschäften abhold, weil sie ihm unsicher erschienen. Wußte man, ob ein verschuldeter Herzog seinen Kontrakt hielt? Was würde geschehen, wenn der Habsburger morgen einen politischen Vorwand nähme, Meuting aus Tirol zu vertreiben? Die Brüder legten ihr Geld nach Vätersitte in Grundstücken an. Außer Gärten und Ländereien vor der Stadt kauften sie Landgüter und Liegenschaften. War die Rente solch eines Landbesitzes auch gering, etwa drei Prozent vom aufgewendeten Kapital, so galt sie als sicher.

Alle Familien kauften sich auf dem Land an, es war jedoch oft vorgekommen, daß die Güter bei Zusammenbrüchen mit in die Konkursmasse gerieten und weit unter Preis verschleudert wurden.
Ulrich hatte einige Reisen ins Salzburgische gemacht und Kredite an private Gewerke gegeben. Bisher hatten Judenburger Firmen das Geld gegeben. Nun sahen sie sich durch den klugen Schwaben verdrängt. In einigen Fällen gingen die Gruben in den Besitz der Fugger über, in vielen andern sicherte sich Ulrich stille Beteiligung. Das entsprach seinem soliden Denken. Statt mit wankelmütigen Fürsten zu paktieren, verhandelte er mit den Besitzern der Gruben. Das Silber und Gold von Gastein, Rauris, Schladmig und Rottenmann fiel den Fuggern zu. Die Judenburger wurden schließlich genötigt, ihre Kammer im Fondaco in Venedig aufzugeben. Jakob übernahm sie. Das Silber und Gold ging nach Venedig; es war das berühmte Tauernsilber, aus dem die Republik San Marco ihre Münzen schlug.
Jakob kam aus Venedig zurück, gewachsen, gebräunt, in der gewählten Kleidung eines jungen Nobile. Strahlend führte die Mutter ihn zu Ulrich und Georg in die Schreibstube. Jakob ließ sich auf einem lederbespannten Hocker nieder und packte die Geschenke und Andenken aus, welche er mitgebracht hatte. Dann überfiel er die Brüder mit Vorschlägen, Plänen, Übereinkünften. Sie hörten staunend und wohlwollend zu. Dieser Jakob! Ulrich hatte doch recht gehabt, als er Mutter und Bruder nach der Rückkehr aus Rom und Venedig erzählt hatte, ihr Jüngster habe einen Kopf für die Geschäfte, daß er gestaunt habe. Jakob begann mit der Fuggerbank in Rom. Dann berichtete er von seiner Reise über Innsbruck, und daß er im Erzstift Salzburg die Gewerke besucht habe. Wie es mit den Anteilen ihres Großvaters Bäsinger in Tirol stehe? In Innsbruck habe er gemerkt, daß Herzog Sigmund, den man den Münzreichen nenne, den Augsburgern äußerst gnädig gesinnt sei. Ulrich und Georg lachten, der Herzog liebe das Augsburger Geld! Ob Jakob nicht wisse, daß er Schuldner der meisten Firmen sei? Demnächst heirate er auf seine alten Tage, um seinen Finanzen aufzuhelfen, und zwar in Augsburg. Nein, mit diesem Herzog ließen sie sich lieber nicht ein.
Zur Überraschung der Brüder erklärte sich Jakob bereit, mit dem Herzog auf eigene Gefahr ins Geschäft zu kommen.
»Er ist bis an den Hals verschuldet. Willst du Geld in ein Faß ohne Boden werfen?«

»Man muß das Faß dichthalten«, meinte Jakob.
Die Brüder gaben ihre Zurückhaltung nicht auf. Auch die Mutter sprach. Die Geschäfte ihres Vaters seien eine Warnung für die ganze Familie . . . Sie schwieg betreten.
Jakob sprang zu einem anderen Thema über. Am 6. März 1480, also bald, würde er, Giacomo, großjährig.
»Was sagst du, wer ist Giacomo?«
»Das bin ich, Mutter.«
»Bist du gar ein Welscher geworden?« Die Brüder waren belustigt über seine Namensänderung.
»Da müssen wir unsere Anteile festsetzen«, fuhr Jakob fort, und er schlage vor, die Ganerbengemeinschaft aufzugeben.
Wieder sprach die Mutter: »Ihr und ich sind die Erben des Geschäfts, eure Schwestern werden ausgezahlt – da ist nichts zu regeln!«
»Doch, Mutter, sehr viel sogar. Ich schlage nämlich vor, daß wir das Geschäft nicht erbrechtlich, sondern handelsrechtlich betrachten.«
»Das sind feine Unterschiede«, sagte Georg spöttisch, »meinst du, wir vertrügen uns schlecht?«
Ulrich schwieg. Er kannte seinen Bruder Jakob schon sehr gut. Er sah, daß Jakobs Vorschlag einen Kern hatte, und sagte: »Jakob hat recht. Er stärkt die Familie, wenn er die Firma stärkt! Wenn jede Heirat dazu führt, daß Kapital entzogen wird, dann richten die Töchter zugrunde, was die Söhne aufbauen.«
»Du willst deine Schwestern ausschließen!« Barbara war entsetzt und glaubte zur Verteidigung des Erbgutes ihrer Töchter eintreten zu müssen. Nur mühsam ließ sie sich von Jakob beruhigen, der ihr auseinandersetzte, daß die Töchter ebenso wie jene Söhne, die den geistlichen Beruf erwählten, sich entscheiden müßten, ob sie bei der Volljährigkeit oder Heirat ihren Vermögensanteil ausgezahlt haben wollten oder im Geschäft ließen. Wenn das Kapital stehenbliebe, werde es sich so vermehren wie die Anteile der Brüder auch. Man müsse nur Klarheit haben, daß nicht Schwiegersöhne und Schwestern in die Geschäfte hineinreden dürften.
Nun sah Barbara, was Jakob wollte, und er sparte nicht mit dem Trumpf: »Ihr habt mich aus dem Kloster geholt um des Geschäfts willen, wie ihr sagt. Jetzt verlange ich, daß das Geschäft stark gemacht wird – nicht für mich, sondern für die Fugger von der Lilie.«
Der Appell an den Familieninstinkt tat bei den Fuggern immer sei-

ne Wirkung. Die drei Söhne und ihre Mutter vertraten nicht mehr eigene Wünsche, sondern »die Familie«.
Sie kamen überein, daß die Brüder eine Handelsgesellschaft mit der Bezeichnung »Ulrich Fugger und seine Gesellschaft« gründen sollten. Brüder und Mutter waren die Gesellschafter. Sie konnten im eigenen Namen und für Rechnung der Gesellschaft oder auch in der Form »für mich und meine Gesellschaft« selbständig Geschäfte abschließen. Das Zeichen der Firma sollte der Haspel sein. Später wolle man sehen, wie sich die Gesellschaft bewährt habe und einen regelrechten Vertrag miteinander abschließen.
Einige Zeit blieb Jakob in Augsburg, um sich einzuarbeiten. Dann sollte er reisen. Wenn Ulrich und Georg fern von Augsburg waren und die Mutter sie mit Eifer und Umsicht in der Schreibstube vertrat, saß er über den Geheimnissen der doppelten Buchführung, er wollte die Büroarbeit auf dies System umstellen. Die italienische Methode, alle Aufzeichnungen in doppelter Weise zu machen, war bestrickend. Bei jedem Vorgang veränderten die Italiener zwei Stellen im Buch, deren erste eine Vermehrung, deren zweite eine Verminderung der gleichen Größe erfuhr, so daß jeder Eintrag im Soll einem Eintrag im Haben zu entsprechen hatte.
Während das Schuldbuch in Italien aus zwei Teilen bestand und zwei Schreibern anvertraut war, deren einer die Soll-, der andere die Habeneinträge machte, führte der Chef selbst das Journal. In ihm wurden alle Geschäfte der Firma fortlaufend wie in ein Tagebuch eingetragen. Jakob trennte nun das Schuldbuch noch einmal in zwei Teile und führte in einem Kontobuch die Personalkonten, in einem Sachbuch – später Kapus genannt – die Sachkonten. Ein Kassabuch, das »Unkostbüchlein«, und ein Geheimbuch des Chefs vervollständigten alsbald diese deutsche Buchführung Jakob Fuggers. Mit ihr war ein genaues System von Zahlen und Zeichen über das Leben der Firma gespannt. Vier-, ja fünffach waren die Überschneidungen und Verflechtungen dieses Zahlengewebes. Eine solche Buchführung ließ die eigene Vermögenslage sowie die Verhältnisse aller Gläubiger und Schuldner ohne Mühe überschauen und gab die Möglichkeit, auch verwickelte Geschäfte auf lange Sicht und mit Erfolg zu betreiben.
Ulrich und Georg staunten, wie leicht ihr Bruder alle Unternehmungen zu kontrollieren wußte und mit seinen arabischen Ziffern auf

Heller und Pfennig berechnete, was Verlust, was Gewinn war. Das Vermögen der Handlung schien nicht mehr im Handel, in den Goldrollen, in den Webstühlen zu stecken, sondern in den Zahlenreihen von Büchern. Das Grundvermögen war übrigens – im Verhältnis zum weit versponnenen Handel – nicht übergroß. Die Brüder besaßen zusammen mit iher Mutter etwa vierzigtausend Gulden rheinisch.

Sigmund der Münzreiche feierte in Augsburg Hochzeit, denn in der Nähe der Baumgartner, Knoll, Gossenbrot, Herwarth und Meuting fühlte er sich wohler als auf seinem baufälligen Schloß in Innsbruck. Zwar verdiente er an dem Silber der Tiroler Bergwerke jährlich etwa achtzigtausend Gulden, die in eigener Münze geprägt wurden, aber das war zuwenig für seine Mißwirtschaft. Deshalb bemühte er sich bei reichen Kaufleuten um Anleihen und bot Anteile am Silbergeschäft. Außer den Augsburgern hatten Bayern und Venezianer Anteile erworben. Jakob schlug den Brüdern vor, mit einer kleinen Summe ins Geschäft zu steigen. Aber die Brüder verhielten sich ablehnend wie seit je.
»Man verdient an der Mark Silber drei Gulden«, sagte Jakob, »fünf Gulden muß man den Bergwerken zahlen, acht Gulden zahlt der Herzog a conto Anleihe, bis sie getilgt ist, das sind drei Gulden Verdienst für uns an jeder Mark!«
»Was nützen einige Tausend Gulden – wenn andere zehn- und zwanzigfache Beträge in diesem Geschäft investiert haben? Wir verzetteln dort unser Geld.«
»Antoni vom Roß ist mein Freund, er bürgt.«
Antoni vom Roß war hoher Militär und Beamter in Sigmunds Diensten, in der windigen Umgebung des Herzogs einer der wenigen kreditwürdigen Leute, zumal er selbst reich war. Aber Ulrich und Georg wollten die Vorteile nicht einsehen, sie scheuten das politische Geschäft. Immer noch waren Weberei, Färberei und Stoffgroßhandel das Rückgrat der Fuggerschen Unternehmungen. Das Geld wurde nach Meinung Ulrichs zu mühsam verdient, als daß man es an unsichere Schuldner ausleihen dürfte. Der münzreiche Herzog sei keinen Gulden wert. Jakob beschloß, auf eigene Faust zu handeln.
Er reiste in diesen Jahren durch ganz Deutschland, nicht mehr als

Lernender, obgleich es anfänglich so gedacht war, sondern als jüngster Chef. Er besuchte die Tauernbergwerke und verbrachte mehrfach eine Woche in Venedig, ging auf die Märkte und Messen in Frankfurt, Nürnberg, Ulm und Leipzig. Von hier machte er Abstecher in das Erzgebirge, das seinen Namen nicht umsonst trug, die Mansfelder Gegend und zum Harz. Dort sah er die damals bekanntesten deutschen Gewerke und stieß auf den Namen Johann Thurzos, der es verstanden habe, mit Hilfe einer durch mechanische Kraft betriebenen Maschine, der sogenannten Wasserkunst, ersoffene Gruben wieder gangbar zu machen und in der schwierigen Kunst des Seigerns erfahren sei wie keiner. Er war ein international bekannter Ingenieur. Im Goslarer Bergbau brachte er ein Verfahren zur Anwendung, mit dessen Hilfe man aus den kupferhaltigen Bleierzen des Rammelsberges das Kupfer ausscheiden konnte, statt es wie bisher in unrationeller Weise mit dem Bleierz zu verschmelzen. In Breslau hörte Jakob, Thurzo habe den bisher primitiven Karpatenbergbau gehoben, doch fehle es ihm an Geld, um die vom ungarischen König vergebenen Schürfrechte auszunützen.

Seit dieser Zeit suchte der junge Fugger Thurzo zu treffen. Wie, wenn es gelänge, Fuggersches Kapital mit Thurzoscher Erfahrung zu verbinden? Endlich trafen sie zusammen.

Die Thurzos waren Krakauer Bürger. Sie trugen sich östlich in reichen Zobelpelzen, Vater und Sohn sprachen deutsch, polnisch, lateinisch und französisch, sie waren offenbar Weltleute und besaßen erstaunliche Kenntnisse auf den Gebieten des Schürfens, Seigerns, in der Anlage und Auswertung von Gruben. Vor allem wußten sie, welche Distrikte sich zum Abbau in großem Stil eigneten und standen offenbar beim Hoflager in Buda in großem Ansehen.

Der ungarische Bergbau, sagte der Ältere, könne dem deutschen in Tirol und am Harz ebenbürtig sein. »Aber es gibt zwei Nachteile: Geldmangel und die geographische Lage.«

Jakob fragte sie sorgfältig aus. Die Verkehrsschwierigkeiten seien zu beheben, man müsse Straßen über die Karpaten bauen, bis man die Oder erreiche. Die Thurzos lachten. Die Karpaten seien ein wildes Waldgebirge, und Straßen über die 800 Meter hohen Pässe zu bauen, auf denen man schwere Metallasten fahren könne, hielten sie für unmöglich. Man müsse den südlichen Weg zur Donau nehmen.

»Was wollen Sie auf der Donau? Dann kommen Sie in den Bereich

des Tauern- und Tiroler Silbers.« Sorgfältig verschwieg Jakob, daß den Fuggern das Tauernsilber bereits gehörte, aber Georg Thurzo wußte es: »Sie fürchten unsere Konkurrenz, Herr Fugger. Eine Konkurrenz beseitigt man am bequemsten, indem man sie kauft!«
»Wir verstehen uns«, sagte Jakob, »ich werde mit meinen Brüdern reden, denn solche Summen können wir nicht aus dem Ärmel schütteln. Ich verspreche Ihnen, wenn Sie dem Haus Fugger das alleinige Vertriebsrecht geben, daß Ihr Silber und Kupfer nach Danzig, Lübeck, Antwerpen und Venedig kommt. Das Wichtigste ist aber die politische Bereinigung des Feldes.«
Die Thurzos wunderten sich über die Bestimmtheit Jakobs, unverständlich war ihnen, was er mit der politischen Bereinigung meinte. Jakob antwortete darauf undeutlich, man müsse die Venezianer aus dem Tiroler Silberhandel verdrängen.
Von dem Streit des münzreichen Sigmund mit den Venezianern wußte alle Welt. Er hatte 1484 die venezianischen Gruben von Primör beschlagnahmt. Die Signorie verlangte Schadenersatz. Thurzo sagte: »Ich fürchte, daß der Fürst als Landesherr den längeren Arm hat – oder glauben Sie, daß Venedig wegen der Gruben von Primör ein Söldnerheer in die Tiroler Berge schickt?«
»Betrachten Sie meine Bemerkung über die Ausschaltung Venedigs als Stichwort. Ich weiß nicht, wie lange sich der Streit hinzieht, aber wenn er beendet ist, reden wir weiter.«
Die Thurzos waren klug genug, in diesen Worten eine Andeutung zu sehen, daß Jakob seine Hand im Tiroler Spiel habe. Sie erhielten im Augenblick eine kleinere Summe von ihm, die ausreichte, die Neusohler Gruben auszubauen.
Als Jakob seinen Brüdern von dieser Verbindung berichtete, Mitte der achtziger Jahre, hatten sie seine Führung in den Geschäften bereits stillschweigend anerkannt. Als Jakob im Jahre 1484 den ersten Kredit, dreitausend Gulden gegen eintausend Mark Silber, an den tirolischen Obristhauptmann Anton vom Roß gegeben hatte, waren sie der Meinung gewesen, diese Summe sei viel zu klein, als daß es sich lohne, mit der starken Konkurrenz den Kampf aufzunehmen. Aber Jakob hatte gesagt: »Ich habe den Fuß jetzt zwischen die Tür geklemmt.« – »Anton vom Roß ist dein Freund, aber die Baumgartner sitzen mit vielen Tausenden im Spiel, von den Augsburgern zu schweigen.«

Da hatte Jakob ihnen klarzumachen gesucht, daß nicht die Höhe der Summe entscheidend sei, sondern die Stelle und der Augenblick, wo man sie gewähre. Er lasse den verschwenderischen Sigmund nicht aus dem Auge. Vielleicht bräche ihm der Streit mit Venedig das Genick, vielleicht sein habsburgischer Vetter in Wien, der nicht tatenlos zusehen könne, daß Sigmund Stück um Stück Habsburgischer Gerechtsame aus der Hand gebe; ein Mann wie Sigmund grabe sein eigenes Grab. Im Augenblick des Zusammenbruchs müsse man zur Hand sein, wie ein Sohn, der dem sterbenden Vater ein ihn allein begünstigendes Testament entreiße.

»Hast du keine Bedenken, Jakob?«

»Es handelt sich um Politik. Glaubt ihr, der Fürst hätte Bedenken, seine sämtlichen Gläubiger in Bankrott zu stürzen?«

Jakob verbrachte nun Wochen und Monate in Schwaz, Innsbruck, Gastein und Salzburg.

Vor allem suchte er sich gut mit der Konkurrenz, den Augsburger Geldgebern des Herzogs und den mächtigen Baumgartnern in Kufstein zu stellen, denen der Herzog hoch verschuldet war, die aber auch die meisten Anrechte auf das tirolische Silber hatten und eine zielbewußte Ausplünderung der Gewerke betrieben. Da mochte der Landtag lamentieren, mochten sich die Beamten der Raitkammer beschweren, mochten die Gewerke streiken – der Herzog brauchte immer wieder Vorschüsse von den Baumgartnern und immer mußten die Stände, die Gewerke, die Beamten nachgeben. Der Augsburger Rat gebrauchte seit 1486 den Ausdruck »Bank« für die Firma Ulrich Fugger und Gebrüder. Ihre Verbindungen nach Rom, Venedig und Wien waren buchstäblich Gold wert. Jakob spann seine Fäden mit der größten Geschicklichkeit. Da hatte der Kaiser kürzlich bayerischen Gelüsten auf die Stadt Regensburg Einhalt bieten wollen und die Reichsstädte zur Hilfe aufgefordert. Ein Konflikt des Kaisers mit Bayern mußte dem Hohen Rat von Augsburg unerwünscht sein, denn es bedeutete Verheerung der Augsburger Landgüter, vielleicht eine bayerische Belagerung. Jakob Fugger aber betrieb die Sache des Kaisers. Sie war ein wichtiger Knoten in dem Netz, das er über Sigmund werfen wollte. Er hatte verstanden, den Tirolern wahrscheinlich zu machen, daß hinter der Firma Baumgartner in Kufstein der Herzog von Bayern stünde, und nichts konnte die Tiroler mehr schrecken, als die Aussicht auf bayerische

Herrschaft. Geschickt hatte Jakob den Widerwillen der Stände gegen die Baumgartnersche Kreditwirtschaft mit dem uralten Vorurteil der Stämme genährt.
Nun setzte er durch, daß der Kaiser achtzehntausend Söldner in Augsburg gegen Bayern aufmarschieren ließ. Johann Langenmantel führte die Augsburger Fähnlein. Bei Oberhausen kam es zu einem Getümmel. Wieder brannten die Dörfer um Augsburg, die Bayern sperrten den Lech.
Jetzt erschien die Hoffnung der Nation, Maximilian, der strahlende Jüngling und Prinz, und brachte den Frieden. Es gab Turniere, Schmäuse und Tanzfeste der Augsburger Herren mit den Offizieren und Räten Habsburgs. Maximilian gewährte seinem Jugendfreund Jakob eine Privataudienz. Nun sah ganz Augsburg, daß der junge Fugger ein Freund Habsburgs war. Wieder verließ Jakob die Stadt und reiste über Innsbruck nach Venedig. Seit drei Jahren hielt Herzog Sigmund widerrechtlich die Gruben von Primör besetzt, die Venedig in Pacht hatte. Primör lieferte Blei, welches die Silbergruben zum Seigern (Scheiden des Metalls) brauchten. Giacomo Fugger, Lieferant des Tauernsilbers an die Münze der Republik, suchte die Stimmung der hohen Beamten und des venezianischen Kapitals zu erkunden. Das fiel ihm auf Grund seiner geschäftlichen und gesellschaftlichen Verbindungen leicht. Er hatte an vielen Bekannten und Freunden in der Stadt festgehalten, und da er jährlich ein- oder zweimal, um die Kammer im Fondaco zu kontrollieren, in die Markusstadt kam, da er sich wie ein Italiener in Tracht und Sprache gab, genoß er Ansehen und Vertrauen. Die Venezianer waren bezüglich ihres Streites mit dem Herzog recht sicher. Sie glaubten, daß es mit dem skandalösen Regiment bald zu Ende gehe; schon hatte man aus Wien vernommen, daß der Kaiser seinen Sohn Max als Nachfolger Sigmunds ersehen habe.
In dieser Lage beging der Herzog einen tollen Streich. Auf der Bozener Messe ließ er hundertdreißig italienische, vor allem venezianische Kaufleute berauben und einsperren. Venedig war außer sich und forderte nebst Befreiung und Rückerstattung des Gutes hunderttausend Gulden Schadenersatz. Woher sollte man das Geld nehmen? Da marschierte Venedig mit Truppen ein. Der Herzog, nicht nur ohne Geld, sondern auch ohne Armee, ging Fugger um zehntausend Gulden für die Bewaffnung und Zahlung von Söldnern an.

Fugger gab sie, Tirol war ihm dankbar, er sei der wahre Freund des Hauses Habsburg!

Wo waren waren jetzt die bayerischen Baumgartner mit ihrem Geld geblieben?

Der Feldzug war trotzdem verloren, nicht nur weil Kaiser und Papst dem hoffnungslosen Unternehmen die Hilfe versagten, sondern weil auch der Tiroler Landtag, indem er kein Geld bewilligte, hoffte, er werden den Herzog zum Frieden mit Venedig zwingen können. Ein Krieg mit der mächtigen Markusrepublik mußte ja den ganzen Handel Südtirols mit Italien ruinieren.

Der Herzog gab die Kaufleute frei, lieferte die Gruben von Primör an Venedig aus und mußte schließlich die Bezahlung der hunderttausend Gulden Buße versprechen. In Hall lag die Ausbeute der Kupfergruben im Werte von sechzigtausend Gulden. Die Innsbrukker Regierung lieferte sie an Venedig aus. Daraufhin erklärte sich die Signorie bereit, über den Rest zu verhandeln, wenn wichtige Persönlichkeiten als Geiseln gestellt würden. Vier Herren, darunter Anton vom Roß, gingen in venezianische Haft. Aber das Geld war nicht aufzubringen. Die öffentliche Meinung gab überhaupt den Baumgartnern und Anton vom Roß die Schuld am verlorenen Feldzug: sie hätten den Herzog an den Rand des Abgrunds treiben wollen – im Auftrage des bayerischen Herzogs, der Tirol einzustecken gedenke. Habe Sigmund den Bayern nicht kürzlich schon die Markgrafschaft Burgau verkaufen müssen?

Die Wogen der vaterländischen Erregung in Tirol gingen hoch. Es wäre sinnvoll gewesen, daß die Baumgartner dem Herzog die fehlende Summe von 23 500 Gulden geliehen hätten. Aber der Haß auf die Bayern siegte. In dieser Minute nahm man Geld nur vom bewährten Freund des Landes Tirol, dem einzigen, der in schwerster Stunde dem Herzog beigesprungen war, von Fugger!

Man kannte den jungen Fugger im Lande kaum, und auch in Innsbruck wußten nur wenige Beamte, daß die Fäden in den letzten Monaten in den Händen dieses klugen Mannes zusammengelaufen waren. Er war gar nicht einmal zur Stelle, sondern saß auf seinem venezianischen Kontor. Er forderte jetzt für die Hergabe der Summe von 23 500 Dukaten die Bürgschaft der Stände Tirols. Das war neu: das Land, nicht der Herzog, sollte für die Summe einstehen? Natürlich stimmten die Stände der Forderung zu, denn Fugger war

der echte Freund des Landes in der Stunde der Gefahr. Außerdem bot Jakob an, zur Entlastung der landesherrlichen Kasse, die leer war, Zahlungen nach Südtirol zu übernehmen.
Jakob hatte das große Spiel gewonnen.

13

Die Rückzahlung der Summe war auf wenige Monate zugesagt worden. Bei Nichteinhaltung der Frist sollte die von den Gewerken halbjährlich abzuliefernde Silberausbeute der Schwazer Gruben als Erlös haften. Jakob nahm nun Wohnsitz in Tirol, jedoch nicht in der Hauptstadt, sondern im Grubenbezirk des unteren Inntals, dem Städtchen Schwaz am Inn, der hier mit einer Steinbrücke überspannt war. Die Ruine der Burg Frundsberg blickte aus felsigen Höhen auf den schnellen grünen Fluß und die freundliche Stadt hinab, deren malerische Gassen nach Feierabend von den Bergknappen der benachbarten Gruben erfüllt waren.
Wie ein unbeteiligter Fremder bewegte sich Jakob Fugger in diesem Treiben. Er hatte in einer Herberge Wohnung genommen. Schwer gewöhnte sich sein schwäbisches Ohr an die gurgelnde Aussprache der Tiroler, und es dauerte Wochen, bis er bei ihren Reden die Ausdrücke des Tiroler Bergbaujargons verstand. Laut Vertrag mit der herzoglichen Kammer gehörten ihm keine Bergwerke, sondern nur Anteile am gewonnenen Reinmetall, dessen Kurs die Regierung in Innsbruck in Verbindung mit ihm, Fugger, festsetzte. Zwar waren die bekanntesten Gewerken Tirols – Tänzel, Perl, Sigwein und Jaufner – darauf bedacht, auch als Metallverkäufer eine gewisse Rolle zu spielen und Einfluß auf die Preisbildung zu haben. Doch die Verschuldung ihres Herrn brachte sie immer mehr in Abhängigkeit von den Kursen der Gläubiger. Die bösen Baumgartner waren zwar im Augenblick geschlagen, aber sie suchten den Herzog mit neuen Krediten für sich zu interessieren. Doch hatten sie nun gegen ein starkes nationaltirolisches Gefühl zu kämpfen. Damit verband sich das Vorurteil der kleinen Leute gegen die mächtigen Reichen, die man als Ausbeuter ansah. Das Silber wurde nach dem deutschen Gewicht, der »Mark«, gehandelt. Die Kölner Mark, das Normalgewicht, hatte 230 Gramm und war ein flacher Silberbarren in

Handgröße mit dem Stempel des jeweiligen Bergregals: Kuttenberg in Böhmen, Rammelsberg bei Goslar, Annaberg im Erzgebirge und Innsbruck in Tirol. Sie war in ganz Europa gültig, da das Reich zwei Drittel der europäischen Silberausbeute besaß; davon entfiel etwa die Hälfte auf Tirol.
Herzog Sigmund hatte keine Kinder. Seine Erben waren der Kaiser und dessen Sohn Max. Sollten sie zusehen, wie ihr Vetter Tirol, die Krone der habsburgischen Besitzungen, zugrunde richtete? Man müßte sich jenes Habsburgerfreundes Fugger bedienen, der im Lande populär war, und ihn in seinem Kampf gegen die Bayern unterstützen, damit nicht der bayerische Herzog eines Tages hinter dem Schild des Baumgartnerschen Kapitals in Tirol einfalle. Die Schwazer Gewerken waren gleichfalls froh, die mächtigen Baumgartner loszuwerden, und ließen Fugger Fuß fassen.
Die Innsbrucker Hofkreise atmeten auf, als sie zum erstenmal seit Jahren regelmäßig Gehälter erhielten; es waren Anweisungen auf die Fuggerbank, man brauchte bloß hinzugehen und erhielt sein Geld. Der Stallmeister war höchst verdutzt, als er für die herzoglichen Stallungen mit Pferden und Jagdfalken eine Anweisung auf Futter erhielt, bares Geld, für das er Futter kaufen solle. Bisher war man auf unregelmäßige Zufuhren der Rentämter angewiesen. Der Herzog wies unbezahlte Lieferanten an die Fuggerbank, und Fugger zahlte, Fugger war liquid, war pünktlich und freundlich. Gläubiger, die ihre Forderungen schon halb aufgegeben hatten, wurden befriedigt. Sogar die herzogliche Kammer hatte Bargeld, denn Fugger streckte ihr Tausende von Gulden vor. Schließlich wurden alle Beamten unmittelbar aus der Fuggerbank besoldet; nie hatte man seine Gehälter so exakt ausgezahlt bekommen. Wer in Tirol zu seinem Geld kommen wollte, mußte sich an Fugger wenden. Das Fuggersche Geschäft blühte nicht nur vom Silber. Es gelang Jakob, große Posten Barchent gegen Wein und Südfrüchte in Südtirol an den Mann zu bringen. Das Fuggersche Garn wurde für die Kumpels von Tirol gesponnen.
Die Baumgartner suchten nun Anschluß an die Fugger vom Reh. Lukas' Neid und Eifersucht waren erwacht. Sie wollten eigene Anteile an Gruben am unteren Inn erwerben, aber Jakob schlug den Angriff mit Leichtigkeit ab.
Am 9. Juli 1488 erklärte Ulrich Fugger von den Lilien sich im Na-

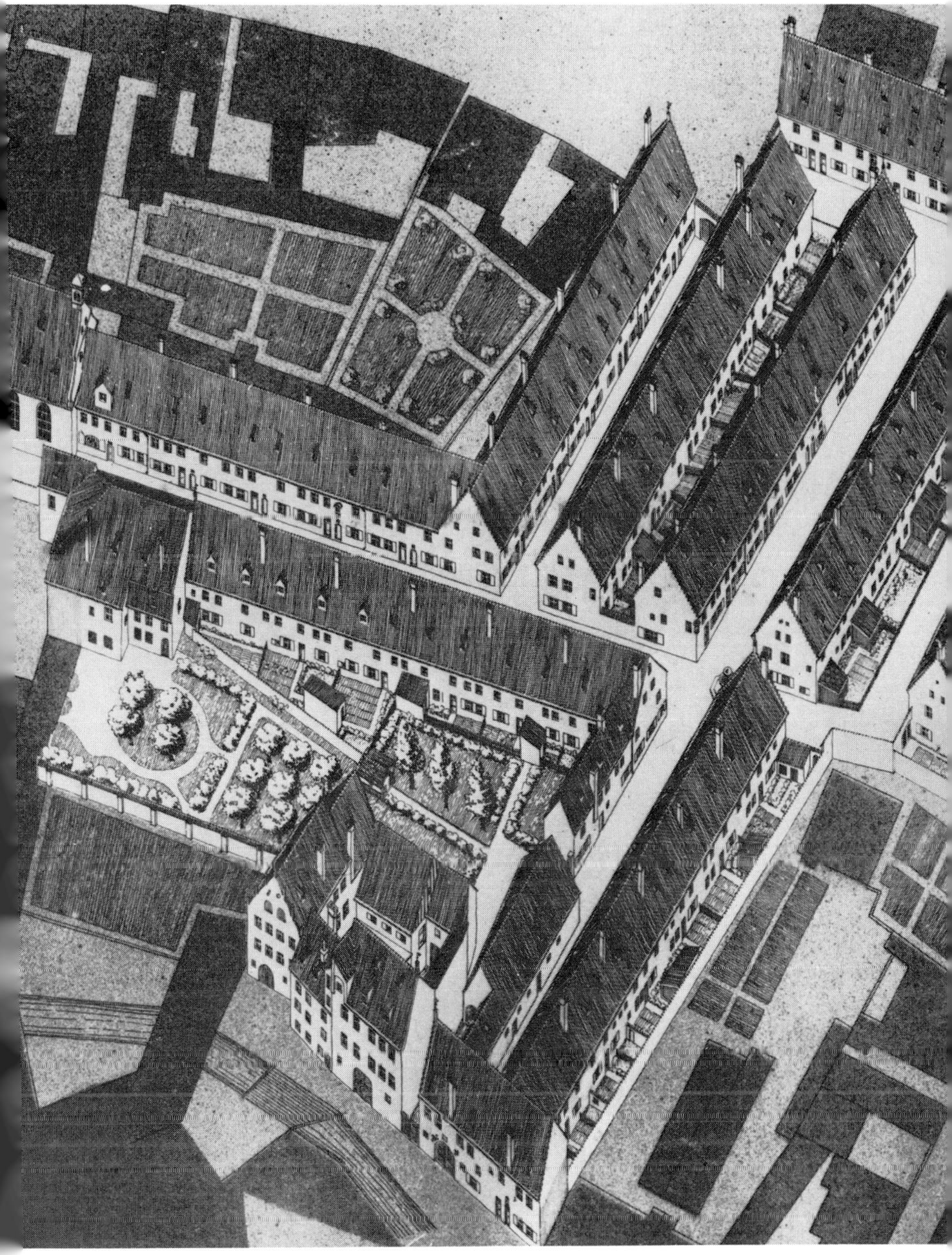

Augsburg, Fuggerei, Schaubild der Gesamtanlage.

men seiner Brüder Georg und Jakob bereit, dem Erzherzog Sigmund, der durch die Kriegsläufte arg in Schulden geraten, aufs neue mit einer größeren Summe auszuhelfen. Bis November solle er monatlich fünftausend Gulden erhalten, dann aber monatlich zehntausend Gulden – bis die Summe von 150 000 Gulden erreicht sei. Dafür sollte den Fuggern von den Lilien die ganze Ausbeute an Schwazer Silber jahraus, jahrein überlassen werden, bis zur Tilgung aller Schulden. Für jede Mark Silber sollten sie acht Gulden in Rechnung setzen, fünf für den Schmelzer und drei zu eigenem Vorteil. Nun stand der Fuggersche Gewichtsprüfer Hans Mairhofer in der herzoglichen Münze zu Hall und versah jeden Barren Silber mit dem Zeichen des Haspels.
Tirol war ein Land mit schlechten Verkehrswegen. Indem Jakob Straßen anlegen ließ, machte er entlegene Gruben erst richtig zugänglich. Tirol hatte bisher keine durchgreifende Verwaltung gehabt. Der Fugger schuf sie im Interesse seines Geldes. Die Gewerke von Schwaz genügten nicht zur Deckung der herzoglichen Schulden. Immer mehr mußten Städte, Prälaten, Adel und Herrschaften für ihren Herzog einstehen. Jakob sorgte dafür, daß die Gelder einkamen, indem er eine Finanzverwaltung des Landes schuf. Das war für die Beamten sehr bequem, zumal die Fugger ihnen Handelsniederlagen einrichteten, in denen sie bargeldlos einkaufen konnten.
Jakob Fugger galt als Hofbankier des Herzogs, und jeder war froh, daß Ordnung herrschte, sogar die Stände schienen nicht zu begreifen, daß die Fugger an der fortschreitenden Verschuldung des Landes interessiert waren. Selbst kleine technische Einzelheiten, die Anschaffung eines Schmelztiegels für die Münze, wurden durch die Firma erledigt.

Eines Tages kam auf dampfendem Roß Georg Thurzo aus Ungarn. Jakob hatte ihn als einen Kenner des Bergbaues für Feinerze und Metallscheidekunst hergerufen. Sie besuchten die Gruben am Falkenstein und reisten nach Kärnten hinüber, dessen Reichtum an Blei Thurzo beachtenswert erschien, weil Blei zum Seigern silberhaltiger Erze wichtig war. Dann ritten beide über Tirol nach Augsburg ins Stammhaus. Die Brüder Ulrich und Georg empfingen den berühmten Schatzgräber mit Komplimenten und Gastereien. Thur-

Fuggerei, Herrengasse mit St.-Markus-Kirche undOurnal Senioratsbau, vor der Zerstörung 1944.

zo bestätigte Jakobs Vermutungen, daß in Kärnten die Anlage eigener Großbetriebe lohnend sei. »Was wird aber aus dem ungarischen Silber, meine Herren, wenn Sie sich in Tirol und Kärnten so stark machen?« fragte Thurzo.
Jakob schwieg, er liebte das Reden nicht und ließ den gewandten Ulrich sprechen. Der sagte: »Herr Thurzo, Ungarn hat unser größtes Interesse gerade deshalb, weil wir in Tirol praktisch das Monopol haben.«
Thurzo sah erstaunt auf: »Das hatte ich nicht vermutet...«
»Der Silberbedarf der Markusrepublik wird von uns gestillt, aber er läßt sich steigern. In Mailand befindet sich eine große Münze, ständig gehen Städte und Herrschaften zu eigener Prägung von Geld über. Vorläufig ist nicht abzusehen, wo das endet. Unser Jakob hat Verbindungen nach Rom und Antwerpen aufgenommen, und so wie die Dinge augenblicklich liegen, kommen das ungarische Kupfer und Silber nicht zu spät, im Gegenteil: sie kommen in das Geschäft hinein.«
»Was haben Sie mit dem Kupfer vor?« wollte Thurzo wissen. Ulrich sagte: »Demnächst findet in Tirol ein Wechsel der Herrschaft statt. Wir haben Grund, anzunehmen, daß Prinz Max Herzog wird...«
»Man spricht sogar in Ungarn von diesem Max. König Ladislaus hat einen Erbvertrag mit Habsburg abgeschlossen, daß im Fall seines Todes – er ist kinderlos – Habsburg erbt. Aber unsere Magnaten werden sich kaum daran halten.«
Jakob sagte: »Das müssen wir abwarten, Thurzo. Wir haben auf Max gesetzt, wenn ich so sagen darf, und Sie sollten es auch tun, den es ist Ihr Interesse.«
»Warum gerade Max?«
»Weil er Kupfer braucht. Wir kennen den Prinzen, er ist ein glänzender Soldat, etwas romantisch, und hat eine Vorliebe für die großen Stücke, die Artillerie. Er wird das Schwergewicht der Bewaffnung auf Kanonen legen. Ich brauche Ihnen nicht zu erzählen, daß man nicht nur die Kanonen aus Kupferlegierung macht, sondern auch die Munition der großen Stücke legierte Kugeln sind. Also jeder Schuß ein Zentner Kupfer.«
»Schlimm, aber wahr«, warf Georg ein.
»Edle Gefühle, Georg«, erwiderte Jakob, »sie interessieren mich

nicht. Wenn wir das Geschäft nicht machen, findet der Prinz seine Höchstetter, die ihn kürzlich in Brügge freigekauft haben, oder seine Herwarth; und wenn es schon so ist, bin ich dafür, daß wir es machen. Kürzlich haben wir die niederländischen Truppen für Habsburg bezahlt.«

»Mit Tiroler Silber?«

»Tiroler Silber geht bis Rom.«

»Und die Landstände?«

»Herr Thurzo«, sagte Jakob beinahe verletzend kühl, »die Landstände sehen den Vorteil Tirols in Geschäften mit mir – das andere ist mir gleichgültig.«

»Jakob, erschrick unsern Freund nicht«, mahnte Georg. Aber der Krakauer Ingenieur war nicht erschrocken, er sprang auf und trat mit ausgestreckten Händen vor Jakob: »Fugger, mit Ihnen mache ich jedes Geschäft, schlagen Sie ein?«

Jakob blieb kühl, obwohl er Thurzo freundlich anblickte; er nahm seine Hand und antwortete: »Ich will keine Begeisterung, sondern Glauben, das heißt Kredit. Ich stehe zu jeder Verpflichtung, die ich eingegangen bin, aber ich verlange umgekehrt dasselbe.«

Die Brüder beschlossen, daß Jakob nächstens eine Fahrt zu den Thurzos unternehmen solle. Er müßte sich überzeugen, wo Verkehrswege nach Norden gebaut werden könnten, aber dies Motiv verriet Jakob den Brüdern erst, als sie unter sich waren: »Wir müssen das ungarische Metall nach Danzig, Lübeck und Antwerpen bringen; es ist klar, daß es in Venedig dem Tauernsilber im Wege ist – es sei denn, wir spielen Tirol und Ungarn auf der venezianischen Börse gegeneinander aus.«

»Du lieber Gott, Jakob«, sagte Georg, »manchmal schwindelt mir vor deinen Ideen.«

Jakob antwortete: »Wir haben Tirol, wir werden noch mehr gewinnen. Ich seh mir diesen Thurzobetrieb gründlich an, und wenn die Sache günstig zu sein scheint, werden wir deine Anna mit Georg Thurzo verloben, Ulrich.«

Der fuhr hoch: »Meine Anna? Sie ist fünfzehn – mit diesem Fremdling?«

»Mein Gott, Ulrich, reg dich nicht auf! Ich will niemand zwingen. Wenn Maria von Burgund Maximilian von Habsburg nahm – warum sollte nicht eine Fugger einen Thurzo nehmen?«

Ulrich schwieg.
In Tirol stand die Ankunft Maximilians bevor, der soeben römischer König geworden war und aus den Niederlanden in seine bedrohten Erblande eilte. Jakob hatte ihn in Frankfurt getroffen, und dort hatte der König auf dem Reichstag den Fuggern gedankt, weil sie ihm zur Niederwerfung des Aufstands in den niederen Landen fünfzehntausend Gulden geschickt hatten. Höchstetter freilich war der Held des Tages, weil er den Prinzen in Brügge aus der Haft der Aufständischen losgekauft hatte.
Nun waren Jakob und Maximilian zusammen nach Innsbruck gereist. Der junge König war in bester Laune und bat Fugger auf Stunden zu sich in die Karosse. »Mein lieber Fugger, wie steht es mit Unserm Land Tirol? Ist's wahr, daß Unser herzoglicher Vetter so verschuldet ist, daß ihm aller Reichtum des Landes nicht mehr helfen kann?«
»Majestät, ich habe geholfen, solange es ging. Seine Hoheit beziehen Jahr- und Monatsgelder, ich habe die Besoldung der Beamten übernommen und scheue weder Anstrengung noch Mühe, daß Tirol mit Venedig in ein gesundes Verhältnis tritt.«
»Ich weiß es, Herr Fugger. Wie stellen Sie sich die Zukunft des Landes Tirol vor? Die Bayern ...«
»Die Bayern sind überspielt, Majestät. Ich habe die meisten Kredite zurückgezahlt und im Lande selbst will man nichts von Bayern wissen.«
»Welch eine Politik treiben Sie, Fugger? Lassen Sie mich offen sprechen. Ich glaube an den Satz meines kaiserlichen Vaters: ›Alles Erdreich ist Österreich untertan‹, nicht weil er sämtliche Vokale des Abc enthält, sondern weil ich an die Herrlichkeit des Reiches glaube. Wir haben Burgund erworben, wir erwerben Ungarn, mein Sohn Philipp soll eine spanische Prinzessin heiraten, und von Spanien hängt halb Italien ab.«
Jakob saß schweigend im Wagen. Waren das Hirngespinste und Träume?
»Es ist eine neue Zeit, Herr Fugger, mein Vater glaubt in den Sternen zu lesen, daß es die Zeit Habsburgs ist. Aber wir dürfen Tirol nicht verlieren«, schloß er unvermittelt und wartete mit einem ungemein wachen Blick, wie sich sein Mitfahrer auf diese Bemerkung verhalte. Der Bankier rührte sich nicht. Ein wenig enttäuscht

begann die jugendliche Majestät wieder: »Alle Welt weiß, daß Unser Vetter Sigmund im gleichen Augenblick nicht mehr Herzog von Tirol ist, wo er keine Kredite erhält.«
Fugger sagte: »Majestät sehen die Lage klar, wir fahren nach Innsbruck, die Stände werden Majestät huldigen, das Volk von Innsbruck wird es nicht fehlen lassen an jubelnden Zurufen. Der Herzog aber wird von den Ständen neues Geld verlangen, weil ihm der Fugger jetzt den Kredit versagt.«
Maximilian fuhr auf: »Ihr Wort für mich, Fugger?«
Der Kaufmann antwortete kühl: »Eure Majestät verpflichten sich, alle Kontrakte und Schulden von Dero herzoglichem Oheim anzuerkennen?«
»Ich erkenne sie an«, sagte Maximilian.
»Dann lassen Sie halten, Majestät, wir machen es schriftlich.«
Maximilian war indigniert: »Mein königliches Wort genügt Ihnen nicht?«
»Es ist nicht wegen dem Wort, Majestät, das Sie mir zu geben geruhten – es ist wegen dem Wort, das die Fugger dem Hause Habsburg geben. Majestät setzen auf die Zukunft des Hauses Habsburg in der Welt, ich auch.«
Als sie nach Tirol kamen, huldigte alles Volk Maximilian als dem römischen König. Er war überaus leutselig und gefiel den Leuten über die Maßen, denn er war groß, schlank, schön und glänzend gekleidet. Die Stimmung war: der kranke alte Kaiser soll uns endlich Maximilian zum König geben, wenn er selbst zu schwach für Germanien ist. Die Franzosen, die Schweizer, die Venezianer, die Türken und Ungarn können kaum noch zurückgehalten werden von den längst überschrittenen Grenzen.
Nun war Max in Tirol, die Hoffnung der Deutschen; zu seinem Innsbrucker Oheim sagte er: »Tirol ist nur ein grober Bauernkittel, aber der hält uns warm.«
Tags darauf erklärte er vor den Landständen, Sigmund fühle sich krank und schwach, er sei unfähig, Tirol länger zu regieren. Er werde künftig auf seiner Burg Tirol hausen und behalte das Recht, im ganzen Land zu jagen und zu fischen.
Das war der von langer Hand vorbereitete Staatsstreich.
Im Juli 1490 sah König Maximilian den Fugger wieder, er reichte ihm lebhaft die Hand, aus dem frisch geröteten Gesicht lachten die

hellblauen Augen den Kaufmann an. Er war guter Laune: »Sind Sie um Ihr Geld besorgt, Herr Fugger, oder kommen Sie, den neuen Landesherrn von Tirol zu begrüßen?« »Ich komme, um dem römischen König in Ehrfurcht zu huldigen«, sagte Jakob und beugte das Knie.

»Sie sind, hör ich, ein Bankier, besser als irgendeiner in Italien.« Das Wort Bankier brauchte der König bewußt.

»Majestät kennen unser Haus in Augsburg, mein Vater war ein Weber.«

»Ich kenne die Fugger von den Lilien«, sagte Maximilian schmeichelhaft.

»Die Lilien werden dem Hause Habsburg stets dankbar sein.«

»So seien Sie auch mein Bankier«, sagte Max, »dann brauche ich die Engländer nicht mehr.« Maximilian hatte von den Engländern hohe Monatsgelder bezogen und schließlich in ihrem Sold, gegen hundert Dukaten täglich, die Franzosen vernichtend geschlagen. Der König hatte die stolzen Ritter vom Goldenen Vließ durch sein eigenes Vorbild gezwungen, von den Pferden zu steigen und wie die Schweizer Söldner als Fußtruppen zu fechten. Seither war er der Abgott der Söldnertruppen und galt als großer General.

»Der Krone des Heiligen Römischen Reiches Deutscher Nation möchte ich eher dienen«, sagte Jakob, »als sonst einer in der Welt.«. Maximilian erzählte nun von seinen Abenteuern als Gemsenjäger und Turnierheld, Ringer und Tänzer. Er konnte sich rühmen, der Bezwinger des Ulmer Münsters zu sein, auf dessen höchster Spitze er kürzlich auf einem Bein gestanden hatte. Er suchte nun in Nürnberg oder Augsburg seinen Abenteuern zu Dank einen Dichter, damit ein »Teuerdank« seine Taten in Wort und Bild der Nachwelt aufbewahre.

Mit einem Wechsel von 120 000 Gulden übernahm der König die Restschuld seines herzoglichen Oheims und ging die erste Verbindlichkeit »mit Unsern und des Reichs lieben und getreuen Ulrich Fuggern von Augsburg und seinen Gesellschaftern« ein. Am nächsten Morgen weckten dumpfe Trommeln Jakob aus dem Schlaf. Die Tiroler, mit den Schweizern die besten Soldaten Europas, eilten zu den Fahnen, zum Marsch auf Wien gegen Corvinus von Ungarn. Inzwischen brachte ein Eilbote die Kunde von der Unterredung Max' mit Jakob nach Augsburg. Die gute Botschaft, daß die Fugger nun anerkannte Bankiers Maximilians seien, setzte alle Geister am Judenberg in Bewegung, als gelte es, bald einen Habsburger zu empfangen. Längst war das Haus vom Ror zu klein. Schon im April 1488 hatte Ulrich Fugger von der Witwe des Stephan Gräßlin ein Haus am Heu- und Rindermarkt um 2032 Gulden erworben. Dort sollte nun ein zweites großes Handelshaus der Familie entstehen. Burkhart Engelberg, der Vollender von St. Ulrich, machte den Plan und kam wöchentlich aus Ulm herüber, um den Neubau zu überwachen. Unter seiner Leitung entstand das Muster eines großen Handelshauses.

Ein mächtiges Erdgeschoß aus stattlichen Hallen trug einen Doppelbau mit freigewölbten Verbindungsgängen, die in Bogen einen Hof umspannten. Im zweiten Stock öffneten sich saalartige Räume mit prächtigen Holzdecken und vertäfelten Wänden. Welscher und deutscher Architektengeist waren zusammengekommen, diese mächtigen und zugleich edlen Räume zu schaffen und köstliche Portale zu wölben, über denen in kunstvoll verzweigtem Rankenwerk, von Löwen flankiert, die Lilien des Hauswappens gezeigt wurden.

Ulrich wohnte gegen den Heumarkt und Georg gegen die St. Annakirche.

Wo sich Vorder- und Hinterhaus vereinten, sollte im ersten Stock, nach dem Wunsch der Brüder, die neue, die Goldene Schreibstube liegen, größer und schmuckvoller als die Schreibstube am Judenberg, in der Jakob weiterarbeiten würde. Dort, im Haus am Ror, war es still, seit Ulrich und Georg mit ihren fünfzehn Kindern zum Heumarkt umgezogen waren.

Ulrich herrschte in der Goldenen Schreibstube. Wände und Decken waren reich in Ahorn getäfelt, die Leisten vergoldet. Das dunkle Schnitzwerk der Wände war mit Gold überzogen. Die Fenster waren breit, nicht hoch, die Butzenscheiben von farbenglühenden Glasbildern unterbrochen. Ulrichs Schreibtisch stand vorn beim mittleren Fenster. Vier sitzende Löwen, aus schwarzem Holz geschnitzt, trugen die mit Gold und Perlmutter eingelegte Schreibplatte aus hellgrünem, weiß und schwarz geädertem Marmor. Über dem Tisch erhoben sich hinter Fächern und Schubladen, die meistens halb offenstanden, damit die Siegel an ihren seidenen Schnüren von den Urkunden frei herabhingen. Der Schreibtisch war vom Lilienwappen der Fugger gekrönt: die blauen Felder von Lapislazuli, die

Lilien aus getriebenem Gold. Unter dem Tisch lag ein Löwenfell. In die lederne Rückenlehne von Ulrichs Lehnstuhl war das Wappen in Gold gepreßt. Ringsum an den Wänden standen schwere mit rot geblümtem Samt überzogene Stühle, und in einer Ecke war ein kostbarer Schrank mit Flügeltüren. In ihm lag ein Teil des Familienreichtums in Gestalt von Wechseln, Schuldbriefen und Goldrollen.

In diesem Raum fanden die Konferenzen der Brüder statt, hier trafen sich die reichen Kaufleute Augsburgs zu Planungen, und hier wurden Fürsten und Prälaten unter vier Augen zu folgenschweren Unterredungen empfangen. Nebenan war ein großes helles Zimmer, es war glänzend, aber einfacher eingerichtet; dort saß Georg mit leitenden Angestellten der Firma.

Bis gegen Ende des Jahrhunderts versah Jakob den Außendienst. Bei den beschränkten Verkehrsmitteln war die Überwachung der Warenzüge nötig, wenn man Betrügereien und Unterschleife vermeiden wollte. Ständig mußten die Faktoreien kontrolliert, die Vertreter besucht werden. Auf den Messen und Reichstagen vertrat Jakob das Haus Fugger, von einer Schar bewaffneter Knechte begleitet. In Tirol wurde das Geleit der Silbertransporte auf seine Anforderung vom Regiment in Innsbruck gestellt. Augsburg, Nürnberg und Venedig waren die Hauptplätze der Fugger. Die Haupteinkünfte dieser Jahre kamen aus dem Tiroler Silber. Auch als die schwierige Organisierung der Ausbeute abgeschlossen war, gab es Widerstände zu überwinden, denn die Tiroler merkten nach einigen Jahren, daß die steten Transporte des Silbers nach Venedig, nach Augsburg und an die Soldtruppen in Burgund, Mailand und Ungarn das Land arm machten.

Der Landesherr hatte den Gewerken ehedem fünf Gulden für jede Mark Silber gezahlt. Diese Summe entrichtete jetzt Fugger. Ihm selbst wurde bei der Ablieferung des Silbers an die Münze die Mark zum Kurs von acht Gulden fünfzehn Kreuzern abgenommen. Er verdiente also brutto drei Gulden fünfzehn Kreuzer. Diese Art der Tilgung der Darlehen war dem Lande lieber, als wenn es das Kapital mit Zinsen hätte zurückzahlen müssen. Fugger verdiente, je mehr das System rentabel gemacht wurde, anfangs fünfzehn, später bis zu vierzig Prozent an der Mark Silber. Wenn er auch Zollfreiheit genoß, so konnte den Ständen nicht entgehen, daß die Gesellschaft ungeheure Summen Silber außer Landes führte. Da die Beamten sich an das System gewöhnt hatten, weil es ihnen Vorteile und Bequemlichkeiten bot, und da die Räte des Herzogs mit Genugtuung sahen, daß die Münze regelmäßig versorgt wurde, blieben sie lange Jahre blind für die eigene Verstrickung. Schon aber merkte man, daß die Fugger mit ihrem Salzburger Silber dem tirolischen in Venedig Konkurrenz machten. Seit Maximilian Tirol mit Fuggers Hilfe übernommen hatte und für seine schwierigen Kriege Geld brauchte, war aber nicht daran zu denken, daß Tirol aus dem Schraubstock des Kapitalisten entlassen würde.

Abends einmal in der Woche versammelte sich, wie bei seinem Großvater, bei Anton Welser eine große Gesellschaft. Martin Behaim, der Nürnberger Weltreisende und Geograph, über den man in Nürnberg selbst die Nase rümpfte, sollte bei den Welsern über das neue geographische Weltbild sprechen. Er hatte seinen berühmten Globus mitgebracht, und nun stand auf einem kostbaren Tisch des Welsersaals jene schräg in zwei Zapfen drehbare Kugel, welche die Gestalt unserer Erde nach Behaims Meinung darstellte. Behaims Meinung? Unter den Geladenen bestand kein Zweifel mehr an der Tatsache. All die großen Gewürzhändler, Weber, Bankiers und Montanindustriellen waren mehr als bloße Geschäftsleute, waren mehrere Sprachen sprechende Weltleute mit antichristlicher Bildung.
Behaim selbst war mit einem portugiesischen Schiff bis zur Südspitze Afrikas gesegelt und hatte die klare Erkenntnis, daß man bald um die Weltkugel herumfahren könne; das sei nur eine Frage der Abenteuerlust und des Geldes, nicht mehr der Wissenschaft. Er fuhr mit dem Zeigefinger leicht um die Kugel, und dann erläuterte er unter respektvollem Staunen des Publikums seine nautische Geographie: Zwischen Europa und Indien, den beiden Landmassen, erstrecke sich das große Meer, das die Griechen Okeanos nannten. Indien, Paradies der Erde, und überreich an Schätzen und Früchten, könne der Mensch des alten Erdteils am schnellsten erreichen, wenn er über Madeira und die Azoren, in die offene See haltend, nach Westen fahre. Die andere Route, um Afrika und nach Osten, sei länger und beschwerlicher; gewaltige Stürme, Klippen und Ungeheuer sperrten am Südkap den Weg. Nach Westen hin aber sei das Meer frei, wer auf der anderen Seite lande, setze den Fuß auf indi-

schen Boden. Behaim zeigte auf seinem Globus die Erde. Da war Europa, viel zu groß zwar, und mit Rom in der Mitte, aber in den Hauptzügen richtig. Indien hingegen lag noch unerforscht und deshalb auf dem Globus vag angedeutet. Behaim sprach gegen die Weltherrschaft Venedigs, die bald zu Ende sei. Nicht die Stadt am Lido, auch nicht Genua, ihre Rivalin, würden in Zukunft die Schiffe zwischen ihren Molen aufnehmen, sondern Lissabon und Antwerpen, die westlichen Häfen Europas. – Allen dünkten die Worte Behaims fast Schwärmerei, auch den Herren Fugger von den Lilien. Die Diskussion kam hitzig in Gang, weil geschäftliche Interessen mitspielten. Welser hatte schon Verbindung mit Lissabon aufgenommen. Antwerpen war ein aufstrebender Platz, und es schien das hansische Brügge zu überflügeln. Es hatte für Ulrich Fugger, gemessen an Lissabon, den Vorteil der Nähe, war auf dem Rhein bequem zu erreichen und lag am Weg nach London. Antwerpen könnte der Eckpfeiler der geplanten Ostseelinie von Danzig über Lübeck sein. Wenn dann Behaim mit seiner westindischen These recht bekäme, könnte man leicht – zu Schiff – nach Lissabon gelangen; so mied man Frankreich, den Feind der Habsburger, da man schon Habsburgs Bankier war ... Die Kombinationen rissen nicht ab. – Was Jakob meine?

»Eben war ein reitender Bote da, Max hat Wien genommen und König Corvinus von Ungarn ist tot.«

Das war Jakobs Art; während die andern Konversation machten, beschäftigte er sich mit der Wirklichkeit. »Es wird höchste Zeit, daß wir uns um die Thurzos kümmern.«

Maximilian hatte Wien im ersten Anlauf genommen und war schleunig nach Ungarn weitermarschiert, um Ansprüche auf den erledigten Thron zu erheben. Er hatte ein Heer erprobter Kriegsleute bei sich, schwäbische und tirolische Bauernburschen, als Landsknechte gedrillt; dazu österreichisches Fußvolk und böhmische Söldner. Mit Fuggerschem Geld war die Armee auf die Beine gebracht worden, aber die Stände und der kaiserliche Vater hatten so geknausert mit Beihilfen, daß die Armee sich aus dem Lande ernähren mußte.

Max hatte Mappen mit Kartenwerken anfertigen und an die Obristen verteilen lassen, so daß er die Feldhauptleute in Erstaunen setzte durch seine Kenntnis der Wege und der vermutlichen Stellung des Feindes. Man machte rasche Fortschritte, der hochmütige magyarische Adel hatte sich in die unbezwinglich scheinende Krönungsstadt Stuhlweißenburg geflüchtet. Max wollte sie erst belagern, nützte dann aber eine Erkundung zum Generalsturm aus dem Stegreif aus. Die Landsknechte, angefeuert durch Maximilians verwegene Tapferkeit, wurden durch die Aussicht auf Beute verlockt, das Äußerste zu wagen. Der Bayernfürst Christoph lief mit einer langen Lanze allen voran mit den Worten: »Wohlan, ihr lieben Brüder, mir nach!« Dann kletterten die Söldner an Leitern und Stricken wie Katzen über die zwanzig Meter hohen Mauern. Die Greuel der Plünderung trieben Max aus der Stadt. Wein und Beute machten die Söldner rebellisch, sie verlangten nun, außer der Beute, ihren Sold und liefen, da kein Geld verfügbar war, in alle Landstriche davon. So ging der Feldzug verloren und Ladislaus wurde König der Ungarn, Maximilian rettete nichts als einen Anspruch auf seine Nachfolge.

Noch während der Friedensverhandlungen erschien Georg Thurzo in Augsburg. Er erklärte im Auftrag des Vaters, jetzt sei die Möglichkeit gegeben, den ganzen ungarischen Bergbau in die Hand zu bekommen. Aus Mangel an Kapital hätten sich die Thurzos bisher mit den Silber- und Kupfergruben bei Neusohl begnügen müssen. (Von dort belieferten sie Krakau, Warschau und Danzig.) Nun sei die Zeit reif, mit kräftigen Kapitalsanlagen ungarisches Erz und Silber zu fördern.

Jakob war in Innsbruck, wo König Maximilian von Vöhlin, Gossenbrot und den früher beargwöhnten Baumgartnern Kredite aufnahm. Es hieß, die Majestät brauche das Geld für den Türkenfeldzug. Die Stände des Landes erschraken. Wollte ihr neuer Herzog die gleichen bayerischen Baumgartner nach Tirol lassen, die Fugger so glücklich hinausmanövriert hatte, ihr Fugger, der ihnen Gehälter zahlte und die Säule der Tiroler Finanzkraft und Versorger der Münze war? Sie bestürmten Maximilian, Herrn Jakob Fugger nicht zu verärgern, »wenn uns Fugger verläßt, wissen wir nicht mehr weiter«.

Jakob hatte wirklich gedroht, Tirol zu verlassen. Max gab nach, und Jakob hatte vor aller Welt gesiegt. Er ließ sich bei Max zur Audienz melden.

Der König empfing ihn in einem kleinen Gelaß oberhalb der Rait-

kammer, anscheinend mißgelaunt und verärgert. Er fuhr Jakob an: »Da haben Sie uns durch Ihren Eigensinn, Fugger, den schönsten Türkenzug verdorben; woher soll ich das Geld nehmen?«
Jakob erwiderte, Seine Majestät der Kaiser werde dem Türkenzug des Herrn Sohnes wenig hold sein.
»Mein Vater hat immer gespart und nie einen Entschluß gefaßt. War das Politik?«
Es war offenes Geheimnis, daß Kaiser Friedrichs Tage gezählt waren. Man hatte ihm das Bein abnehmen müssen, und nun schleppte er sich im Linzer Schloß an einem untergebundenen Stuhl mühsam weiter.
Jakob sagte: »Majestät sollten den Preis des Tiroler Kupfers erhöhen. Die Baumgartner verschleudern das kostbare Erz ins Ausland.«
»Die Baumgartner? Mein Erz?«
»Tirolisches Kupfer, Majestät. Ich erbiete mich, am Rialto zwanzig vom Hundert mehr dafür zu erzielen – wenn nicht gleich Kanonen gegossen und Kugeln gedreht werden.«
Noch am Abend erging an die Baumgartner in Kufstein Befehl, sie hätten das tirolische Kupfer der Gesellschaft Ulrich Fugger und Gebrüder zum Verkauf anzubieten. Jakob erhielt ein rückwirkendes Privileg für den Metallverkehr zwischen Tirol und Venedig.
Unterdessen saß Georg Thurzo jeden Abend mit Georg Fugger in der Trinkstube, sie besuchten Festlichkeiten und wurden zu Ulrich in das neue Haus geladen; hier sah Thurzo Anna, Ulrichs Tochter. Georg führte den Gast in die Badstuben, lud ihn zur Fasanenjagd, und einmal reisten sie auch nach Nürnberg zu ihrem Vetter von der Rehlinie, dem gewesenen Safranbeschauer, der jetzt kleine Geschäftsaufträge der Lilienfugger ausführte. Kürzlich hatten Matthäus und Jakobus Bankrott gemacht; es ging sichtlich bergab mit der Rehlinie, nur Lukas hielt sich noch, schwer getroffen durch einen Zusammenbruch der Stammler vom Ast, und jetzt prozessierte er seit Jahren bei Reich und Kirche gegen die Stadt Löwen. Endlich kam ein Bote aus Innsbruck. Ulrich empfing einen Brief von Jakob, er sei mit König Max einig, man möge dem Thurzo die verlangten Gelder geben mit der Einschränkung, daß kein Mensch in Ungarn erfahre, daß deutsches Kapital hinter den Thurzos stecke. Man müsse das Nationalgefühl der Ungarn schonen. Thurzo war

einverstanden; die hansische Satzung der Krakauer Zunft verbot ihm sowieso jeden Handel mit Oberdeutschen. Man werde sich auf Breslauer Kaufleute berufen, wenn jemand nach der Herkunft des Geldes frage.

Die reichen Stollen von Neusohl gehörten der Familie des Bischofs Sigismund von Fünfkirchen. Als Thurzo immer neue Schächte auspumpen ließ, als er durch Mittelsmänner Anteile kaufte und sich die Ausbeute des Gebiets sichtlich hob, verlangte der Bischof eine Erhöhung der Pachten, und darüber kam es zum Streit mit den Thurzos. Der Bischof drohte, alle Lizenzen zurückzuziehen. Nun mußte Fugger handeln. Er teilte Maximilian sein geschäftliches Interesse am ungarischen Kupfer und bat ihn, als Titelträger der ungarischen Krone, auf den Bischof einzuwirken, daß er den Widerstand gegen die Thurzos aufgäbe. Der Bischof gehorchte, doch damit war der Schleier zerrissen, der die Rührigkeit der Thurzos umgab. Über Kilian Auer, den Breslauer Verbindungsmann, wurde ein regelrechter Vertrag mit den Thurzos geschlossen, und Bischof Sigismund genehmigte die Pacht.

König Maximilian kam damals zum Triumph nach Augsburg. Die Bürgermeister Ulrich Welser und Leonhard Rehlinger holten ihn mit festlichem Aufzug in Friedberg ab. Am Weinmarkt hielt der Zug vor dem Haus des reichen Philipp Adler, wo Maximilian Quartier nahm. Er liebte es, dort im Erker zu sitzen und das lebhafte Treiben der großen Stadt zu beobachten.

Der neue Bischof von Augsburg, Graf Friedrich von Zollern, hatte eine große kirchliche Feier vorbereitet. Die Arbeiter Burkhart Engelbergs hatten kürzlich bei St. Ulrich die Leiche des heiligen Simpert, ehemaligen Bischofs von Augsburg, aus der Gruft gehoben, und jetzt sollte der zur Glorie bestimmte Leib des Heiligen in feierlicher Prozession in einem neuen Sarg aus Messing allen seinen Augsburger Schutzbefohlenen sichtbar aufgestellt werden in der erneuerten Gruft. Maximilian geleitete die feierliche Prozession. Vier Fürsten trugen den himmlischen Helden: Christoph und Wolfgang von Bayern, Rudolf von Anhalt und Eberhard von Württemberg. Die ganze Geistlichkeit des Bistums folgte im Ornat. Die Patrizier, die Zünfte, die Ritterschaft, die Begleitung des Königs entfalteten ein Äußerstes an Pracht. Augsburg war ein Meer von Kerzen, goldenen Baldachinen, Teppichen und Fahnen. Böhmische und tirolische Truppen des Königs bildeten Spalier, und auf den Mauern der Stadt wurden die schweren Stücke abgefeuert. Zehntausende von Fremden und Neugierigen waren in die Stadt gekommen. Bischof Friedrich wollte durch festliche religiöse Veranstaltungen den geistlichen Sinn der Menge erneuern und die Kirchen füllen. Er hatte deshalb den berühmtesten Prediger der Zeit, Geiler von Kaisersberg, aus Straßburg kommen lassen.

Am folgenden Tage begab sich der römische König mit seinem Gefolge zur Predigt in den Dom. Auch die Augsburger Geschlechter und Herren saßen in ihren Kirchenstühlen. Das riesige Gotteshaus war überfüllt.

Zu Maximilians Vergnügen sprach Geiler über die Schäden der Zeit, als da sind Völlerei, Saufen, Spiel, Hurerei, denn aus solchen Unsitten erwachse jeweils Bosheit und Unglauben. Dann gefiel er sich darin, den reichen Kaufleuten ins Gewissen zu reden, die vom Wucher lebten, Hunger und Teuerung verursachten und daheim auf den vollen Truhen säßen. Max nickte beifällig zu diesen Worten, und Geiler fühlte sich ermuntert, jetzt auch von denen zu sprechen, die voll Habgier im Schoß der Erde nach dem Gold wühlten, dem Teufel gleich, der im Leib der Verdammten selbst nach der unschuldigen Leibesfrucht greife. Der drastische Vergleich machte den römischen König lachen. Galt der Angriff vielleicht seinen lieben Herren Fugger? Er warf einen neugierigen Blick auf Jakob; aber der saß gesenkten Hauptes in seinem Gestühl. Nur Georg Thurzo, der neben Jakob saß, reckte sich herrisch auf und schaute mit verächtlichem und kaltem Blick zu dem Entenschnabel des Predigers empor. Der behäbige Georg rieb belustigt die Hände, als sei der Mann auf der Kanzel einer, der nicht recht wisse, was er den hohen Gästen zu hören gäbe. »Ein Glück, daß er kein Savonarola ist«, sagte er zu seinem Nebenmann.

An einem der Abende nahm Maximilian auch an einer Sitzung der antikischen Geister teil. Jüngstes Mitglied war Doktor Peutinger, kürzlich aus Padua gekommen, und der wies der Majestät Codices des römischen Rechts.

Anton Welser wußte zu berichten, die Universität Salamanca habe Martin Behaim wegen seiner Weltkugel gemaßregelt. Seine Behauptung, es gäbe kein Oben und Unten und die Schiffe könnten rund um die Erde segeln, war von den Professoren mit der Frage

beantwortet worden, ob dann nicht jedes Schiff auf der anderen Hälfte in den Weltenraum falle?
Es zeigte sich, daß die meisten der Herren ähnlichen Verdacht hegten. Nur Anton Welser verteidigte die Meinung Martin Behaims, zumal er sich einen Globus bei dem Nürnberger bestellt hatte.
Dann verwickelte die Majestät den jungen Thurzo in ein Gespräch über Metallscheiden, Seigern und Schmelzen, denn die Thurzos zogen großen Nutzen aus dem europäischen Gerücht, daß sie den Venezianern diese geheimnisvollen Künste abgelistet hätten. Jakob Fugger verlor kein Wort von der Unterhaltung. Ihn interessierten freilich weniger die Einzelheiten der Thurzoschen Technik als die sichtbare Teilnahme der Majestät für die ungarische Produktion.
Nachdem die Brüder ihren Gast in sein Quartier gebracht hatten, fanden sie sich auf Jakobs Vorschlag in der Goldenen Schreibstube zusammen. Jakob wollte sie überreden, jetzt mit der Thurzogesellschaft in großem Stil Verträge abzuschließen.
»Es ist ein Unternehmen, das schwer zu übersehen ist, Jakob. Und Ungarn? Noch gehört es halb dem Türken«, sagte Ulrich.
Jakob widersprach: »Wir haben uns mit dem Haus Habsburg verbunden. Schon sind wir politisch so fixiert, daß das französische Geschäft leidet.«
Ulrich sagte: »Das ist ein Grundsatz; gewiß gehen wir mit Habsburg! Ungarn aber liegt weit. Wissen wir, ob die Thurzos unser Geld nicht benützen, um die eigene Stellung auszubauen und uns dann fallen zu lassen? Du kannst dich nicht nach Krakau oder Stuhlweißenburg setzen, wie du dich nach Innsbruck und Venedig gesetzt hast, Jakob.«
»Mit Maximilians Hilfe haben wir das magyarische Mißtrauen gebrochen. Wie, wenn Max selbst mit den Thurzos abschlösse?«
»Der König hat kein Geld.«
»Er hat eine enorme Phantasie und wird auch für Ungarn Geld aufbringen. Er rechnet fest mit der Morgengabe von Mailand, vierhunderttausend Dukaten gibt der Sforza seiner Schwester in die Ehe.«
Georg sagte: »Schon ist das Ansehen der Thurzos so hoch, daß sie Hofämter und Prälaturen von ihrem König erhalten.«
»Wenn wir die Verbindung mit den Thurzos jetzt nicht festigen, haben wir eine Konkurrenz herangezogen; wir können nicht zu-

rück. Mögen die Thurzos ungarische Magnaten werden, ihr gesellschaftlicher Aufstieg entspricht dem unsern! Wenn sie klug sind, können sie sich mit Hilfe der Neusohler Erträge bald unabhängig machen. Ich kenne aber ein unzerreißbares Band, das die Thurzos bei den Fuggern hält.«

Ulrich nannte es: »Meine Tochter Anna.«

»Wir haben schon davon gesprochen. Widerspricht Anna dir, Bruder?« sagte Jakob.

»Sie widerspricht nicht, aber gibt man sein Kind gern in Gegenden, wo sich Fuchs und Hase gute Nacht sagen?«

Georg beruhigte den Älteren: »Noch ist Anna jung, vielleicht finden wir andere Mittel. Jakob ist findig genug, scheint mir.« Es lag etwas Bitteres in dieser Anerkennung für den Jüngsten. Das Einvernehmen der Brüder war nicht so gut wie vor Jahren. Jakobs unermüdlicher Drang, das Geschäft auszuweiten, immer mehr vom ererbten Handel loszukommen und Bankier der Bergwerke zu werden, verdroß die Brüder manchmal.

Das Jahr 1493 wurde von einem Ereignis überschattet, das für die europäische Welt eine Wirtschaftskrise ungekannten Ausmaßes bringen sollte. Am 4. März hatte der Genuese Christoph Columbus mit drei spanischen Schiffen Europa wieder erreicht, nachdem er ein halbes Jahr unterwegs gewesen war. Er hatte im Vertrauen auf Gott, ausgerüstet mit neuesten Weltkarten und in Kenntnis des Behaimschen Globus, immer nach Westen segelnd, Indien entdeckt! Von den Schätzen des ersehnten neuen Landes hatte er dem königlichen Paar Ferdinand und Isabella nicht nur goldene Geschmeide und kostbare Steine, neue Tiere und Pflanzen mitgebracht, sondern auch Menschen mit rötlicher Haut, die in den Straßen der spanischen Hauptstadt großes Aufsehen erregten.

Spanien erbebte von der Besitzergreifung. Die alte Welt schien in ihren Grundfesten zu erzittern. Welche Umwälzungen standen bevor? Der Preis für Pfeffer und Safran geriet ins Wanken. Edelmetalle fielen im Wert. Noch waren nur drei kleine Schiffe mit geringer Tragfähigkeit drüben gewesen und wieder in den Hafen von Palos eingelaufen. Aber Columbus sprach von ungeheuren Reichtümern nicht nur an Gewürzen, Früchten und wertvollen Hölzern, sondern auch an Gold. Berge von Gold habe man gesehen! In Venedig gab es sensationelle Bankrotte, die mit der Spekulation zusammenhingen. Nicht nur Gewürze und Früchte gaben nach, sondern auch Stoffe und Seide. Jakob war wieder in Venedig und gab seinem Bruder Ulrich brieflich den Rat, das italienische Geschäft vorläufig außer acht zu lassen. Der Seiden- und Wollhandel ging nach Lyon, der Kupfer- und Silbermarkt stockte. Hans Koler, der Beauftragte der Fugger, sah sich gezwungen, Silber im Stichgeschäft, Ware gegen Ware, mit Verlust zu verkaufen. In Hall, in Cortina stauten sich Tiroler Silber und venezianische Wolle.

Im gleichen Sommer starb der Kaiser in Linz, umgeben von seinen Astrologen. Dreiundfünfzig Jahre lang hatte Friedrich der Dritte das Heilige Römische Reich Deutscher Nation, in einer Zeit tiefster Gärung, mit ängstlicher Vorsicht und ohne große Ziele regiert. Zuletzt war er von den Plänen seines Sohnes erschreckt worden und fürchtete, Max werde rasch verspielen, was er mit soviel Geduld zusammengehalten hatte.

Maximilian hatte seiner lieben Stadt Augsburg den Tod des kaiserlichen Vaters durch eine Eilstafette von Innsbruck aus melden lassen. In der Barfüßerkirche hatte man daraufhin ein haushohes Leichengerüst gebaut und mit achthundert Kerzen besteckt. Täglich fanden Seelenmessen in allen Kirchen der Reichslande statt. Max rüstete, gegen Rat und Willen seiner Umgebung, für einen Zug nach Rom, um sich in der Ewigen Stadt vom Heiligen Vater zum Kaiser Roms und der Welt krönen zu lassen. Aber auch Karl VIII. von Frankreich machte sich Hoffnungen auf die Kaiserkrone und brach noch vor Maximilian nach Italien auf. Papst Alexander VI. schien zu dem Franzosen zu neigen. Venedig sollte dem Habsburger helfen, aber die große Stadt am Lido warf sich dem französischen Karl in die Arme.

Wie vergrämt mit dem Schicksal dieser Welt, über deren Horizont neue Länder und Erdteile sichtbar wurden, empörte sich Venedig gegen ihre besten Kunden, die Deutschen. War hier schon bekannt, daß Maximilian für seinen Sohn, den schönen Philipp, um die Tochter des spanischen Königs warb und die neue Welt dann erben konnte? Max saß mit leeren Taschen an der Grenze Tirols, jagte Gemsen und wartete auf die 400 000 Dukaten der Bianca Maria Sforza von Mailand, seiner Braut. Fugger sollte das Geld in Wechseln über sein Mailänder Haus schleunig flüssig machen. Leihen wollte Fugger in dieser kritischen Zeit nicht. Wußte man, wie sich

die Metallpreise entwickeln würden? Die Schuld des Königs bei den Fuggern war ebenso groß wie die erhoffte Mitgift.
In dieser Zeit wandte Gott das Glück der reichen Fugger vom Reh ins Unglück. Ihre Geschäfte mißlangen und 1494 geriet Lukas als letzter von den Söhnen des prächtigen Andreas zu Venedig in Zahlungsschwierigkeiten. Sein Sohn Markus entfernte sich heimlich aus dem Fondaco. Jakob übernahm die Abwicklung und rettete so den Namen Fugger für die große Welt. Lukas' Schwiegertochter aus zweiter Ehe, die hübsche Helene Mülich, klagte gegen den Schwiegervater, besorgt um ihr Heiratsgut und Erbe. Das gab Lukas den Rest, und er zog sich, an der Welt verzweifelnd, nach dem Dorf Graben zurück, aus dem einst – vor 130 Jahren – sein Großvater Hans Fugger so unternehmungslustig nach Augsburg gewandert war.
Die Besitzungen Burtenbach und Graben mußten bald an die Vettern von der Lilie verkauft werden, damit die wenigen Nachkommen des Lukas vor Hunger und Elend bewahrt blieben. So endeten die Rehfugger, ihr Wappenschild erlosch. Die Vettern vermochten einzelnen Geschwisterkindern im Weberhandwerk, in der Kürschnerei und im Kunstgewerbe ein Auskommen zu verschaffen, doch auch deren Namen gerieten bald in Vergessenheit.

14

Nach der Rückkehr Jakobs aus Venedig formten die drei Brüder von den Lilien, auf Jakobs stetes Drängen, ihre Firma nach italienischem Vorbild in eine offene Handelsgesellschaft um. Es war das erste derartige Unternehmen in Deutschland. Die Firma wurde wie bisher, unter Achtung des moralischen Vorrechts des ältesten Bruders, »Ulrich Fugger und Gebrüder von Augsburg« genannt. Die alte Verbandsrechtsform (»Ulrich Fugger und seine Gesellschaft«, Brüder, Mutter und einige fremde Teilhaber) paßte in ihrer Umständlichkeit nicht mehr recht in die Zeit des Kredite gebenden Bankbetriebs. Jakob hatte auf Grund seiner italienischen Erfahrungen durchgesetzt, daß die Brüder allein im Fuggerschen Handelsverband Kapital zu Gewinn und Verlust stehen hatten. In diesem Jahre 1494 hatte jeder Bruder:

Ulrich . .	21 656	rheinische Goldgulden
Georg . .	17 177	rheinische Goldgulden
Jakob . .	15 552	rheinische Goldgulden
Zusammen	54 385	rheinische Goldgulden

Es war eine »offene Handelsgesellschaft«, es gab also keine stillen oder geheimen Teilhaber mehr. Auch die Mutter war aus der Firma ausgeschieden. Damit hatte Jakob in seinem Kampf gegen die natürlichen Zersetzungserscheinungen jedes Familienunternehmens gesiegt. Er strebte eine Handelsdynastie des Namens Fugger an. Vor Todesfällen, Erbteilungen, Handelsabneigung und Eigenbrötlerei sollte das Unternehmen sicher sein. Neu war, daß (nach dem heute noch gültigen Satz »keine offene Handelsgesellschaft ohne Firma«) das Fuggersche Unternehmen »Ulrich Fugger und Gebrüder von Augsburg« als Kennzeichnung erhielt. Damit war die erste »Firma« nicht nur Deutschlands, sondern Europas geschaffen – wenn auch das Wort »Firma« nicht verwandt wurde, sondern die zeitgemäße Bezeichnung »Name«, »Titulus« oder »Ditta«. Für die Dauer des Handelsverbandsvertrags müßte die Firma unveränderlich sein. Der Vertrag würde sechs Jahre dauern. Sollte einer der Gesellschafter vorher sterben, so mußte sein Kapital bis Ablauf der sechs Jahre im Geschäft bleiben, dann erst sollte mit den Erben abgerechnet werden. Sinngemäß galt das gleiche, wenn zwei Gesellschafter vorher stürben: der dritte brauchte erst nach Verlauf dieser Frist abzurechnen. Auf diese Weise war die Firma gegen alle plötzlichen Kapitalsentziehungen gesichert, und Jakob, als der weitaus Jüngste, mußte der eigentliche Nutznießer werden. Planmäßig begannen die Brüder jetzt fremde Rechte abzubauen, Abkommen zu kündigen und durch stückweise Hinauszahlungen stiller Teilhaber alleinige Herren des Unternehmens zu werden.

Konrad Peutinger, der junge Kenner römischen Rechts, hatte Jakob beraten. »Nicht Sippe und Familie«, sagte er, »sind nach römischem Recht juristische Personen, sondern der einzelne, der mit andern einzelnen Verträge schließt.«

Man beschloß, weiterhin die Arbeit aufzuteilen; Ulrich würde das Stammhaus in Augsburg leiten, Georg die Nürnberger Filiale, die wegen der dort beheimateten Metallindustrie immer wichtiger wurde, Jakob die Niederlagen in Venedig, Innsbruck, Rom. Auch darin zeigte sich Jakobs Übergewicht, denn zweifellos würden die großen Entscheidungen der nächsten Jahre am kaiserlichen Hof, bei der Kurie und am Rialto fallen.

Im fernen Antwerpen saß Onufrius Varnbühl, ein energischer Herr, als Faktor der Fugger. Während Maximilian in Tirol auf Geld zum italienischen Feldzug wartete, saß Königin Bianca in Antwerpen fest, weil die Lieferanten ihres Hofstaats sie nicht eher ziehen ließen, bis die Rechnungen an Handwerker, Krämer, Kaufleute und Gastwirte, einige hundert Dukaten, bezahlt seien. Zur gleichen Zeit schloß Maximilian mit dem Mailänder Herzog einen großsprecherischen Vertrag. Aus allen Plänen des phantasiereichen Monarchen wurde nichts, aber in Ungarn stand der Türke. Jakob war kürzlich bei den Thurzos gewesen und hatte die politisch gefährdete Lage der Neusohler Gruben und Thurzoschen Schmelzereien erkannt wie nie zuvor.

Seit Jahren verhandelte man mit dem Erzbischof von Bamberg als Lehensträger in Kärnten. Der verschuldete Abt des Benediktinerklosters Arnoldstein bei Villach sollte den Fuggern Boden und Bauten zur Anlage einer Seigerhütte pfandweise abtreten. Man brauchte das Kärntner Blei für die Betriebe in Gastein zum Metallscheiden, außerdem hatte Thurzo reiche Kupfervorkommen festgestellt. Aber die Gegend lag im Bereich der Türkengrenze, und so erhielten die Fugger Erlaubnis zum Bau von Befestigungen. Ihr erstes Schloß entstand, Fuggerau, das mit seinen Geschützen die Straße zwischen Villach und Tarvis beherrschte. Nun waren Seigerhütte, Hammerwerk, Messinggießerei und Kanonenfabrik im Bau. Die Fugger belieferten von hier aus Venedig, Triest, Pettau und Zengg. Maximilian hatte zur Bedingung gemacht, daß wie in Tirol gewisse Mengen Metall im Lande bleiben müßten – für seine eigenen Rüstungen. Mit diesen Rüstungen ging es aber schlecht voran. Max hatte viele schwäbische und Nürnberger Kaufleute ruiniert, man ließ es sich zur Warnung dienen und hielt mit Geld zurück. Da suchte der König, unter Brechung beschworener Kontrakte, das Tiroler Silber selbst in Regie zu nehmen. Jakob hatte daraufhin Onufrius Varnbühl als Vertreter zum König gesandt.

»Sie sind der Faktor der großen Fugger in Antwerpen«, begann

Maximilian gnädig, »wie sieht es mit den Geldern für meinen Sohn Philipp aus, mein lieber Varnbühl?«
Onufrius hatte den Auftrag, Maximilian vorzustellen, daß er sich unrechtmäßig der Fuggerschen Privilegien in Tirol bemächtigt habe; nun begann der König mit den Niederlanden? Gewandt entgegnete er: »Majestät werden erfahren haben, daß seine Hoheit regelmäßig Gelder erhalten und das Ansehen des Prinzen in den Niederlanden kaum größer sein könnte.«
»Dafür habe ich Ihrem Chef den Baumgartner in Tirol vom Halse geschafft.«
Varnbühl ersah seine Gelegenheit; die Majestät kam von sich aus auf die Tiroler Verhältnisse. Zögernd sagte er: »Die letzten Sendungen an Samt, Perlen, Damast, Atlas und Silbergeschirr haben das Wohlgefallen Eurer königlichen Majestät gefunden?«
»Vorzüglich, Varnbühl, sagen Sie Unserem lieben Jakob Fugger meinen Dank. Wir sind außerordentlich zufrieden.«
»Mein Herr ist betrübt, daß Eure Majestät sich in puncto Tiroler Silber so ungnädig erwiesen.«
»Haben die Fugger nicht 625 000 Gulden in sieben Jahren aus dem Land Tirol an Silber gewonnen, und davon 400 000 Gulden verdient?«
»Majestät sind falsch berichtet . . .«
»Ei, ei, falsch berichtet? Wo doch die Gesellschaft der Fugger nicht nur alle Barren stempelt, sondern gar die Schuldbücher des Landes selbst führt? Ich glaube, es ist langsam genug. Wissen Sie nicht, daß man über die Fugger jetzt ärger spricht als damals über die bayerischen Baumgartner? Sie seien des Landes Totengräber. Ich weiß«, winkte Maximilian ab, als Varnbühl entgegnen wollte, »warum kommt Ihr Herr nicht selbst?«
Jakob überließ peinliche Auseinandersetzungen wie diese mit voller Absicht seinen Angstellten. Varnbühl sagte: »Herr Fugger ist im Thüringischen.«
»Im Thüringischen, sieh an! Der Herr Fugger folgt mir nicht nach Italien, nicht in die Niederlande, weil er sein Geld in Kärnten und im Thüringischen braucht? Fuggerau bringt jährlich 5000 Zentner Kupfer und 2000 Mark Silber.«
»Arnoldstein ist uns vom Herrn Erzbischof von Bamberg übertragen worden«, sagte der Faktor.

»Und der Bamberger ist vom Herrn Bischof von Würzburg weich gemacht, und der Herr Bischof von Würzburg ist der Fuggerschen Bank in Rom verschuldet – hat der König und Kaiser überhaupt noch mitzureden im Deutschen Reich?« Maximilian wurde wütend. »Die Innsbrucker Kupferhütte behalte ich, verstehen Sie, Varnbühl? Mag Ihr Chef in Thüringen oder Frankfurt sein, wenn sein Herr und König mit ihm verhandeln will . . .«
»Majestät, ich habe Vollmacht. Mit Gossenbrot und Herwarth zusammen geben wir fünfzehntausend Gulden.«
»Fünfzehntausend Gulden?« Maximilian verzog schmerzlich das Gesicht, er hatte mit der zehnfachen Summe gerechnet.
»Die Stände haben mir fünfzigtausend Gulden auf dem letzten Reichstag zugesagt, und das regelmäßig, als gemeinen Pfennig für die nächsten Jahre.«
»Sehr wohl, Majestät.«
»Ich kann von Reichs wegen 150 000 Gulden jährlich von den Banken aufnehmen.«
»Sehr wohl, Majestät«, sagte Varnbühl unerschütterlich höflich.
»Ich bin Ihren Chefs überaus gewogen«, mit diesen Worten erhob sich Maximilian, zum Zeichen, daß die Audienz beendet sei.
Als Varnbühl dies Gespräch den Brüdern Ulrich und Georg in Augsburg berichtete, war Jakob schon in Ungarn. Er wahrte gegenüber der Majestät den Schein der Verärgerung und ließ einem Unterhändler, den Max ihm nachschickte, erklären, er habe »nichts als Mühe, Arbeit und Ungnade erlangt«. Lieber gab er eine Zeitlang das Silbermonopol in Tirol preis, als daß er allen Unternehmungen des Kaisers blind folgte.
Das ungarische Kupfer wurde in Fuggerau verarbeitet. Nun ließen es die deutsch-italienisch-französischen Streitigkeiten ratsam erscheinen, den geplanten Weg für das ungarische Kupfer nach Norden zu bauen. Seit man für Gastein die Tauernstraße gebaut hatte, besaßen die Ingenieure der Fugger reiche Erfahrungen im Gebirgsstraßenbau. Jakob wußte über Rom durch höfische Beziehungen der Thurzos und mit Hilfe der von ihm abhängigen Breslauer Kaufleute die Genehmigung zum Bau der Straße über den Jablonka-Paß zu erwirken. Sie führte von Neusohl über den Stubener Wald nach Sillein und von dort über die Karpaten bis Teschen. Noch im gleichen Jahr kam das erste ungarische Kupfer nach Breslau.

Zu gleicher Zeit wurde am Nordhang des Thüringer Waldes, in der Gegend von Ohrdruf, ein Parallelwerk zu Gastein, Fuggerau und Neusohl fertig. Hier konnte man bequem das Eislebener Kupfer mitverarbeiten. Das zum Seigern nötige Blei kam von Krakau, aber auch aus Goslar und Lüneburg. Die geschiednen Metalle, Silber und Kupfer, gingen nach Nürnberg, Frankfurt, Hamburg und in die Niederlande. Das Thüringer Werk verarbeitete in neun Jahren 54 000 Zentner Kupfer und 32 000 Mark Silber, die Ergebnisse waren fast so groß wie die von Fuggerau. Die Einkünfte aus den Kärtner, Neusohler und Thüringer Werken betrugen in neun Jahren, 1495 bis 1504, rund eine Million Gulden. Als Reingewinn wurden für die gleiche Zeit 365 000 Gulden ausgewiesen.
Die Investitionen in den Werken und angeschlossenen Gruben überstiegen eigentlich die Kapitalkraft der Fugger. Man war deshalb froh, daß man mit dem Römischen König genügend schlecht stand, so daß er die Firma nicht um Kredite angehen mochte. Ein anderer Glücksfall kam den Fuggern zugute, das war die Einlage von weit über hunderttausend Gulden durch den Brixener Fürstbischof. Der reiche Prälat legte sein Geld nicht in Grund, Boden und Privilegien, sondern in der Fuggerbank gegen Zins an: das war ihm zwar nach kanonischem Recht verboten, aber es geschah in tiefem Geheimnis, und Jakob erhoffte sich über den Fürstbischof Einfluß beim hohen Klerus.
Die Öffentlichkeit freilich glaubte in diesen Jahren Zeichen des kommenden Zusammenbruchs der Fugger zu bemerken. Sie sah nicht, wie sorgfaltig Jakob konstruiert hatte; sie meinte, die Häufung von Bergwerken und Gruben und die kostspieligen Investitionen seien bei dem verhältnismäßig geringen Grundkapital Fehlspekulationen. Jakob und seine Brüder beabsichtigten aber ein Welt-Kupfermonopol. Diesen Gedanken zu fassen, war nur die rechnerische Phantasie Jakobs fähig. Er kannte seine Kontobücher mit den endlosen Zahlenkolonnen wie die gebildeten Zeitgenossen ihre lateinischen Klassiker. Er war nun sechsunddreißig Jahre alt. Trotz der Turbulenz, welche die Entdeckung Westindiens im Augenblick hervorgerufen hatte, war die wirtschaftliche Lage der Welt einem Großunternehmen günstiger denn je. Johann Thurzo, der alte Bergwerksingenieur, war der Meinung, daß die Entdeckung der neuen Welt nicht gleich eine neue Wirtschaft im Gefolge haben

könne. Dazu fehle es vorläufig an der nötigen Zahl kundiger Seefahrer, vor allem an seetüchtigen Schiffen. Zwar rüstete jetzt auch Portugal, in Eifersucht auf Spanien, eine Hochseeflotte aus, doch konnte diese nur den Auftrag erhalten, weitere Länder zu entdekken und die Einfahrt in die geheimnisvolle goldene Stadt der neuen Welt zu suchen.

Das Silber, meinte Thurzo, werde bei der zunehmenden Silberprägung in Europa das bevorzugte Metall. Nach ihm sei Kupfer auf den Märkten gefragt. In der neuen Welt seien bisher weder Silber noch Kupfer in nennenswerten Mengen gefunden worden, und selbst wenn sie entdeckt würden, bedürfe es einer Bergwerksindustrie von ungleich größerem Ausmaß, als sie soeben die Fugger-Thurzo-Kompanie in Ungarn verwirklichte. Die besten Bergleute der Welt seien die Deutschen. Tiroler Grubenbauer, Elsässer Schachtzimmerer, böhmische Schmelzer und sächsische Schmiede hätten die Spanier und Portugiesen nicht.

Jakob brachte mit dem Thurzo den Neusohler Vertrag unter Dach. Mit Hilfe des Königs Ladislaus geriet das ganze ungarische Kupfer in die Hände der Fugger-Thurzo-Gesellschaft. Georg Thurzo erhielt nun für Anna Fugger, Ulrichs Tochter, von Jakob das Jawort.

Als Jakob zurückkam, zeigten sich die Fugger bereit, dem Kaiser hunderttausend Gulden zu leihen, unter der Voraussetzung, daß Maximilian ihnen den Hauptteil an den Tiroler Kupferhütten und -werken verpfände. Maximilian hatte sich inzwischen mit neuen Räten umgeben. Da er eingesehen hatte, daß die Beamten alten Stils den kaufmännischen Gegenspielern nicht gewachsen waren, hatte er sich Georg Gossenbrot aus Augsburg als kaiserlichen Rat verschrieben. Gossenbrot führte in Augsburg ein prächtiges Haus, lieh Geld auf hohen Zins, und fand zu alledem auf seinen Besitzungen noch Zeit für hübsche Mädchen. In Tirol saß sein Vetter Sigismund und betrieb für die ganze Familie einen einträglichen Kupferhandel. Mit ihm verdienten die Herwarth, Knoll und Baumgartner.

Nun wollte sich Fugger in ihren Handel mischen? Dieser Fugger, der keinen Aufwand trieb, der nie in der Herrenstube erschien, der nicht einmal eine Stelle im Rat der Stadt erstrebte?

Ahnte Gossenbrot, der kaiserliche Rat, was für Pläne Jakob hinter seiner unbeweglichen Miene erwog? Immer sah er die graublauen Augen vor sich, deren Blick wie aus weiter Ferne kam und nichts preisgab. Gossenbrot wußte, daß Jakob seinen Brüdern das Tiroler Silber in die Taschen manövriert hatte. Aber noch wußte er nicht, daß Jakob mit den Thurzos die gesamte Ausbeute an ungarischem Silber fest in der Hand hatte, daß Georg Thurzo mit Nürnberger Metallindustriellen große Verträge auf Kupferlieferung abgeschlossen hatte, und daß die neue Straße Herzog Kasimirs von Schlesien, von Teschen nach Krakau, eine Kupferstraße war.

Gossenbrot wurde von seinem kaiserlichen Herrn immer nur um Geld angegangen, und so war er gezwungen, aufs neue mit den Fuggern zu verhandeln. Maximilian wollte seine deutschen Kupferkaufleute, Fugger an der Spitze, bewegen, gemeinsam alle Kupfervorräte auf dem venezianischen Markt zu verkaufen. Das Geld, hoffte der König, würde ihn für den Kampf mit Karl von Valois in Oberitalien stark machen.

Ulrich Fugger schüttelte den Kopf, als dieser Plan entwickelt wurde. »Wir sind Kaufleute«, sagte er, »was wird geschehen, wenn wir plötzlich hunderttausend Zentner Kupfer auf den Markt werfen? Der Preis fällt ins Bodenlose, und wir sind alle ruiniert. Es tut mir leid, Gossenbrot, aus der Sache wird nichts.«

»Was also?«

»Wenn wir unser Kupfer in Venedig verschleudern, dann muß die Majestät unsere Bedingungen in Tirol erleichtern ...«

»Gut«, sagte Gossenbrot; er dachte wohl an die Mahnung seines kaiserlichen Herrn: »Tue allen Fleiß, es gilt jetzt Leib und Seele!«

»Sodann bittet die Majestät, Hand- und Hakenbüchsen, Pulver, Harnische und Pfeile für die Bogenschützen nach Genua schaffen zu lassen. Sie selbst drillt die Armee gegen Florenz.«

»Und wie kommt man von Genua nach Florenz?«

»Das ist es ja«, seufzte Gossenbrot, »die Majestät bittet das Haus Fugger, bei den Genueser Reedereien für die Überfahrtkosten zu bürgen.«

Auf Ulrichs Lippen trat ein krauses Lächeln:

»Womit bürgt der Römische König uns?«

»Mit dem Erfolg, Herr Fugger – mein Gott, sind Sie mißtrauisch! Ist Florenz genommen, muß Karl Oberitalien räumen, ganz Italien bis südlich Roms steht dann offen!«

Ulrich Fugger nickte: »Wieviel Kredit haben wir der Majestät nicht schon gegeben?«
Fast wider Erwarten gelang der erste Abschnitt des Feldzugs. Pisa wurde genommen, aber nun entfachte der Florentiner Prediger Savonarola die Livornesen zu so wütender Verteidigung ihrer Stadt, daß an eine Einnahme nicht zu denken war. Die Franzosen durchbrachen mit ihren Schiffen die Sperren Maximilians, und so war der Vogel entkommen, bevor man sein Nest gesehen hatte.
Der Papst war ein unsicherer Verbündeter, er hing vom Geld der Medici ab; den Fuggern war es noch nicht gelungen, in Rom wirklich Fuß zu fassen. Außerdem waren die Mittel der Firma durch die Hüttenbauten so beansprucht, daß man nicht genügend stark in Rom auftreten konnte. Doch in Krakau und Ofen war man streng kirchlich gesinnt, die mächtigen Bischöfe und der Adel standen weitgehend unter dem Schutz der Kurie. Die Fuggerbank in Rom, bisher beschränkt auf die Übermittlung päpstlicher Gelder aus Skandinavien und Deutschland, könnte dafür wichtig werden.
Als Max meinte, sie könne gar seinen Zug von Florenz nach Rom finanzieren, irrte er sich. Oder hatten die Fugger zu enge Verbindung mit dem franzosenfreundlichen Papst oder gar mit dem französischen Episkopat? Das wußte niemand als Jakob Fugger allein. Er ließ durchblicken, daß der Kaiser ein ungewisser Schuldner sei. Hatte er nicht kürzlich seine Vettern vom Reh mit ihren Forderungen in Löwen im Stich gelassen? Wenn die Gerichte einen Kaufmann nicht gegen offenen Betrug der politischen Instanzen schützen konnten, würde man keine Geschäfte mit diesen Instanzen machen.
Maximilian ließ sagen, wenn er sich aus Italien zurückziehen müsse, werde der Handel der Deutschen mit Rom verloren sein. Jakob antwortete ausweichend. Er dachte an Geschäfte mit französischen Bischöfen.
Jakob beschloß, dem König eine Lehre zu erteilen. Überraschend ging er auf die Syndikatpläne mit den Gossenbrot, Herwarth und Baumgartner ein. Er wußte, daß hinter Maximilians Vernachlässigung und Nadelstichpolitik die Konkurrenz stand. Die Konkurrenten aber gedachten durch ein Zusammengehen mit den Fuggern in Venedig zu gewinnen, sie hofften, den Fuggerschen Vorsprung aufgeholt zu haben, wenn sie gemeinsam mit ihnen am Rialto erschienen. Sollte durch den Vertrag nicht ein Druck auf Kärnten,

Salzburg und Ungarn ausgeübt werden? Wenn das Kupfer in Venedig billig wurde, müßten die Fuggerschen Werke in Neusohl, Fuggerau und Gastein folgen. Man hoffte, die Fugger so zum Bankrott zu treiben. Also unterschrieb Jakob am 12. März 1498 den Vertrag des ersten deutschen Kupfersyndikats.

Die Geschäftsführung wurde Jakob, dem Erfahrensten auf dem Venezianer Markt, übertragen. Er sollte das Kupfer auf gemeinsame Rechnung verkaufen. – Aber Jakob war kein Kaufmann im altväterischen Sinne.

Hans Koler mußte Jakobs Plan ausführen. Das Kupfer der Gebrüder Fugger, der Gossenbrot, Herwarth und Baumgartner kam in Massen auf den Markt, und die Händler kauften und kauften.

Schon kurz nach diesem Angebot erschien aber noch billigeres fremdes Kupfer. Die Fugger-Thurzo-Gesellschaft bot es an, und wieder kauften die Händler.

Das Syndikat mußte die Preise senken, um das Dumping zu unterbieten. Wieder kam das ungarische Kupfer nach und unterbot. In wenigen Tagen hatten die Mitglieder des Syndikats Riesenverluste, auch die Fugger – und nun blieb ein Teil der Ware vollends unverkäuflich liegen.

Als man der Sache tief verstimmt nachging, stellte man fest, daß Hans Koler einmal im Namen des Syndikats, dann im Namen der Thurzo-Fugger die Preise unterbot, und daß in seinem Hof das Kupfer des Syndikats neben dem der Ungarn lagerte. Es war ein unerhörter Betrug! Wie konnte Jakob Fugger ihn begehen?

Es gab einen jahrelangen Prozeß des Syndikats, den Peutinger führte, gegen die Ungarn – oder gegen Fugger? Aber Fugger gehörte doch zum Syndikat?! War es ein Betrug? Peutinger wies nach, daß kein Betrug vorliegen könne, wenn die Allgemeinheit den Nutzen habe – und das war zweifellos der Fall: die Allgemeinheit hatte billiges Kupfer bekommen. Die ganze Moral geriet ins Wanken. So skrupellose Geschäftsgebarung war die Welt noch nicht gewöhnt.

Als der Kaiser zum Reichstag nach Augsburg kam und sich um eine Verfassungsreform bemühte, forderte Jakob neue Anteile am Tiroler Kupfer für neue Anleihen. Hatte ihn der Dämon des roten Metalls gepackt? Auch Philipp der Schöne, des Kaisers Sohn und Erbe, stellte sich ein. Er kam in modischer Tracht, mit Schnabelschuhen und hohem Kragen, in burgundisch steifem Schwarz, und

er kam aus den Niederlanden, wo ihm die Infantin Johanna von Spanien als Gemahlin angetraut war. Doch wie sein Vater liebte er es, sich von vielen Frauen umschwärmen zu lassen und machte beim Tanz des Adels der reizvollen Susanne Neithard auffällig den Hof. Zum Veitsfest, am Vorabend des Johannistags, sprang der Prinz mit seiner Auserwählten alter Sitte gemäß beim Klang der Trommeln und Pfeifen durch das brennende Feuer. Ganz Augsburg war entzückt von dem leutseligen Prinzen.
In diesen Tagen starb die Mutter der Fugger, Barbara, geborene Bäsinger, und wurde feierlich zur letzten Ruhe getragen.

15

Als Johanna die Infantin Eleonore zur Welt brachte, erhielten die Fugger von Maximilian, dem Schwiegervater, den Auftrag, goldne Brokate als Geschenk zu überweisen. Um die gleiche Zeit ging Jakob Fugger auf Freiersfüßen. Er war nicht mehr der Jüngste zu solchem Geschäft, und die Mutter der Jungfer Sibylle Arzt mochte Mühe genug aufgewandt haben, bis sie die Tochter überzeugte, daß sie mit Jakob Fugger eine nicht nur materiell glänzende Partie mache. Noch ehe der schimpfliche Krieg des Kaisers mit den Eidgenossen zu Ende ging, saß eines Abends Jakob Fugger dem Großkaufmann und Grundstücksmakler Ulrich Arzt, seinem Nachbarn am Judenberg, in dessen Gastzimmer gegenüber. Ein Besuch Jakob Fuggers war ein besonderes Ereignis, denn er lebte, wenn er in Augsburg war, überaus zurückgezogen. Schon seit einiger Zeit saßen sie einander schweigend gegenüber, und was sie zu bereden hatten, war schwieriger als ein Geldhandel.
Die Familie Arzt gehörte zu den angesehensten der Stadt. Sibylles Onkel war mehrmals Augsburger Bürgermeister und Hauptmann des Schwäbischen Bundes gewesen. Ulrich war reich, etwa sechzig Jahre alt, ein eifriger politischer Kopf und Parteigänger des Schwäbischen Bundes. Auch stand er mit Nürnberger politischen Kreisen in Verbindung. Sein Vater hatte im freiwilligen Exil in Nürnberg gelebt und Ulrichs Frau war eine geborene Graser aus Nürnberg. Er hatte den sorgfältig gekräuselten Bart auf die Brust gesenkt und blickte den reichen Besucher nachdenklich von der Seite an.

Endlich sagte er: »Ich hätte Sie für einen rechten Kanonikus gehalten Ihr Leben lang, Herr Fugger.«
Jakob antwortete: »Das ist lange her. Darf ich darum nicht um die Hand Ihrer Tochter bitten?«
»Gewiß dürfen Sie das«, beeilte sich Arzt zu erwidern, »es ist uns schon recht, meiner Frau und mir. Aber daß Sie schon auf Vierzig gehen und die Sibyll kaum auf Zwanzig, bedenke ich.«
»Auch ich hab daran gedacht. In Italien freien die Sechzigjährigen die allerjüngsten Mädchen.«
»Sechzig bin ich fast selbst und will noch was gelten«, sagte Arzt, nahm einen Schluck, stand auf und ging im Zimmer herum.
»So hätte ich Ihr Jawort?« sagte Fugger zögernd und kam auf den Anlaß seines Kommens zurück.
»Mein Wort haben Sie – das andere soll die Jungfer selbst geben.«
Als die Sibyll ins Zimmer trat und von ihrem Vater gefragt wurde, ob sie des Herrn Jakob Fugger Ehefrau werden wolle, sagte sie ohne Zögern ein rasches Ja.
Fugger sah sie an. Sie schien ihm sehr groß zu sein, größer als er selbst, schlank und vornehm in dem enggeschnürten, graublauen Kleid aus flämischem Tuch. Der anmutige Kopf war von dichtem rotem Haar umrahmt, das über der Stirn und über den Ohren in kunstvoll strengen Flechten lag. Nun sah sie ihn aus dunkelblauen Augen an, daß ihm das Blut in die Wangen schoß. Der rätselhafte Fugger, dachte Sibylle, halb Europa kennt seinen Namen, und neulich noch sagte der Vater, man könne ihn fast fürchten. Spöttisch wölbte sie den kleinen Mund.
Am 9. Januar hatte Toman Burgkmair das bestellte Brautbild fertig. Es zeigte links den Fugger, rechts Sibylle Arzt. Er trug einen prachtvollen, mit Zobel besetzten Mantel offen, unter dem man das Wams und das gekräuselte Oberhemd sah, auf dem Kopf eine venezianische Haube, wie er sie liebte. Seine Gesichtszüge waren bleich, streng, vorgealtert; der Blick, ernst und beinahe abwesend, ging in die Ferne. Die Braut trug ein kostbares augsburgisches Patrizierinnenkleid mit geschlitzten Ärmeln, Brokatbesatz, Goldstickerei und einer kostbaren Borde um die Schultern; diese selbst waren frei und von einer doppelten Kette aus Goldringen und aneinandergeschmiedeten kunstvollen Plättchen umschlungen. Ihr ebenmäßiges, glattes Gesicht sah kühl für ihr Alter aus, der Mund blieb vornehm ge-

schlossen. Die hohen Bogen der Augenbrauen waren sorgfältig gezupft und nachgezogen. Die Augen blickten beinah stolz vor Jakob her, der die Hand schüchtern unter ihren Arm geschoben hatte. Das prächtige Bild war mit modischem Schnitz- und Rankenwerk gerahmt und wurde von einer Leiste mit Buchstaben getragen, die sagten: In der Gestalt kamen wir zusammen.«

Im Haus vom Ror, fern dem Gewimmel der kinderreichen Brüder am Heumarkt, richteten sie sich ein. Sibylle kam oft zu ihrer Schwägerin Regina, der geborenen Imhof, Georgs Frau, die wie sie selbst halb fränkischer Abstammung war. Einmal in der Woche, am Donnerstag, war das junge Paar am Heumarkt zu Tisch geladen, denn an diesem Tag fanden nach dem Mahl die laufenden Besprechungen zwischen den Brüdern statt. Die Frauen saßen unterdes beim Brettspiel.

Obwohl das Haus Fugger in diesen Jahren den politischen Plänen des Imperators, wie sich Max seit dem Tode des Vaters zu nennen liebte, nicht wohl gesonnen war, kam es jetzt zu mehrfachen Begegnungen und Aussprachen. Jedesmal wenn der Kaiser und König über die Heiden und Felder des weiten Lechfelds hinweg in der Ferne die fast hundert Türme und Tore Augsburgs sah, wurde er guter Laune. Die Stadt war schön und groß, der Menschenschlag, besonders die Frauen und Mädchen sagten dem Habsburger zu. Kaum ein Jahr ließ er vergehen, ohne auf Tage und Wochen in den Mauern der Reichsstadt zu verweilen. Als erster deutscher Kaiser hatte er leidenschaftliche Zuneigung zu städtischem Wesen und Treiben. Diese Neigung hing nicht nur mit seinem Bedarf an Geld und Waffen zusammen, mit dem Gefallen, das er am Umgang mit weltklugen Kaufleuten und italienisch geschulten Künstlern und Juristen hatte, sondern weil er ein viel zu lebensfroher Mensch war, als daß ihn die altertümlich sakrale Rolle eines deutschen Kaisers, der voll Hoheit im Abglanz göttlicher Überlegenheit das Reich regierte, ausgefüllt hätte.

Er wohnte in der Pfalz, im Fronhof, am liebsten aber bei reichen Augsburgern wie Philipp Adler, später bei Jakob Fugger. Da er gern tanzte, begab er sich mit Vorliebe zu den Festen der Zünfte und Patrizier; er gebot gar bei drei Gulden Strafe, daß alle Frauen und Jungfrauen zum Tanz zu erscheinen hätten und verschmähte nicht den Tanz mit der Handwerkertochter und ehrsamen Bürgersfrau, wenn sie nur hübsch und drall war und ihre Naivität nicht verlor. In aller Förmlichkeit ließ er sich von Geschlechtern zum Tanz einladen, und bei Sonnwend führte er bei Pauken und Trompeten den Reigen an der Seite der schönsten Augsburgerin um das Johannisfeuer.

Er liebte die Gesellschaft der Bürgerschaft, lud auch seinerseits wohl Kaufleute und Handwerker mit ihren Frauen zu Gast, und dann ging es nicht höfisch, sondern bürgerlich zu, und er vergnügte sich an den harmlosesten Scherzen und Späßen der Reichsstädter. Zur Fastnacht gab es große Mummereien, die ganze Gesellschaft hatte Bauernkleider an und tanzte die Tänze der Bauern, wobei Teuerdanks gelbes, langes Haar wehte wie das der jungen Burschen. Hernach aber kleidete sich alles um, die Frauen kamen in rotem Atlas mit goldenem Schmuck, und dann wurde italienisch zur Laute getanzt.

Ein Hauptvergnügen des Königs war das Augsburger Schützenfest. Er selbst nahm am Schießen teil, stiftete Ochsen und Schmuck als Preise, veranstaltete Sacklaufen, Gänseköpfen und Ballwerfen. Er unterhielt in Augsburg seine Hofkapelle, deren Mitglieder die berühmtesten deutschen Musiker waren. Nach dem Muster Karls des Kühnen von Burgund stiftete er eine Kantonei mit geschulten Sängern, sie hatte vor allem die Kirchenfeste zu verschönern und wurde von Orgel, Pfeifen und Trommeln begleitet. Jährlich fand in Augsburg die große Fronleichnamsprozession statt, vom Fronhof bis zum Perlach, und das geistliche Augsburg entfaltete den höchsten kirchlichen Prunk zu Ehren des Sakramentes. Wenn Max in der Stadt war, nahm er daran teil. Der Herzog von Sachsen trug ihm das Schwert Karls des Großen voran, dann kamen der König und der päpstliche Legat nebeneinander, anschließend, dem Range nach, die geistlichen und weltlichen Würdenträger, zum Schluß die Bürgerschaft. Alles war barfuß, denn so geziemte es sich.

Fanden Turniere statt, ritt der Kaiser selbst in die Schranken und verschmähte auch nicht Gegner aus bürgerlichen Familien. Mit bloßem Arm, nur durch den Schild geschützt, nahm er am Kampf mit scharfen Waffen teil. Abends fanden in den Bankettsälen der reichen Kaufleute Schmausereien und Bälle statt. Doch Max war so ein prunkvoller Rahmen, weil es oft üppiger zuging als bei Fürsten und Prälaten, nicht lieb, er wollte in Augsburg nichts als Bürger sein. Mochte der französische König darüber spotten und seine blaublütige Umgebung den deutschen Imperator als »Bürgermeister von Augsburg« verhöhnen, Max fühlte sich wohl bei Bürgern, Kaufleuten, Gelehrten und Künstlern.

Konrad Peutinger, der Jurist, leistete ihm nicht nur als Berater und Diplomat seine Dienste, sondern ebenso als Bürger, indem er Max Bekanntschaften mit Kaufleuten, Malern, Druckern und Professoren vermittelte. Da der König arm war, konnte er es auf eine Förderung der königlichen Kunst, der Architektur und Bildhauerei, weniger anlegen, aber er konnte tüchtige Gelehrte an die Universitäten bringen und mit Hilfe der neuen Buchdruckerkunst schöne Buchausgaben und die Graphik fördern. Peutinger stellte auch die Verbindung zu seinem reichen Nürnberger Studienfreund Willibald Pirckheimer her. Als der Abt von St. Ulrich den König zum Mitbruder des gelehrten Klosterkonvents ernannte, war die Majestät sehr geschmeichelt, und kurz vor seinem Tode beauftragte er Johann Faber, den Prior des Dominikanerklosters, aus sechzig gelehrten Patres und Fratres eine Akademie zum Studium der klassischen Wissenschaften zu bilden.

Jakob Fugger und seine Frau lebten im Kreise ihrer Verwandten. Jakob hatte eigentlich nur mit Peutinger engere Beziehungen. Ihm gefiel der juristische Sachverstand des Mannes und seine Gewandtheit im Umgang, während die literarischen Neigungen ihn kühl ließen. Er verstand nicht recht, daß Peutinger einen Teil seines Vermögens in einer kostbaren Bibliothek anlegte.

Peutinger sagte ihm eines Tages: »Sie sollten die Majestät einmal einladen, Fugger – nicht in Ihr Haus, sondern auf einen Abend in Ihren Garten vor der Stadt.«

»Das hat Max Ihnen vorgeschlagen? Er will Kapital?« fragte Jakob mißtrauisch, denn die Brüder waren übereingekommen, mit größeren Anleihen solange zurückzuhalten, bis der König sich von der antifranzösischen Politik abgewandt habe.

»Sie unterschätzen den König.« Peutinger nannte Max hartnäckig den König, Römischen König, nie Kaiser und Imperator. Für den humanistischen Juristen wurde Max erst dann Kaiser, wenn er den Titel in Rom geholt hätte. »Sie unterschätzen ihn wahrhaftig, denn er ist nicht bloß Rechner, sondern, wie Teuerdank, der Held, den

Schloß Weißenhorn (Nordseite), 1509 durch Jakob Fugger erworben.

Augsburg, Weinmarkt mit Fuggerhäusern (links), von Jakob Fugger 1514 erworben, Holzschnitt von Hans Tirol 1566.

sein Volk herzlich liebt, ein glänzender Gesellschafter und viel zu höflich, von sich aus ein Wort von Geschäften zu reden.« Peutinger lachte und fuhr augenzwinkernd fort: »Ich kenne jemand anderen, der immer nur ans Geschäft denkt.«

Jakob verstand die Anspielung und sagte: »Sie machen sich's leicht, Peutinger! Der König erleidet auf jedem Reichstag Niederlage um Niederlage von Fürsten, Prälaten und Städten. Da ist es klar, daß er bei den Bankiers des vielgeliebten Augsburg auf Entgegenkommen hofft, wenn nicht das Reich zum bloßen Titel werden soll.«

»Es ist ein Glück, daß bei Max Familien- und Reichspolitik zusammenfallen. Er ist ganz von dem Gedanken eingenommen, sein Enkel werde dereinst die Welt erben. Ungarn, Deutschland, Burgund, die Niederlande, Italien, Spanien – und die neue Welt dazu.«

»Der kleine Carlos wird einmal unser Herr und Kaiser sein, das ist gewiß«, sagte Jakob trocken. »Ich werde die Majestät zum Nachtmahl einladen, und zwar in den Pavillon, wenig Gäste, ein paar Damen aus der Umgebung, ein kleines Essen, und nachher im Garten etwas Musik. Wenn die Majestät will, kann sie tanzen ...«

»Majestät will immer tanzen, doch dazu sind ihr ein paar hübsche Pächtersfrauen noch lieber als die Damen.«

»Wir werden sehen«, sagte Jakob. »Man könnte versuchen, auf die Majestät von der menschlichen Seite Einfluß zu nehmen ...«

»Hab ich's nicht gesagt?« warf Peutinger ein, »wer denkt mehr an die Geschäfte als Jakob Fugger?«

Der Kaufmann hob die Hand abwehrend: »Nicht Geschäfte, mein lieber Doktor juris, sondern Politik, wenn schon der Kaiser privat bei mir speist.«

Es war ein milder Frühlingsabend in Schwaben. Schon als Maximilian kam, schien er wie berauscht und hatte offenbar Türken und Franzosen, den Papst und Venedig vergessen.

»Mein lieber Fugger«, rief er, vom Pferd steigend und die Zügel dem Knecht zuwerfend, »habe ich einmal die Ehre, Ihr Gast zu sein? Welch hübscher Garten! Sehen Sie, Lang«, wandte er sich an Matthäus Lang, den Kanzler, »der Fugger hat die gelben Frührosen, die wir kürzlich bei Bozen sahen.«

Max blieb stehen und nahm eine Rose, roch daran. Lang, ein Riese von Mensch, gebürtiger Augsburger, Bürgersohn, und aus all diesen Gründen dem König angenehm, reichte Fugger die Hand.

Jakob führte den Gast zum Pavillon. Hier erwartete Sibylle die Majestät mit einem höfischen Knicks. Max nahm sie an beiden Händen auf und bat sie, aufzustehen. »Gnädige Frau«, sprach er sie an, »wir sind nicht bei den Rittern des Vließes in Burgund, sondern heut abend besucht ein Reichsbürger den andern.«
Sibylle war verlegen. »Aber Majestät!«
»Nicht Majestät, heut abend nicht, oder ich sage zu meinem lieben Fugger auch Majestät – silberne, nein kupferne Majestät!« Und dann lachte er so herzlich, daß alle einfielen.
Es gab ein kleines Essen, Hühnersuppe, Wildpasteten und Hirschschlegel mit schwäbischen Spätzle und süßen Preiselbeeren. Max liebte nichts mehr als einen guten Bürgertisch. Dazu trank man Donauwein aus Regensburg, denn den Burgunder hatte der König abgelehnt.
Max erzählte von der Jagd in den Wäldern von Burgau. Wenn nicht in den nächsten Tagen der Reichstag nach Augsburg berufen wäre, hätte er fortgejagt, ein kapitaler Hirsch stünde in der Gegend südlich dem langen Weiher, man habe ihn gehetzt und dabei die Pferde so mitgenommen, daß man mitten in der Einöde habe aufgeben müssen, eine Schande! Und als sie heimgeritten seien, hübsch langsam auf den abgetriebenen Pferden, sei ihnen eine Schar Bettler aus dem Meringer Hospiz entgegengekommen, habe ihn natürlich erkannt und sich mit jämmerlichen Bücklingen am Weg aufgestellt, »und ich greife in die Tasche«, erzählte Max, »und greife nichts als ein paar Kreuzer, werfe sie also den Kerlen hin und im gleichen Augenblick fall ich in Trab – wollte doch die Flüche nicht hören, die hinter mir herschallen, wenn die Römische Majestät mit schäbigen Kreuzern um sich werfen muß.«
Peutinger sagte höflich: »Muß man denn Gulden streuen? Auch der Heilige Vater behält sein Geld für die Kriege in der Tasche, statt den Bettlern Skudi hinzuwerfen.«
»Vergleichen Sie mich nicht mit dem Heiligen Vater, mein lieber Doktor! Der vergibt geistliche Gnaden – doch unsereins? Geld regiert die Welt, das lehrt mich der Fugger immer wieder. Nichts für ungut, Madame!«
Nach dem Essen ging man in den Garten. Im Hintergrund hatte sich eine Musik versteckt, Pfeifen und Lauten, und als der König nun nahte, spielte sie einen lustigen deutschen Bauerntanz, und aus

allen Büschen traten tanzende Paare und bildeten um die Gruppe des Königs einen Reigen. Doch der, wie Peutinger gesagt hatte, nahm einem der Kavaliere sein Mädchen aus den Händen und tanzte, bis die Musik endete.

»Gut gemacht, Herr Fugger«, rief Max, »Sie werden die Leute doch nicht bloß als Arrangement bestellt haben? Alles mitkommen, einen Becher trinken!«

Es zeigte sich, daß in der Nähe unter Bäumen Tische und Stühle bereitstanden. Auf den Tischen gab es Gläser, Karaffen, aus denen man selbst einschenken konnte, und schon befand sich Maximilian in einer Gesellschaft von schwäbischen Mädchen, reichen Bauern und Augsburger Bürgern, wie er es am meisten liebte. Die Blicke der Mädchen schwärmten ihn an, und mancher der Männer mochte es nie für möglich gehalten haben, daß ihr Kaiser und König wie ihresgleichen unter ihnen sitzen möge und tanze und trinke.

An solchen Abenden lernten sich Max und Jakob Fugger kennen und schätzen. Der König erkannte in Fugger den genialen Geschäftsmann, dessen Methoden bei der Aufbringung von Geldern zeitgemäßer waren als die schwierigen Bewilligungen der Stände oder gar die Naturalwirtschaft. Und Fugger sah in ihm mehr als den sprunghaften Politiker und Schuldenmacher, er sah den glühenden Idealisten, der auch vor ungewöhnlichen Mitteln nicht zurückschreckte, wenn es Staat und Hausmacht, die Vormacht des uralten Reiches in den christlichen Ländern der Erde galt. Max fühlte sich auf Fuggers ländlichen Festen glücklich, und der kluge Kaufmann konnte dem Kaiser unter vier Augen, ohne daß dieser es merkte, beibringen, daß Bürger sein mehr heißt als Geld besitzen und Kaiser sein mehr als des Reiches oberster Abenteurer. Jakob war bereit, das weitverzweigte Geschäft in die Dienste einer Weltpolitik zu stellen, doch deren Ziele durften sich nicht ins Phantastische verlieren. Sie müßten zugleich Bindungen für eine Ausweitung des Handels bilden: das sei ein Wechselprozeß von großer Fruchtbarkeit.

Der Kaiser liebte die Augsburger, jeden zweiten nannte er bei seinem richtigen Namen. Aber war dieser Bürger zugleich ein Feldherr? In den Krieg gegen die Eidgenossen war er wie zu einem Maskentreiben gezogen. Die Schweiz war wie durch einen bitteren Scherz verlorengegangen. Würde es dem Kaiser gelingen, Italien zu halten?

Dann mußte er jetzt Söldner werben und drillen, mit modernen Waffen ausrüsten, wozu er sehr wohl fähig und geeignet war. Aber an der neuen Kriegskunst fand er im Herzen wenig Gefallen, er blieb der »letzte Ritter«; sein Kampf war ein Turnier Mann gegen Mann, in prächtiger Rüstung. So schwankte er hin und her.

Peutinger und Pirckheimer erstrebten im Einvernehmen mit Matthäus Lang die Errichtung eines beständigen Reichsrats, dessen Vorsitz der Kaiser führen sollte. In Abwesenheit der Majestät sollte er die höchste Gewalt im Reich ausüben. Dem Rat sollte ein Reichskammergericht mit besoldeten Räten beigeordnet sein, um alle Streitfragen in deutschen Landen ohne Blutvergießen in letzter Instanz schlichten zu können. Eine Lieblingsidee der beiden Humanisten war ferner eine vernünftige Einteilung Deutschlands in zehn Kreise, wobei Böhmen, Mähren, die Lausitz und Preußen nicht eingerechnet, doch unter des Reiches besondere Verwaltung gestellt waren. Die zehn Kreise der neuen Ordnung hießen: der schwäbische, bayerische, österreichische, fränkische, burgundische, oberrheinische, kurrheinische, westfälische, ober- und niedersächsische Kreis. Die Bewilligung eines allgemeinen Pfennigs sollte die Finanzen sichern.

Der Tag der Halbjahrtausendwende zog mit großen Feiern, Fröhlichkeit und Geschrei über die Völker der Christenheit hin. Papst Alexander VI. hatte einen Jubelablaß ausgeschrieben. Überall riefen die jetzt aufkommenden Kirchenglocken das Volk zur Andacht. Die Kirche war noch eine Macht über allen Mächten. Trotz Alexanders unwürdigem Gebaren zweifelte kein Mensch an der Hoheit seines Amtes und an der Befugnis, die Welt zu teilen, wie er dies soeben zwischen Spanien und Purtugal tat. Er hatte sich Martin Behaims Lehre von der Kugelgestalt der Erde zu eigen gemacht und die Welt wie einen Apfel in zwei Teile geschnitten anläßlich des Streites der pyrenäischen Mächte über den Besitz der entdeckten Länder in Übersee: alles Land, das 370 Seemeilen westlich von den Inseln von Kap Verde, des grünen Vorgebirges, entdeckt worden war, sollte den Spaniern gehören, der östliche Teil den Portugiesen. König Ferdinand von Kastilien und König Johann von Portugal hatten sich diesem Spruch unterworfen.

Ein neuer Reichstag stand in Augsburg bevor, der Kaiser brauchte vor allem Geld. Er hatte Matthäus Lang zum Kardinalerzbischof von Salzburg erheben lassen und schickte ihn, als Augsburger, zu den Fuggern, um ein neues Darlehen aufzunehmen. Nach kurzer Beratung am Heumarkt gab Jakob ihm abschlägigen Bescheid. Lang glaubte als Augsburger dringlich werden zu können; doch Jakob antwortete ungeduldig, man habe erst vor kurzem das in Mailand versetzte Silbergeschirr der Habsburger für 30 000 Gulden eingelöst, die Firma sei im Augenblick nicht imstande, neues Geld für den kaiserlichen Herrn flüssig zu machen. Er möge sich an die Herwarth, Adler, Gossenbrot wenden.

Es war nicht Brauch, ein Gesuch Maximilians mit einem glatten Nein zu beantworten. Alle Handelshäuser Oberdeutschlands wußten Geschichten davon zu erzählen, mit welch gewundenen Erklärungen und fetten Trinkgeldern man die kaiserlichen Räte gewöhnlich an die Tür bringen mußte.

Lang, selbst ein nicht gerade verbindlicher Herr, ging verärgert aus dem Haus am Heumarkt und teilte dem Kaiser den Bescheid Jakob Fuggers ohne Beschönigung mit. Max, immer gereizt, wenn er kein Geld hatte, empfand die Absage Jakobs als persönliche Kränkung. Beim Empfang in der Herrenstube verhielt er sich förmlich gegen seinen Bankier.

Auch die Brüder waren sich nicht einig gewesen. In einer weiteren Aussprache über die kaiserliche Forderung zeigte sich Georg wegen seiner Verwandtschaft – die Imhofs waren mit Maximilian befreundet – eher geneigt, Matthäus Lang noch einmal ein Angebot zu machen. Auch Ulrich als Chef des Hauses sah keine andere Möglichkeit, als die Verbindung mit dem Kaiser zu halten.

Doch Jakob blieb fest und sein Wille bestimmte die Brüder zu einer Gemeinschaft auf Biegen und Brechen. Auf sein Betreiben hin war die Fuggersche Handelsgesellschaft vor kurzem auf sechs weitere Jahre verlängert.

»Wir müssen einen klaren Kopf behalten«, sagte Jakob, »welche Pfänder, Regale, Privilegien kann uns der Kaiser geben?«

»Krongut«, sagte Georg.

»Das wird er schwerlich abgeben, sondern uns vertrösten wollen.«

»Wir müssen an Italien denken, die römische Bank. Was geschieht, wenn der Franzose dort einmarschiert?«

»Die römische Bank steht für sich. Wir müßten nur jemand an ihre Spitze stellen, der den Verhältnissen gewachsen ist.«

»Zink ist der Mann dafür«, sagte Ulrich.
»Ich fahre nächstens selbst nach Rom, nehme die Sibyll' mit. Da könnte ich mit Zink sprechen«, sagte Jakob, »das ist ein Mann, der auch die Weihen nimmt, wenn's nottut. Doch bleiben wir bei Max. Weshalb verbündet er sich nicht mit Julius della Rovere, dem Feind der Borgia? Zweifellos wird der nächste Heilige Vater Julius heißen.«
»Maximilians Feind ist Venedig, das ihn so oft im Stich ließ, und da hat er auf die Hilfe der Borgia gehofft«, meinte Ulrich.
»Die Borgia tun nur, was ihnen nützlich ist«, sagte Georg. »Wenn wir den Kaiser jetzt unterstützen, wird Italien vielleicht frei.«
»Keinen Pfennig!« sagte Jakob und zog ein Papier aus der Tasche, »seht her, heute früh erhielt ich aus Innsbruck Nachricht, daß Heinrich Wolf, der Nürnberger, dem Kaiser fünfzehntausend Gulden geliehen hat, und Max hat dafür Schwazer Silber verpfändet.«
»Unser Silber!?« sagte Ulrich mehr erstaunt als geärgert.
»Auch Wolf hat gesagt, soviel er wisse, sei Schwaz uns mehrfach verpfändet; und da hat ihn Max an Herzog Lodovico in Mailand verwiesen, der sei noch einen Teil des Heiratsguts für Bianca schuldig – alles Schwindel!«
Durch ein geheimes Schreiben erfuhr Jakob Fugger, daß einer seiner Gegner im Tiroler Regiment das Ohr des Kaisers gefunden habe, der österreichische Rat Paul von Liechtenstein, der mit Hilfe von eingesessenen Tiroler Gewerken eine feindliche Stimmung gegen die Fugger erzeugen wollte. Man hatte in Innsbruck das Gerücht verbreitet, der Kaiser wolle sich mit den Fuggern in bar abfinden und sie zwingen, auf ihre Tiroler Anteile zu verzichten.
Der Beauftragte der Fugger, Hans Mairhofer, gab in Schwaz eine öffentliche Richtigstellung. Die Regierung ergriff jedoch Gewaltmaßnahmen und verbot den Transport ungarischen Kupfers durch Tirol nach Venedig. Jakob setzte nun seinen eigenen Schwager, Konrad Meuting, auf den schwierigen Innsbrucker Posten und ließ durch die verbündeten Thurzos auf König Ladislaus von Ungarn einwirken, an dessen Freundschaft dem Kaiser besonders gelegen sein mußte. Ladislaus, völlig an die Fugger-Thurzo-Gesellschaft verschuldet, erzwang diplomatisch die Öffnung der Tiroler Sperre für ungarisches Kupfer. So war es der Gegenpartei nicht gelungen, einen entscheidenden Zwang auf die Fugger auszuüben. Selbst die

Höchstetter, sonst zu allerlei Bankgeschäften gern bereit, wagten sich nicht gegen die Fugger zu stellen und den Tiroler Lockrufen zu folgen. Der Kaiser blieb ohne Geld. Die direkte Staatssteuer aber, die in dieser Zeit des Geldmangels wieder in Naturalien erhoben wurde – Käse- und Viehsteuer im Allgäu, Weinsteuer an der Mosel, Holz-, Honig- und Wachssteuer in Franken – blieb in den Händen kaiserlicher Beamter und Einnehmer hängen.
Maximilian schien einzulenken. Kürzlich erst hatte er von den Fuggern einen großen Posten Tuche bekommen, die er, um Bargeld zu sparen, als Entlöhnung an seine Truppen verteilen ließ. Wie das Tafelsilber, hatte ihm Jakob kostbare burgundische Teppische ausgelöst. Jetzt verlobte er seinen kleinen Enkel Carlos mit der französischen Prinzessin Claudia. War das nicht ein Zeichen, daß Habsburg die Aussöhnung mit Valois suchte? Wenn es gelänge, den Habsburgern auch die Stefanskrone zu sichern und dadurch die Geschäftsverbindung mit den Thurzos zu untermauern, gingen die alten Pläne vielleicht doch in Erfüllung.
Die Thurzos hatten große Fortschritte am Hofe und beim hohen Klerus gemacht, ein Thurzo war Bischof von Olmütz geworden. Allerdings stieg der Widerwille national gesinnter Ungarn gegen die Hingabe königlicher Rechte an die Ausländer beträchtlich. Man mußte sich fragen, ob der höfisch-klerikale Einfluß auf die Dauer dagegen aufkommen könne. Die venezianischen und römischen Faktoreien der Fugger mußten immer wieder feine Stoffe, Edelsteine und Schmuck für das verblendete Königspaar und die ungarischen Kirchen liefern.
Die kühnen Erwartungen der Thurzos waren übertroffen, als die ersten Abrechnungen vorgelegt werden konnten. Das Verkehrsnetz zur Ostsee und zur Adria anzulegen hatte sich gelohnt. Vor allem Krakau gewann hohe Bedeutung, nicht mehr als Metallmarkt und Warenstapelplatz für Tuche und Pelze, sondern für politische Finanzen. Von hier ließen sich die Fäden nach Iwangorod und Kiew spinnen. Die Transporte zu Schiff und Wagen folgten meist den Flüssen, doch kannte man rentable Abkürzungen. Die Hauptstraße lief über Thorn nach Danzig. Die Hanseaten wurden langsam stutzig, denn sie betrachteten den Osten, das Baltikum und die Ostsee immer noch als ihr Monopolgebiet.
Ließ sich der Handel von Neusohl weiter vortreiben zum Balkan?

Man gründete eine Faktorei in Ofen und wollte Verbindung zum Siebenbürger Bergbau aufnehmen. In Frauenseifen wurde Fuß gefaßt. Damit drang man in Gebiete ein, die politisch am Rande der Christenheit lagen. Die Auseinandersetzung mit den Türken stand bevor. Jakobs Plan war die Einziehung und vielleicht die Verwaltung der überall ausgeschriebenen Türkensteuern. Könnte man die kurialen Einnahmen Ungarns und Polens mit Wechseln in die Hand bekommen und mit den Türkenabgaben verbinden, dann kämen die Interessen der kirchlichen und habsburgischen Politik mit denen des Fuggerschen Konzerns zur Deckung. Dieser Knoten ließ sich nur in Rom knüpfen.

16

Zwei Gossenbrots starben kurz hintereinander, der Augsburger Bürgermeister und der königliche Rat. Sie starben so unvermutet, daß man in Italien von Gift geredet hätte, aber nicht im biederen Deutschland. Fugger war der eigentliche Überlebende. Die königlichen Beamten in Tirol kamen nicht mehr gegen den Einfluß Jakobs bei Maximilian auf. Auch der Rat Liechtenstein sah ein, daß er sich gut mit den Fuggern stellen müsse, und als die Schwenkung einmal vollzogen war, wurde er der beste Mittler zwischen dem König und seinem Bankier. Er mutete seinem Herrn, als es keinen Ausweg mehr zu geben schien, schließlich eine Reise nach Augsburg zu. Jetzt mußte den Fuggern die Brechung des stillen Boykotts gelingen, der seit den Tagen des Syndikats auf ihnen lag. Sie verständigten sich mit den alten Widersachern, denn seit Gossenbrots Tod konnte keiner von ihnen an Macht gegen die Fugger aufkommen. Jakob paßte sich klug an das Mögliche an: wenn es kein Monopol auf dem Kreditmarkt für ihn gab, begnügte er sich mit der unbestrittenen Vormacht.
War es Jakob nicht um äußere Ehren zu tun, so dachte sein Bruder Ulrich anders. Ihn hatten der Zusammenbruch der Rehfugger und die Diffamierung der Firma im Syndikatsprozeß tief getroffen. Als sich seine Tochter Ursula mit dem Ritter Philipp von Stein zu Jettingen verheiratete, war er stolz auf die Verbindung mit einer der vornehmsten reichsritterlichen Familien Schwabens. Der Vater der Frau war Jagdlehrer der Majestät selber gewesen und seine Gattin,

Anna von Rechberg, war mit dem Adel halb Oberschwabens verwandt. Maximilian nahm die Gelegenheit wahr, beide Sippen durch Anwesenheit bei der Hochzeit auszuzeichnen.
Die Brautgabe und Aussteuer war etwa zehnmal so groß wie sonst in den Kreisen dieser Familien üblich. Die Gaffer bestaunten an der Braut Kleinodien, Perlenstickerei und vier schwere goldene Ketten um den Hals: es wurde eine der größten Hochzeiten Augsburgs und Schwabens, bei der die reichen Bürger und die ältesten Patrizier und Ritter des Landes im städtischen Tanzhaus tanzten. Nachher nahm man in den Hallen des Hauses am Rindermarkt das Nachtmahl, und dann ging das Fest als Mummenschanz weiter bis tief in die Nacht.
Jakobs Gemahlin erschien hier mit dem herrlichen Schmuck von Ketten, Edelsteinen, Ringen und Juwelen, den Jakob ihr in den Jahren der Ehe geschenkt hatte; sie bekamen keine Kinder, und nun sah das Gefolge der Majestät eine Frau vor sich, die an Hoheit und Selbstbewußtsein keinem von ihnen nachstehen mußte. Jakob hingegen kam unauffällig elegant und zog sich mit einigen Räten des Kaisers in eine stille Kammer zurück. Es war keinem der Anwesenden aus Augsburg, vom Hof und aus der Ritterschaft unbekannt, daß in seiner Hand erstaunlich viele Fäden der Finanz und Politik zusammenliefen. Schließlich wußten die Arbeiter in den Hüttenwerken damals schon, daß Jakob Fugger der »rechte Schaffierer« sei, und wenn niemand ihn lieben konnte – denn Jakob brauchte keine Liebe, auch nicht die seiner Frau –, so empfanden alle, die mit ihm verbunden waren, eine merkwürdige Hinneigung. Von seinen leitenden Angestellten hätte jeder es damals als selbständiger Unternehmer und Kaufmann weit bringen können, aber sie blieben an seiner Seite, weil sie lieber unter ihm dienten. Er war kein angenehmer Herr, er war streng und hart, war unermüdlich und unerbittlich, aber er »verstand es«, und je nüchterner seine Angestellten und Arbeiter waren, desto begeisterter gaben sie sich an die Unternehmung hin. Nur die Hingabe der Nüchternen hat ja Wert.

Sich zum Nutzen und seiner Frau zu Gefallen unternahm Jakob eine längere Italienreise. Hatte Sibylle gehofft, ihn einige Wochen für sich zu haben, so enttäuschte er sie freilich. In Venedig war das verständlich, denn dort befand sich das nach der Goldenen Schreibstube wichtigste Kontor der Firma, aber auch an kleinen Plätzen wie Verona galt sein Sinnen und Denken, wenn er auf seinem italienischen Fuchs neben ihrem leichten Wagen dahintrabte, den Geschäften. Ihr wurde nicht angst darum, aber sie war stolz. Auch sie schwieg dann.

Freilich wies Jakob oft auf dies und jenes hin, nannte ihr Berge und Flüsse. Als sie nach Mantua kamen, sagte sie, dort habe Isabella von Este gewohnt. Er ging darauf ein und sprach von Isabella, als habe er Geschichte studiert.

Sie lächelte, wenn er so belehrend mit ihr sprach. Sie achtete, ja sie bewunderte ihn, wie alle Welt ihn bewunderte. Aber große Leidenschaft war ihr fremd, und deshalb verstand sie nicht, daß er sie auf seine Weise sehr liebte.

War Jakob enttäuscht, daß sie keine Kinder bekamen? Er sprach nicht darüber. Als der König damals zu ihm von seinem Enkel gesprochen hatte und in seiner schwärmerischen Weise den kleinen Karl als Herrn der Welt sah, und als er dann scherzhaft gemeint hatte, ob der künftige Fugger als Bankier dieses Knaben nicht zu erwarten sei, hatte Jakob geantwortet – doch Sibylle war ein resignierter Unterton nicht entgangen: »Das hoffe ich selbst noch zu werden, Majestät.«

Er liebte sie so wie sie war. Sie erschien ihm oft unkörperlich wie eine Gestalt auf den Bildern des Malers Lukas Cranach, schön, doch entrückt, verlockend, doch ohne Hingabe.

Sie kamen nach Rom. Alexander VI. war plötzlich gestorben, man nahm allgemein an, er sei vergiftet. Zur Überraschung der Christenheit hatte nicht der Rovere, sondern ein unbedeutender Kardinal die Tiara erhalten. Zink hatte sich dem Konklave empfehlend in Erinnerung gebracht, indem er Stoffe und Tuche gestiftet hatte. Dieser Johannes Zink hatte im Jahre 1500 die Idee gehabt, man könne einen Teil der Gelder des ausgeschriebenen Jubelablasses in Fuggerschen Wechseln nach Italien leiten. Das war geschehen und obgleich geldgierige Fürsten, darunter König Max, es nicht verschmäht hatten, die versiegelten und verschlossenen Kisten mit den Geldern der Gläubigen aufzubrechen und zu berauben, war das feine Gespinst der römischen Fuggerbank über Mittel-, Nord- und Osteuropa gefestigt worden. Zink sah nur die finanzielle Seite. Seit kurzem hatten die Fugger wieder einen Neffen, der in die Fußstap-

fen seines Onkels Markus, des Kanonikers, treten sollte, das war Georgs Sohn Marx. Schon auf dem Haupt des Knaben häuften sich die Pfründen.
Als Fugger und seine Frau vor dem großen Fuggerschen Haus in der Ewigen Stadt ankamen, wartete Zink bereits, durch Depeschen verständigt, auf seinen Herrn. Kaum war Fugger abgestiegen und hatte mit seiner Frau Platz genommen, als der geschäftstüchtige Direktor Jakob mit der Neuigkeit überfiel, der Heilige Vater sei soeben gestorben.
»Gestorben? Er ist doch erst vor sechs Wochen gewählt!«
»Das ist es ja, gestorben!«
»Die Stadt weiß nichts, die Glocken läuten nicht ...«
»Ich habe auf die Nachricht gewartet, denn seit einigen Tagen ging es Seiner Heiligkeit schlecht, kaum daß Sie den Willen zu Reformen gezeigt hatte.«
»Was für Reformen?«
Zink hob die Achseln und machte eine fragende Bewegung: »Wen interessiert das? Jetzt gilt's, den Rovere zu fesseln.«
Julius Rovere war damals gegen alle Erwartung nicht gewählt worden, doch nun schien seine Wahl unumgänglich. Er war ein Asket und persönlich sittenstreng, doch erschreckend gewalttätig.
»Das erste, was der Rovere tun wird, ist die Verjagung der alexandrinischen Kreaturen. Aber noch ist's nicht soweit, vorher muß er gewählt werden. Ei ei – wie machen wir das? Ich fürchte, daß Julius nicht einmal unsere Forderungen an die Kurie anerkennt.« Die Forderungen betrugen 6800 Dukaten. »Es bleibt nichts anderes übrig, als dem Konklave klar zu machen, daß das Haus Fugger an einer Erhebung des Rovere zum Papst interessiert ist. Da die Wahl sicher ist, wäre es falsch, anders zu setzen. Ich glaube 3000 Dukaten genügen.«
Jakob nickte: »Wir müssen mit beiden Füßen hier in Rom auf den Boden kommen, mein lieber Zink. Was hört man vom Welser?«
Zink lachte: »Welser tut, was er kann. Du lieber Gott, in Rom braucht man Erfahrung, Erfahrung, Erfahrung. Die hat Welser nicht.«
»Welser hat Portugal und Spanien hinter sich.«
»Trotzdem – er ist keine Konkurrenz für mich und Herrn Marx.«
Jakob sagte: »Die Venezianer sitzen auf unserem Kupfer. Seit die

Venezianer mit dem Türken Streit haben, liegt das Geschäft elend da. Ich habe schon gedacht, mit in das Lissaboner Gewürzgeschäft zu steigen.«

Zink erschrak. Jakob beruhigte ihn: »Nicht, daß ich zu spekulieren anfinge, Zink, aber ich muß unser Kupfer loswerden. Die Länder Spanien und Portugal wollen die neuen Inseln erobern, ausbeuten, besiedeln. Die brauchen also Kupfer und Silber. Schon haben wir in Antwerpen alles vorbereitet.«

»Sie werden sich doch nicht am Gewürzhandel beteiligen? Reine Spekulation, Herr Fugger! Die Schiffe saufen ab, der König von Portugal ist noch geschäftstüchtiger als der unsere.«

Nun war es an Jakob, sich zu amüsieren: »Haben Sie je gesehen, daß ein Fugger spekuliert? Welser investiert 20 000 Dukaten in die Gewürzflotte. Ich habe 4000 investiert.«

»4000! Und nur 3000 für die Papstwahl!« stöhnte Zink. Jakob war guter Laune und beschloß, Zink einige Eröffnungen zu machen.

Vor fünf Jahren hatte Vasco da Gama Afrika umsegelt und auf der Fahrt nach Osten Indien, das wirkliche Indien, mit zwei Schiffen erreicht. Er war mit einer vollen Ladung Pfeffer zwei Jahre später nach Lissabon zurückgekehrt. Venedig hatte sich freilich nicht beeindrucken lassen. Der Weg um das Kap der Guten Hoffnung, ließ die Signorie ausstreuen, sei lang und stürmisch. Der Handel in Vorderindien befinde sich seit Jahrhunderten in arabischen Händen. Das Schiff der Wüste, das Kamel, werde sich durch die Schiffe des Meeres nicht so rasch verdrängen lassen. Auch Alexandria, der Haupthandelsplatz für indische Gewürze, zeige kein Merkmal einer Störung. Nach Alexandria brachten die arabischen Karawanen die Gewürze zur Verschiffung.

Aber Venedig täuschte sich über die portugiesische Abenteuerlust. Im Heiligen Jahr 1500 war Alvares Cabral mit 13 Schiffen und 1500 Mann nach Indien gefahren und hatte an der Küste von Malabar die portugiesische Flagge gehißt. Die erste Kolonie der Welt war gegründet. 1502 folgte Vasco da Gama mit 20 Schiffen und 2000 Mann, im Jahre 1503, also vor kurzem, war Alfonso d'Albuquerque als königlicher Bevollmächtigter nach Kalikut abgereist, und im September war Vasco da Gama mit reicher Ladung auf 12 Schiffen wieder in Lissabon gelandet. Er huldigte König Manuel als dem Herrn der Meere und König von Portugal und Indien.

Halle und Hof eines Großkaufmanns aus dem 16. Jahrhundert. Holzschnitt aus »Petrarcas Trostspiegel«, Augsburg, Steyner, 1539.

In ganz Europa spürte man die Folgen. Die Pfefferpreise auf den Börsen von Antwerpen und Frankfurt fielen ins Bodenlose, erholten sich kurz und fielen mit jeder neuen Ladung in Lissabon. Die Reise um das Kap der Guten Hoffnung galt als lang, aber ungefährlich. Dort lag kein türkischer Seeräuber auf der Lauer, und keine Signorie behinderte den Handel durch Vorschriften oder beschränkte die Freiheit der Meere.

Als Vertreter der Welser hatte Simon Seitz sich im September 1503 von Spanien nach Lissabon begeben. Da er seit Jahren mit Vasco da Gama bekannt war, gelang es ihm, sich als erster Faktor einer großen Firma beim König persönlich einzuführen und die Erlaubnis zu erwirken, für die Welser eine eigene Faktorei in Lissabon zu errichten. Der König gewährte Anton Welser außerordentliche Vergünstigungen für den Handel mit Kolonialwaren und die besondere Prämie, als Ausfuhrzoll aus Portugal nur 5 Prozent statt der in Venedig üblichen 10 Prozent entrichten zu müssen.

Nun setzte ein Rennen europäischer Gewürzfirmen um die Gunst des Königs ein, und Ende 1503 bestimmte der schlaue Manuel, daß allen Handelsherren, die mindestens für 10 000 Reis Waren in portugiesischen Niederlassungen kauften, die gleichen Rechte wie den Welsern eingeräumt würden (ein Cruzado oder Dukat hatte 400 Reis).

Welche Vorteile gegen Venedig! Genuesische Kaufleute verhandelten mit Lissabon wegen Entsendung eigener Schiffe. Das Kabinett des Königs stimmte zu. Dem König mangelte eigene Tonnage, deshalb suchte er vor allem Schiffe und Seeleute an sich zu ziehen. Selbst wenn er die Hälfte der Erträge in Ostasien den Fremden ließ, war der Gewinn für Portugal immer noch beträchtlich. In Ostindien kaufte man den Kantar Pfeffer für drei Dukaten, in Venedig mußte man 20 Dukaten zahlen.

Die Fugger sandten einen rücksichtslosen Vertreter nach Lissabon, keine Zierde deutscher Nation, aber es galt den Versuch, den Vorsprung der Welser einzuholen. Das war Marx Zimmermann. Er erreichte bereits im Herbst 1503 in Lissabon für die Fugger gleiche Rechte wie die Welser.

»Soviel, mein lieber Zink«, schloß Jakob seinen Bericht, »über das portugiesische Unternehmen. Ehrlich gesagt – ich halte nicht zuviel

davon. Mein Bruder Georg hat sich nach langem Hin und Her entschlossen, viertausend Dukaten dran zu wagen. Vielleicht waren wir ein wenig zu ängstlich, die Welser könnten uns überholen.«
Zink berichtete, vor einigen Tagen erst sei Anton Kolb aus Venedig bei ihm gewesen und habe berichtet, daß die deutsche Teilnahme an der portugiesischen Indienunternehmung bei der Signorie die denkbar schlechteste Stimmung hervorgerufen habe.
Jakob zuckte die Achseln; er müsse sein aufgespeichertes Kupfer an den Mann bringen, und wenn Venedig durch Streit mit den Türken den eigenen Handel blockiere, brauche man Auswege. König Manuel habe großes Interesse gezeigt, den Silber- und Kupferhandel in sein Land zu ziehen.
»Seien wir vorsichtig im Umgang mit gekrönten Häuptern«, riet Zink.
»Das sagen Sie mir? Ich bin froh, auf dieser Reise endlich einmal die kaiserlichen Räte los zu sein. Sie umgeben mich wie ein Gefolge; ob ich in Augsburg bin, auf der Frankfurter Börse, immer wollen sie Geld. Was macht der Meckau?«
Der sächsische Junker Melchior von Meckau, Fürstbischof von Brixen und seit einiger Zeit Kardinal, war unter den vielen geistlichen Bankkunden der Fugger der bedeutendste. Die Einkünfte seines tirolischen Bistums waren hoch, und der Fürstbischof war ein ebenso haushälterischer wie tüchtiger Wirtschafter. Einen Teil der Einkünfte verbaute er oder steckte sie in kostbare Geräte und Paramente, den weitaus größeren Teil des Geldes jedoch legte er bei den Fuggern auf Zins. Die Geschäftsverbindung war nun Jahre alt. Meckau hatte dem oberdeutschen Handelshaus eines Tages, in größter Vertraulichkeit, die Summe von baren hunderttausend Gulden angeboten. Der Fuggersche Kredit allein rechtfertige, wie er sagte, eine solche Anlage, und da der Kirchenfürst keine Teilhabe an der Leitung des Geschäfts wollte, sondern bloß einen angemessenen Zins, hatte man die Summe gern angenommen. In den folgenden Jahren war die Einlage bedeutend erhöht, sie betrug etwa zweihunderttausend Gulden, war also fünfmal so hoch wie das Grundkapital der Brüder selber.
Das Wichtigste an dem Geschäft war die unbedingte Geheimhaltung. Erstens war es dem Prälaten verboten, Zinsen zu nehmen, zweitens durfte sein Brixener Kapitel nichts von der Anlage wissen,

und drittens durfte die Kurie im Interesse der Bank nicht erfahren, wie hoch die Einlagen des Kardinals waren, denn im Falle des Todes war die Kurie die Erbin aller Pfründen, Einkünfte, Besitztümer und Vorrechte; sie lebte geradezu von der Neu-Vergebung so einträglicher Pfründen wie Brixen. Mit dem guten baren Geld des Fürstbischofs hatte Jakob die Liquidität seiner Bank erhalten, diese Liquidität erschien den meisten Zeitgenossen als das große Wunder der Fuggerschen Unternehmen.
Zink lachte: »Der Herr Kardinal ist vielleicht der nützlichste Mann in Rom für uns. Nicht nur, daß ich ihm die Weihen verdanke, sondern er hat zahlreiche Prälaten auf unser Institut aufmerksam gemacht, französische Kardinäle und etliche Bischöfe. Jeder, der sein Geld wider kanonische Gebote und streng vertraulich anlegen will, geht zum Fugger.« Er holte eine Liste und reichte sie dem Kaufmann.
Jakob sagte: »Was geschieht im Todesfall? Die Kleineren sind unwichtig, Zink, aber wenn der Meckau das Zeitliche segnen sollte, muß ich womöglich das Kapital an den Papst auszahlen. In einer Lage wie jetzt ist das unmöglich und kann die ernstesten Folgen haben.«
»Wie oft habe ich dem Fürstbischof gesagt, er solle ein ordentliches Testament machen, in dem er den Papst, die Anima, die Kirchen seines Bistums, sein Kapitel und seine Heimat Meißen bedenkt! Dann würde sich das Geld wenigstens auf kleinere Posten verteilen, und wenn der Heilige Vater es haben wollte, würden die andern Erben sich wehren, es käme zu Prozessen, und wir hätten Zeit, in aller Ruhe das Geld flüssig zu machen. Aber seine Eminenz will nicht! Sie fürchtet, übervorteilt zu werden und will sich von nichts trennen. Man sagt, sie trüge unsern Schuldschein im Ärmel der Soutane stets mit sich aus Angst vor Entdeckung.«
»Unsinn – die ganze Buchführung?«
»Eben nicht«, sagte Zink, »kürzlich kam die Eminenz zu mir und bat um eine Generalquittung für sämtliche Einlagen. Was sollte ich tun, ohne den hohen Herrn zu vergrämen? Ich gab sie ihm.«
»Das gefällt mir gar nicht. So wie hier in Italien die Dinge liegen, muß ein notarielles Testament her mit Zeugen und Siegel, in doppelter Abschrift. Darauf müssen Sie bestehen, Zink!«
Julius II. wurde gewählt. »Il terribile«, flüsterten die Römer, als er

Augsburg, Fuggerhäuser an der Maximilianstraße (früher Weinmarkt) vor der Zerstörung 1944. Der Fassadenbildschmuck stammte von 1860/63. Unten Ansicht eines Innenhofes.

die Kreaturen Alexanders VI. mit einem Handstreich aus dem Vatikan jagte. »Il terribile«, schrien die Italiener, als der Papst den andern Borgia, Cesare, den Sohn Alexanders, mit Feuer und Schwert aus seinem Fürstentum vertrieb. Die Gewaltmenschen Italiens schienen ihren Meister gefunden zu haben.

Hoch zu Roß nahm Julius in strenger Feierlichkeit vom Lateran Besitz. Dabei ritt er unter einer prunkvollen Ehrenpforte der Fuggerbank her, die seine Augen fesseln mußte: Der Bogen war mit dem päpstlichen Wappen und schmeichelhaften Versen verziert. Auch die venezianischen Tischtücher des folgenden Festmahls waren von Zink gestiftet.

Jakob entschloß sich, einige Zeit mit seiner Frau in Rom zu bleiben. Es galt, die Geldpolitik des neuen Papstes vom ersten Tage seiner Regierung an aus der Nähe zu beobachten. Zweifellos standen Veränderungen unter den päpstlichen Bankiers bevor. Die Banken, denen das Wohlwollen der Kurie gehörte, die Depositares Papae, wechselten seit Sixtus IV. mit jedem Pontifikat. Damals waren es die Medici gewesen. Unter dem Genuesen Innozenz VIII. hatte die Genueser Familie Usodimari obenan gestanden. Der Spanier Alexander VI. hatte die Spanocchi aus Siena bevorzugt. Der Ligurer Julius würde sich vielleicht wieder an Genua, die Familie Sauli, halten. Zu dieser Bank hatte Zink über den Bischof von Tivoli gute Beziehungen.

Durch Sauli hoffte Giacomo Fugger auf eine persönliche Audienz im Vatikan, um sein Haus und sich besser in Empfehlung zu bringen, als es bei Alexander durch die Thurzos geschehen war. Doch in diesen Tagen war an einen Empfang bei Seiner Heiligkeit nicht zu denken. Der Vatikan glich einem Heerlager. Man traf in den Höfen und Gängen ebenso viele Söldnerführer wie Prälaten. Julius hatte seine Absicht verkündet, den Kirchenstaat mit Waffengewalt zu vergrößern, Perugia und Bologna wieder an sich zu bringen und Ansprüche auf die Romagna zu erheben, die von der Republik San Marco beherrscht wurde.

Endlich vermittelte der Bischof von Tivoli, Fuggers Bankkunde, eine Besprechung mit dem Beauftragten für Deutschland, Nuntius Mariano Bertolini, der Fugger ins Vertrauen zog: die Pläne des Papstes bestünden darin, den Kirchenstaat zu einer Weltmacht zu erheben und die Vatikanstadt mit gewaltigen Bauwerken zu

Innenansicht der Fugger-Kapelle St. Anna in Augsburg, 1509 von Jakob Fugger als Grabkapelle gestiftet.

schmücken. Vor allem sollte über dem Grab des Apostels Petrus mit Hilfe des Architekten Bramante ein Tempel der Christenheit von antiken Ausmaßen erstehen, von einer Kuppel gekrönt, die alles Dagewesene überträfe.

Jakob nickte: die künstlerischen Pläne interessierten ihn von der finanziellen Seite her. Wie wolle der Papst die Kriegszüge und die Bauten finanzieren? Er bekunde seine Geneigtheit, die Geschäfte der Kurie weiterhin zu befördern; als Fugger Interesse an der päpstlichen Münze zeigte, bedeutete ihm Bertolini, daß die Münze an die Florentiner Unternehmer Altoviti und Segni bis September 1508 verpachtet sei. Auch der Vorschlag Fuggers, an Stelle der baufälligen alten Münze in der Pfarrei San Stefano eine neue im Bankenviertel zu errichten, machte auf den Römer nur flüchtigen Eindruck. Damit war der erste große Versuch, Rom als neuen Geld- und Metallmarkt an Venedig anzuschließen, gescheitert. Immerhin versprach Bertolini, dem Generalthesaurar der Kurie das Bankhaus Johann Zinks in der Via de Banco als Fuggerbank in Rom bestens zu empfehlen.

In diesen Wochen kam ein Schreiben aus Augsburg an Jakob, daß drei von Nürnberger und Augsburger Kaufleuten ausgerüstete Schiffe, die St. Hieronymus, St. Raphael und St. Leonhard, im Verband einer ostindisch-portugiesischen Flotte Lissabon am 23. März verlassen hätten. Außer den Welsern und Fuggern hatten sich aus Nürnberg die Hirschvogel und Imhof, aus Augsburg Vöhlin, Höchstetter und Gossenbrot beteiligt.

Johann Zink, der Sohn Burkhard Zinks, des Augsburger Stadt- und Chronikschreibers, war Geistlicher geworden aus rein geschäftlichen Gründen. Er suchte nun auch für den jungen Markus Fugger möglichst viele Pfründen in Passau, Regensburg, Speyer, Augsburg und Liegnitz zu erwerben. Das war nicht im Sinne der Kirche und durchaus nicht im Sinne der deutschen Landesfürsten. Schließlich wußte jeder, daß solche Pfründenhäufung mit dem Eindringen des Augsburger Kapitals in klerikale Kreise identisch war. Zink betrieb die Pfründenhäufung unbedenklich. Für geistige und geistliche Vorgänge hatte er im Grunde kein Empfinden – wie übrigens auch sein Chef selbst erstaunlich wenig von dem wahrzunehmen schien, was künstlerisch und geistig in Rom und Venedig geschah. Zwar hatte man einen deutschen Maler von Venedig her beauftragt, das römische Bankhaus zu bemalen, aber das geschah aus Gründen der Repräsentation. Der Künstler hieß Albrecht Dürer und war ein Nürnberger. Von Michelangelo, Bramante und Raffael nahm Zink, sehr im Gegensatz zu den reichen und gebildeten Italienern in Rom und Florenz, keine Notiz. Jakob stand den antikischen Geistern seiner Heimat nah, blieb aber innerlich fremd. Erst ganz allmählich begann er kostbare Bücher zu sammeln, ebenso Steine und Schmuck, das waren Kapitalsanlagen oder Prunkstücke.

Derselbe Mann, der an den Geldern für Ablässe große Summen verdiente und bemüht war, die ost- und mitteleuropäischen Einnahmen der Kurie durch seine Hände gehen zu lassen, hatte im Jubeljahr andächtig in den Kirchen Augsburgs gekniet, um alle ausgeschriebenen Ablässe für das ewige Heil seiner Seele zu gewinnen, und hier in Rom nahm er die für die Romfahrt versprochenen Ablässe und Gnaden wahr wie nur ein mittelalterlicher Christ.

Gingen die Bemühungen um eine Reform des Systems, dem er diente, an ihm vorbei? War er ahnungslos, welche Schäden Kirche und Staat durch die Kommerzialisierung nahmen? Dabei war in Rom und in Italien längst eine Bewegung gegen Mißbräuche und Auswüchse im Gange. Vor einigen Jahren hatte man den Buß- und Sittenprediger Savonarola in Florenz verbrennen lassen, und soeben bereitete sich im Fuggerschen Machtbereich, in Thüringen, der Sohn eines kleinen Gewerken, der das Hüttenwerk bei Ohrdruf mit Kupfererz belieferte, zum Eintritt in das Erfurter Kloster, Martin Luther.

Die Erschütterung der Welt geschah zuerst in den Geistern, aber der im Geschäftsleben mit feinster Witterung begabte Fugger hatte kein Organ dafür. Zu tief war er im Unwesen selbst verstrickt, zu sehr verdiente er an den bestehenden Verhältnissen. Damals schrieb der Florentiner Macchiavell in seinem Buch vom Fürsten: »Wer unter allen Umständen nach dem Gesetz handeln will, der muß früher oder später zugrunde gehen unter den vielen, die wider die Moral handeln. Daher ist es notwendig, daß ein Fürst – will er sich durchsetzen – auch schlecht zu handeln wissen und im Notfall danach vorgehen muß. Die Erfahrung unserer Tage lehrt ja, daß nur jene mächtig werden, die es mit Treu und Glauben nicht genau nehmen und sich darauf verstehen, andere zu täuschen – während jene, die ihren Verpflichtungen nachkommen, am Ende erliegen. Mit zweierlei Waffen kann man kämpfen, mit Gesetz und mit Macht. Die eine ist Menschenart, die andre die Möglichkeit des Tieres. Ein Fürst aber muß frei zum Bösen sein, die Bestie spielen; er muß Löwe sein, um die Wölfe zu schrecken, oder Fuchs, um Wölfe zu täuschen. Ein kluger Fürst darf nie sein Versprechen halten, falls er Schaden davon hat; man beurteilt die Handlungen aller Menschen, vor allem die der Fürsten, welche keine Richter über sich wissen, nach dem Erfolg.«

Am gleichen Tage, als die Schiffe der Deutschen Lissabon verließen, fiel der Fondaco dei Tedeschi in Venedig den Flammen zum Opfer. Welch eine Vernichtung! Eine Halbjahresausbeute an Schwazer Silber, 20 000 Wiener Mark in Barren (5000 Kilogramm) gingen allein den Fuggern verloren. Kupfer, Blei und Zinn zerschmolzen im Schmutz, noch ehe Plünderer und Diebe die schweren Fässer davonrollen konnten. Seidenstoffe, in Leinwand verpackt, zerstoben in zundrigen Fetzen. Baumwolle schoß züngelnd in benachbarte Höfe hinüber, der schwere schwäbische Barchent verkohlte in der Glut. Zischend verbrannten in den Gewürzkammern frische Ernten der feuchten Ingwerwurzeln, Narben des Safrans rösteten, Muskatnüsse sprangen knackend aus ihren Schalen und kollerten als Feuerkugeln über die Steinfliesen. Der Zimt blätterte sich auf und verbrannte mit herrlichem Duft, das Harz des Olibanumstrauchs schickte seinen Weihrauch in die Lüfte. Zuckerrohr triefte seinen Saft auf Reis, Datteln, Mandeln und Feigen. Im Pfefferlager fraß die feurige Schlange gierig in den Säcken. Der Wein floß in Strömen aus geborstenen Fässern in den Canale Grande.
Jakob begab sich mit Sibylle nach Venedig. Noch jetzt, nach acht Tagen, rauchte der Trümmerhaufen am Rialto, und die Gaffer umstanden schadenfroh die Brandstätte oder wühlten in den Aschenresten der Lager. Die Deutschen wohnten mehr schlecht als recht im Palazzo Lippomano.
Franz Hirschvogel aus Nürnberg berief sogleich eine Sitzung der Tafeln. Es gab großen Streit. Johann Musauer, Vorstand der Regensburger Tafel, erklärte rundheraus, die Deutschen sollten Venedig mit einer Aufkündigung aller laufenden Verträge die gebührende Antwort geben. Es handle sich um Brandstiftung ... »Beweise, wir haben keine Beweise!« riefen andere.

Die Waren seien zwar auf Lager und Geleit zur Hälfte versichert, und die Signorie habe noch am Brandplatz erklärt, die Versicherung würde gleich ausbezahlt werden, wenn die Schäden aufgestellt seien; aber schon behaupteten Beamte, die Haftpflicht sei hinfällig, da der Brand aus einer Fahrlässigkeit deutscher Frachtfahrer entstanden sei, die unerlaubterweise in einem Schuppen kampiert und Feuer gemacht hätten. Langwierige und unangenehme Verhandlungen standen auf alle Fälle bevor, und bei der Gerissenheit venezianischer Unterhändler versprach man sich keinen Erfolg. Überhaupt, schloß Musauer, der geringste fremde Händler stünde bei König Manuel von Portugal in höherem Ansehen, als der größte deutsche Kaufmann bei der Signorie.

Darauf nahm Fugger das Wort. Er galt sonst als Schweiger und war kein Redner von besonderem Schwung; jetzt aber fand er die richtigen Worte: »Laßt euch, meine Herren aus allen deutschen Landen, in dieser schweren Stunde nicht irremachen! Welch eine Torheit all jener, die jetzt unter uns sitzen und ihr Bündel zu schnüren gedenken, um Venedig zu verlassen! Torheit selbst eines Dr. Peutinger in Augsburg, mit voreiligem Wort jene zu preisen, die da über das weite Meer ausziehen, um Indien zu suchen! Unser Weg führt noch immer aus Augsburg über die Alpen nach Venedig und von Venedig zurück über die Alpen nach Augsburg und von dort ins ganze Reich. – Acht Tage liegt Venedig von Augsburg für einen reitenden Boten; acht Wochen aber liegt Lissabon von Augsburg entfernt. – Ein neues Kaufhaus der Deutschen wird am Rialto gebaut, prächtiger als zuvor und gebaut von den Spenden der Nürnberger und Regensburger Tafeln! Die größten Künstler sollen den Bau schmücken. Und ich selbst verspreche feierlich, der Kirche der Deutschen bei St. Bartholomä ein Altarbild zu weihen, für das der beste Meister den Pinsel führen soll.«

Niemand sprach gegen Fugger, der offenbar gewillt schien, das Kaufhaus allein und mit Hilfe der Signorie aufzubauen, wenn auch alle im Palazzo Lippomano ihm an diesem Tage den Rücken kehrten. Er zweifle nicht, sagte Fugger, daß die Republik die Versicherung zahle, seien doch die Deutschen immer noch die besten Kunden des Staates. Da trat Franz Hirschvogel als Vorsitzender beider Tafeln zu ihm und schüttelte ihm die Hand, und so kam einer nach dem andern und zuletzt auch Johannes Musauer.

Begriff einer außer dem Fugger die Tragweite des Entschlusses? Noch ehe Giacomo Venedig verließ, legte ihm der Augsburger Baumeister Hieronymus, der neue Architektur in Italien studierte, einen Entwurf des neuen Fondaco vor. Das Gebäude erschien jetzt dreistöckig und bildete ein mächtiges Quadrat. Die Vorderseite wies mit einem ansehnlichen Portal zum Canale Grande. Darüber sollte die Inschrift stehen: »Gemanicis dedicatum, den Deutschen gewidmet.«

Jakob reiste von Venedig nach Mailand. Dort hatte Maximilian eine Anzahl prächtiger Harnische bestellt, und Jakob wollte sich in der Mailänder Niederlassung von der technischen wie künstlerischen Ausführung der Arbeit überzeugen. Von dort reiste er, da Hochsommer war, über den Gotthard in das Gebiet der Eidgenossen. Angeblich wollte er seiner Frau die reichen schweizerischen Städte zeigen, in Wirklichkeit verschwieg er vorerst selbst Sibylle sein heimliches Geschäft.

Als Maximilians Schwiegervater, Karl der Kühne, Herzog von Burgund, im Jahre 1476 an der Spitze einer reichen Ritterschaft und in Begleitung seiner prächtigen Hofhaltung geschlagen und geplündert war, hatten die siegreichen Schweizer seine Schätze, Juwelen und Kostbarkeiten in den Händen. Vieles wurde verschleudert, anderes ging verloren. Die Fahnen hatte man in die Kirchen gehängt, die Kanonen in die Zeughäuser verbracht. Der sagenhafte Schmuck des Herzogs, dem das nackte Leben geblieben war, blieb jedoch verschwunden, und obgleich die Schweizer bei strenger Strafe die Ablieferung der Beute verlangten und die Grenzen bewachten, damit nichts ins Ausland verbracht würde, war und blieb der Schatz unsichtbar.

Die Beschlüsse zur Ablieferung hatte man in der schönen Stadt Basel gefaßt, und die Basler Patrizier hatten lebhaft gegen Diebe und Hehler gewettert und härteste Strafen für die Schuldigen gefordert. Sie hatten gut wettern und fluchen, denn der Schatz befand sich längst in schweren eisernen Truhen im eigenen Rathaus versteckt. Man hatte die Kleinodien mit List und Glück seinerzeit aufgekauft und sich fünfzehn Jahre lang eifrig an der Entrüstung über das Verschwinden der Schätze beteiligt. Dann hatte man versucht, sie unter der Hand zum Verkauf anzubieten, aber keine günstigen Gebote erhalten. Vielleicht fürchteten die damals Lebenden auch Bestrafung, und so hatte man abermals elf Jahre nach dem ruhmreichen Tag von Grandson gewartet, und erst 1502 auf Wunsch des Engeren Rates in aller Vorsicht Verhandlungen zum Verkauf eröffnet. Als Käufer schieden Eidgenossen von vornherein aus. Man müßte einen zahlungskräftigen Ausländer dafür interessieren, und dieser durfte wiederum kein Mann sein, der die Sache an die große Glocke hing, sondern er müßte den Schatz als stille Reserve, als Kapitalsanlage betrachten. So war man auf Fugger gekommen. Man hatte die Schätze auf ein Pergament gemalt, eine Beschreibung beigefügt und durch Unterhändler ausbieten lassen. Jakob hatte die Pretiosen gleich als den verlorenen Burgunderschmuck erkannt, auch geahnt, daß hinter den Herren, die ihn verkaufen wollten, eine reiche Schweizer Kommune mit schlechtem Gewissen stünde.

Schließlich hatte er erklärt, es sei alles schön und gut, aber er müsse die Juwelen wenigstens sehen, denn es könnte ja sein, daß sie gar nicht vorhanden seien, und er pflege keine Katz im Sack zu kaufen. So kam er jetzt nach Basel und wurde vom Bürgermeister und Stadtsäckelmeister an einem Sonntagmittag in das Gewölbe mit den Schätzen geführt. Kein Zweifel, das war der Schatz! So etwas gab es in der Christenheit nur einmal, das Herrlichste an materiellem Wert wie an Juwelier- und Goldschmiedekunst. Dem Namen nach waren einzelne der Schmuckstücke allgemein bekannt.

Da waren »die drei Brüder«, welche schon des Herzogs Großvater Johann Ohnefurcht besessen hatte, wasserklare Diamanten und blutrote Rubine, als Agraffe und Anhänger zu benützen. Da war das berühmte Gürtelchen, auf das die Devise des Hosenbandordens, »Honi soit qui mal y pense«, mit Diamanten gestickt war; vermutlich stammte es von Eduard IV., dem Schwager Karls. Auch die Weiße Rose, Wappenbild des Hauses York, mußte aus England stammen. Die Rose war aus feinen Goldplättchen und weißem Email um einen reinen Spinell gebildet. Ferner gab es Köcher aus Gold, diamantenbesetzten Kopfschmuck, Waffen, Ketten, Ringe.

Man legte ein Verzeichnis an, und Jakob unterzeichnete einen Vertrag, er werde in verschiedenen Währungen etwas mehr als 40 000 rheinische Gulden an die Stadt Basel zahlen, wofür sie ihm den Schmuck überließ. Die vorsichtigen Schweizer machten aus, daß der Schmuck bis zur völligen Bezahlung in Basel bleiben müsse, und man würde ihn nur Personen zeigen, die Jakobs eigenen kostbaren

Siegelring vorwiesen. Nun ließ Jakob Sibylle holen. Sie wurde in das Gewölbe geführt und durfte den Schatz sehen.
»Er ist für dich«, sagte er lächelnd.
»Wer kann das tragen, Jakob? Der Wert ist größer, als man uns glauben wird.«
Er nahm den Juwelenhut des Herzogs: »Modernisiert und etwas verändert wirst du ihn tragen – für mich?«
»Ach, Fugger!« sagte sie, und ging den Männern vorauf nach oben.
Die Basler erhielten binnen zwei Jahren die Kaufsumme, bezahlten alle Schulden und hatten Mühe, ihre Bilanzen entsprechend zu verschleiern. Fugger aber versenkte den Schatz in die Tiefe des großen Schrankes der Goldenen Schreibstube, zu dem nur Ulrich einen Schlüssel hatte. Vorerst durfte man von dem Besitz, schon mit Rücksicht auf Maximilian, nichts verlauten lassen. Juwelen und Kostbarkeiten waren ja mehr als eine Kapitalsanlage, mehr als Wertstücke, denn an ihnen haftete die Magie der Macht. Früher das Eigentum von Königen, waren sie nun in den Besitz königlicher Kaufleute übergegangen.

17

Augsburg war die goldene Stadt. Immer schöner wurden die Häuser, höher die Türme; üppige Malereien, kupfergrüne und vergoldete Dächer, geschnitzte Erker und Balkone sah man an den Häusern der Wohlhabenden. Melchior Stunz, Philipp Adler, Michael von Stetten und Ambrosius Höchstetter ließen ihre Stadtpaläste mit Lauben und Giebeln zieren. Selbst an den Häusern des Mittelstandes gab es Wandmalereien. Öffentliche Brunnen rauschten, geschmückt mit Figuren der Heiligen, gefaßt von schmiedeeisernen Kunstgittern. Das Reich war arm, aber die Städte waren reich. Überall polterten die Wagenzüge über die gepflasterten Straßen.
Mächtig reckte sich St. Ulrich über die Dächer der Lechstadt. Am Wollmarkt drängten sich welsche Karren vor dunklen Scheunen, und aus den Ballen blitzte die Baumwolle schneeweiß. Dröhnend schlugen volle Fäller am Weinmarkt auf das Pflaster, ein geschäftiges Rollen kam vom Salzstadel. Über 40 000 Menschen lebten ganz oder vorübergehend in Augsburg, und alle wollten besser als ihre Väter und Großväter leben. Gab es überhaupt noch arme Leute in

der Stadt? Im Kreis der reichen Familien hatten auch die Untergebenen, Angestellten und Handwerker ihr gutes Auskommen. Anders freilich sah es in den Vorstädten aus, wo die Gesellen mit vielen Kindern, die kleinen selbständig gebliebenen Handwerker und letzten Ackerbürger lebten. Hier regten sich nicht nur Mißgunst, Neid und Mißvergnügen, sondern echte Empörung über das hochmütige Gebaren der Reichen, ihre Verschwendung und Wucherzinsen.

Ambrosius Höchstetter hatte eine Bank des kleinen Mannes eingerichtet. Nicht nur Grafen und Prälaten legten nun ihr Geld an, sondern schlichte Bürger, Knechte und Mägde brachten ihre ersparten Groschen, die Bauern das auf dem Markt eingenommene Bargeld, und jeder erhielt sechs vom Hundert Zinsen. Die kirchliche Lehre über den Zins bröckelte in der Praxis ab. Man sagte, daß der Reiche vom Armen keine Zinsen nehmen dürfe, denn das sei Ausnützung der Not, wenn aber der Arme dem Bankier freiwillig sein Geld bringe, so stehe ihm eine Beteiligung am Gewinn des mit seinem Geld spekulierenden Kaufmanns zu. Ein Bauernknecht, der nicht mehr als zehn Gulden hatte, gab sie gern zu »guten Händen«; der Erwerbsinn hatte das ganze Volk ergriffen. Höchstetter aber kaufte vom Geld seiner Bankkunden Wein und Korn, Mehl und Gewürz, lagerte sie und erhöhte die Preise nach seinem Gutdünken.

Das Haus des Stadtrats trug gleichfalls frische Bemalung. Unter der Anleitung des ersten Stadtschreibers Dr. Peutinger hatten Jörg Breu und seine Schüler den Giebel mit Bildern aus der deutschen Geschichte bemalt. Die Zirbelnuß, das Zeichen der Stadt, grüßte dreifach auf goldenen Kränzen. Auch der Kaiser hatte sich ein patrizisches Haus mitten in der Stadt gekauft. Er war häufig Gast bei Peutinger, der sein Haus auf altrömischem Boden errichtet hatte. Peutingers Bibliothek war berühmt, sie enthielt Handschriften, Bücher, Karten, Urkunden, alte Münzen, neue Graphik, antike Statuen und war nach neuesten Gesichtspunkten angelegt und geordnet. In diesem Haus trafen sich die gebildeten Kreise Oberdeutschlands, hier nahmen die reisenden Literaten und Humanisten Wohnung. Was Celtis für Wien und Pirckheimer für Nürnberg waren, wollte Peutinger für Augsburg werden. Im Mittelpunkt seiner Bemühungen stand die Geschichte, nicht die neue, sondern die römische, und das Recht, nicht das germanisch-christliche, sondern das römische des heidnischen Sklavenstaats der Händler und Bankiers. Peutinger hatte ein vierjähriges Töchterchen, und zum Erstaunen der Welt begrüßte es den Römischen König mit einer lateinischen Ansprache, welche die sprachgelehrte Mutter ihm beigebracht hatte. Als Maximilian das Kind fragte, was es sich für seine Leistung wünsche, sagte es: »Eine Puppe.«

Die Majestät hoffte auf den Niedergang Venedigs und nahm deshalb eifrigen Anteil an den Nachrichten aus Lissabon. Die Welser verbreiteten durch ihre Angestellten neue Zeitungen aus Portugal. Man erfuhr die Namen der Kapitäne der drei deutschen Schiffe, die auf Indienfahrt waren und von denen noch keine Nachricht eingetroffen war, las von Balthasar Sprenger und Hans Maier, die als erste Deutsche den Weltkreis befuhren.

Auch Jakob Fugger hatte für den Gebrauch der Firma Nachrichtenblätter in Umlauf gebracht. Die Zusammenstellung der wichtigsten Nachrichten wurde vom Augsburger Handelshaus an Fürsten, Freunde und Gönner weitergegeben. Seit der römische König die Kurierfamilie der Taxis in Dienst genommen hatte, benutzten die Fugger gelegentlich deren außerordentlich rasche Stafetten mit. Dafür gab man zu Neujahr dem Innsbrucker Postmeister Gabriel von Taxis acht Gulden als Präsent. Die wichtigste Linie ging von Brüssel über Innsbruck nach Italien. Sie führte auf kürzestem Weg über Berge und Wälder, also nicht am Rhein entlang, sondern über Eifel und Hunsrück. So brauchte die Post von Antwerpen bis Innsbruck nur fünf Tage. Umgekehrt gaben die Fürsten, besonders Maximilian, dem Fuggerschen Boten eilige Sendungen mit, zumal das unauffällig war und politische Korrespondenz zwischen der geschäftlichen versteckt werden konnte. Das Porto für die Beförderung war allerdings so hoch, daß nur wichtige Nachrichten mitgegeben wurden.

Schon auf der Reise von Basel über Innsbruck nach Augsburg hatte Jakob mit dieser Post die Nachricht bekommen, daß es seinem römischen Direktor Johann Zink gelungen sei, die Fuggerbank bei der Kurie in Geltung zu bringen und mit Hilfe des Hauses Thurzo päpstliche Kollekten in Krakau, Warschau und Preßburg zu kassieren. Der Bischof von Olmütz, Stanislaus Thurzo, der Bischof von Großwardein, Sigismund Thurzo, und der Bischof von Breslau, Johann Thurzo, waren bereit, die Abgaben ihrer Pfründen und Annaten über die Fuggersche Faktorei in Venedig an die Fuggerbank in Rom zu entrichten.

Siebenspänniger Reisewagen, Holzschnitt von Schäufelein aus Leonrodt »Himmelwagen und Höllenwagen«. Augsburg, Otmar, 1517.

Im Anschluß an diese Thurzos zahlten alsbald auch die Bischöfe von Schwerin, Lübeck, Magdeburg, Danzig, Merseburg, Münster und Bamberg ihre Peterspfennige in Fuggerschen Wechseln. Es folgten fünf ungarische Prälaten, drei polnische und die vier nordischen Bischöfe von Reval, Riga, Abo und Dorpat. Dann schlossen sich die von Gnesen, Siebenbürgen, Samland, dann die von Speyer, Hildesheim, Melk und Przemysl dem bequemen Verfahren an. Auf diese Weise sparte man die teuren und unsicheren Geldtransporte. Als der Papst sah, wie glatt und pünktlich die Zahlungen über die Fuggerbank liefen, wies er den gesamten Klerus des Reiches zur Zahlung über die Fuggerschen Institute an. Johannes Zink wurde ein begehrter Mann in Rom.

Im Jahre 1508 gab Julius II. der Fuggerbank in Rom den Auftrag, den Bau der neuen päpstlichen Münze zu finanzieren, die Bramante in der Via de Banco di San Spirito errichten würde. Damit erhielten die Fugger das Münzregal der Stadt Rom und prägten fünfzehn Jahre lang das päpstliche Geld. Jakob Fugger war päpstlicher Münzmeister und hatte jetzt alle Florentiner, Mailänder, Genuesen und Ligurer überflügelt. Bald prangte der goldene Haspel auf den päpstlichen Münzen.

Marx Fugger, gut zwanzig Jahre alt, wurde Domprobst von Passau und Regensburg, Probst von St. German und Moritz in Speyer, von Neumünster in Würzburg, St. Stefan in Bamberg, St. Peter am Perlach in Augsburg, Archidiakon von Heiliggrab in Liegnitz; er war Lizentiat des geistlichen Rechts, päpstlicher Protonotar und Apostolischer Scriptor. Längst hatte der viel jüngere seinen seligen Oheim überflügelt. Da er nach der Verschärfung des Familienstatuts als Geistlicher mit den Töchtern aus der Erbfolge ausgeschieden war, konnten die Brüder mit der Häufung von Pfründen auf diesen Sohn und Neffen zeigen, daß ein Fugger immer reich und versorgt war.

Es schienen gute Jahre zu sein. Auch Jakob war verändert. Seiner jungen Frau zu Gefallen gab er in den Gärten am Gögginger Tor Gastereien unter türkischen Lampions und bei Lautenkonzerten. Als es Herbst wurde, mietete er bei Oberhausen eine teure Lerchenjagd, denn die vornehmen Herren und ihre Damen liebten nichts mehr, als mit Garnen die zwitschernden Vögel zu überlisten und nachher auf ihrer Tafel in Fett gebrachten als Leckerbissen zu verspeisen.

Jakob selbst zog eine Schlittenfahrt allen anderen Vergnügen vor. Wenn er bei Schneefall an der Seite seiner Sibyll hinter dampfenden Rossen dahinjagte, fühlte er die Last der Geschäfte nicht mehr. Manchmal saß Konrad Rehlinger, der ansehnliche Patrizier, auf dem Bock und holte mit seiner Armbrust jedes Stück Rotwild, das aus der Furche sprang. Einmal sah Sibyll einen Fuchs. Da ergriff Rehlinger selbst die Zügel und man jagte den Räuber.

Abends fanden im Winter Mummereien auf der Herrentrinkstube statt, die den Männern gewisse Freiheiten, den Frauen manche Gelegenheit gaben, in bunten Kostümen mit maskierten Gesichtern mehr von sich zu zeigen, als erlaubt oder üblich war. Die Augsburger Spaßmacher Toni Huri, Lenz Narr und Kunz Narr waren dabei und gaben ihre derben Späße zum besten. Manchmal mischte sich auch König Max mit seinem berühmten Hofnarren Kunz Rosen unerkannt unter seine Augsburger.

Eines Tages führte Georg den Bruder in seine Wohnung im Doppelhaus am Heumarkt, die aus ihren zierlichen Fenstern den Blick auf St. Anna gewährte. In der kleinen Kirche der Karmeliter hörte Georg täglich die Messe, und mit dem Prior des Klosters, Dr. Johann Frosch, war er eng befreundet.

»Wir Fugger von den Lilien müßten allmählich daran denken, uns eine Ruhestätte zu bereiten«, begann er.

Jakob nickte zerstreut, ihm war nicht nach Sterben zumute. Georg fuhr fort: »Unser Platz ist nicht in St. Ulrich bei den Patriziern, eher dort, in der Stille von St. Anna.«

Jakob schaute den Bruder von der Seite an, der dachte also an seinen Tod. Sie waren sechzehn Jahre auseinander und bei Ulrich waren es gar achtzehn. Georg war Mitte der Fünfzig. Nun sprach er mit warmen Worten von der brüderlichen Gemeinschaft, die trotz aller gelegentlichen Spannungen ihr ganzes Leben erfüllt habe, und auch im Tode sollten und wollten sie friedlich nebeneinander ruhen. Er habe mit dem Bildhauer Daucher über seinen Plan gesprochen. Daucher wolle eine Kapelle anbauen, so wie in der Lombardei die neuen Kapellen an die Kirchen gebaut würden. Auch habe er mit Hieronymus in Venedig einiges besprochen.

»Eine Grabkapelle, so wie die Meuting, Hirn, Lauginger?«

»Ich habe gedacht, man könne Dürer und Peter Vischer vielleicht für die Innenausstattung gewinnen.«

»Soll mir recht sein, Georg; wenn Ulrich einverstanden ist, lasse gleich beginnen. Hast du die Kapelle der Pazzi in Florenz gesehen? Auch in Bergamo gibt es eine schöne Grabkapelle des Colleoni.«

»Ich habe einen besonderen Gedanken, man könnte die Kapelle zum Westchor von St. Anna ausbauen! Der Umbau der Kirche ist ja noch im Gang, und ich glaube, die Karmeliter wären froh, wenn wir ihnen statt einer isolierten Kapelle solch einen Westchor stifteten. Dann gehört sie zur ganzen Kirche und ist doch etwas Besonderes.«

»Man müßte sie wohl durch ein Gitter absperren«, meinte der nüchterne Jakob.

»Das müssen wir abwarten, noch ist es nicht soweit; vielleicht kann man den Fußboden unserer Kapelle um zwei Stufen höher legen«, sagte Georg und zog einen Grundriß hervor. Die vier Pfeiler der Kapelle waren deutlich zu erkennen, zwei standen frei, während die westlichen in das Grundquadrat der Kirche einbezogen waren.

In St. Anna befanden sich auch die Kapellen des Goldschmiedehepaars Konrad und Afra Hirn und die Antoniuskapelle des herrischen Peter Egen. Die Herwarth hatten eine Kapelle bei St. Georg im Bau, die Langenmantel in St. Moritz. (Die Fuggersche Kapelle in St. Ulrich war keine Grabkapelle, sondern eine freie Andachtsstiftung.)

Nachdem sich die Brüder über die Stiftung ihrer Grabkapelle einig geworden waren, beschlossen sie, sich malen zu lassen. »Wenn ihr schon Todesgedanken habt«, sagte Jakob, »dann lassen wir uns von einem tüchtigen Meister abbilden, damit das Andenken nicht verlorengeht.« Die Familie hatte ein Bildnis ihres Vaters aus Italien, das in hohen Ehren gehalten wurde. Georg hatte sich vor Jahrzehnten, als er im Fondaco in Venedig lernte, von Giovanni Bellini malen lassen. Nun sollte Holbein die Brüder zeichnen, vielleicht könnte man später den Meister Dürer zu Gemälden bitten. Holbein zeichnete die Brüder mit dem Silberstift. Jakob traf er beim ersten Wurf. Mit einem Strich das kantige Gesicht umrissen, die Samtmütze über dem Kopf, den Pelz leicht um die Schulter geworfen: so schaute Jakob selbstbewußt und seiner Sache gewiß in die Welt, ein Unternehmer mit dem Blick auf das Faßliche. Das Auge kam nun nicht mehr wie aus der Ferne. Nase, Mund und der offene Halsausschnitt drückten Kraft und Entschlossenheit aus.

Auch Ulrichs Söhne, Ulrich und Hieronymus, wurden von Holbein gezeichnet, dann die Söhne Georgs, Raimund und Antoni; Markus, der Älteste, war in Rom. Antoni schaute unter seiner Scholarenmütze recht munter drein, und es reizte den Maler, das feine Profil des Knaben, sein verträumtes Auge, die kecke Nase festzuhalten. Endlich kam Dürer nach Augsburg. Er und Holbein trafen im Haus am Heumarkt zusammen, weil in Nürnberg ein Fieber grassierte, das Dürer aus der Heimat vertrieben hatte. Er war auf dem Wege nach Venedig, denn er hoffte, den Welschen noch einiges in der Kunst abzuschauen. Ulrich liebte seit langem des Meisters Apokalypse. Nun zeigte er sich willens, die berühmten Holzschnitte durch seine Faktoreien über ganz Europa zu verbreiten. Dürer nahm die Hilfe gern an. Jakob sprach zu ihm von dem Bild, das er in Venedig für San Bartholomä versprochen hatte. Ob der Meister es malen würde? Dürer versprach, sich in Venedig um die Sache zu kümmern. Erst müsse er den Altar und den Platz sehen.
Dürer zeichnete zuerst die drei Brüder, dann Sibylle Fugger und untermalte gleich ihr rosiges Gesicht, die Rätselaugen und den kleinen Mund. »Ich male die Dame Welt«, sagte er galant, als sie ihm einmal allein gegenübersaß.
Georg Fugger, als habe er sein Ende nahen gefühlt, verfiel Anfang März des Jahres 1506 in eine Krankheit, die man englischen Schweiß nannte. Schon nach einer Woche war er tot. Noch waren die drei Schiffe mit Gewürzen nicht zurück, denen er 4000 Dukaten anvertraut hatte. Regina und die Kinder Raimund, Antoni und Regina beweinten ihn. Man begrub ihn in St. Anna, aber die Grabkapelle war noch lange nicht fertig. Sibylle suchte die Hinterbliebenen zu trösten, auf einige Zeit nahm sie den jungen Antoni zu sich und Jakob ins Haus. Beide hatten an dem geweckten Neffen ihre Freude.
Kurz darauf kehrte der Tod auch in Ulrichs Haus ein. Veronika Fugger, seine Frau, die geborene Lauginger, erlitt einen Blutsturz. Die älteste Tochter Anna kam mit ihrem Mann, Georg Thurzo, aus Bethlenfalva in Ungarn. Auch Ursula, die jetzige Freifrau von Stein, kam an das Sterbelager der Mutter. Die jüngeren Geschwister, Ulrich, Sibylle, Felizitas, Susanne und Hieronymus, schauten dem Todeskampf der Mutter betend zu. Als Veronika tot war, trug man auch sie nach St. Anna.

Den Trauerfeierlichkeiten folgten lange Beratungen Ulrichs und Jakobs mit Georg Thurzo in der Goldenen Schreibstube. Sollten die ungarischen und Tiroler Gruben weiterhin ausreichend finanziert werden, bedurfte es aller Anstrengungen. Erfeulicherweise fanden sich immer mehr Prälaten in Rom bereit, ihre Einkünfte der Fuggerbank zu übergeben. Andererseits machte Maximilian, aufgestachelt von den verärgerten Tiroler Räten und wohl auch mit Rücksicht auf die antifuggerische Volksstimmung, immer wieder Versuche, sich aus der Verstrickung mit Fugger zu lösen. Einmal versuchte er andern Firmen Rechte zu übertragen, dann plante er den Boykott der Kärntner Werke, dann wollte er selbst ein Kupferwerk bei Innsbruck gründen. Jedesmal zeigte sich, daß seine Finanzkraft nicht ausreichte.
»Der König braucht uns, wenn er Krieg gegen Venedig will, er braucht uns bei der Verwaltung seines Landes Tirol, er braucht uns im Umgang mit der Kurie«, sagte Jakob.
»Schwierig auch für uns«, sagte Ulrich. »Einerseits untergraben wir die Souveränität des Königs, andererseits binden wir uns an seine Politik.«
Jakob schwieg verärgert. Er mochte den Widerspruch des Bruders nicht. Schließlich war er es, der dies kunstvolle Netz gesponnen hatte.
»Mein Vetter Alexei erwirbt jetzt Schloß um Schloß – seine Prunkliebe geht über die Grenzen des guten Geschmacks«, sagte Thurzo.
»Laß ihn«, sagte Jakob, »auf diese Weise begünstigen wir das Königshaus; je stärker sich der ungarische König fühlt, desto teurer wird der Beistand, den wir Max in Ungarn leisten.«
Verstand der Thurzo die Einsicht solch eines Satzes? Die Fugger ließen den Thurzos in Ungarn und Polen nach außen hin stets den Vortritt. Dafür hatten sie sie aus den finanztechnischen Manipulationen ausgeschlossen. Im Grunde war jedes Schloß, das ein prunkliebender Vetter der Thurzos kaufte, jede Pfründe, die einem ihrer klerikalen Söhne zufiel, aus Fuggerschen Kassen bezahlt. Wie ihr König Ladislaus und seine Gemahlin mit dem Juwelenhütchen sich reich dünkten, weil sie flott von Fuggerschem Kredit lebten, aber nie dachten, daß einmal bar bezahlt werden müßte, waren die Thurzos im Laufe der Jahre Ausführungsorgane Jakob Fuggers geworden.
»Das Schlimmste ist, daß Philipp der Schöne gestorben ist, des Kö-

nigs Sohn«, sagte Jakob. »Er hat ein wahres Interesse für Freundschaft zwischen Valois und Habsburg gehabt. Nun sieht der König sein kunstvolles System von Ehen und Beziehungen gefährdet. Wir müssen den nördlichen Handelsweg ausbauen und festigen.«
»Die Hanse?« warf Thurzo ein.
»Da ist Godert Wigerinck in Lübeck. Er soll den Durchgang des Kupfers von der Ostsee zur Nordsee sichern.«
Thurzo sah überrascht auf: »Davon wußte ich nichts. Was sagen die Lübecker dazu?«
»Mit den Lübeckern stehen wir besser als früher. Die Lübecker Geschäfte erledigt für uns ein lieber Landsmann und Konkurrent, Ambrosius Höchstetter. Das weiß natürlich kein Mensch in ganz Lübeck.«
»Das bringt nur unser Jakob fertig, nicht wahr, Thurzo?« sagte Ulrich behaglich.
»Nun braucht ihr mir bloß noch zu sagen, liebe Schwäger, daß der ungeheure Pfeffertransport Nicols van Rechterghem aus Antwerpen nach Oberdeutschland euch gehörte!«
Jene Pfefferkäufe waren so rasch und überraschend nicht durch Varnbühl, sondern durch den halbbankrotten Rechterghem erfolgt, daß man gemunkelt hatte, die Fugger steckten dahinter. Man hatte die Ware sogar, da sie erstaunlich billig war, für gefälscht gehalten.
»Du kannst es ruhig wissen, Thurzo«, sagte Ulrich nach einem fragenden Blick zu Jakob, »Rechterghems prächtiges Haus von Aaken in Antwerpen gehört praktisch uns.«
Thurzo stand auf, er war sehr ernst: »So stimmt es, die Fugger stekken mit ihrem Geld überall? Sagt mir noch das eine: weshalb habe ich soviel Silber nach Livland schicken müssen? Die Ausfuhr des Silbers macht immer großes Aufsehen, bei uns wie in Tirol.«
»In Livland gibt es Wachs. In allen katholischen Kirchen der Erde brennen täglich Hunderte von Wachskerzen. Bist du noch nicht darauf gekommen, daß es eins der größten Geschäfte ist, die Kirche mit Wachs zu beliefern?« Jakob hatte spöttisch gesprochen.
Thurzo antwortete eine Zeitlang nicht. Er war wie alle Mitglieder seiner Familie aufrichtig fromm, dann sagte er leise: »Kommen dir nie Bedenken, alles zum Geschäft zu machen, Jakob? Ablaß, Kerzen, Paramente?«
Jakob sagte ruhig: »Wenn man denkt wie du, Georg, darf man nicht

mit Ablässen, Kerzen und Paramenten handeln. Aber lassen wir das!« Er ging brüsk aus dem Zimmer.

Die Firma Ulrich Fugger und Gebrüder von Augsburg hatte sich mit der Thurzo-Handelsgesellschaft in Krakau zu einem neuen Verband zusammengeschlossen, den man als »gemeinsamen ungarischen Handel« bezeichnete. Das war eine selbständige Firma, welche Ausstattung und Ausbeute der Bergwerke betrieb sowie die Herstellung von Kupferplatten und Silberbarren. Auch der Vertrieb dieser Waren gehörte zu den Aufgaben des ungarischen Handels, Hauptabnehmer jedoch waren die gründenden Firmen, Fugger in Augsburg und Thurzo in Krakau. Diese Firmen verkauften Seide, Wollstoffe, Edelsteine an ihre gemeinsame Tochter. Die mehrgliederige Organisation war Jakobs eigene Erfindung; sie verästelte sich vor allem über die Firma Ulrich Fugger und Gebrüder weit nach Norden und Westen. So entstanden zwei Kartelle, die durch gegenseitige Verabredungen den Preis für Kupfer, Silber und Messing hochhielten. Man konnte dabei gelegentlich Verluste, die durch Unterbietung entstehen mußten, in Kauf nehmen; Jakob wußte, daß die Bilanz erst am Ende der wirtschaftlichen Kampagne aufgestellt wurde.

»Jakob will das Weltmonopol für Kupfer«, sagte Thurzo zu Ulrich, »ich verstehe das – und doch ziehen wir uns Reichstag und Kirche auf den Hals.«

Ulrich nickte: »Red nicht mit ihm darüber, Schwager! Der Jakob nimmt es schwer genug. Er hat sich oft mit Peutinger, auch mit Frosch darum gestritten. Nun will er gar den berühmten Professor Eck, den Ingolstädter Theologen, um ein moraltheologisches Gutachten bemühen. Wir müssen ihm überlassen, wie er aus der Sache herauskommt. Ich habe schlaflose Nächte.«

»Mich verdrießt die ewige Auseinandersetzung in Ungarn, mit dem König, der Königin, den Ständen, dem Klerus, den örtlichen Gewerken – es ist ein Spiel mit zu vielen Kugeln«, sagte Thurzo.

»Das ist's, was Jakob reizt. Er will den großen Mechanismus laufen und spielen sehen. Je stärker der Widerstand, desto erfinderischer wird er. Ob das alles gutgeht, weiß ich nicht. Nur Jakob ist Meister dieses Spiels.«

Thurzo reiste mit neuen Geldern und neuen Aufträgen nach Ungarn zurück.

Maximilian zog mit einer Schar treuer Tiroler über die Alpen, wur-

de aber von den Venezianern mit Gewalt am Weitermarsch gehindert und ließ sich kurzerhand, da es an Geld, Verbündeten und Söldnern fehlte, in Trient von Matthäus Lang die Kaiserkrone aufsetzen. Der Papst gab seine Zustimmung unter der Bedingung, daß die Krönung in Rom nachgeholt werden müsse. Maximilian war der erste deutsche Kaiser, der nicht in Rom gekrönt war.
Als Venedig Triest und Fiume an sich brachte, schlossen sich Kaiser und Papst mit Frankreich in der Liga zu Cambrai zusammen. Das war die Macht, welche endlich Venedig schlagen sollte, aber Max hatte keine tausend Gulden in der Kasse des Reiches. Die Stände gaben kein Geld und forderten den Kaiser zu einer Zwangsanleihe bei den großen süddeutschen Firmen auf. Der Kaiser war dazu bereit, aber der Kanzler Lang überzeugte sich und ihn, daß es dann für alle Zeiten mit freiwilligen Krediten der Kaufmannschaft vorbei sei. So bot Matthäus Lang nach langen Verhandlungen Jakob die Krongüter und Herrschaften südlich von Ulm zum Kauf an (die Grafschaft Kirchberg mit einem Schloß an der Iller und sechzig Dörfern, Stadt und Herrschaft Weißenhorn mit neunzehn Dörfern und die Herrschaft Pfaffenhofen mit zwölf Dörfern) für die Summe von 50 000 Gulden in bar für Jakob Fugger und seine Erben, mit allen Lehen und Rechten, der hohen und niederen Gerichtsbarkeit und dem vollen Wildbann in Kirchberg. Da konnten auch die anderen Häuser nicht zögern. Auf Fuggersche Wechsel gaben die Welser, Gossenbrot, Adler und Baumgartner 150 000 Gulden für den Kaiser her. Als Max seine dringendsten Schulden bezahlt und seine ersten Feste – denn er dünkte sich plötzlich reich – gegeben hatte, zeigte sich, daß die Summe nicht mehr zur Werbung eines Heeres reichte. Die Liga hatte ihm 170 000 Dukaten versprochen, aber das Geld mußte erst in ganz Europa zusammengebracht werden. Nur Fugger, sagte Matthäus Lang, sei fähig, die Summe an drei Orten der Welt, in Rom, Florenz und Antwerpen, mit drei Streifen Papier flüssig zu machen.
Jakob Fugger konnte um diese Zeit noch erleben, daß ihm der Herr von Sax aus dem Schwarzwald seine Sparpfennige unter Unrat versteckt auf einem Pferdekarren nach Augsburg brachte. Er machte es aber auch möglich, daß die kaiserlichen Dukaten zur Hälfte innerhalb von vierzehn Tagen, der Rest in sechs Wochen durch Wechsel nach Augsburg kamen. Der Kaiser wurde überaus gefällig, verlieh

Fugger den persönlichen Adel, lud ihn zum Trunk und wäre bereit gewesen, um weitere hunderttausend Gulden die Hofmark Schmiechen am Lech mit allen dazugehörigen Ländereien, einem Schloß und drei Dörfern an Fugger zu verpfänden. Aber Jakob zögerte – das hätte so ausgesehen, als sollte in seiner Hand das Herzogtum Schwaben neu erstehen.

Maximilian begann jetzt seinen Siegeszug. Erich von Braunschweig vertrieb die Venezianer aus Triest und Fiume. Max selbst rückte vor Padua, Vicenza ergab sich, und als die Heere zum Marsch auf Venedig antraten, ergab sich die stolze Republik dem Kaiser. Der Senator Giustiniani fiel auf freiem Feld bei Mestre Maximilian vor die Füße und bat um Frieden.

Als die Kunde nach Augsburg kam, erfüllte unbeschreiblicher Jubel die ganze Stadt. In feierlichen Messen wurde der Sieg des Kaisers gefeiert. Auf allen Trinkstuben herrschte ausgelassene Fröhlichkeit. Die Benediktiner von St. Ulrich beschlossen, ihrem Kaiser im Hof der Abtei ein Denkmal zu setzen. Hoch auf stolzem Rosse sollte Maximilian dargestellt werden, ganz in Waffen, überlebensgroß, mit der Krone des Heiligen Reiches auf dem Haupt, dem Schwert des Reichs in der Faust, ein Fürst seiner Zeit. Als nun der Kaiser selbst zum Abschluß der Feiern in die Stadt kam, wechselten Lustbarkeiten und Tänze ununterbrochen.

Ein großes Turnier wurde angesagt, und die ersten Damen der Stadt bestimmten die Reihenfolge der Kämpfe. Der Kaiser brach eine Lanze mit dem Kurfürsten von Sachsen, und Katharina Welser reichte ihm zum Preis eine goldene Kette, seinem Gegner einen Humpen aus getriebenem Silber. Dann kämpften Konrad Rehlinger und Stefan Hagenor. Der große, starke Rehlinger, mit dunklen Augen, dunklem Haar, sprang als erster in den Sattel. Hagenor, nicht so augenfällig schön wie sein Gegner, rannte mutig an, doch die zweite Lanze streckte ihn zu Boden. Konrad empfing von Sibylle Fugger, die leicht errötete, einen goldenen Degen. In der Loge saß der Maler Hans Burgkmair, der Sohn des Toman. Er zeichnete in kaiserlichem Auftrag ein Turnierbuch.

Abends beim Geschlechtertanz führte nach altem Brauch der Kaiser die Welserin als Dame seines Sieges allen andern Paaren voran, und der Kurfürst von Sachsen folgte mit Sabine von Bayern. Das dritte Paar waren Konrad mit Sybille.

Jakob war gleich nach der günstigen Wendung des italienischen Konflikts nach Venedig gereist. Im März dieses Jahres 1509 war aber aus Rom eine niederschmetternde Nachricht gekommen: Der Fürstbischof von Brixen, Meckau, war gestorben, und zwar so überraschend, daß das am Sterbelager dem Prälaten abgenötigte Testament nicht als gültig angesehen werden konnte. Papst Julius erhob sofort Anspruch auf die Hinterlassenschaft, zog alle Pfründen und Einkünfte ein und verlangte von den Fuggern das Kapital, das der Prälat laut Quittung, die man dem Sterbenden aus der Soutane gezogen, auf Fuggers Bank deponiert hatte; es waren 200 000 Gulden.

Zink und Jakob mußten versuchen, den Heiligen Vater zu bewegen, die Forderung aufzuschieben oder einem Schuldner der Fugger zu zedieren. Nach wochenlangen, aufregenden Verhandlungen erklärte sich Julius bereit, den größten Teil der Schuld Maximilian zu überlassen. Fugger atmete auf. Schon waren in der internationalen Finanzwelt Gerüchte aufgetaucht, Fugger sei nicht zahlungsfähig, Fugger habe um Aufschub gebeten, der Fuggersche Kredit sei erschüttert: die Welt wollte es kaum glauben, aber tatsächlich stockten die Eingänge, erklärten befreundete Firmen in Augsburg, sie hätten kein Geld, damit sie Fugger nicht auszuhelfen brauchten. Jakob entschloß sich, zur Wiederherstellung seines finanziellen Ansehens, zu einem gewagten Schritt: er ließ Kaiser Max mitteilen, er nehme die angebotene Hofmark Schmiechen zum verlangten Preise!

Das hatte man nicht erwartet. Der Fugger konnte noch Güter für hunderttausend Gulden kaufen? Sofort beeilte man sich, die Bonität der Firma zu bestätigen. Ulrich hatte aufregende Wochen in der Goldenen Schreibstube, sein Steinleiden plagte ihn mehr als je und stieg durch die nervöse Anspannung zu entsetzlichen Anfällen.

Jakob wohnte in Venedig im neuen Fondaco. Giorgione hatte die Außenwand über dem Portal mit Schilderungen der levantinischen Schiffahrt bemalt. Im Hof ließ Tizian ein Bacchanal schöner Frauen vorüberrauschen. Die Bilder dieser großen Maler hatten den Fondaco dei Tedeschi im Kriege vor Plünderung und Zerstörung durch die aufgebrachten Venezianer bewahrt. Fuggers Vertreter waren furchtlos in Venedig geblieben. Nun zeigten sie Fugger das Prachtgemälde Albrecht Dürers in der Kirche von St. Bartholomä; es hatte 110 Gulden gekostet.

In der Mitte kniete Papst Julius II., noch ohne Bart, ihm gegenüber Kaiser Maximilian, hinter den beiden die ganze Menschheit. Über deren Köpfen thronte Sibylle Fugger mit rotblondem Haar und hellen Wangen als Muttergottes. Das nackte Jesuskind strampelte auf ihrem Schoß, während die Gläubigen zur Rosenkranzandacht versammelt waren. Ulrich und Georg Fugger knieten mit ihren Frauen auf des Kaisers, Jakob und Matthäus Lang auf des Papstes Seite. Im Hintergrund, näher den Gipfeln der Alpen, standen Dürer selbst und sein Freund Willibald Pirckheimer.

Giacomo reiste heim, und das Bild mit Sibylle kam ihm lange nicht aus dem Sinn. In Stunden der Arbeit erschien ihr Antlitz hinter den Zahlenreihen seiner Bilanzen. Er hatte ihr bei einem venezianischen Juwelenhändler ein paar seltene Perlen gekauft. Nun kletterten die Maulesel schon zum Brenner empor: Innsbruck, Mittenwald, Landsberg! Er kam nach Augsburg, reichte ihr das Schmuckkästchen. Sie ließ sich in die Arme nehmen, während sie es öffnete und die Perlen herausnahm.

Ulrich Fugger ging es nicht gut. Sollte St. Anna bald noch einen Toten haben? Jakob erzählte ihm von Venedig und der glücklichen Lösung der Probleme von Meckaus Tod. Ulrich nickte bloß. Die Aufregung, die Angst steckten noch zu tief in ihm. War er solch gewagten Geschäften nicht mehr gewachsen? Als Jakob vorschlug, möglichst rasch Marx Fugger nach Rom zu schicken, damit er dort bliebe und Zink überwache, stimmte er zu. Nach dem Tod seiner Frau war Ulrich ein stiller Mann geworden; ein Schatten steter Trauer umgab seine Augen, ein schmerzliches Lächeln den Mund. Täglich besuchte er das Grab der Toten und betete. Die Grabkapelle wurde gerade fundamentiert. Dürfte sich ein müder Mann wie er nicht aus dieser Welt machen, wenn er einen jüngeren in voller Kraft zurückließ? Die Verträge kämen jetzt zur Erfüllung, und Jakob würde den Neffen wie ein Vater sein, er hatte selbst keine Kinder. »Einen rechten Schaffierer« nannten die Arbeiter und Weber, die Leute auf der Straße, den Jakob.

Das Steinleiden verließ Ulrich nicht mehr, immer häufiger kamen die Anfälle. Dann saß Jakob, den er hatte rufen lassen, an seinem Bett und hielt die Hände fest, wenn der quälende Schmerz kam. Man holte endlich aus Salerno einen Arzt von der berühmten dortigen Fakultät. An den Folgen seiner Operation starb Ulrich Fugger am 19. April 1510. – Er war ein freundlicher, vornehmer und frommer Herr gewesen, mit buschig-dickem, zuletzt weißem Haar, das ihm gut gestanden hatte. Einer schritt hinter seinem Sarge allein, Jakob, vor allen Neffen, das unbewegte Gesicht zur Erde gewandt.

18

Im Sommer 1511 erhielt Jakob Fugger eine Zeitung des römischen Faktors Zink, Papst Julius sei schwer erkrankt und über seine Nachfolge liefe ein merkwürdiges Gerücht um. Aus Antwerpen sei eine Nachricht gekommen, daß die kaiserliche Statthalterin Margarete mit dem kaiserlichen Rat Paul von Liechtenstein seit Wochen eine Korrespondenz unterhalte, um die Frage zu erörtern, welche Aussichten ihr Vater, Kaiser Max, als Anwärter auf den Stuhl Petri in Rom haben möge.

Jakob Fugger hielt die Mitteilung seines römischen Gewährsmannes für einen schlechten Scherz; wollte man durch solch eine Nachricht die Person des Kaisers in Europa lächerlich machen? Aber vorsichtshalber ließ er Anfragen an seine Antwerpener Direktoren Konrad Meuting und Felix Hanolt richten. Zu seiner Überraschung erhielt er binnen vierzehn Tagen die Nachricht, daß zwar des Kaisers Tochter, die Statthalterin, den fraglichen Briefwechsel abstritte, aber doch nicht leugnen könne, daß ihr Vater die Kardinäle San Severino und d'Albret in geheimer Audienz empfangen habe. Bald verdichteten sich in der Goldenen Schreibstube die Gerüchte über Maximilians Absichten zur Gewißheit: der Kaiser wollte Papst werden! Kurz darauf erschien der Erzbischof von Salzburg, Matthäus Lang, in seiner Eigenschaft als Kanzler des Heiligen Reiches bei Jakob Fugger und erteilte nähere Auskunft. Der Kaiser fordere als Anwärter auf den päpstlichen Thron von Jakob Fugger 300 000 Dukaten, zahlbar an die Fuggerbank in Rom, zur Gewinnung der Kardinalstimmen. Seine vier besten Truhen voll Schmuck und Kleinodien, ferner die Steuergelder des gemeinen Pfennigs und ein Drittel seiner kommenden päpstlichen Einkünfte bot Maximilian als Pfänder an. Auch sollte der Fugger, um bei dem Handel ganz sicherzugehen, zum ersten kaiserlichen Schatzmeister und nach der Wahl zum ersten Finanzminister der Kurie ernannt werden.

Jakob Fugger war starr. Schweigend schaute er seinem Mitbürger und Freund ins Gesicht. Dies neue Abenteuer schien ihm so aus dem Bereich aller Vernunft gerückt, daß er kaum begreifen konnte, wie sich ein weltkluger Mann von der Art Langs als Helfer dazu hergeben konnte.

Vorsichtig sagte Jakob: »Truhen der Majestät? Was nützen sie mir?«

Lang darauf: »Allein das Pfauenkleid der Majestät ist mit den daraufgestickten Juwelen 800 000 Gulden wert.«

Jakob antwortete: »Mag sein – aber wer nimmt mir solch ein Objekt ab?«

»Abnehmen wird's niemand, und ich hoffe, Jakob, du wirst nicht daran denken, Reichsschmuck des römischen Kaisers zu versetzen.«

Der Erzbischof von Salzburg, Fürstbischof von Gurk, Kanzler des Reiches und künftige Kardinal beugte sich ein wenig vor, als warte er.

»Ich habe soviel Schmuck, Eminenz«, antwortete Jakob, das freundschaftliche Du des Erzbischofs geflissentlich überhörend, »daß ich ihn nicht verkaufen kann. Das ist eine Frage des Taktes. Reden wir nicht davon.«

»Aber die Steuern, die kaiserlichen und päpstlichen Einkünfte!« sagte Lang hartnäckig.

»Ich bin kein Kind, Eminenz. Wird man dem kaiserlichen Papst die Steuern und Einkünfte überhaupt zahlen, wenn man weiß, daß sie praktisch an die Firma Jakob Fugger und Neffen in Augsburg gehen?«

Lang stutzte einen Augenblick, dann sagte er gewandt: »Selbstverständlich wird die Majestät das Kaisertum niederlegen, nachdem sie Papst geworden ist.«

»Wer wird dann Kaiser – wenn ich fragen darf, Eminenz?«

Lang hob die Schultern, wobei offenblieb, ob er nicht antworten wollte oder konnte. Jakob fuhr fort: »Ich habe die Politik meines Hauses und die meiner Filialen vor aller Welt darauf gegründet, daß Habsburg den Römischen Kaiser stellt. Soll ich nun Hand und Geld geben, damit das Haus Valois, Tudor oder Aragon die Kaiserkrone erwirbt?«

Lang schwieg.

Jakob fuhr fort: »Der Heilige Vater ist mein Kunde, einer meiner

besten, er lebt noch. Was geschieht, wenn er sich von der Krankheit erholt? Soll ich riskieren, daß Julius der Zweite meine Bank in Rom schließt, weil ich zu Lebzeiten gegen ihn konspiriert hätte? Ich weiß nicht, wie die Herren Kardinäle San Severino und d'Albret in diesem Fall denken und was der Papst, wenn er genesen sollte, mit ihnen macht; ich mische mich nicht ein.«
Lang erwiderte: »Wir haben neueste Nachrichten – der Heilige Vater ist wahrscheinlich jetzt schon tot.«
Jakob schlug ein Buch auf: »Die Römische Majestät sagen, wir seien nicht getreu? Sie hat mir kürzlich den Adel verliehen. Ich hoffe, man hat dabei nicht an die Tiara gedacht. Sehen Sie, Eminenz: ich habe einen Teil meiner Betriebe im Vertrauen auf kaiserlicher Majestät Politik auf Waffenproduktion umgestellt, Kanonen, Büchsen, Säbel, Panzer, Helme, Speerspitzen. Ich habe Ihre eigene Gesandtschaft zum französischen Hof finanziert, weil mir an einer Aussöhnung mit Valois liegt. (Davon darf Seine Heiligkeit nichts erfahren!) Sehen Sie, ich habe dem Kaiser achttausend Gulden gegeben, damit er dem Papst die eidgenössischen Söldner abspenstig machen konnte. Was tut die Majestät für mich? Sie hat die Offerten der Höchstetter und Manlich auf dem Tiroler Metallmarkt angenommen.«
Lang warf ein, die Majestät habe das Geld dringend benötigt, Jakob habe damals Schwierigkeiten in Rom vorgeschützt.
»Vorgeschützt, vorgeschützt? Alle Welt glaubt, der Fugger brauche nur den Schrank zu öffnen, dann fielen ihm die Dukaten entgegen. So ist das nicht! Auch ich muß denken, rechnen, arbeiten, aufpassen. Wenn ich achthundert Gulden für die kaiserliche Falknerei hergebe, muß ich das Geld erst verdienen. Eminenz sind Augsburger und müßten wissen, daß Geldverdienen kein so leichtes Geschäft ist wie Fürsten und Prälaten meinen; Pardon, Eminenz ...«
»Ich weiß, Jakob; es ist schwer, der Majestät klarzumachen, daß du nein sagst.«
»Sagen Sie Ihrem Herrn, ich sei gebunden gegenüber dem Heiligen Vater. Wenn der erführe, daß ich mit der Majestät verhandelt hätte, und etwa nicht stürbe ...«
»Was Gott geben möge«, murmelte Matthäus Lang aufstehend. Jakob beeilte sich, den hohen Gast aus der Schreibstube bis an die Tür des Hauses zu geleiten. Der Erzbischof stieg in seine schwere Reise-

kutsche und Jakob ging wieder an seine Bücher. Fortlaufend empfing Fugger in den nächsten Wochen Berichte über die Krankheit des Papstes, der zuerst Rippenfellentzündung, dann Lungenentzündung bekommen hatte und wirklich auf den Tod krank lag. Die Anfragen des Kaisers aus Antwerpen wurden täglich dringlicher. Der Rat Liechtenstein kam zweimal zu Verhandlungen. Jakob hielt jedoch die Sendlinge hin, traktierte sie mit den besten Weinen, machte ihnen reiche Geschenke und wartete auf Nachrichten von seinem Neffen Marx.

Endlich traf die erste Kunde von der Besserung des Heiligen Vaters ein. Fugger ließ sogleich dem kaiserlichen Kabinett in den Niederlanden Meldung zugehen, es sei nun kein Grund mehr vorhanden, auf eine nah bevorstehende Papstwahl zu warten, und der Anlaß, 300 000 Dukaten für diesen Zweck in Rom flüssig zu machen, sei hinfällig.

Jakob war in eben diesen Monaten damit beschäftigt, für sich und seine Neffen eine Bilanz aufzustellen. Danach betrugen die Anteile »aus den Truhen« für die Erben Ulrichs 145 459 Gulden, für die Erben Georgs 94 757 und für ihn selbst 85 999 Gulden. Die Einlagen bei Gründung der Gesellschaft im Jahre 1494 waren also versiebenfacht. In siebzehn Jahren waren die Fugger eine Weltfirma und Großbank geworden; ihre Aktiva betrugen fast eine Million Gulden. Mit zweihunderttausend Gulden Steuervermögen waren die Fugger schon vor fünf Jahren doppelt so hoch im Einkommen wie die alten reichen Familien. Auch die bisher als am reichsten geltende Firma der Zeit, die große Ravensburger Handelsgesellschaft, war um das Doppelte geschlagen.

In peinlich genauer Ordnung verliefen die Fäden an diesem gewaltigen europäischen Webstuhl, dessen Mechanismus Jakob Fugger ohne Lärm mit Meisterschaft handhabte. Tag für Tag saß der Mann mit dem bleichen, gestrafften Gesicht, dem immer schmaler werdenden Mund, hinter den Büchern der Goldenen Schreibstube. Er trug immer noch ein italienisches Goldnetz auf dem Kopf. Lautlos gingen und kamen die Angestellten und Boten. Zu entscheidenden Anlässen erschienen die Faktoren der Niederlassungen selbst. Jakob war durch den Tod der Brüder in mancher Hinsicht unabkömmlich geworden. So gern er früher gereist war, so fand er jetzt kaum Zeit dazu. Unter den Neffen kamen vorerst Marx, Raimund und Antoni in Betracht, die Söhne Georgs, sie waren gut zwanzig Jahre alt. Aber der Älteste, Marx, war nun dreiundzwanzigjährig in Rom gestorben. Ulrichs Söhne waren Ulrich und der neun Jahre jüngere Hieronymus. Alle Neffen sollten nach dem Plan der Väter und ihres Oheims von der Pike auf lernen, zuerst in Augsburg und Nürnberg. Dabei wurde keine Rücksicht auf ihre Stellung als Erben genommen. Sie mußten wie jeder Lehrling mit Botendiensten und Handreichungen beginnen und liefen dann durch die Abteilungen der Häuser. Dabei ging der Unterricht in den Wissenschaften weiter.

Ihr Lehrer war Magister Dr. Othmar Nachtigall, Bakkalaureus beider Rechte, Jurist, Prediger, Platoübersetzer und Verfasser eines griechischen Wörterbuchs. Ursprünglich hatte er wie Jakob Mönch werden wollen, war dann aber als Weltgeistlicher in Straßburg und Augsburg fortgekommen und genoß jetzt die humanistische Gesellschaft der Peutinger, Pirckheimer und des Clemens Sender, eines anderen Lehrers der Fuggerbuben. Sender schrieb an einer allgemeinen Weltgeschichte von der Geburt des Kaisers Augustus bis zur Gegenwart. Er war Jakob Fuggers Beichtvater, kam gern privat ins Haus und gehörte mit Nachtigall und Veit Bild, dem dritten Lehrer der Neffen, zu einem besinnlichen Kreis in der Abtei St. Ulrich. Bild war Bakkalaureus von Ingolstadt und kannte fast alle gelehrten Köpfe im Reich, Oekolampad, Spalatin, Melanchthon und natürlich Erasmus von Rotterdam.

Das Haupt der geistigen Runde war der Abt Konrad Mörlin, ein Freund und Förderer der Ingolstädter Universität und Freund ihres Rektors Dr. Johann Eck. Der Subprior des Klosters war Johannes Schrott, ein Mönch von sanftem Gemüt, der die Vollkommenheit christlichen Lebens in der Ausrottung aller Leidenschaft erblickte. Der Kreis der gelehrten Männer wurde gelegentlich durch Künstler ergänzt, die zu Besuch kamen. So hatte der ältere Holbein Konrad Mörlein gezeichnet, wie ihm das dreifache Doppelkinn aus dem Hals der Kutte quoll und sich der Kopf selbstbewußt emporreckte.

In ihrem Kreis verkehrte auch Jakob Fugger. Hier herrschten im allgemeinen konservative Ansichten. Hier fand er einen gewissen Rückhalt gegen die zunehmenden Angriffe der jüngeren humanistischen Generation, der Hutten, Reuchlin, Oekolampad. Auch Pirckheimer, obwohl Reichsstädter und schwer reich, ließ es nicht an ver-

steckten Hieben gegen den Reichtum, die Monopole, die Internationalität der Fugger fehlen.
Nachtigall, Sender und Bild hatten die Neffen Ulrich, Raimund, Antoni und Hieronymus für die Universitäten Ingolstadt und Padua vorbereitet. Nun waren die Vettern froh, wenn sie an den Abenden die Lehrer zu Tisch bitten durften und dann der verehrte Oheim zu einem kurzen Gespräch herüberkam.
Mit Nachtigall hatte sich Fugger angefreundet. Eine ähnliche Lebensstimmung mochte die beiden in ihrem Tun so verschiedenen Männer aneinanderfesseln. Oft saßen sie allein im Erker des großen Zimmers. Manchmal erschien dort Sibylle, um den Freund des Mannes zu begrüßen. Sie trug ein Kleid aus schwarzem Damast, äußerst geschmackvoll und von jener Einfachheit, wie sie wohlhabende Leute schätzen. Nachtigall war trotz seiner Kenntnis der griechisch-lateinischen Literatur von knabenhafter Scheu dem anderen Geschlecht gegenüber. Sibylle verzog sich daher bald und ging ins Musikzimmer, wo Antoni, ihr Lieblingsneffe, sie auf der Laute begleitete.
Raimund liebte die Tante weniger. Er war einundzwanzig Jahre alt und wurde vom Onkel hin und wieder benützt, um die Fugger persönlich zu vertreten. Kürztlich hatte er auf dem Kongreß zu Mantua der österreichischen Delegation angehört. Man sollte sehen, daß Fugger einen Vertreter im Spiel hatte.
Auf Ulrich setzte der Onkel nur anfangs Hoffnungen. Doch Antoni wollte sich, schien Jakob, zu einem weltgewandten Diplomaten und Kaufmann entwickeln. Er beabsichtigte, ihm später die römische Vertretung zu geben, denn Zink wurde nach dem Tode Marx' selbständiger als je und betrieb zu viele Nebengeschäfte für die eigene Tasche. Hieronymus endlich, der weitaus jüngste, verriet keine Teilnahme am Geschäft, wohl aber für Sprachen und Künste.
Am 14. Februar 1512 wurde Generalversammlung der Fugger gehalten. Jakob, der unumschränkte und noch vor kurzem von den Neffen eidlich bestätigte alleinige Direktor, Haupt, Prinzipal, Herr und Präsident des Handelsverbands, erklärte den mit seinen Brüdern Ulrich und Georg abgeschlossenen Vertrag für beendet und richtete die Handlung neu auf unter dem Firmennamen »Jakob Fugger und Gebrüder Söhne«, auf italienisch »Giacomo Fugger e nepoti«.

Die Brüdersöhne waren Ulrich und Hieronymus als Söhne Ulrichs, Raimund und Antoni als Söhne Georgs. Sie mußten Jakob in aller Form bitten und ersuchen, sie in den allgemeinen und ungarischen Handel aufzunehmen. Für diese Aufnahme hatten die Neffen während der Vertragszeit das gesamte von ihren Vätern besessene Kapital samt Gewinn in der Firma zu lassen. Sie waren an Gewinn und Verlust beteiligt, hatten aber nichts zu sagen, sondern mußten den Onkel als alleinigen Chef anerkennen und ihm Gehorsam schwören. Er allein konnte den Verband kündigen oder auflösen, konnte Neffen entlassen, auszahlen und aufnehmen. Er allein hatte die Nachfolge seiner Stellung zu bestimmen, er allein hatte Rechnung zu legen und Bilanzen aufzustellen. Keiner der Nepoten konnte Rechnungslegung fordern. Wenn sie Schaden anrichteten, hafteten sie mit ihrer Einlage. Dagegen hatten sie aufzukommen für alle Handlungen Jakobs. Die Anteile sämtlicher Nichten wurden ausgezahlt. Nur Sibylle, als Jakobs Frau, nahm eine Ausnahmestellung ein, indem Jakob Sicherungen für ihren künftigen Witwenstand, darunter solche gegen die eigenen Neffen, in die Verfassung der Firma einbaute.

Die monarchische Stellung Jakobs war absolut. Sie betraf übrigens auch die Liegenschaften, Güter, Grundstücke, Herrschaften, Bergwerke und Schätze. Der Grundbesitz hatte den Brüdern gemeinsam gehört. Das sollte auch künftig so bleiben. Würde man in äußerster Not davon verkaufen müssen, dann sollte ihr Wert nur mit zwei Dritteln veranschlagt werden. Jakob behielt sich vor, aus den Neffen zwei auszuwählen als »Regierer«. Zu ihnen sollten alle andern im gleichen Verhältnis stehen, wie jetzt die Großfamilie zu ihm.

Es fiel den Neffen leicht, sich einer so überragenden Persönlichkeit zu beugen. Nirgends konnte ja ihr Vermögen besser verwaltet werden als von dem Onkel, der das Vermögen in siebzehn Jahren versiebenfacht hatte. Alles was zum Leben und weit darüber hinaus notig war, gewährte er ihnen reichlich. Ihre Erziehung und Ausbildung wurde den besten Lehrern und Meistern anvertraut. Jakob sparte weder Geld noch Beziehungen, um die Neffen alles sehen und lernen zu lassen, was ihnen förderlich sein konnte. Freilich war er wegen seiner Kinderlosigkeit nicht in einen albernen Nepotismus verfallen. Nur wer im Fuggerschen Mannesstamm tüchtig war, sollte die Firma übernehmen dürfen.

In der Bilanz tauchten ausdrücklich 15 000 Gulden für St. Ulrich auf. Fugger folgte hierin dem Beispiel der italienischen Bankhäuser, die im vorigen Jahrhundert für fromme und wohltätige Zwecke ein Conto per Dio in den Büchern stehen hatten. Man mußte Gott und die Heiligen am Geschäft beteiligen, vielleicht nähmen sie nicht soviel Anstoß und Ärgernis wie gewisse Zeitgenossen.

Mehrere der Fuggerschen Nichten waren in Klöster eingetreten, die Brüder Ulrich und Marx waren gestorben. Da war es kein Wunder, wenn Jakobs Gedanken auf die letzten Dinge gingen. In einem benachbarten Kloster stiftete er Jahrtag, Vigil und Seelenamt; die Nonnen versprachen, für das ewige Heil des frommen Herrn zu beten.

In Augsburg ließ man die Armen an den Seelenmessen und Jahresgedenktagen beten – nicht weil Jakob ein sonderlich schlechtes Gewissen gehabt hätte, sondern weil gute Werke und Stiftungen nach Lehre der Kirche die beste Frucht des gottgegebenen Wohlstands waren.

Die Grabkapelle in St. Anna ging der Vollendung langsam entgegen. Clemens Sender pflegte die Gäste des Hauses Fugger dort zu führen. Mit einem Privatschlüssel öffnete er das kunstvolle Gitter, das nach einem Entwurf Peter Vischers aus Nürnberg die Grabkapelle von der Kirche trennte. Man befand sich in einem hohen Kreuzgewölbe von lichter Strebung, das mit einem Muttergottesbild als Schlußstein abgeschlossen wurde. Römische Pfeilerarkaden trugen das Gemäuer. Deutscher und italienischer Geist waren von Daucher zu einer anmutigen Schöpfung vereint. Breite Rundbögen, von Pilastern gestützt, in den Höhen balkonartig geschlossen, schienen eingewölbt in die Sphären des nordischen Himmels.

Über dem Altar erhob sich frei eine Gruppe der Beweinung Christi, den Raum der Toten mit feierlicher Mahnung beherrschend. Man ging auf Solnhofer Stein, zwei Platten trugen das Zeichen des Haspels, doch mit dem Ring Jakob Fuggers des Reichen, seiner kleinen Kugel Welt, in der unteren rechten Ecke. Doppelt soweit von der Waagrechten wie von der Senkrechten des Haspels schien sie zu schweben.

Unter der Orgel, in der Tiefe, öffnete sich die eigentliche Gruft, als sollten die himmlischen Tröstungen der Orgel in der irdischen Kammer widerhallen. Hans Burgkmaier hatte die Orgel entworfen, der

Niederländer Jan Dobraw baute das Klangwerk. Vitus Bild, Meister aller Künste, spielte sie. Unterhalb der Empore sollten nach Dürers Entwürfen Epitaphien in Hochrelief errichtet werden: links über dem Grab Ulrich Fuggers die Auferstehung Christi, rechts über Georgs Grab der Kampf Simons mit den Philistern.
Gelbgrauer und roter Marmor, dunkler Syenit und leuchtender Porphyr sollten die Bekleidung der Mauern und Säulen bilden. Neben Dürer, Burgkmaier, Daucher, Hans Holbein, Lukas Cromburger, Gumbert Güldinger, Jörg Breu und Peter Vischer sollten die ersten Goldschmiede Augsburgs den Raum schmückend vollenden mit heiligen Geräten, mit Altar, Balustraden und Gestühl. Ähnlich wie bei der Kapelle des Papstes Sixtus in Rom sollten alle deutschen Künstler von Rang an der Fuggerkapelle tätig sein.
Jakobs Schwägerin Regina Fugger-Imhof war der Tod ihres Sohnes Marx in Rom überaus nahegegangen. Nun wollte sie nördlich der Alpen das gleiche veranlassen, was Raffael in Rom mit der Messe von Bolsena getan, eine Verherrlichung des eucharistischen Heilands. In seiner Propsteikirche St. Peter am Perlach in Augsburg errichtete sie zur Hilfe und zum Trost ihres Sohnes Markus eine fromme Stiftung. Zu Fronleichnam und am Todestag sollten feierliche Ämter gehalten werden. Die Ämter wurden vorher angesagt, und für die Armen des Sebastian-Siechenhauses wurde Gottesbrot für die Teilnahme ausgesetzt. Die Peterskirche erhielt von der trauernden Mutter einen karmesinfarbenen Rauchmantel, Meßgewänder, Levitenröcke mit dem Wappen der Fugger-Imhof, einen seidenen Umhang, einen Perlenkranz für die Monstranz, ein rotsamtenes Korporale, ein seidenes Altartuch, ein geschnitztes und bemaltes Sakramenthäuschen, eine Fahne, ein Rauchfaß und einen Ampelschrein aus Messing. All dieses Gaben wurden gestiftet zur Feier des Gedächtnisses der Eucharistie und zur Erlösung der Armen Seele aus dem Fegefeuer. Jakob selbst bat den Prior des Augsburger Dominikanerklosters um eine Grabstatt für sich selbst, denn es würde Jahre dauern, bis die Kapelle von St. Anna fertig war. Das Dominikanerkloster war bisher von Ulrich Fugger begünstigt worden, nun übernahm der Bruder diese Verpflichtung.
Eines Abends überraschte er Sibylle mit dem Vorschlag, sie sollten sich als Eheleute auch in die Todesbruderschaft der Mönche von St. Ulrich aufnehmen lassen.

Sibylle sah ihren Mann erstaunt an. Sie war nicht fromm, hatte aber in den letzten Monaten wiederholt gemerkt, daß Jakob an sein Ende und was danach käme gedacht hatte. Sie sagte etwas kühl: »Ist das Konto für St. Ulrich in deinem Hauptbuch nicht hoch genug?«

»Konto hin, Konto her«, antwortete er, »ich meine nicht die Firma, sondern dich und mich; wir erwerben einen vollkommenen Ablaß für die Todesstunde. Wir haben dann teil an allem Beten, Singen, Fasten des Konvents, wenn wir tot sind.«

»Jakob, woran denkst du?«

»Auch wir müssen ›daran‹ denken, ob wir reich sind oder arm; dann sind alle gleich.«

»Erst kürzlich hast du dich erregt, daß die Chorherrn von St. Moritz nicht so lebten, wie du als Wohltäter der Kirche es möchtest.«

»Ist es richtig, daß die Bürger stiften, die Chorherren aber ihr weltliches Leben führen? Ich werde sie zwingen«, sagte Jakob.

»Das ist unfromm genug. Einerseits soll man für dich beten, andrerseits willst du die Herren zwingen?«

»Zwingen, daß sie ihre Pflicht tun!« sagte er.

»Und wodurch?«

»Durch Verweigerung der Abgaben; ich habe mich mit den andern Familien geeinigt. Wir zahlen nicht eher, bis sich die Zustände im Konvent ändern.«

Sibylle wandte ein, dem stünden die Verpflichtungen, das Stiftsrecht und die Synode gegenüber.

Jakob blieb hartnäckig.

Sie erklärte sich Jakobs Eigensinn mit seiner Lust am Organisieren – doch daß sich seine Tätigkeit gegen die Kirche richte, nahm sie wunder.

»Nicht gegen die Kirche, Sibyll«, sagte er, »sondern gegen ihre säumigen Diener.«

»Das sagen die Prediger in den Vorstädten auch, Jakob, und du selbst sagst, aus dem Murren der Laien gegen schlechte Geistliche entstünde am Ende Unheil.«

»Wenn das Volk es tut, ja.«

»In diesem Fall bist du Volk!« sagte sie.

Jakob stutzte. Stimmte, was sie sagte? Tatsächlich hatte er, Jakob Fugger, eine örtliche Revolte der Laien gegen die Kleriker von St.

 Büste aus dem Chorgestühl der Fuggerkapelle St. Anna von Sebastian Loscher, als Porträt Jakob Fuggers gedeutet.

IACOBO · FVGGERO
V · A · LXVII · MENSES · II
OBIT · M · D · XXV

Moritz entfacht. Der Bischof hatte mühsam vermitteln müssen. Und nun warf ihm die eigene Frau vor, er gehöre zu den Schwarmgeistern, welche die Welt umstürzen wollten?! Das konnte nicht sein, denn wer hielt strenger zu Kaiser und Papst als er, Jakob Fugger? Bewies nicht jede Stiftung, jede Messe, die er lesen ließ, daß er es gut meinte? Solle sich in seinem eigenen Hause das Geschrei der Literaten und Humanisten gegen die Monopolisten und Ablaßkrämer wiederholen? Fast gellten ihm die Ohren. 160 000 Gulden kostete die Grabkapelle in St. Anna allein. Da sollte er nicht mitreden dürfen bei gemeindlichen Angelegenheiten!

Papst Julius II. war am 21. März 1513 im Lehnstuhl sitzend gestorben, so wie ihn Raffael ein halbes Jahr vorher gemalt hatte, ein Greis mit vollem weißem Bart, die mächtige Stirn unter der roten Haube leicht gesenkt, den Blick gedankenschwer und voll finsterer Majestät in diese Welt gerichtet: Il terrible! –

Nun war Giovanni de Medici als Leo X. aus dem Konklave hervorgegangen. »Lasset uns das Papsttum genießen!« hatte er ausgerufen. Aus allen Ländern eilten die Mächtigen, Fürsten und Künstler herbei, dem Sohn Lorenzos des Prächtigen zu huldigen. Jakob traf am 10. April in Rom ein. Die ganze Stadt war für die Possessio geschmückt, den Festzug vom Vatikan zum Lateran, wenn der Papst die Stadt Rom symbolisch in Besitz nahm. Die Kunst vergangener Jahrhunderte war erwacht. Götter der Antike standen in schöner Nacktheit vor den Pfeilern der Triumphbögen. Man baute Schauwagen mit Szenen aus der alten Mythologie. Eine Fortuna lag, der Danae Raffaels gleich, mit ihrem Leib hingestreckt und wartete auf goldenen Regen.

Jakob begab sich zuerst mit Zink in die Faktorei, welche Perino de Vaga mit Gestalten der Antike ausgemalt hatte. Dann gingen die Herren zur päpstlichen Münze. Dort prägte der Mailänder Christoforo Foppa seit Tagen in Fuggers Auftrag Doppeldukaten für den Jubeltag des Papstes, die auf der Vorderseite den üppigen Kopf Leos und den Fuggerschen Dreizack, auf der Rückseite die Göttin Athene zeigten. Darauf fuhren sie zur erneuerten Nationalkirche der Deutschen, Santa Maria dell' Anima, und der Totenkapelle der Fugger für die beiden Markus. Giuliano Romano hatte sie mit dem Bild der heiligen Jungfrau verziert.

Rechtes Außenepitaph Jakob Fuggers von Sebastian Loscher in der Fuggerkapelle St. Anna.

Am folgenden Tag sollte die Possessio stattfinden. Glockengeläute weckte die Römer schon am frühen Morgen. Später forderten Fanfarenklänge die vornehmeren Gäste auf, sich in ihre Logen zu begeben. Der Zug kam vom Vatikan, Lanzenreiter und Trompeter voraus; dann folgten die Kaufleute von Rom und Florenz, an Zahl mehr als zweihundert. Ihnen folgten fünf große Banner, links die der Stadt Rom und der Johanniter, in der Mitte das des Papstes, rechts die der Medici und der Kirche. Nach dem Herzog von Urbino kamen die Barone und Lehnsleute des Kirchenstaates. Dann nahten in prächtigem Zuge, alle zu Pferd, die Kardinäle und Prälaten, dreihundert im ganzen. Dann kam die Schweizergarde.

Zink flüsterte Fugger ins Ohr. »Von unserem Geld geworben und bezahlt!«

Ihnen folgte ein weißer Zelter mit dem Allerheiligsten, und dann Leo hoch auf dem Türkenroß, das er in der Schlacht von Ravenna geritten hatte.

»Evviva il Papa!« schrien die Römer, während ein Kammerherr hinter dem Heiligen Vater Münzen unter das Volk warf.

Nun bog der Zug von der Brücke Sant' Angelo in die Straße der großen Banken ein. Hier reihte sich Triumphbogen an Triumphbogen. Aus goldenen Kugeln flossen Wasser und Wein. In der Hauptloge, der neuen päpstlichen Münze gegenüber, standen die Geldfürsten der Erde, Agostino Chigi, Leos Sieneser Freund, neben ihm Jakob Fugger mit Zink, dann die Florentiner Benito Altoviti, Giovanni Strozzi, die Genuesen Sauli, Grimaldi und Gentili. In der zweiten Reihe saßen Bankiers aus ganz Europa, von denen die meisten in Antwerpen ansässig waren: Jacope van Berghem, Claas Janssen, Philipp von Ostende, Jaques le Martin, Pieter van der Straaten, Antonio de Vialle, Giacomo Doria, Jeromino Frescobaldi und Tommaso Bombelli. Jakob hatte sie begrüßt – man sprach untereinander italienisch oder französisch.

Tags darauf war große Audienz beim Heiligen Vater. Der geistvolle Papst erwies sich Giacomo Fugger gegenüber als äußerst gnädig. Man meinte zwar, der neue Papst würde seine Florentiner Verwandtschaft begünstigen, aber sogleich wandte er sich Jakob zu und erwähnte huldvoll den Schmuck der Münze und Fuggerschen Bank, der ihn in allegorischen Bildern und Versen als Reformer der Kirche und Vollender des Konzils gefeiert hatte.

Jakob erwiderte, die kaiserliche Majestät erblicke in einem Konzil ein Hochziel der Politik.
Leo lächelte, er werde sich um Frieden des Kaisers mit der Signorie bemühen müssen.
Es war wichtig für Jakob, die gute Stimmung des Heiligen Vaters auszunützen. So fragte er, ob Seine Heiligkeit mit der neuen Schweizergarde zufrieden sei.
»Zufrieden, mein Sohn«, gewährte Leo. Jakob atmete auf: die Zufriedenheit des Papstes mit der Garde bedeutete, daß er weiterhin Fuggersche Kredite für ihre Anwerbung über den Kardinal von Sitten in Anspruch nehmen wolle. Ohne den Fugger hätte man schwerlich die teuren eidgenössischen Söldner halten können. Ein Zugeständnis der Kurie war die Übermittlung der Gelder des preußischen Hochmeisters, des Leipziger Herzogs und des Erzbischofs von Magdeburg nach Rom durch Fuggersche Wechsel.
Es folgten Stunden wichtiger Verhandlungen. Der Bau der Peterskirche verschlang ungeheure Summen. An die Stelle Bramantes war Michelangelo berufen worden. Allein die Kuppel der Riesenkirche sollte zwei Millionen Dukaten kosten. Die Bulle Julius' II. »Salvator Noster Jesus Christus« sollte für alle Länder Europas verlängert werden. Das bedeutete eine Verlängerung der Ablässe um mehrere Jahre.
Jakob Fugger brachte als bedeutendstes vorläufiges Ergebnis der römischen Verhandlungen mit nach Hause, daß die Fuggersche Großbank als Beauftragte der Kurie die Peterspfennige Deutschlands, Englands, Dänemarks, Skandinaviens und der östlichen Länder durch ihre Faktoren nach Rom leiten solle. Allein am Agio dieser ungeheuren Summen würde sich ein Verdienst von ein bis zwei Prozent ergeben.
Zink bat Fugger, nicht mehr so viele Wechsel nach Rom ausstellen zu lassen. Dann flösse zuviel Bargeld ab. Statt auf viele kleine solle man die Kraft auf einige große Geschäfte mit der Kurie beschränken. Er habe deshalb der päpstlichen Kammer vorgeschlagen, die Ablaßgebühren fünfzig zu fünfzig zu teilen, wenn die Kurie dafür den Fuggern die mittel- und ostdeutschen Gebiete zur Einziehung der Gelder überließe.
Die Kurie war darauf eingegangen, da auf diese Weise lästige Zwischenstellen ausgeschaltet wurden, also Fürsten, Städte, Stifte und

Kapitel. Mochte sich die große Firma mit den Instanzen plagen! Jakob war gleich für diese Lösung. Sie entsprach seinem nüchternen straffen Denken.

Der junge Albrecht von Brandenburg war Erzbischof von Magdeburg und Halberstädter Administrator geworden. Die Fugger besorgten ihm die noch zweifelhafte Bestätigung des Papstes. Als nun der Mainzer Erzbischof starb, strebte der Brandenburger auch nach diesem Sitz. Österreich war gegen die Übernahme so vieler Würden durch den Hohenzollern. Da griff ein Unbekannter in den Streit ein, der sich erbot, für zwölftausend Dukaten die Bestätigung der Kurie beizubringen. Das erhöhte Albrechts Schulden bedenklich, doch versprach der gleiche Unbekannte Mainz einen vollkommenen Ablaß auf zehn Jahre, dessen Eingänge die Last tilgen würden: Pfründenvermittlung mit Ablaßangeboten zu koppeln, war Zinks banktechnische Spezialität. Insgesamt zahlten die Fugger in Rom für den Mainzer 50 000 Gulden, davon verdienten sie etwa fünf Prozent.

Was war der Ablaß? Alle Menschen erwarben Ablässe, auch Jakob Fugger selber, er glaubte also an seine Wirkung als Mittel des ewigen Heils. Der Ablaß befreit von den zeitlichen Strafen des Fegefeuers, wenn man die von der Kirche zu Buße auferlegten Werke tut. Diese Werke waren sehr schwer: drei, vier, fünf Jahre Fasten bei Wasser und Brot, langwierige Wallfahrten und das Verbot, Waffen zu tragen. Diese Strafen konnte man in den germanischen Ländern ablösen. Die heidnischen Vorfahren kannten das Wergeld für einen Mord, auch hatte man die Strafen durch einen gemieteten Mann abtragen lassen können. Solche Vorstellungen übernahm die Kirche.

Der größte Ablaß war die Teilnahme des Sünders an einem Kreuzzug, es war das Werbemittel Papst Urbans II. gewesen. Aus diesem Ablösungswesen hatte das Papsttum seit Avignon ebenso ein Geschäft gemacht wie aus den Pfründen. Da es von den weltlichen Mächten gewaltsam enteignet war, der Kirchenstaat aber klein war, bildeten die Pfründen und Ablässe das Rückgrat der päpstlichen Finanzen. Sie wurden immer mehr erleichtert. So brauchte man nicht mehr selbst in das Heilige Land zu ziehen, sondern durfte einen Ersatzmann stellen oder gab das Geld für die Ausrüstung eines Kreuzfahrers. Ab 1300 wurden die Jubelablässe eingeführt.

Man mußte nach Rom wallfahren und konnte sie dort gewinnen. Auch dieser Ablaß wurde hundert Jahre später Personen, die selbst nicht reisen konnten, zugewendet, indem diese einen entsprechenden Geldbetrag entrichteten.
Sixtus IV. hatte 1476 die Ablässe auch Verstorbenen zugewandt: das wurde ungeheuer volkstümlich. Immer aber blieb der Alaß gebunden an bestimmte Gebete, den Empfang der Sakramente und eine fromme Stiftung. Im Zeitalter des Geldes bestand letztere in Geld. Je gewissenloser nun die Päpste wurden, desto mehr sahen sie im Ablaß ein bloßes Geschäft. Weder Leo noch Fugger – von Direktor Zink zu schweigen – ahnten, was sie angerichtet hatten.

19

Als Fugger nach Deutschland zurückkam, fand er in den Zeitungen seiner Faktoren Meldungen über eine neuerliche Zerrüttung der Ordnung im Reich. Der Bundschuh, eine Bauernrevolte, war im Elsaß wieder aufgelebt und griff auf Baden und Württemberg über. Die Dithmarscher Bauern hatten ihren Herrn und König Johann von Dänemark in offener Feldschlacht besiegt und alle seine Ritter erschlagen. Ein Aufstand der Bauern in Ungarn kostete viele Barone das Leben. Ein starkes französisches Heer zog unter Franz I. nach Italien. Es bestand zum großen Teil aus Schweizer und deutschen Söldnern. Mailand und Venedig schlugen sich nach kurzen Verhandlungen auf die Seite der Reichsfeinde. Nun suchte Maximilian mit Hilfe englischer Hilfsgelder Frankreich von den Niederlanden her zu bedrohen. In Ulm tagte der Kriegsrat des Schwäbischen Bundes. Jakobs Schwiegervater, Ulrich Arzt, war sein erster Hauptmann. Er verhandelte mit Frundsberg, dem Landsknechtgeneral, der die Truppen gegen den gewalttätigen Ulrich von Württemberg führen sollte. Jakob brachte die Gelder für die Armee zusammen. In Antwerpen wurde die Fuggerbank das Kreditinstitut Maximilians für die englischen Hilfsgelder: so war es den Fuggern gelungen, die finanzielle Vormacht der Hanse in London zu brechen.
In der Grafschaft Kirchberg hatten die lehnsässigen Herren Kaspar von Erolzheim und Ellerbach, Hans von Roth und Rechberg im Bunde mit Graf Philipp von Kirchberg ihrem neuen Herrn, Jakob

Fugger, den Eid verweigert. Die Beschwerde lief über Ulrich Arzt und Frundsberg zu Maximilian. Er entschied als Kaiser, alle Lehnsleute müßten den Eid auf ihren neuen Herrn Jakob Fugger leisten. Der Graf von Kirchberg sollte seines Amts als Pfleger von Weißenhorn entsetzt und dieses an Hans von Bubenhofen gegeben werden. Jakob Fugger und sein ältester Neffe sollten, um aller weiteren Beeinträchtigung ihres Ansehens enthoben zu sein, auf kaiserlichen Befehl zu Grafen erhöht werden.

Der Kaiser brauchte Fuggers Geld. Und so fiel auch der letzte Rest des noch nicht an Höchstetter oder Fugger verpfändeten Tiroler Silbers – mochte die Landschaft auch mit den Zähnen knirschen – für 12 000 Gulden dem Fugger-Konzern zum Opfer, während Jakob seinerseits Markt und Schloß Biberach an der Schmutter nebst zwölf Dörfern für weitere 32 000 Gulden in seinen Besitz brachte. Als das Heer gegen Ulrich von Württemberg marschierte, eilte Fugger vom Ulmer Kriegsrat nach Hause. Er hatte seine Gemahlin und den Neffen Antoni zur Jagd in Kirchberg zurückgelassen. Nun wollte er noch am Abend des entscheidungsvollen Tages in Begleitung seines Schwiegervaters das Schloß an der Iller erreichen.

Er fand Sibylle in Gesellschaft seines Neffen sowie des Patriziers Konrad Rehlinger, der, von seinen Gütern kommend, für ein paar Tage das Gastrecht auf Kirchberg in Anspruch genommen hatte. Rehlinger war mit Antoni befreundet, es war also nicht gegen die Sitte, daß er hier war. Aber das Zusammentreffen der kriegsbedrückten Delegierten mit dem fröhlichen Jäger Rehlinger kam allen unpassend vor. Auch Ulrich Arzt machte ein verbissenes Gesicht. Sibylle zog sich bald in ihr Zimmer zurück.

Das Gespräch zwischen den Männern war langsam und zäh. Arzt schützte als alter Herr Müdigkeit vor, auch Antoni fand bald kein Wort mehr. Der Rest Wein in den Humpen schmeckte schal. –

Der französische Vorstoß nach Italien verhieß nichts Gutes. Der Kaiser aber schien in seiner Rolle als Ehestifter noch einmal Erfolg im Osten haben zu sollen. Ladislaus von Ungarn und Böhmen hatte keine Kinder und war schwächlich. Eine Erbfolge seiner Schwester Anna stand in Aussicht. Max wollte deshalb seinen zweiten Sohn, Ferdinand, mit Anna verheiraten. Es gelang Matthäus Lang, Jakob Fugger für das Projekt zu erwärmen, die Kronen der beiden europäischen Silber- und Kupferländer miteinander zu verbinden. Dann

wäre endlich auch der Unbotmäßigkeit der ungarischen Magnaten gegen die Fugger-Thurzo-Gesellschaft ein Ende gemacht. Zu näheren Verhandlungen erschien der neue Schatzmeister der Majestät, Jakob Villinger, in Augsburg und bat um ein Darlehen von vierundzwanzigtausend Gulden. Jakob zögerte nicht lange. Kurz darauf wurde er zu einem Kongreß in Wien offiziell eingeladen. Er würde dort drei Herrscher treffen.
Die Widerstände des Königs Sigismund von Polen gegen den Kaiser wurden mit Fuggerschem Geld beseitigt. Da ein alter Streit um das Ordensland Preußen die hohen Herrschaften entzweite, wurde auch Markgraf Kasimir von Brandenburg zum Kongreß nach Wien gebeten. Der Nürnberger Faktor der Fugger überbrachte tausend Gulden nach Berlin, damit der Herr Markgraf in standesgemäßer Rüstung nach Wien kommen könne.
Kürzlich hatte Raimund Fugger Katharina Thurzo geheiratet. So hatte man die erste Thurzo-Fugger-Ehe durch eine zweite ergänzt. Die Ehe wurde in Krakau mit großem Gepränge gefeiert und man versprach sich neue Förderung des polnischen und ukrainischen Handels davon. Je unruhiger es im Westen wurde, desto wichtiger schien Jakob die Sicherung der Verhältnisse im Osten. Dreihunderttausend Zentner Kupfer lagen unverkäuflich in Venedig. Es wurde höchste Zeit, das habsburgische Reich fest mit dem Osten zu verklammern.
Die Könige von Polen und Ungarn hatten beschlossen, sich glänzend zu zeigen, damit sie Max um so wichtiger erschienen. Die Römische Majestät mußte die östlichen Potentaten und ihren Hofstaat dagegen mit Kleinodien, Silbergeschirr und Festgeschenken begaben, wie es dem Rang als Kaiser und dem Prunk der Zeit entsprach. Auch Jakob rüstete sich mit Kleinodien, Juwelen, Stoffen, Ketten, Bechern, Dukaten aus. Nicht nur ein Wagenzug mit Jakob ging unter starker Bedeckung Fuggerscher Reiter und Knechte nach Wien ab, sondern auch ein Schiff auf der Donau. Vor allem enthielt der Transport die Schätze des Reiches und der Habsburger, das Silbergeschirr, welches den Fuggern seit langem verpfändet, jetzt aber vom Kaiser aus Repräsentationsgründen erbeten war.
Die Tische in Wien bogen sich unter den herrlichen Aufsätzen, Pokalen, Terrinen und Schüsseln aus Silber.
Georg und Alexi Thurzo reisten Jakob bis Linz entgegen, die Wie-

ner, Warschauer und Königsberger Faktoren gleichfalls. Mit großem Gefolge zog Jakob in Wien ein. »Fugger der Reiche!« schrien die Leute auf den Straßen und suchten einen Blick von dem sagenhaften Weltbankier in der Karosse zu erhaschen. Tags darauf verteilte er seine Geschenke: das Brüderpaar Sigismund und Ladislaus, Anna, die zwölfjährige Braut, Prinz Ferdinand, aber auch Maria, die Tochter des Polenkönigs, ferner die Bischöfe von Olmütz und Fünfkirchen, Herzog Karl von Münsterberg und andere erhielten Edelsteine, Damaste und feines Fuggersches Tafeltuch im Wert von 9496 Gulden. Auch der Hofstaat und das Personal wurden nicht vergessen. Es gab ein Essen mit zahlreichen Gängen, der Wein floß in Strömen. Der sonst so bescheidene und sparsame Kaufmann zeigte sich großzügiger als ein Fürst. Die Welt sollte erkennen, was der Fugger war, Bankier von Kaiser, Papst und Königen, der reichste Mann der Welt.

Maximilian erreichte sein Ziel: die Vereinigung der Kronen von Österreich, Ungarn und Böhmen wurde gesichert. Um die Summe von 54 000 Gulden gab er Jakob Fugger nun in seinem Glück »alles und jedes Tiroler Kupfer, den Zentner zu 4 Gulden 30 Kronen gerechnet«, den die Fuggersche Niederlassung in Venedig um 8 Gulden verkaufen konnte – wenn die Geschäfte gegangen wären. Soeben hatte Franz von Frankreich bei Marignano gesiegt. Das Mailänder Haus war in französischem Bereich. Nun schien auch Leo X. sich dem Franzosen zuzuwenden. Es war ein Glück, daß man sich im letzten Augenblick in Wien mit den östlichen Gewerken geeinigt hatte. Das ganze ungarische Silber und Kupfer gehörte nun zum Fugger-Thurzo-Konzern. Da man aufs Kupfer-Weltmonopol zusteuerte, konnte man hoffen, daß die Preise stiegen. Kaum war Jakob wieder in Augsburg, als die kaiserlichen Räte ihn baten, er möge die Finanzierung des Krieges in Italien ins Auge fassen.

»Ins Auge fassen, ist gut«, sagte Jakob trocken. Ob die Herren wüßten, daß er soeben in Wien neue kostspielige Bindungen eingegangen sei?

Villinger sagte: »Die kaiserliche Majestät ist in Italien in äußerster Bedrängnis. Denken Sie an Mailand, Herr Fugger!«

»König Franz hat meiner Mailänder Niederlassung nichts getan, Exzellenz. Mir als Kaufmann scheinen die Pläne der Römischen

Majestät nicht eben füglich. Die Kammer des Kaisers bringt sich in Mißkredit, wenn sie immer neuen Forderungen nachgibt. Halb Tirol ist in Aufruhr.«

Villinger machte nun den Vorschlag, Geld gegen Zins zu leihen. Jakob wand sich: »Das dünkt mich weder göttlich noch gewinnlich.«

»Nicht gewinnlich, Herr Fugger? Es ist nicht meine Kunst, Sie über finanzielle und banktechnische Gewinnmöglichkeiten zu belehren.«

»Ich habe nie Barzins genommen, es ist wider das Gebot der Kirche.«

»Aber die Majestät hat keine Metallkontrakte mehr zu vergeben«, jammerte der Rat.

»Schlimm genug – aber der Fugger gibt kein Geld gegen Zins. »Bin ich ein Jude?«

»Die Italiener tun's auch, Herr Fugger.«

»Die Italiener!« Fugger war beinahe empört. Wollte man ihn den Italienern vergleichen, die seit Roms Tagen halbe Heiden seien? – Er nahm einen dicken Akt aus einem der Fächer seines riesigen Schreibtisches. »Sehen Sie, Exzellenz, das sind die in den letzten Jahren von den humanistischen Freunden der Majestät gegen das Haus Fugger gerichteten Traktate. Bernhard Adelmann von Adelmannsfelden gibt die Anregung zur Übersetzung des Plutarchkommentars De usura vitanda; gewidmet ist die Schrift Willibald Pirckheimer, der laut Widmung ein erklärter Feind des Wuchers ist. Hier eine ähnliche Schrift von Ökolampadius! Mein Name wird nicht genannt, aber ganz Deutschland weiß, was gemeint ist. Wie verhält es sich in Wirklichkeit? Adelmann hat uns bereits 1505 vorgeworfen, daß die römische Fuggerbank schuld daran sei, wenn er nicht Bischof von Augsburg geworden sei. Als ob die Fuggerbank damals die Macht dazu gehabt hätte! Junker Adelmann hat dafür eine Dompräbende erlangt, von der ein Verwandter meiner Frau zurücktreten mußte.«

»Den Streit kenne ich, Herr Fugger, habe auch die gelehrte Erwiderung Sebastian Ilsungs gelesen.«

»Der Streit ging weiter. Ich denke, Sie werden auch die Erwiderung aus Nürnberg, von Anton Kress, gelesen haben?«

Die Antwort Kress' auf Ilsungs Verteidigung der Fugger hatte großes Aufsehen erregt wegen des glänzenden Stils und der geistreichen Argumente. Villinger hielt es für klug, die Kenntnis der Schrift in

Fuggers Schreibstube abzuleugnen. Jakob fuhr fort: »Jener Ritter Ulrich von Hutten, durch seine Feder bekannter als durch sein Schwert, hat sich in Rom merkwürdig interessiert gezeigt an meines römischen Faktors Eifer. Ich nehme an, daß er es nicht zur Verteidigung des Hauses Fugger getan haben wird.«

»Sie haben doch den berühmten Doktor Eck aus Ingolstadt gegen die fränkischen Herren aufgeboten!«

Fugger machte eine wegwerfende Handbewegung: »Der Professor Eck meint es gut. Bei der Disputation sind die Gegner schmählich unterlegen, aber dann haben sie Eck durch allerhand Intrigen gehindert, die Disputation auf neutralem Boden, vor großem Publikum, nämlich an der Ingolstädter Universität, zu wiederholen, sehr zur Freude der Nürnberger Herren vom »Consilium« des Propstes von St. Lorenz. Und so ging es weiter. Trutvetter griff ein, dann Kruppner. Peutinger und Ilsung erwarten, daß ich mich gar hinter den Heiligen Vater stecke. Aber nützt das etwas? Vor der Öffentlichkeit steht der mediceische Papst mit dem deutschen Fugger auf einer Ebene. Endlich fand in Bologna die große Disputation statt. Es war triumphal, selbst Cochläus ging auf unsere Seite über. (Zink trat ihm dafür die Frankfurter Dekanei ab.) Nach außen hin siegte Eck mit seiner Verteidigung des Zinses, mit seiner modernen Auffassung. Aber was ist damit erreicht? Die Öffentlichkeit hat von den Dingen Wind bekommen und die geschickten jungen Leute, die jetzt überall literarisch und auf den Kanzeln das Wort führen, schaden uns mehr als jeder gelehrte Sieg uns nützt. Schon dringen ihre Ansichten von deutscher Nation und päpstlich-Fuggerscher Kapitalsmacht in das Volk. In Tirol und Ungarn hat man meine Angestellten mit Steinen beworfen.« Fugger hörte auf zu reden, er winkte dem kaiserlichen Rat müde ab; er gäbe kein Geld her, habe auch keins zu verleihen.

Matthäus Lang selbst kam angereist und wollte Jakob bewegen, dem Kaiser Geld zu leihen. Er versuchte Jakob als Freund anzusprechen, erreichte aber nicht mehr, als daß der Fugger zu verstehen gab, er halte den Kaiser nicht für kreditwürdig, der sei zu sehr verschuldet, und als Kaufmann müsse er bedenken, wie er zu seinem Geld komme.

Jakob zog ein Bündel Papiere hervor, breitete sie mit erstaunlicher Geschicklichkeit über den Tisch aus und begann Ziffern auf ein

Blatt zu werfen. »Sehen Eminenz diese Zahlenreihe? Es sind die ausgeliehenen Summen gegen Metallkontrakte und verpfändete Schätze der Majestät. Zusammengezogen und mit Zins von fünf Prozent berechnet, dazu Zinseszins ...«
Lang unterbrach ihn: »Was meinen Sie, Zinseszins – ich verstehe nicht.«
Jakob erklärte: »Ich rechne kaufmännisch. Tausend Gulden zu fünf Prozent Zins geben in zehn Jahren fünfhundert Gulden. Von diesen fünfhundert Gulden ist die erste Zinsrate bereits neun Jahre alt. Von ihren fünfzig Gulden, welche die Majestät mir schulden, muß ich wieder Zins rechnen, und zwar abnehmend vom neunten bis zu diesem Jahre, das sind ...« Jakob rechnete. Dem Kardinal Lang wurde eng um den Hals, er fuhr mit den Fingern am Kragen her. Er verstand überhaupt nichts mehr, als Jakob ihm plötzlich ein mit Rechnungen bedecktes Blatt vors Gesicht hielt, das zeigte, wie aus tausend Gulden in zehn Jahren, mit Zins und Zinseszins und Verwaltungskosten, fast die doppelte Summe geworden war. Hilflos starrte der Kardinal auf das Blatt.
Jakob sagte: »So rechne ich, so m u ß ich rechnen, das ist die moderne Buchhaltung, das Geheimnis meines Finanzgeschäfts. So muß ich rechnen, wenn die Majestät Geld gegen Zins von mir will – aber ich fürchte, das kostet mich die Gunst des Kaisers.«
»Ich gebe das Projekt als mein eigenes an den Kaiser weiter, Jakob, schreiben Sie mir alles auf, dann werden wir sehen, was Max dazu sagt!«
Darauf dachte Fugger eine Weile hin und her, doch zuletzt gab er die Antwort, er wisse wirklich nicht, was er tun solle. Wenn er klarer sähe, würde er von sich hören lassen.
Der Großschatzmeister weilte unterdessen bei dem anderen Geldgeber des Kaisers, bei Höchstetter ins Innsbruck. Sonderbarerweise lautete Höchstetters Antwort der Fuggerschen ähnlich. Man hatte den Verdacht, daß sich die Bankiers verabredet haben könnten. Nur daß der alte Höchstetter sich noch deutlicher und gröber, wie es seiner Art entsprach, ausgesprochen hatte. Er sagte, die kaiserlichen Projekte seien wahnwitzig, und er mache sich zum Gespött der Welt, wenn er Geld hergebe. Zu lange hatte die kaiserliche Regierung die beiden Häuser gegeneinander ausgespielt, jetzt hatten sie sich verständigt.

Inzwischen fielen die italienischen Fronten zurück. Fuggersche Kuriere brachten die Nachricht, daß auch der Papst nachzugeben beginne und seine Hilfsstreitkräfte für den Kaiser zurücknähme. Der Kaiser mußte sich der entschlossenen Forderung der Fugger und Höchstetter beugen: Er schloß einen Silber- und Kupfervertrag mit den Firmen, der ihnen das reichs- und kirchengesetzlich unerlaubte Kartell zugestand. Das Kupfermonopol war erreicht: Fugger und Höchstetter konnten die Preise auf dem Weltmarkt diktieren. Es gab niemanden mehr, der sie unterbieten konnte.
Jetzt floß das Geld. Plötzlich hatte Fugger Summen, die er vorher nie gehabt zu haben behauptete. Dabei brauchte Max die Summen dringender als je, weil Heinrich VIII. von England seine Hilfsgelder gegen Frankreich und Venedig zu sperren drohte. Er mißtraute dem Kaiser, ob die Gelder auch wirklich für den Krieg gegen den Feind verwendet werden würden. Jakob schaltete sich ein und erbot sich zur Übermittlung der Gelder. Der Tudor könne über das Guthaben auf der Antwerpener Fuggerbank verfügen, Jakob strecke dem Kaiser die Summen vor. Wie gefällig dieser Fugger war! Zur gleichen Zeit hatten die Höchstetter und Welser unangenehme Auseinandersetzungen mit dem Reichsfiskal wegen verbotener Geschäfte mit Danzig und Elbing. Über beide Städte war die Reichsacht verhängt, daher war der Handel mit ihnen strafbar. Auch Fugger trieb Handel mit den Städten – aber er hatte seit Jahren das königliche Ausnahmeprivileg für seinen ungarischen Handel.
Der sichere Ausbau des Kartells verlangte alle Kräfte, und nun geschah Jakob zum erstenmal, daß die kaufmännischen und politischen Großgeschäfte stärker als er wurden. Wie ein Netz zogen sich Aufgaben und Pflichten über ihm zusammen. Er wurde ihr Gefangener und konnte das Netz nicht mehr zerreißen.
Jakob war Mitte der Fünfzig und hatte mehr erreicht als ein einzelner Mensch vor ihm. Sollte er nicht aufhören, das Begonnene zu Ende zu führen, aber nichts Neues mehr unternehmen? Er war manchmal so müde, daß er meinte, nicht mehr lange leben zu können. Die stete Anspannung, die menschliche Vereinsamung, die Widerstände der Agitatoren, seine Kinderlosigkeit bewirkten, daß er sich fragte: Wozu das alles?
Die Gruft in St. Anna ging der Vollendung entgegen, wartete sie

bereits auf ihn? Aus dem Besitz seiner Schwiegermutter und einiger Nachbarn hatte er Häuser am Weinmarkt gekauft, sie niederreißen lassen und nach Plänen aus der Werkstatt des Engelbergschülers Jakob Zwitzel einen Palast errichtet, wie man bisher in Augsburg keinen gesehen hatte, dreistöckig, mit mächtigen Fassaden und hochgegiebelten Dächern. Hans Burgkmaier malte ein festliches Treiben zwischen die langen Reihen blinkender Fenster. An einer Ecke ragte ein Türmchen empor, Erker unterbrachen die Flucht der Wände. In den Erdgeschossen hinter den breiten Portalen lagen geräumige Hallen. In den Kellern konnte sich eine Stadt bergen, und ein unterirdischer Gang gab Schutz bei Gefahr. Aus den Zimmern der Hausherrin schaute man in einen zierlichen Ballhof, der nach italienischer Manier mit einem Laubengang aus schlanken Säulen umrahmt war und in der Mitte einen Brunnen zwischen blühenden Sträuchern verbarg.
Wenn Lautenspiel erklang, wenn die Neffen Hieronymus und Antoni Ball spielten, wenn die Rehlinger mit ihren Damen kamen, fand sich auch Sibylle ein. Ihr Partner beim Spiel war dann Konrad Rehlinger, ihr Held vom Turnier.
Das alles sah freilich nicht nach einem Ende der Fuggerschen Herrlichkeit aus. Mochte Jakob auch manchmal grübeln, und mochte der in seinen Augen etwas geckenhafte Rehlinger seine Ruhe stören, die Dynastie Fugger war durch ihn, Jakob, geworden, was sie jetzt war, und er hatte seine Zweifel, ob die Neffen fähig wären, jetzt schon das in Politik und europäische Hochfinanz verstrickte Haus zu leiten. Ulrich lebte in Schwaz und enttäuschte ihn völlig, Raimund war im Osten und mochte dort den Namen Fugger vertreten. Eigentlich war nur auf Antoni zu hoffen, der frisch, zäh, klug und wendig war. Doch zweifelte Jakob, ob Antoni jenen sechsten Sinn für Finanz und Politik in der entscheidenden Stunde besäße, der ihm selbst die Überlegenheit gab.
Immer kehrten seine Gedanken zu Sibylle zurück. Er sah sie vor sich mit Rehlinger im grünen Jägerkleid, den Blick ihrer blauen Augen, wie er den Tisch der vier Männer in Kirchberg gestreift hatte. Dann war sie auf ihr Zimmer gegangen. Man hatte, fiel ihm ein, kein Stück Wild erlegt gehabt in jenen zwei Tagen, obgleich Konrad Rehlinger ein Meisterschütze war. Rehlinger – was war das für ein Mann, mit dem kleinen schwarzen Bärtchen, der kühnen

Nase, dem stechenden Blick. Liebten die Frauen solche Männer? Er trieb als Patrizier Handel mit Venedig, ein Geschäft, das ihm soviel einbrachte, daß er gut davon leben konnte, und war mit einer Schwester des Endres Grander verheiratet, hatte fünf Kinder, reiste gern, war schon in Alexandria gewesen und zeigte in seiner Wohnung ein Zimmer in orientalischer Ausstattung.
Gern umgab sich Rehlinger, der gut vierzig Jahre zählte, mit jungen Leuten. Ob sich Antoni zu einem schlechten Spiel hergäbe? Unmöglich! Der lief den Rehlingern ins Haus, weil die hübsche Anna Rehlinger von Horgau manchmal von dem Gut ihrer Eltern zu den Verwandten in die Stadt kam.
»Der Nachtigall soll kommen«, schrieb Jakob an Clemens Sender, und Nachtigall, mit seinen demütig scheuen Augen und den hageren Schultern, kam.
Langsam gingen Fugger und sein Freund nach St. Ulrich. Es wurde Nacht. Sie hatten das Haus am Weinmarkt besichtigt. Wie reich mußte der Mann sein, dachte Nachtigall, welcher in Augsburg, Rom, Warschau und jetzt in Antwerpen und Lissabon solche Häuser bauen konnte. Was bedeutete dies Erraffen?
»Sie sind wohl mächtiger, Fugger, als alle Fürsten im Reich?« begann Nachtigall zögernd.
Fugger antwortete nicht.
»Schlösser, Burgen, Häuser, Länder und Güter, Herrschaften besitzen Sie überall in Europa.«
Fugger schwieg.
»Der Teufel der Habsucht ist es nicht, der Sie plagt, das weiß ich.«
Fugger sah Dr. Nachtigall mit einem Blick wie aus weiter Ferne an.
»Sagen Sie mir einmal, was wollen Sie mit all dem Geld und Gut?«
»Ich will gewinnen, solange ich kann«, sagte Jakob Fugger und senkte den Kopf unwirsch zur Erde. –
Sie gingen schweigend weiter bis zur Abtei und durchquerten den Kirchhof. Mild schien der Mond auf das Gemäuer und den rohen Steinblock, aus dem Gregor Erhart aus Ulm nach den Entwürfen Burgkmaiers den Kaiser Maximilian überlebensgroß und hoch zu Roß hervormeißeln sollte.
»Er wird nimmer fertig, der Kaiser«, sagte Jakob leichthin, doch Nachtigall hörte eine Bitterkeit heraus.
»Sie meinen vielerlei mit Ihrem Wort, scheint mir«, sagte Nachti-

gall und legte den Finger nach seiner Gewohnheit an die schmale, lange Nase.
»Gar viel, gar wenig«, sagte Fugger und blieb stehen. »Doch wenn Sie mich wie eben nach dem Geld fragen, Nachtigall, so bedenken Sie, Geld ist vielfach. Es ist Spielzeug in der Hand einer Frau, eines Narren und Satans. In meiner Hand ist es in eines Webers Hand. So bin ich der arme Weber von Augsburg und web mein Tuch all meine Tag – und will gewinnen, solang ich kann.« Da war es wieder, das geheimnisvoll trächtige Wort, das einzige, welches Jakob je im Leben über den Sinn seines Raffens und Schaffens von sich gegeben. Jakob drückte Nachtigall plötzlich die Hand zum Abschied. Der Gelehrte sah ihm verwundert nach, wie er den Kirchhof mit raschen Schritten verließ. Der Mond stieg höher über das Rote Tor. Bleich standen Turm und Gemäuer, tiefe Stille ringsum, Kreuze und Tafeln, Namen der Toten. Leicht wehte im Nachthauch das weiße Stück Leinwand über dem Monument des Kaisers.
Jakob bewegte die Frage des Freundes tief. Gold und Geld lockten die Menschen. Kein Seefahrer oder Eroberer hatte bis jetzt die goldene Stadt gefunden. Das Silber seiner Gruben lieferte die blanken Taler, aber sie rollten zögernder von Jahr zu Jahr durch die Hände. Seit die drei Schiffe mit Gewürzen mit reicher Ladung heimgekommen waren, hatte sich der ungeheure Vorteil des Gewürzgeschäfts auf viele Köpfe verteilt. Vor allem der portugiesische König hatte gemerkt, daß er größere Anteile fordern dürfe. Kupfer war das Metall für jedermann, das Metall der Metalle, rotes Erz, zäh, doch schmiegsam und besonders gefügig zur Legierung mit anderen Metallen.
Zink und Kupfer gaben Messing; Zinn und Kupfer gaben Bronze. Unter dem Getön der Glocken und dem Donnern der Artillerie war eine neue Bronzezeit über Europa gekommen.
Messing überschwemmte die Welt nicht minder. Die Metallfabriken von Nürnberg, Leipzig und Frankfurt belieferten portugiesische Zwischenhändler mit Messing für den Golf von Guinea, die Elfenbeinküste. Der Negerkönig von Benin begründete in Mittelafrika eine eigene Messingkultur. Die Messingspangen aus Nürnberg, welche die Frau des Häuptlings an Armen und Beinen trug, kosteten die Stoßzähne eines Elefanten. Indien verlangte, noch mehr als Messing, das rote Kupfer. Über Venedig, Lissabon, von Danzig

und Hamburg gingen die Ladungen in die Levante. Der nahe Orient tauschte Pfeffer für Kupfer. Die Teller, Kannen und Kessel des Orients waren aus Kupfer gehämmert. In Europa wurde das Kupfer zu barem Geld. Die Pfennige, Kreuzer, Heller und Batzen aus Silber konnte man allzu leicht verschneiden und vergreifen; jetzt wurden sie von den gemeinen Kupferlingen verdrängt. Seit 1491 hatte man in Böhmen und Ungarn Kupferpfennige zu prägen begonnen, sie setzten sich bald im ganzen Reich durch und erfreuten sich großer Beliebtheit beim Volk.

Dies Kupfer am Weltmarkt beherrschte er, Fugger! Es deckte seine Häuser, Schlösser und Burgen mit schimmernden Kupferplatten. Für zehntausend Gulden hatte der Kaiser ihm Zollfreiheit im Reich für Kupfer gewährt.

War das gut und richtig? Die Kupferkontrakte lagen Jakob zeitlebens schwer auf der Seele. Das Reich verbot jedes Monopol, das geeignet war, die Preise künstlich hochzuhalten oder hochzutreiben. Damals beim Streit um das Syndikat hatte Jakob sein Gewissen damit beruhigt, daß die Preise unterboten worden waren, also eine Senkung der Preise eingetreten war. Jetzt hatte der Kaiser, als Herr von Tirol, ein Interesse daran, daß die Kupferpreise hoch waren. Je höher das Kupfer in Rechnung gestellt werden konnte, desto mehr Schulden wurde Max los.

Fugger beschloß, den bösen Mäulern, die ihn einen Wucherer und Armeleuteschinder nannten, zu zeigen, was e r für ein wirksames Mittel zur Bekämpfung der Armut hielt.

Im Mai 1514 bereits hatte er der Witwe Anna Strauß vier baufällige Häuser mit Gärten am Lauterlech für neunhundert Gulden abgekauft. Um diesen Besitz zu vergrößern, hatte er 1516 von dem Metzger Zoller weitere drei alte Häuser mit Gärten um vierhundertvierzig Gulden erworben. Als nun eines Tages sein Baumeister Thomas Krebs dies Gängeviertel von 10 000 Quadratmetern in der Jakobervorstadt besichtigte, entwickelte er beiläufig einen Plan, der die Aufmerksamkeit seines Herrn festhielt.

Krebs hatte in Georgenthal in Thüringen schon um die Jahrhundertwende bei dem Dorf Hohenkirchen im Auftrag Jakobs eine Siedlung für Bergarbeiter gebaut, die in ihrer Einfachheit und Zweckmäßigkeit den vollen Beifall Fuggers gefunden hatte. Wenn man nun den alten Reichsstädten ein Beispiel gäbe und mitten in

Ulrich Fugger, Kopie nach Hans Maler zu Schwaz, Schloß Wellenburg.

Hieronymus Fugger, Kupferstich von Dominicus Custos, 1593.

einem armen Wohnviertel an Stelle von erbärmlichen Holzhütten, finsteren Gassen und Abfallgruben eine Mustersiedlung mit freundlichen Häuschen und sauberen Gassen und Plätzen erstehen ließe? Urplötzlich hatte Jakob Fugger das Bild einer kleinen geschlossenen Siedlung vor sich, die irgendwo seine Aufmerksamkeit erregt hatte. Wo aber war das gewesen? Im Katharinenhospiz zu Gent, ja! Am Genter Kranstadel hatten christliche Nächstenliebe und Fürsorge eine Anzahl hübscher kleiner Wohnungen für arme Leute gebaut.

Krebs war zu solch einem Plan der rechte Mann. In Georgenthal hatte er bewiesen, wie billig man eine ganze Stadt im kleinen bauen konnte, sobald man ein Haus wie das andere baute. Man sparte Arbeit und Zeit. Die Baumaterialien konnten im großen gekauft, hergerichtet und ausgenützt werden. Fugger war sofort entschlossen. Am 6. Juni 1516 ließ er durch seinen Rechtsvertreter Bernhard Kag einen Vertragsbrief entwerfen, daß in der Jakobervorstadt auf Fuggerschem Grund eine neue kleine Stadt gebaut werden sollte. Da hieß es: »Gott dem Allmächtigen zum Lob und zur Förderung des eigenen Seelenheils haben wir für etliche arme bedürftige Bürger und Inwohner zu Augsburg, Handwerker, Taglöhner und andre, welche nicht betteln wollen, etliche Häuser am Kappenzipfel in Bau genommen und soll der Hauszins ohne besondere Verpflichtung im Jahr 1 Gulden betragen.«

Fugger wollte nicht Bettler versorgen, sondern Kleinbürger, aus deren Schichten sein Großvater aufgestiegen war. Deshalb sollte ein Gulden entrichtet werden: nicht als Mietzins, sondern als Anerkennungsgebühr, um den Bewohnern das Gefühl zu geben, sie seien nicht Objekt einer fatalen Mildtätigkeit. Der nüchterne Kaufmann dachte auch hier besser und sauberer als die Sozialapostel seiner und aller Zeiten.

Während der ersten drei Jahre entstanden vierzig Häuser, bald sollten es fünfzig und sechzig werden. Als Albrecht Dürer 1520 nach Augsburg kam, um Jakob zu malen, führte dieser seinen berühmten Gast selbst in die »Fuggerei«. In Begleitung des Baumeisters Krebs betraten sie durch das Herrentor die Siedlung, welche in ihrer Geschlossenheit Dürer Ausrufe ehrlicher Bewunderung entlockte. Das dunkle Gelb der Fassaden, das Rot der Ziegeldächer, das Grün der Fensterläden gaben ein anmutiges Bild. An den Wänden rankte der Wein, an den Toren gab es zierliche Wappenschilder und an den Ecken Heiligenfiguren in Nischen. Reizend waren die Treppengiebel und die Schnäbel der Wasserspeier. Jedes Haus enthielt eine untere und eine obere Wohnung, aber jede hatte ihren besonderen Zugang. Die kleinen Zimmer heimelten an, die Küchen waren hell und sauber. Der Herd war mit einem Rauchfang überwölbt.

Dort würde ein Brunnen gegraben werden: Thomas Krebs wies auf den Mittelpunkt der kleinen Fuggerstadt hin, wo sich die Herren- und die Ochsengasse kreuzten. Der Perlach lugte neugierig herüber. Über dem Herrentor wurde eben eine Tafel angebracht. Albrecht Dürer las:

MDXIX
Die Brüder Ulrich, Georg und Jakob Fugger aus
Augsburg,
Leibliche Brüder, zum Besten der Stadt geboren,
Haben aus Frömmigkeit
Und da sie ihr Vermögen der Güte Gottes danken,
Zum Vorbild besonderer Freigebigkeit
Hundertundsechs Wohnungen mit Bau und Einrichtung
Ihren Mitbürgern,
Die rechtschaffen, aber von Armut heimgesucht sind,
Geschenkt, gegeben und gewidmet.

20

Das Schlößchen Fuggerau lag in einer idyllischen Senke bei Villach in Kärnten. Im Jahre 1516 wurde es fertig, ganz in der Nähe des größten Fuggerschen Hüttenwerks, der Seigerwerke zur Trennung von Silber und Kupfer.

Jakob und seine Frau verlebten einen Teil des Sommers 1517 in Fuggerau. Fröhlich fuhren beide, wie vordem, in ihrer Kutsche durch die lichten Wälder Kärntens, bis das bunte Laub auf die Wege fiel. Das Schloß gefiel Sibylle. Der große Gutshof, welcher das Hüttenwerk mit Naturalien versorgen mußte, erregte ihre Bewunderung. Eines Tages sah sie ihren Mann im Förderstuhl des Bleiwerks Arnoldstein unter die Erde sinken. Und es kamen ihr, bis er wieder leibhaftig vor ihr stand, eigene Gedanken. Noch galt es ja weithin als Unrecht an der gotterschaffenen Erde, wenn man sie ihrer verborgenen Schätze beraubte. Auch die Ansammlung vieler zum Teil landfremder Arbeiter um ein Bergwerk stellte Probleme, mit denen man nur schwer fertig wurde. Kaiser Max hatte Gesetze erlassen, in denen die Rechte und Pflichten der Gewerke und Bergleute abgestimmt wurden. Er sicherte ausreichende Entlöhnung zu, setzte die Zahl der Arbeitstage fest, sorgte für Alter und Krankheit der Bergknappen und Hüttenarbeiter, schlichtete durch Ausschüsse Streitigkeiten mit den Besitzern und Unternehmern und erließ strenge Gesetze gegen widerrechtliches Fortbleiben von der Arbeit. Auf diese Weise hatte sich der Kaiser in Tirol den Namen eines Vaters der Bergleute erworben.

Abends saßen Sibylle und ihr Mann in dem Schlößchen Fuggerau einander schweigend gegenüber, schweigend nahmen sie ihr Mahl. Dachte sie an die Wälder, Täler und Höhen? Dachte Jakob an die Erträge und die Förderung seiner Verbundwirtschaft?

Jakob grübelte, warum Sibylle ihm so fern sei. Schmerzte sie wie ihn, daß ihre Ehe kinderlos geblieben war? Warum war die Ehe nach sechzehn Jahren kinderlos? Sein Haar wurde grau, doch sie war jung und ihr Haar glänzte kupferhell. Rätselhaft verschloß sie sich vor ihm. Regina Fugger, die Schwägerin, geborene Imhof, schien ihre einzige persönliche Vertraute zu sein. Die Imhofs waren Freunde der Langenmantel, Adler, Welser, Hirschvogel und Rehlinger, der alten Geschlechter, die ihn, den Grafen Fugger, als Emporkömmling betrachteten. Seine Frau aber war ihnen recht: Gesichter der Hölle!

Sibylle schrie mit einem Male auf und verbarg ihr Gesicht in den Händen: So hatte sie ihn vor sich gesehen am Morgen dieses Tages, als er mit unbewegter Miene, den Blick der grauen Augen starr auf sie gerichtet, innerlich abwesend, fern, am Arnoldstein in die Grube gefahren war.

»Was ist dir, Sibyll, was erschreckt dich?«

Sie sagte nichts, hielt nur seine Hand fest.

»Du bist gut, Jakob«, sagte sie dann.

Er beschenkte sie reich. Da hatten die Osmanen den Sultan von Kairo besiegt, sein Land genommen und den levantinischen Handel lahmgelegt. In Venedig fallierten große Namen. Auch die Welser gerieten vorübergehend in Zahlungsschwierigkeiten, denn nach der glücklichen Rückkehr der deutschen Schiffe aus Indien hatte der König von Portugal seinen Gewinnanteil plötzlich erhöht. Jakob ging an eine verschlossene Truhe und brachte ein Kästchen herbei, das er vor ihr öffnete. Ein großer Edelstein kam zum Vorschein, ein Diamant von 72 venezianischen Karat (16 Gramm), der 29 800 Dukaten gekostet hatte.

»Es ist der Stirndiamant des Sultans von Kairo«, sagte Jakob.

»Des Sultans von Kairo«, flüsterte sie, als hätten die Worte sie erschreckt.

»Gestern ist er durch einen reitenden Boten aus Venedig überbracht worden. Georg Spengler hat ihn dort für mich gekauft.«

Spengler war der zweite Faktor der Fugger in Venedig.

»Und was willst du mit ihm?«

Jakob lächelte: »Es gibt im Orient eine Vorschrift, wie man sein Besitztum anlegen muß. Die Juden haben sie nach Europa gebracht, Erfahrung von Jahrtausenden, sie heißt: ein Drittel deines Vermögens lege in Grundstücken an, ein Drittel in Kostbarkeiten und nur das letzte Drittel verwende als Kapital im Geschäft.«

»Ist das dein Prinzip?« fragte sie.

»Ich habe kein Prinzip, sondern eine Methode, und sie hat mich vor Schäden bewahrt, während andere, die sie nicht befolgt haben, zugrunde gehen mußten; ich trachte nirgends nach übertriebenem Gewinn, sondern weise jeder Operation bestimmte Schranken zu. Servare modum finemque tenere. Ich könnte jeweils mehr erreichen, aber ich verzichte darauf. So habe ich auf die Dauer das meiste erreicht.«

»Ach, Jakob«, sagte sie.

»Der Stein ist für dich, Sibyll, du sollst ihn in einem Diadem tragen.«

»Für mich?«

»Nimm ihn!«

»Ich will diesen Stein nicht«, sagte sie ruhig, in das Kästchen blikkend. Der Glanz des Diamanten auf dem bläulichen Samt löste sich im Tränenschleier ihrer Augen auf. Jakob streichelte ihr Haar und führte sie in ihr Zimmer. Doch als er sie in die Arme nehmen wollte, schien sie wieder zu erschrecken und wandte sich ab. Da ließ er sie allein und ging in sein Zimmer hinüber.

Als sie im Herbst zurückkamen nach Augsburg, war das große Haus fast leer. Die Neffen Raimund und Antoni befanden sich auf einer Europareise, die sie von Nürnberg über Breslau nach Danzig, von dort zu Schiff nach Antwerpen führte. Diese Stadt war in den letzten Jahrzehnten zum Welthandelsplatz geworden, fast wichtiger als Venedig. Nicht nur der Warenhandel, sondern auch der Geldhandel konzentrierte sich hier. In diesen Antwerpener Warenstrom ließen die Fugger die Erzausbeute der deutschen und ungarischen Bergwerke fließen. Auf den Flüssen Weichsel, Oder, Elbe, Weser, jedoch auch auf dem Landweg, kam das Erz zur See und dann zu Schiff nach Antwerpen. Die süddeutschen Erzeugnisse, vor allem die schwäbischen Webeprodukte, kamen nach Antwerpen. Hier war der große Markt für Barchent.

Besondere Bedeutung hatte Antwerpen für die Fugger bekommen, als die Stadt in den Mittelpunkt des europäischen Finanzgeschäftes rückte. Auf der Antwerpener Geldbörse trafen sich italienische, spanische, deutsche, englische und niederländische Makler. Die Fuggerbank als Institut englischer Kredite für Habsburg überragte zeitweise alle anderen an Bedeutung.

Hier sahen die jungen Herren Antoni und Raimund die ganze Ausdehnung ihrer eigenen Firma und konnten Einblick in die Geschäftsbücher nehmen. Jakob pflegte ihnen das in Augsburg selten zu gestatten, weniger aus Mißtrauen als weil er den Neffen keine rechte Einsicht zutraute. Die sollten sie jetzt gewinnen. Er hatte sie deshalb auch mit dem heiklen Auftrag betraut, in Warschau bei jenem Fugger der Rehlinie einen Besuch zu machen, der sich als einziger aus dem Vetternstamm bewährt hatte und eine angesehene Firma besaß. Tatsächlich hatte man sich gut verstanden, und der Rehfugger kam mit dem Stammhaus in Geschäftsverbindung.

Von Antwerpen ging die Reise der Kavaliere nach Lissabon, Palos und Marseille, um in Genua zu enden. Mit Spanien hatte man damals kaum geschäftliche Verbindung, auch nicht mit Frankreich.

Ulrich, der älteste Neffe, saß im Auftrag des Onkels immer noch in Schwaz, während Hieronymus bei Freunden in Köln war.

Jakob Fugger hatte in der Goldenen Schreibstube einen neuen Buchhalter, einen geborenen Augsburger, namens Matthäus Schwarz, Sohn eines Weinhändlers. Schwarz hatte in Venedig die reichmachende Kunst der hohen Kaufmannschaft erlernt, galt als überaus begabt und erfinderisch, pfiffig und geschäftstüchtig. Er war mit zwanzig Jahren auf Probe bei der Fuggerschen Handlung angestellt worden. Persönlich war er das Gegenstück seines Chefs, ein lustiger Gnom, zu Streichen aufgelegt und eitel wie ein Frauenzimmer. In seinem Fach, der doppelten Buchhaltung, hatte er alle Mitbewerber mit solchem Vorsprung hinter sich gelassen, daß Fugger ihn bald zum Hauptbuchhalter bestellte, einen reichlich jungen und anmaßenden Herrn, der mit seinen venezianischen Erfahrungen zu prahlen liebte.

Anfangs war Schwarz auch über den Chef hergezogen und hatte geglaubt, er könne Jakob Fugger mit italienischen Finessen in der Buchführung zum Staunen bringen. Doch bald mußte er bekennen: »Da mußte ich mich schämen, denn besser als bei ihm in Augsburg hätte ich es auch in Venedig nicht lernen können.« Sonst aber war Schwarz nicht aus der Fassung zu bringen. Nie konnte er den Mund halten, ein Witz jagte den anderen und rang selbst dem ernsten Fugger ein Lächeln ab. Mit boshaft spitzer Zunge verstand er ironische Bemerkungen zu machen.

Er sagte: »Zins ist Interesse – das heißt höflich gewuchert.« Solch ein Wort machte rasch die Runde. Ein anderes Bonmot Schwarz' hieß: »Finanz machen – heißt höflich gestohlen.« Oder: »Drei, die miteinander Buch halten – soll heißen, daß selten diese drei Personen alle Schelme und eines Sinnes sind. Dann wird der Herr nicht betrogen und bleiben die Diener treu.« Auch wußte er hübsche Wortspiele aus den italienischen banktechnischen Ausdrücken zu drechseln: »Conto aparte – heißt: Geld, das für Nichtstuerei abgeht.«

»Conto di tempo – heißt: Morgen geht's in den Schuldturm!«

»Conto corrento – heißt: Der darf noch was pumpen.«

Der junge Buchhalter hatte die Absicht, eine »Meisterbuchhaltung für junge Kaufleute« zu schreiben und gab sich der freundlichen Hoffnung hin, Jakob Fugger würde das Werk auf Kosten der Firma in einer der berühmten Augsburger Offizinen drucken lassen. Von dem Buch würden die jungen Herren profitieren können ...

Es gab vorläufig Wichtigeres zu tun.

Erzbischof Albrecht von Mainz-Brandenburg-Magdeburg-Halberstadt schuldete dem Heiligen Stuhl für das Pallium noch 21 000 Gulden. Vertreter der Fuggerschen Bank sollten nun zu allen Ablaßkästen Schlüssel erhalten, die Kästen im Beisein von Notaren öffnen, die in ihnen befindlichen Geldsummen ausschütten und vor den Notaren zählen, verbuchen und nach Augsburg weiterleiten. Die Hälfte der Gelder galt als Tilgung der Palliumschuld, blieb also den Fuggern, die das Geld vorgelegt hatten, die andere Hälfte ging nach Rom und sollte für die Fertigstellung der Peterskirche benützt werden.

Nun reisten also achtzehn Vertreter der Fuggerschen Firma im Gefolge der Ablaßprediger von Ort zu Ort und nahmen in den Sakristeien der Kirchen, in Anwesenheit städtischer Notare, das Geld in Empfang. Im Jahre 1518, nach den ersten drei Ablaßjahren, verzeichnete die Abrechnung des Erzbischofs von Mainz bei der Firma Jakob Fugger und Gebrüder Söhne in Augsburg:

Ausgaben	48 236	Gulden
Einnahmen	42 043	Gulden
Bleibt Rest	6 193	Gulden

Man hatte also in drei Jahren fast die ganze Schuld bis auf den Rest durch die Ablaßprediger einbringen können.

Während sich dies Geschäft nicht ungünstig entwickelte, stand es um den Kaiser schlecht. Die Majestät kränkelte und hatte in knapp zwei Jahren in den Niederlanden fast die gesamten 50 000 Gulden, die sie von dem Kartell Fugger-Höchstetter erhalten hatte, zur Stimmungmache für den Enkel Carlos verbraucht – und natürlich zum eigenen Leben

Der Antwerpener Faktor der Fugger, der zu allen Audienzen zugezogen wurde, sah sich jetzt gezwungen, die Ohren des immer geldhungrigen Monarchen mit leeren Versprechungen zu füllen. Maximilians Kopflosigkeit in jenen Tagen war so groß – als die erhofften englischen Hilfsgelder ausblieben –, daß der englische Gesandte nach London schrieb, die Majestät betrage sich wie ein unmündiger Knabe.

Endlich gelang es dem Schatzmeister Villinger, die notwendige Reise des jungen Prinzen Karl nach Spanien mit Wechseln des Hauses Fugger in Höhe von 94 000 Gulden zu finanzieren, während sich zu gleicher Zeit Frundsberg in mühseligen, entbehrungsreichen Kämpfen gegen den französischen König Franz I. behaupten mußte. Da-

mit war der Kaiser seiner größten Sorge ledig und eilte zur Fastnacht nach Augsburg. Er wollte seine Tage in Fröhlichkeit beenden. Für den Sommer war wieder ein großer Reichstag ausgeschrieben.
Ein Tanz der Geschlechter eröffnete bald nach der Ankunft des Kaisers die Festlichkeiten. Maximilian saß mit den galantesten Herren von Augsburg in seiner Loge im Tanzhaus, und alle schönen Frauen der Stadt sollten in orientalischer Weise verhüllt vor der Majestät und seiner Begleitung im Takt der Pauken und Zimbeln vorüberschreiten. Dann mußte Kardinal Matthäus Lang die Damen höflich bitten, »den neidischen Putz abzulegen und ihre Reize zu enthüllen.« Der Kaiser bestimmte darauf die Tanzpaare oder ließ sich von seinem Schalksnarren beliebige Namen zuflüstern; so geschah es durch Narrenspruch, daß Konrad Rehlinger Sibylle Fugger zum Tanz führte. Rehlinger veranstaltete bald darauf für seinen Kaiser eine mehrtägige Jagd und lud auch Fugger ein, der ablehnte.
Der Kaiser lag jedoch krank im Bett, und als endlich Matthäus Lang den Beginn des Reichstags verkündete, versäumte die Römische Majestät krankheitshalber eine lange Reihe von Sitzungen. Als Max wieder aufstehen konnte, vermählte er mit allem Pomp und aller Pracht des Reiches den Markgrafen Kasimir von Brandenburg mit der bayerischen Prinzessin Susanne. Dann überreichte er dem Kurfürsten Albrecht von Mainz, um ihn für die Kaiserwahl seines Enkels Karl im voraus günstig zu stimmen, den Kardinalshut. Am gleichen Tage krönte er Ulrich von Hutten durch Peutingers Tochter Katharina als letzten Minnesänger mit dem goldenen Lorbeer der Poesie. Hutten sang damals: »Es ist eine Lust zu leben.«
Nun brachten die mitteldeutschen Fürsten unter Führung Friedrichs von Sachsen einen scharfen Protest gegen den Ablaßhandel in deutschen Landen ein. Sie waren, wie sich bald herausstellte, der Meinung, die Henne mit den goldenen Eiern entschlüpfe nach Rom, und es sei besser, sie ganz im eigenen Lande zu rupfen. Mit bösem Echo hallte der Name Fugger von den Wänden des großen Sitzungssaales im Fronhof wider. Tags darauf wollten die Fürsten ihre Beschwerde zu einem allgemeinen Angriff auf die monopolistischen Handelsgesellschaften erweitern und erinnerten an den Kölner Reichstag von 1512, der ein Verbot gegen die schädlichen Kontrakt-

aufkäufer in den Reichstagsabschied aufgenommen hatte. Peutinger sollte als Anwalt der Städte und großen Kaufleute in den nächsten Tagen das Wort ergreifen. Da aber machten sich in ganz Schwaben Anzeichen eines bösen Fiebers bemerkbar. Der Kaiser verließ aus Angst vor dem großen Sterben die Stadt am 4. Oktober des Jahres 1518 mit den Worten: »Behüt dich Gott, du liebes Augsburg!«

Die Fürsten blieben zusammen, doch schien sich nun das Thema ihrer Verhandlungen völlig zu wandeln. Am 7. Oktober war unter dem Schutz seines Landesherrn Friedrich von Sachsen ein Augustinermönch namens Dr. Martin Luther aus Wittenberg in Augsburg eingetroffen und hatte bei den Karmelitern von St. Anna Wohnung genommen. Luther war dadurch bekannt geworden, daß er auf der Kanzel heftig gegen den Ablaßhandel und seine Methoden Stellung genommen hatte. Nun sollte er vor dem päpstlichen Bevollmächtigten Cajetan für sein Verhalten Rede und Antwort stehen.

Cajetan war ein gelehrter Dominikaner von bedeutendem Ruf in der Fachwelt, ein höflicher und gewandter Italiener. Er gehörte in Rom zu den unter Leo X. seltenen Kardinälen, die sich ihrer Stellung bewußt waren und ihr Amt nach bestem Gewissen und zum Segen der Kirche verwalteten. Er war General der Dominikaner und hatte einen berühmten Kommentar zur Summa des Thomas von Aquin geschrieben. Sein Auftrag in Deutschland war, für den beabsichtigten Kreuzzug gegen die Türken zu wirken. Über den Mönch Luther stand in seiner Instruktion kein Wort, weil Luther in Rom unbekannt geblieben war.

Als ihm in Augsburg der Fall vorgetragen wurde, hatte er sich sogleich ernsthaft in Luthers Schriften über die strittigen Fragen vertieft und legte das Ergebnis seiner Studien in vier kleinen Aufsätzen nieder.

Luther war nicht in bester Stimmung. Zwar hatte ihm der Kurfürst zwanzig Gulden Reisegeld gegeben, aber schon in Nürnberg war er völlig abgerissen angekommen, denn er mußte zu Fuß reisen, und der Weg durch Mitteldeutschland war recht mühselig. Zwei Gedanken verfolgten ihn, wie er später erzählte, unausgesetzt, nämlich der an den Scheiterhaufen, auf dem er wie Hus enden könne, und der an die Schande, welche er seinen guten Eltern dadurch bereiten würde.

In Nürnberg und Augsburg stieg seine Laune freilich. Alle wollten den Mann sehen, der es wagte, ein so großes Feuer anzuzünden. In Augsburg lud ihn der berühmte Peutinger zum Essen ein, denn er war sehr neugierig auf das »schäbige Brüderlein«.

Am neunten Oktober ließ sich Urban de Serralongo aus der Gefolgschaft des Kardinals im Karmeliterhof bei dem Ketzer melden und versuchte ihn »in italienischem Stil« zu bearbeiten. Es falle ihm doch gewiß leicht, sagte er zu Luther, die sechs Buchstaben Revoco (ich widerrufe) auszusprechen.

»Ich will meine Behauptung rechtfertigen, unter allen Umständen«, erwiderte Luther.

»Ei, ei, wollen Sie ein Ringelrennen? Sie haben die Ablaßgeschichte viel zu schwer genommen!« So stritten sie hin und her; zuletzt meinte Urban: »Meinen Sie, daß Ihr Kurfürst Ihretwegen zu den Waffen greift?«

»Keineswegs.«

»Aber wo wollen Sie dann bleiben?«

»Sub Caelo, unterm Himmel«, sagte Luther, worauf Urban es für angezeigt hielt, sich zu empfehlen.

Die Begegnung Luthers mit Cajetan fand im Fuggerschen Hause statt. Der Kardinal war anfangs recht freundlich und suchte Luther zum Widerruf einiger Sätze aus seinen an der Schloßkirche von Wittenberg angeschlagenen Thesen zu bewegen; vor allem sei der Satz, »nicht das Sakrament, sondern der Glaube rechtfertige«, ketzerisch.

Unterm Hin- und Herreden wurden Cajetan strenger, Luther selbstbewußter. Der Kardinal glaubte sein Spiel schließlich gewonnen zu haben, als Luther eine schriftliche Darlegung seiner Meinung versprach.

Luther aber schrieb darin: sein Gewissen erlaube ihm nicht zu widerrufen.

Längst war man vom ersten Thema, den Mißbräuchen des Ablaßwesens, abgekommen. Ein längeres Stillschweigen des Kardinals kam den sächsischen Freunden Luthers schließlich so unheimlich vor, daß sie beschlossen, ihren Schützling fortzuschaffen. Der Domherr Langenmantel öffnete ihm bei Nacht ein Pförtchen in der Mauer. Nach zwei Tagen war Luther in Nürnberg, wo er von Willibald Pirckheimer mit großen Ehren bewirtet wurde.

Ob Jakob Fugger, der wenige Türen weiter in seiner Goldenen Schreibstube Fürsten und Prälaten empfing, ahnte, daß soeben die Entscheidung gegen seine Welt aus dem Munde dieses hartnäckigen Mönches gefallen war?
Der Kaiser war unterdes nach Innsbruck gekommen, wo ihn Schneefall zwang, längeren Aufenthalt auf seiner Burg zu nehmen. Am 11. Januar 1519 erreichte er ein dürftiges Quartier in Wels, noch in gleicher Nacht mußte ihm sein Propst die letzte Ölung spenden. »Der Kaiser ist tot!« So drang die Kunde in zwei Tagen nach Augsburg. Tags darauf fand im Dom ein feierliches Requiem statt. Alle Patrizier, alle Kaufherren waren mit ihren Frauen erschienen, tief in Schwarz gekleidet. Auch Sibylle Fugger trug eine brennende Kerze zum Gedächtnis des toten Kaisers Maximilian und hing bedrückt am Arm ihres Mannes. Paar auf Paar zog an der im Chor aufgestellten Totenbahre vorüber. Die Trauerklage der Kirche, Dies irae, dies illa, wurde nach der Epistel gesungen.
Zu Hause angelangt, brach Sibylle in Tränen aus: »Der Kaiser ist tot, jetzt wird es traurige Zeit!« rief sie fassungslos, während die Zofe ihr den schweren Schleier abnahm.

21

Im Hof der Reichsabtei von St. Ulrich stand der Steinblock, dem nun kein Künstler mehr Gestalt gab. Unfertig ragten die Umrisse eines gewaltigen Ritters über den mächtigen Klotz eines Pferdes empor. Eine Krone, so schien es, zierte den Kopf, ein Schwert, so schien es, ragte stumpf in die Luft. Über das Reich hatte sich feierliche Ruhe gelegt, als ginge eine Zeit ihrem Ende zu, die Zeit des letzten Ritters Maximilian. In Augsburg wurden sechzig Seelenmessen für den toten Kaiser gelesen. Es war ihm nicht mehr gelungen, seinem Enkel, dem ehemaligen Prinzen Carlos, jetzigem König Karl I. von Spanien, die Kaiserkrone des Heiligen Römischen Reiches zu sichern. Vielmehr bewarben sich nun auch Franz von Frankreich und Heinrich von England um die höchste politische Würde der Christenheit. Von den zweiunddreißig Ahnen Karls war nur der habsburgische deutsch. Vom nationalen Gesichtspunkt her war es gleich, ob Karl, Heinrich oder Franz Maximilians Würde erbte.

Jakob Fugger saß in der Goldenen Schreibstube, doch nicht hinter alltäglichen Geschäften. Der erste Buchhalter, Schwarz, vertrat seinen Herrn in den kaufmännischen Dingen. Er war es, der manchmal auf Zehenspitzen in die Schreibstube kam und neue Nachrichten für seinen Herrn auf ein Tischchen legte. Viele Boten kamen und gingen. Der Fuggersche Geheim- und Spionagedienst lief an allen Höfen und Börsen auf Hochtouren.

Schon im September des Jahres 1519 hatte Kaiser Max in aller Stille mit dem Florentiner Bankier Filippo Gualterotti wegen der Inszenierung der bevorstehenden Wahl seines Enkels zum römischen König Verhandlungen gepflogen. Gualterotti erklärte damals, er sei außerstande, die Finanzierung dieser Angelegenheit allein zu leisten. Er hatte die Namen anderer Florentiner und der Augsburger Welser genannt, mit denen er in geschäftlicher Beziehung stand. Im Januar 1519 hatte man die Verhandlungen von Innsbruck aus zu einem vorläufigen Abschluß gebracht. Die Welser würden sich an der bevorstehenden Königswahl mit 100 000 Gulden sowie 25 000 Kronen beteiligen, der Florentiner Gualterotti, die Genuesen Benedetto und Agostinho Fornari und Lorenzo Vivaldi gäben je 55 000 Gulden. Sie alle übermittelten der spanischen Regierung Wechsel für Augsburg und Frankfurt am Main und verpflichteten sich, im Laufe des April dem deutschen Vertreter Karls und kaiserlichen Rat Paul von Armstorffer die Summen für die Gewinnung der Kurfürstenstimmen zugehen zu lassen – jedoch nur für den Fall, daß der Enkel des Kaisers zum römischen König gewählt würde.

Armstorffer kam jetzt mit den Wechseln nach Deutschland und wußte nicht, was er mit seiner Brieftasche voll Papieren anfangen sollte.

Längst hatte Jakob von diesen Machenschaften erfahren, aber er rührte sich nicht. Er wußte, daß um die Krone Karls des Großen ein finanzieller Kampf von europäischen Ausmaßen entbrannt war. König Franz I. hatte Herzog Ulrich von Württemberg, den geächteten Reichsfeind, mit Geld auf seine Seite gebracht. Ulrich Arzt hatte diese Nachricht schon Ende des vorigen Jahres aus der Kanzlei des Schwäbischen Bundes mitgeteilt. Auch Herzog Heinrich von Braunschweig, die Herzöge von Geldern und Mecklenburg und der Ritter Franz von Sickingen hatten französisches Geld genommen.

Franz I. rühmte sich, er werde die halbe Jahreseinnahme seines straff zentralisierten Königreichs an die Erwerbung der römischen Krone setzen, also fast zwei Millionen Dukaten (etwa 5 Millionen Goldmark). Er hatte schwer bewachte Wagen nach Westdeutschland bringen lassen, und man flüsterte, darin sei das französische Geld für die deutschen Fürsten. Fugger erfuhr von vorerst geheimen Verhandlungen der Franzosen mit Kurfürst Joachim von Brandenburg, dessen Sohn eine französische Prinzessin mit 300 000 Dukaten Mitgift versprochen worden sei.

Strebte Franz wirklich nach der Krone des Reiches? Hier setzten Fuggers Kombinationen und Vermutungen ein.

Bald kamen aus Genua weitere Nachrichten: Franz hatte sich – vergeblich obendrein – bei der Republik um ein Darlehen von achttausend Skudi beworben. Auch ein Versuch in Lyon, dem wichtigsten Börsenplatz seines Reiches, Kredit zu erhalten, war mißglückt, weil die dortigen Florentiner, wie es hieß, kein Geschäft gegen Habsburg wagten. Dann wieder teilte Wolf Haller aus Antwerpen mit, die französischen Bemühungen seien äußerst ernst zu nehmen; es seien alle möglichen Machenschaften im Gange, die deutsch-römische Krone für Franz zu gewinnen. Die Mutter des Königs habe ihr Riesenvermögen dafür zur Verfügung gestellt. Wenn das stimmte, wenn Valois statt Habsburg die Krone erhielte, dann, wußte Fugger, war es mit seinen Privilegien und Kontrakten vorbei. Sogleich ging ein Eilbote nach Antwerpen, und Haller erhielt Anweisung, sich mit dem nächsten Schiff nach Spanien zu begeben und die Nähe König Karls zu suchen.

Fugger hatte genaue Erkundigungen über Karl eingezogen. Nach dem Tode seines Vaters Philipp hatte man den Knaben der Mutter, der angeblich wahnsinnigen Königin Johanna, fortgenommen und unter Aufsicht von Maximilians Schwester, der Statthalterin der Niederlande, Erzherzogin Margarethe, erziehen lassen. Margarethe war die klügste Frau der damaligen Politik. Sie ersetzte dem Prinzen nicht nur Vater und Mutter, sondern wußte die Niederlande für Habsburg zu gewinnen und in dem Prinzen ein Gefühl für seine burgundische Heimat zu wecken. In Löwen hatten ihn Professoren der dortigen berühmten Universität sorgfältig auf seine Aufgaben vorbereitet, an ihrer Spitze der spätere deutsche Papst Hadrian. 1506 hatte er von seinem Vater Philipp Burgund, Kastilien und die Länder der Neuen Welt, 1516 als König von Spanien Neapel und Sizilien geerbt.

Karl war jetzt achtzehn Jahre alt, ein körperlich zarter Jüngling, beinah schüchtern, doch erfüllt von spanischem Königsgefühl und den Idealen burgundischer Hoheit. Er hatte einen durchdringenden Verstand, sprach spanisch, französisch, lateinisch, ziemlich schlecht deutsch und soviel niederländisch, wie er in seiner Jugend in Gent aufgeschnappt hatte. Er schien Abenteuern abhold, war gegen die Umwelt förmlich, in seinen Entschlüssen zögernd und nicht berechenbar. Nondum – noch nicht, war vorerst sein Wahlspruch. Große Geschäftskenntnis, zumal finanzieller Art, konnte er unmöglich besitzen. Aber er hatte vorzügliche Ratgeber, Niederländer und Spanier. Dem Eifer seines Großvaters, alle Kronen auf sein Haupt zu vereinigen, hatte er vermutlich skeptisch gegenübergestanden.

Der französische König hingegen, sein Vetter, war 25 Jahre alt, ein glänzender Kopf mit Witz und Verstand, Liebling seines Volkes, ritterlich und verschlagen zugleich, gewandter Militär und Beherrscher eines Staates, der sich in streng geschlossenen Kreisen um die königliche Macht und ihre Stadt Paris gruppierte, also eines Beamtenstaats mit einer bis ins kleinste gehenden Verwaltung und zuverlässigem Finanzwesen. Franz konnte seine Einkünfte auf Jahre im voraus berechnen. Seine Mutter, die Herzogin von Angoulême, hing abgöttisch an ihm. Frankreich war ein Staat, Deutschland ein Reich. Der Staat war durchsichtig und klar aufgebaut, die königliche Macht war fast unbestritten, die Finanzen waren geregelt. Das Reich Karls des Großen aber? Zwiespältig funkelte die Krone, die einst zwei Völkern zugehörig war, von sakramentalem Glanz geheiligt, machtmäßig kaum mehr als eine Dekoration für ein ehrgeiziges Dynastengeschlecht. Gleichwohl strebten alle nach ihr.

Jakob Fugger beschloß, der Familie Maximilians die Treue zu halten. Zwar hatte Franz auch ihm lockende Angebote gemacht: er solle für 300 000 Gulden französische Wechsel übernehmen; daran wären zehn Prozent zu verdienen. Aber Jakob lehnte ab. Als Paul Armstorffer zu Fugger kam, um ihm die Wechsel der Florentiner, Genueser und Welser zur Aufbewahrung zu übergeben, wurde er freilich sehr ungnädig empfangen. Jakob warf Armstorffer vor, daß man sein Haus bei der finanziellen Vermittlung geflissentlich habe

ausschalten wollen. Es sei fast eine Dreistigkeit, ihm die Wechsel der kaufmännischen Konkurrenz zu übergeben. Weshalb habe man ihn nicht eher beigezogen?
Armstorffer war gewandt genug, die fernen spanischen Verhältnisse als Grund zu nennen. In Spanien kenne man die Welser und Genuesen sehr gut, aber die Fuggerbank habe ja nicht einmal eigene Niederlassungen in Spanien.
»Die Katholische Majestät sollte wissen«, erwiderte Fugger, »wer das Finanzgeschäft mit den deutschen Kurfürsten allein regeln kann. Jetzt verkaufen sich die Herren bereits wesentlich teuerer als vor einem Jahr, weil der Franzose das Angebot steigert. Es wird ein erbärmlicher Handel um die Krone des Reiches.« Während er, Fugger, den Vertreter des französischen Königs mit leeren Händen nach Hause geschickt und seinen Faktoren in Lyon und Antwerpen verboten habe, Wechselgeschäfte mit dem Pariser Hof zu tätigen, verschacherten die deutschen Fürsten ihre Stimmen an den Meistbietenden.
Armstorffer war betreten. »Das Haus Wettin ist Ihr Kunde, Fugger!«
»Kurfürst Friedrich von Sachsen ist Reichsverweser. Er hat die angebotene Krone ausgeschlagen, denn seine Hausmacht ist zu schwach. Das ist ein weiser Mann. – Ihre Wechsel sind viel zu gering, Armstorffer.«
»König Heinrich VIII. hat kürzlich bei den Gualterotti angefragt ...«
» ... was die deutsche Krone kostet, ich weiß«, fiel Fugger ihm ins Wort. »Wissen Sie denn, was sie kostet, Herr von Armstorffer, wenn wir schon geschäftlich reden?«
»Ich habe etwa 350 000 Gulden.«
»Im März sprach man von 500 000 Gulden, doch die Stimmen der Kurfürsten von Mainz, Trier, Pfalz und Brandenburg waren und sind unsicher. Was wollen die Herren tun?«
Armstorffer zuckte die Achseln.
Jakob Fugger wartete Wochen und Wochen auf Zeitungen von Wolf Haller. Wie war es zu erklären, daß Haller keine Berichte schickte? War er zu König Karl vorgedrungen, hatte er ihm klarmachen können, daß nur das Haus Fugger die nötigen Summen in Deutschland flüssigmachen könne?

Die Zeit verging, der Brandenburger zögerte noch immer, es war offenes Geheimnis, daß König Franz sein Angebot nochmals gesteigert hatte. Die Welser sahen, daß ihr Geld nicht reichte. Unter dem Vorwand, der kostspielige Krieg des Schwäbischen Bundes gegen den Württemberger sei noch nicht beendet und ein Krieg der Stadt Nürnberg mit dem Markgrafen von Brandenburg-Kulmbach sei im Entstehen, wollten sie sich von dem Geschäft zurückziehen.
Der Papst schaltete sich ein. Der Gedanke, daß sein Nachbar in Neapel als deutscher Kaiser nächstens auch in Mailand und Florenz sitzen werde, war ihm so unbehaglich, daß er auf seine Genueser und Augsburger Bankiers einzuwirken suchte, Karl fallen zu lassen. Zink war recht alt geworden. Antoni Fugger stand ihm jetzt zur Seite und leitete die römische Niederlassung sehr geschickt.
Im April war der Preis der Krone auf 720 000 Gulden gestiegen. Als Ende Mai der Brandenburger, und mit ihm viele deutsche Fürsten, Grafen, Ritter, offen ins französische Lager überschwenkte, stieg der Preis auf 850 000 Gulden. Habsburg schien verloren zu sein. Doch in diesem Augenblick gab Karl dem Fuggerschen Gesandten Gehör und ließ sich überzeugen, daß er die Krone, wenn überhaupt, nur durch das Haus Fugger bekommen könne.
Franz mußte sein Angebot zurückziehen, es ging über seine Kraft. Der kaiserliche Generaleinnehmer Johann Lukas gab die in Frankfurt deponierten Leinensäckchen mit Hunderttausenden von Goldstücken Jakob Fuggers an die Stimmberechtigten aus. Die Kurfürsten selbst erhielten Wechsel. Niemand wurde vergessen, bis hinab zu den Kammerherren und Türstehern der Potentaten.
Anfang Juni forderte Kardinal Lang, Erzbischof von Salzburg und Gurk, als Beauftragter Karls die Stimmen der deutschen Kurfürsten ein. Am 25. Juni ließ er durch den Geheimen Rat Villinger nach Augsburg melden, daß der König von Spanien Karl I. als Karl V. zum Römischen König und Kaiser der Deutschen gewählt sei.
Die Fugger wollten an diesem Abend die Stadt mit einem Feuerwerk illuminieren; aber die Bürgermeister Lukas Welser und Georg Langenmantel beschlossen, daß Augsburg sich diese Ehrung Habsburgs nicht entgehen lassen dürfe. Die Stadt übernahm die Kosten des Feuerwerks und eines nächtlichen Salutschießens. Die Reichsstadt geriet in einen wahren Freudentaumel.
Fugger hatte seine Neffen nach Augsburg berufen. Sie kamen von

Oben: Depotquittung über die Wechsel zur Kaiserwahl.
Unten: Ältester Brief König Karls an J. Fugger zur Eröffnung der Finanzverhandlungen über die Kaiserwahl 1519.

Ich Jacob Fugger bekenn, das mir der Edl vnd gestreng herr Pauls von Arm-
storff Ritter des durchleuchtigisten vnd grosmächtigisten Fürsten vnd herrn
herrn Carls Kunigs zu Hispanien vnd Ertzhertzogs zu Osterreich etc. meins
genedigisten herrn Rat vnd Camrer vff datum dits briefs dise nachbemelte
funff wechselbrief, deren aller datum lautend zu Saragossa am Newnten
tag Januarii, Jnnhaltung weyss überantwurt hat. Nemlich der erst von
petro Bellarri vnd Janoth Martin vnd geselschaffter vmb funffundfunftzig
tausent gulden Reinisch lautet an philippo gualderati oder wer von sein wegen
zu Franckfurt sein wirdet. Der ander von Augustino vnd Nicolaus de grimaldis
vmb funffundfunftzigtausent gulden Reinisch gen Franckfurt an Lorentzo
de Vivaldis oder wer von iren wegen daselbst sein wirdet. Der drit von [illegible]
vmb funffundfunftzigtausent gulden Reinisch gen Franckfurt an Benedicto
vnd Augustino de furnariis. Der vierdt von hainrich Ehinger vnd Sebastian
Schepll von wegen Anthoni welser vnd geselschafft vmb hundert vnnd
zehentausent gulden Reinisch lautend gen Franckfurt an Anthoni welser.
Der funfft vmb funffundzwaintzigtausent Cronen von hainrich Ehinger
vnd Sebastian Schepll von wegen Anthoni welser vnd geselschaffter. Also
das ich dieselben wechselbrief jnnhaltung weyss bey mein handen behallten
vnd die vff bemelts herr paulsen von Armstorffs oder ander Kunigl. von
Hispania gewalthaben vnd potschaffter erfordern, gegen diser meiner
bekantnus widerumb hinaus geben sol vnnd will, alles getreulich
vnd vngeverlich. Des zu vrkundt gib ich Jm dise bekantnus mit meiner
aigen hannd vnderschriben verfertigt. Beschehen zu Augspurg
am Achtsten tag des Monats Februarii Anno d. [illegible]

Jacob Fugger ss

Karl von gots genaden Kunig zu Hispanien zu Baiden
Sicilien vnd Jherusalem etc. Ertzhertzog zu Osterreich etc.

Ersamer getrewer lieber. Wir haben dem Hochwirdigisten in got vatter dem Cardinal von Gurgk vnd
andern vnsern Comissarien vnd Retten beuelch gethan mit dir in vnserm namen etwas zuhandeln
vnd anzuzaigen, wie dann du von Jnen clerlicher vernemen wirdest. Darauff ist vnnser begern
vnd maynung, du wellest denselben vnsern Comissarien vnd Retten Jr anzaigens halben, als vns
selbst glauben geben, vnd dich in disen kauffen in vnnsern hanndlen vnd sachen gutwillig vnd
trewlich erfinden lassen, wan solchs wellen wir gegen dir mit besondern gnaden vnd dannckh-
barkait allzeit erkhennen. Geben in vnser Stat Barcinona am Ainlefften tag Marcij
Anno etc. funfftzehenhundert vnd Neunzehenden. Karl

Carolus

Ad mandatum cath(olice)
M(aies)t(a)tis [illegible]

[illegible]

den Außenposten. Wenn »der Regierer« befahl, hatten sie zu gehorchen. Als erster traf Ulrich Fugger, Herr der Gruben zu Schwaz in Tirol, in dem Palais am Weinmarkt ein. Er war wie sein Vater ein freundlicher, rechtschaffen denkender Mann und führte mit seiner Frau Veronika, geborene Gaßner, ein stilles kinderloses Leben. Er fühlte sich in den Tiroler Bergen und Wäldern wie zu Hause.

Nach ihm kam Hieronymus aus Köln, lebhaft und etwas sonderbar, kein Freund von Ehe und Familie, ein Mensch voll neuer Ideen, der zum Geschäftsleben durchaus nicht taugte und lieber mit Literaten und Künstlern zusammen war.

Raimund und Antoni hatten weitere Wege. Raimund befand sich als Chef der Fugger-Thurzo-Gesellschaft in Preßburg, denn Georg Thurzo lebte seit längerer Zeit schon mit seiner Frau in Augsburg. Raimund führte eine glückliche Ehe mit Katharina Thurzo und galt als eigenwillig, ja stolz. Antoni kam aus Rom, von der schwierigsten Außenstelle der Fugger.

Jakob eröffnete den Neffen das Ergebnis des Kampfes der Hochfinanz der Welt, tituliert: »Was Kaiser Karl den Fünften die Wahl zum König von Rom und Kaiser des Reiches gekostet.« In endlosen Reihen fanden sich in den Büchern die Summen, welche zum Stimmenkauf und zur Stimmungmache an die Kurfürsten, ihre Räte, an Fürsten, Grafen, Freiherren, spanische Kommissare und Franz von Sickingen bezahlt worden waren, ferner die Prämien für die Beamten des Reichsregiments, die Trinkgelder und Unkosten. Von der Summe aller Kosten von 852 589 Gulden 56½ Kreuzer hatte Jakob Fugger allein 543 589 Gulden 43 Kreuzer aufgebracht. Die Genueser und Florentiner hatten 165 500 Gulden, die Welser 143 500 Gulden übernommen.

»Der Kaiser ist euer Schuldner sein Leben lang«, sagte der Oheim zu seinen vier Neffen und schloß die Akten.

Sogleich nach der Kaiserwahl und vor allem weil der Kurfürst Friedrich von Sachsen bis zur Ankunft des Kaisers im Reichsgebiet immer noch als sein Verweser die Regierung führte, ergab sich neue Gelegenheit, gegen »den Ablaßhändler von Augsburg« Klage zu führen. Martin Luther wurde nicht müde, mit Unterstützung seines Ordens, der Augustiner, den Ablaßprediger von Sachsen, Johann Tetzel, in der Predigt anzugreifen. Tetzel hatte im Auftrag seines Generalkommissars, des ungeistlichen Albrecht von Mainz, Gegen-

Karl V. von Habsburg, seit 1519 deutscher Kaiser, Gemälde von Tizian.

thesen zu Luther veröffentlicht. Er hatte seine Ansichten über die kirchliche Sündenvergebung durch Betonung der Reue und der gottgefälligen Tat dogmatisch einwandfrei belegt. Hinsichtlich der Zuwendung des Ablasses an die Verstorbenen hatte er sich im Eifer jedoch ein zu einfaches Verfahren zurechtgelegt. Seine Gegner hatten ihm den Spottvers zurufen können: »Wenn das Geld im Kasten klingt, die Seele aus dem Fegfeuer springt.« Tetzel war ein redegewandter Sachse und verstand den Ablaßhandel vorzüglich. In Scharen liefen Luthers streng gehaltene Beichtkinder dem Dominikaner zu, der die Sache soviel einfacher zu erreichen schien.

In Rom hielt man den Streit Luthers mit Tetzel für Mönchsgezänk. Leo X. hatte dem Patron Luthers, Friedrich von Sachsen, sogar die Kaiserkrone zugedacht gehabt, ihm eine goldene Rose gesandt und Anweisung gegeben, mit Luthers Person schonend zu verfahren.

Jetzt, nach der Wahl, hatte sich die Lage in Sachsen verschärft. Der päpstliche Diplomat Karl von Miltiz hatte Tetzel dem Hohn der Masse preisgegeben, worauf sich dieser in sein Leipziger Kloster zurückgezogen hatte und infolge der Aufregungen und des Ärgers gestorben war. Nun sollte der bekannte Professor Dr. Eck mit Luther in Leipzig öffentlich disputieren. Es kam aber nichts dabei heraus, vor allem keine Einigung. Eck fuhr von Leipzig nach Rom, um eine Bannbulle gegen den Ketzer zu erwirken.

Auf der Reise kam Eck über Augsburg und blieb auf Wunsch Fuggers einige Tage dort. Nach dem tragischen Tod Tetzels hatten sich die Stimmen der Unzufriedenen im ganzen Reich erneut gegen die großen Händler gerichtet, Kontraktkauf und Zinsnahme als unchristlich verworfen und gefordert, daß die Erzwucherer vor das Reichskammergericht gestellt würden. Auch Dr. Martin Luther hatte den Zins als Figur und Anzeichen des Teufels gebrandmarkt, und Ulrich Zwingli hatte die Kaufleute als heidnische Räuber angeprangert.

Johannes Eck verwies Fugger auf die Entscheidung Papst Martins V. vom Jahre 1423 über den Census realis, der als Rentenkauf von der Kirche gestattet war. Ferner verwies er auf die Bulle des Papstes Calixtus III. vom Jahre 1455, wonach dieser Census realis als Abgabe nicht nur von dem fruchtbaren Acker, sondern auch von einem Haus und von Ware, also Gold und Silber, genommen werden könne. Eck verwarf die Stellungnahme der Dominikaner gegen jede Form des Entgelts, selbst des Unkostenbeitrags, den ein Entleiher in einem Leihhaus zu entrichten habe. Er erinnerte an seinen eigenen Disput in Bologna vom Jahre 1515, bei dem er die Ansicht vertreten habe, der Zins sei ein Ersatz für verlorenen Gewinn, denn wer Geld gebe, könne zur gleichen Zeit nicht mit diesem Geld wirken. Geld sei also kein Geschenk des Teufels, sondern ein Ding, das nicht jeder begriffe. Sei das Geld an sich gut oder bös? Keineswegs, es käme auf die Gesinnung an. Das habe er, sagte Eck, in Leipzig auch zu Luther gesagt.

Jakob Fugger selbst war den Reformern nicht schlecht gesinnt, noch immer lief ja sein ärgerlicher Streit gegen die Kleriker von St. Moritz, obschon Kaiser und Papst vermittelt hatten. Hatte er nicht das Recht, an St. Moritz einen würdigen Priester und Prediger im Amt zu haben?

Auch darüber sprach er mit Eck. Der schüttelte bedächtig den Kopf und meinte, man müsse vorsichtig sein. Reform wolle die Kirche seit mehr als hundert Jahren. Aber wer sich heute Reformator nenne – damit spiele er auf den sächsischen Mönch an – stehe im Geruch der Ketzerei.

»Ich würde nie ein Wort gegen die Kirche sagen, Professor«, erwiderte Fugger. »Ich will mich aber nicht ständig ärgern müssen, wenn ich zur Messe gehe; der Schlendrian ist unglaublich.«

»Schon predigt Dr. Frosch zu St. Anna im Geiste Luthers«, sagte Eck, »und kürzlich, hat man mir berichtet, hat Ökolampad aus Basel hier im Dom den Heiligen Vater als Knecht des Teufels bezeichnet. Jetzt ist er gar in Zürich ein Anhänger Zwinglis geworden, weil Luther ihm zu zahm ist. Wie soll das enden, wenn auch Fugger den Sturm mitmacht?«

»In diese Front will ich nicht kommen«, sagte Jakob und verabschiedete seinen Gast mit einigen Aufträgen für Antoni in Rom. Als Nachfolger jenes ausgewiesenen Ökolampad war Urbanus Rhegius aus Langenargen gekommen und füllte den Dom mit vielen Leuten, die sich an seinen geistvollen Predigten erbauten. Auch die Langenmantel und Rehlinger liefen ihm zu. Die alte Fröhlichkeit und Geselligkeit hörte mit dem Ausbruch der theologischen Rechthaberei auf. Hatte man früher die religiösen Fragen gar nicht als solche gesehen, sondern unbefangen getan, was der Brauch und die persönliche Einstellung verlangten, so schien nun ein regelrechtes

Zeitalter der Theologie angebrochen zu sein. Jeder wollte über die schwierigsten Fragen der Gottesgelehrtheit mitreden. Die alte humanistische Geselligkeit war ebenso dahin wie die der Trinkstuben und Tanzhäuser. Schon die Haartracht der Männer, glattgeschorene Rundköpfe und eckige Bärte, deutete barsche und mürrische Gesichter an.

Der neue Augsburger Bischof, Christoph von Stadion, hatte einige Reformen durchzusetzen versucht, war aber auf den erbitterten Widerstand sektiererisch eigensinniger Geister gestoßen. Der Rat verbot den Buchdruckern, Schriften über die »Irrungen der Theologie« zu drucken und zu verbreiten. Aber schon war der »Hexenhammer«, ein übles deutsches Machwerk, erschienen und fand Verbreitung über die christliche Welt. Manch einer entsann sich nach der Lektüre solcher Bücher seltsamer Weibergeschichten. Wer Geld hatte, zeigte es nicht mehr. Wer witzig war, schwieg vorsichtig. Das abendliche Zechen in den Häusern, auch die Schaubeltänze auf den Gassen und das Singen der fahrenden Schüler wurden verboten.

Konrad Rehlingers Frau war gestorben und hinterließ ihrem Mann fünf Kinder. Sibylle und Regina Fugger hatten dem Totenamt beigewohnt. Viel Volk war zusammengelaufen, um den Zug der vornehmen Frauen von Augsburg zu sehen. Von dem Fugger und seiner Frau sprach man in der Stadt. Sie waren die reichsten Leute, aber man sah, daß sie nebeneinanderher lebten. Wohl konnte der Fugger armen Bürgern eine ganze Siedlung bauen, die sein Stolz war ...

Der neue Kaiser hatte die gesammelte Erwartung seiner Länder mit einer kühnen und folgerichtigen Tat beantwortet, indem er den portugiesischen Kapitän Magalhães, der sich mit dem eigenen König entzweit hatte, in seine Dienste nahm. Magalhães war ein unscheinbarer Mann, doch von feurigem Geist. Er glaubte, wie schon etliche vor ihm, an die Kugelgestalt der Erde und war der Meinung, daß das Land der roten Menschen, das Kolumbus entdeckt hatte, noch gar nicht Indien sei. Hinter dem Kontinent der roten Menschen liege vielmehr ein zweiter Ozean, und den Weg dahin wolle er suchen, um von dort bis China und Indien zu segeln. Dann könne man um Afrika herum nach Spanien zurückkehren.

Gegen den Willen der Berater nahm Karl den Mann in seinen Schutz und gab ihm Mittel, eine Weltreise auszurüsten. Er sollte an allen unbekannten Küsten die Flagge Spaniens hissen.
Fugger wußte von dem Plan. Es konnte ihm nur recht sein, wenn der Kaiser die gewaltigen pekuniären Verpflichtungen durch Ausnützung aller Möglichkeiten, die sich ihm boten, zu begleichen suchte. Auch Wolf Haller am Hofe zu Valladolid war der Meinung, daß mit dem Gewürzhandel Spaniens allein die kaiserlichen Schulden nicht zu tilgen seien und verwies seinen Chef schon jetzt auf Spaniens Bodenschätze und einige Staatssteuern, die ihm ertragreich schienen.
Die Spanier waren mit der Hingabe ihres Geldes für die Kaiserkrone nicht einverstanden. Es gab Unruhen. Fugger hörte fast zwei Jahre lang kein Wort vom Kaiser, wie er sich die Bezahlung der Wahlschulden vorstelle.
Doch Karl war nicht mußig. Er hatte einen Indienrat eingesetzt. Der plante jetzt, vom spanischen Kaufmann Cristobal de Haro beraten, an Stelle des ungünstig gelegenen Sevilla eine königliche Faktorei in La Coruña an der Nordwestspitze des Landes. Der Hafen wurde ausgebaut, und von dort sollte die Weltumseglung des Magalhães ihren Ausgang zu nehmen. Bald konnte Haller einen zweiten überraschenden Plan Karls nach Augsburg melden. Um den portugiesischen König Manuel nicht durch fortlaufende überseeische Unternehmungen herauszufordern, sollte Karl Manuels Schwester Isabella heiraten.
König Manuel von Portugal stimmte zu und erklärte, er werde seiner Schwester die Mitgift in Pfeffer geben. Im September 1521 könne er zehntausend Zentner Pfeffer an die Antwerpener Faktorei der Fugger liefern. Zum folgenden Neujahr und Ostern sollten je weitere zehntausend Zentner folgen. Der Wert des Pfeffers betrug 600 000 Dukaten. Fugger würde nicht bloß am Agio verdienen, sondern die Hälfte des einkommenden Geldes auf die Wahlschuld Karls abschreiben dürfen.
Fugger war mit der Pfefferehe einverstanden, aber nun bekam der Bräutigam Bedenken. Er war welt- oder auch frauenscheu – die Heirat würde kaum zustandekommen.
Inzwischen beschloß Karl zur Krönung nach Aachen zu fahren. Seine Anwesenheit im Reich war dringend zu wünschen. Franz I.

hatte die nach seiner vergeblichen Bewerbung um die deutsche Krone verbliebenen Gelder dazu verwandt, ein Söldnerheer zu werben. Seit dreißig Jahren kämpfte die französische Krone um Oberitalien; jetzt würde es ernst. Papst Leo aber hatte sich trotz seiner Neigung zu Franz durch Antoni Fugger auf die Seite Karls von Habsburg lavieren lassen. Es war ein diplomatisches Meisterstück Antonis, und der Onkel war mehr als zufrieden. Die persönliche Schuld des Papstes bei der Fuggerbank war auf 80 000 Dukaten gestiegen und konnte nur noch mit dem wertvollsten Ring des Medici verzinst werden.

Nach der Schwenkung zum Kaiser stellte Antoni der Kurie 200 000 Dukaten für Söldnerwerbung in Aussicht für deutsche Landsknechte gegen Franz I. Der Papst war dankbar, ernannte Antoni zum Ritter des goldenen Sporens und erhob Jakob Fugger zum Lateranischen Pfalzgrafen. So war der Teppich gebreitet, auf dem der junge Kaiser seinen feierlichen Einzug ins Reich halten konnte. Auf der Fahrt hatte er in England Station gemacht und in Canterbury mit dem englischen König ein pompöses Bündnis gegen Frankreich geschlossen. Man sprach auch von einer Ehe. Am 1. Juni 1520 betrat er bei Vlissingen sein Reich und seine Heimat. Am folgenden Tag schon reiste er weiter nach Brüssel. Die große Margarethe, die so viel für ihn getan hatte, beriet ihn, so gut sie konnte. Vor allem stand das Projekt Württemberg zur Debatte. Ulrich war zwar geschlagen und alles erwartete, das Habsburg das wertvolle Land, die Brücke zwischen den Erblanden und Burgund, einziehen werde, doch wer zahlte dem Schwäbischen Bund und Bayern die Kriegskosten? Man sprach von 300 000 bis 400 000 Gulden.

Karl schien die Lage nicht recht zu übersehen, auch erschreckte ihn wohl der Preis. Die Tiroler Stände klagten Stein und Bein, ihr Land sei über und über an die Fugger und Höchstetter, vom seligen Kaiser Max her, verschrieben. Sie wollten nichts von einer Neuerwerbung Habsburgs wissen.

Da vollbrachten die habsburgischen kaiserlichen Räte ihr Meisterstück: sie erwarben Württemberg, unter Überschreitung ihrer Vollmachten, auf eigene Verantwortung. Dem friedlosen, gewalttätigen, franzosenhörigen Herzog dürfe man das Land nimmer überlassen. So aber sei der Rheinstrom deutsch, er gehöre Habsburg oder den freien Städten. Hatte nicht der Kaiser soeben in Spanien erlebt,

daß sich die Comuneros gegen ihn stemmten? Sollte man die demokratische Hetzflut nun auch im Reich fördern, indem man Württemberg Ulrich überließ? Württemberg blieb habsburgisch! Die Bezahlung der Schulden würden sich finden; das Land war reich.
Die Audienzen wollten nicht enden. Im Auftrag der Stadt Augsburg waren Dr. Peutinger und Georg Langenmantel erschienen. Kardinal Alexander hieß den Kaiser im Namen des Papstes willkommen. In Antwerpen sah Hieronymus Fugger den Kaiser, neben ihm auf dem Balkon des Fuggerpalastes an der Steenhouversvest stand Albrecht Dürer. Die deutschen Fürsten beeilten sich, zum Hof zu stoßen. Bisher waren sie die Geber gewesen, allmählich kehrte sich das Verhältnis um. Der junge Monarch mit seiner hoheitsvoll kühlen Miene, der steifen Grandezza des burgundischen Zeremoniells, verstand trotz seiner Jugend die Vorstellung des unnahbaren Gebieters zu erwecken. Er war ganz von der Idee des Imperiums über alle christlichen Länder der Erde eingenommen. Er war der Weltherrscher und durfte sagen, in seinem Reich gehe die Sonne nicht unter. Wer dieser Idee widerstand, war ein Rebell. Seine große und prächtige Umgebung von Granden, Fürsten, Prälaten nahm täglich zu. Schweigend, das Haupt entblößt, hatte er die Huldigung der Kurfürsten entgegengenommen. Der Kardinal von Salzburg, Matthäus Lang, hatte auf Befehl der Majestät geantwortet.
Der Einzug in Aachen: Reiterfähnlein, die Reichsgrafen und Herren, dreihundert spanisch gedrillte Soldaten von bewunderungswürdigem Wuchs, vorzüglich bewaffnet, die Ratsherren der Stadt mit ihren weißen Stäben, der Herzog von Jülich als Nachbar mit vierhundert Reitern auf belgischen Pferden, das Gefolge der Kurfürsten und endlich die Kurfürsten und Prälaten selbst, unmittelbar vor und zu Seiten der goldenen Kutsche des Kaisers, dahinter Pagen, Diener und Herolde, die ununterbrochen Geld unter das Volk warfen.
In aller Frühe begannen am Morgen die Feierlichkeiten der Krönung im Münster Karls des Großen. Gelöbnis, Salbung, Einkleidung, Krönung und Inthronisation gingen nach jahrhundertealten sakramentsähnlichen Riten vor sich. Der Gewählte antwortete auf alle Vorhaltung seiner Pflichten, als da sind: Erhaltung des Glaubens, Schutz der Kirche, gerechte Regierung, Wahrung der Rechte

des Kaisertums, Schutz der Witwen und Waisen, Ergebenheit gegen den Papst, laut sein »Volo – ich will es«. Er gelobte ferner, nur Deutsche zu Reichs- und Hofämtern zu bestellen, im Dienst die deutsche oder lateinische Sprache zu benützen, Reichstage nur innerhalb der Grenzen des Reichs auszuschreiben, kein fremdes Militär einzuführen, das Reich zu mehren, Verlorenes einzubringen.
Er bestieg den Thron des großen Karl, empfing den Ritterschlag, und dann stimmte man das Triumphlied der lateinischen Christenheit an, Te Deum laudamus – Großer Gott wir loben Dich.
Margarethe nahm an allem teil, die Erzherzogin, ihr Herz schlug höher. Habsburg beherrschte die Welt.

22

Der Einzug Jakobs zum Reichstag 1521 in Worms verursachte einen kleinen Zusammenlauf. Im Schutz der Spieße des Schwäbischen Bundes wurde der reiche Fugger ein Gegenstand der Neugier, aber auch gewissen Spottes. Bald war ruchbar, daß Sickingen in der Nähe der Stadt ein Lager mit fünfhundert Knechten bezogen hätte. Auch fand man überall in der Stadt Zettel mit Hetzreden gegen Reich, Kaiser, Papst und Kirche mit der Unterschrift Bundschuh.
Der Reformator Luther war unter Zusicherung freien Geleits nach Worms gekommen. Zu Fuggers Staunen nahm die Auseinandersetzung mit Luther, der den neuen Kaiser freudig als »das junge teure Blut« willkommen geheißen, das Hauptinteresse der Verhandlungen ein. Fugger besann sich; dieser Mönch vertrat ja seine Gegner, vielmehr wurde er von den zurückgesetzten Rittern, den reichsfeindlichen Fürsten, den verdrängten Kleinbürgern gegen Kaiser, Städte und Großbürgertum als Prellbock vorgeschoben. Der Kaiser hatte das deutlich gesagt, als er in einer Ansprache den Reichstag darauf hingewiesen hatte, daß er, als Sproß deutscher Könige und Kaiser, der katholischen Majestäten von Spanien, der Habsburger Erzherzöge und Herzöge von Burgund, der Verteidiger des Glaubens und der geheiligten Bräuche sei. Gegen Luther hatte er gesagt: »Denn es ist sicher, daß ein einzelner Bruder irrt, wenn er gegen die Meinung der ganzen Christenheit steht – da sonst die Christenheit tausend Jahre und mehr geirrt haben müßte. Deshalb

bin ich entschlossen, meine Königreiche und Herrschaften, Freunde, Leib und Blut, Leben und Seele einzusetzen. Denn es wäre eine Schande für uns und für Euch, Ihr Glieder der edlen deutschen Nation, wenn in unserer Zeit durch unsere Nachlässigkeit auch nur ein Schein der Häresie und Beeinträchtigung der christlichen Religion in die Herzen der Menschen einzöge. Nachdem wir gestern hier die Rede Luthers gehört haben, sage ich Euch, daß ich bedaure, solange gezögert zu haben, gegen ihn vorzugehen. Ich werde ihn nie wieder hören: er habe sein freies Geleit; aber fortan werde ich ihn als überführten Ketzer behandeln ...«

Die Sache war entschieden, Luther wurde gebannt und verschwand auf der Wartburg. Es war eine tragische Stunde für den, der gemeint hatte, dem deutschen Gewissen den Heiland der Welt neu gegeben zu haben. Seine Sache geriet in die Hände aufständischer Fürsten.

Fugger traf nach der großen Sitzung mit der Majestät persönlich zusammen. Man mußte die Schulden regeln. Karl trug ein goldgesäumtes Hemd unter einem hochroten Gewand, darüber einen Brokatmantel mit olivgrünem Pelz. Der Hals war frei. Das Antlitz war kühn und streng, nicht schön, mit blaugrauen und ins grünliche spielenden Augen. Das weit vorstehende Kinn war angehoben. Sein Wahlspruch war jetzt »Plus ultra – noch höher hinaus«. Jakob beugte, von Kardinal Lang geführt, das Knie vor seinem Kaiser, dem Enkel seines Freundes Maximilian. Karl nickte huldvoll und fragte Fugger, ob ihn die Reise angestrengt hätte. Fugger war über Sechzig, er mußte dem einundzwanzigjährigen Kaiser als ein alter Herr erscheinen. Fugger dankte und gab seiner Freude Ausdruck, die Majestät sehen zu dürfen.

Armstorffer und einige spanische Herren, kaiserliche habsburgische Räte, saßen am Tisch. Fugger nahm Platz. Man sprach lateinisch, doch verständigten sich die Räte untereinander gelegentlich in ihren Landessprachen oder auf französisch. Karl selbst schien am liebsten französisch zu sprechen.

Die Gesamtrechnung ergab eine Verschuldung des Kaisers von 600 000 Gulden. Darin waren die Darlehen Kaiser Maximilians nicht enthalten, wohl aber die Kosten für die Durchführung der Wahl selbst, für die Hofhaltung des gegenwärtigen Reichstags und für die Erwerbung Württembergs.

Zur Tilgung boten die habsburgischen Räte eine Verschreibung auf die Grafschaft Tirol in Höhe von 450 000 Gulden – mit acht Prozent jährlicher Zinsen.
Fugger stimmte zu. Eigentlich war Tirol belastet, vor allem gab es starken Widerstand im Land selbst, aber das Angebot, mit dem hier erstmalig auftauchenden Bar-Zinsfuß, war äußerst günstig. An Zinses Statt für die zurückliegende Zeit und als Zeichen der Gunst hatte die Majestät 50 000 Gulden bewilligt. Schwazer Silber und Kupfer und das Pfannhaus in Hall standen für die Beträge ein. Außerdem wurde Fugger der Rattenberger Schmelzhandel einschließlich aller Vorräte dortselbst überlassen.
»Nun die Restsumme, Eminenz«, sagte Fugger zu Lang, »noch stehen 200 000 Gulden aus.«
Lang blickte ermunternd zu Armstorffer, der warf einen Blick auf die steif in ihre Papiere starrenden Spanier und sagte: »Ihre Majestät haben geruht, Einkünfte aus der Krone Spaniens anzuweisen.«
Fugger beugte sich ein wenig vor, verbindlich, doch nicht zustimmend, er ließ den Blick von einem der schweigenden Herren zum andern gehen. Als niemand antwortete, sagte er: »Darf ich Eure Majestät bitten, die Anweisung zu bestätigen?«
Karl nickte gnädig und sagte: »Mein lieber Fugger, ich verstehe Ihr Erstaunen. Als Kaufmann wünschen Sie Sicherheit, und da sind Wir in Verlegenheit; die spanischen Cortes haben das Bewilligungsrecht. Doch zweifle ich nicht, daß sie es erteilen.«
Einer der Spanier sagte höflich, aber bestimmt: »Majestät sind zuversichtlich – aber das Land ist in Aufruhr. Wann werden die Cortes zusammentreten können?«
»Wenn ich es befehle«, sagte Karl. Er schien gekränkt.
Doch der Spanier ließ sich nicht einschüchtern: »Selbst wenn die Cortes zusammentreten und Majestät die Summe zugestehen sollten – selbst dann ist die Aufbringung in Spanien unsicher.«
Der Kaiser sagte: »Herr Fugger, Sie haben mein Wort. Höheres gibt es nicht«, und da er erriet, daß Fugger in diesem Augenblick wohl an Kaiser Max, den listigen Borger, denken mochte, setzte er hinzu: »Ich habe Nachricht, daß man die indische Goldstadt gefunden hat. Don Fernando Cortez hat mir den Schatz des Königs Montezuma angekündigt.«
Fugger versicherte der Majestät seine Ergebenheit. Er konnte im

Augenblick nicht mehr tun. Seit er sich auf das Wahlgeschäft eingelassen hatte, war er auf Gedeih und Verderb mit diesem Kaiser verbunden. Ahnte er, daß er zum erstenmal in seinem Leben soviel Kredit gegeben hatte, daß er von seinem Schuldner abhängig geworden war? Jedenfalls beschloß er, mit allen Mitteln den Kampf um die Geltung und Größe seines Hauses fortzuführen.

Karl fuhr über Genua nach Spanien zurück. Er hatte 4000 deutsche Landsknechte bei sich, die sein Großvater ausgebildet hatte. Sie verfügten über eine glänzende Artillerie. In raschen Schlägen warfen sie die aufständischen Kommunen in Spanien nieder. Die Führer wurden geköpft. Nun konnte Karl, noch von Spanien aus, Franz I. den Krieg erklären und ein spanisch-deutsches Heer unter Pescara nach Italien schicken. Als Papst Leo starb, ließ er seinen Lehrer, Kardinal Hadrian, zu seinem Nachfolger wählen, den »Papst der Deutschen«. Auch Georg von Frundsberg wurde mit seinen Truppen aus Oberdeutschland nach Italien verlegt. Dadurch war der Schwäbische Bund vorerst freilich schutzlos. Die Städte bauten ihre Befestigungen aus. In Augsburg erteilte der Rat den Baumeistern Vetter, Imhof, Nadler und Bimel den Auftrag, alle Verteidigungsanlagen zu überprüfen, Zeug- und Kornhäuser zu füllen. Die Lusthäuser vor den Bastionen wurden der freien Sicht wegen abgerissen.

Andere Vorgänge bereiteten Jakob größere Sorgen. Luther hatte unter den einfachen Leuten viele Anhänger gewonnen. Die Streitschriften seiner eigenen Feder, die der jüngeren Humanisten und Demagogen taten ihre Wirkung. Als der Rat Verbote erließ, hieß es, Fugger habe sie erwirkt. Urbanus Rhegius, der Domprediger, schloß sich der Reformation an. Auch der von Fugger nach St. Moritz berufene Prediger Speiser begann sich der »reinen Lehre« zu nähern, ebenso die Mönche des Karmeliterklosters und die von St. Anna. Als Bischof Stadion eingreifen wollte, fanden die Evangelischen Schutz beim Rat. Als einer der Domgeistlichen öffentlich in der Kirche heiratete, gab es zwar Konventionalstrafen für die bürgerlichen Teilnehmer des Festes, aber weitblickende Männer wie Peutinger und Fugger sahen, wie gern die Stadtväter Rechte der bürgerlichen Kommune gegen Prälaten, Pfeffersäcke und Monopolisten ausspielten. Welchen Eindruck mußte es in Rom machen, wenn St. Motitz und St. Anna, die Hauptkirchen der Fuggerschen

Stiftungen, Pflanzstätten der Reformation wurden? Dr. Frosch hielt Hochzeit in St. Anna. Fugger war entsetzt, daß es mit dem von ihm geschätzten Mann soweit kommen konnte.

Abermals befaßte sich Jakob mit seinem Testament. In aller Genauigkeit setzte er seine Stiftungen und Legate aus, bestimmte er die Seelenmessen, setzte die Gulden für die Teilnehmer fest; alle Kirchen Augsburgs wurden in diese Stiftungen einbezogen, damit nach seinem Tode die ganze durch ihn und seinesgleichen reich gewordene Stadt für ihn zu beten verpflichtet würde. Da fiel kein Wort mehr von neuen Bräuchen, sondern alles bezog sich auf den Kosmos der überlieferten christlichen Welt mit den Heiligen und der Gottesmutter: Fugger hatte seit Worms zu Recht gefunden, nicht aus taktischen Gründen, sondern weil er dafür hielt, daß die neue Lehre vieles von dem, was ihm heilig war, zu Unrecht beiseiteschieben wollte.

In Augsburg selbst genoß Jakob nicht mehr den unbedingten Respekt wie früher. Seit man wußte, daß er kaiserlich und kirchlich dachte, nahmen die kleinen Zeichen von Bosheit zu. Der Angriffspunkt für die breite Masse war natürlich die Tatsache seines Reichtums. Nichts ist leichter zu wecken als Neid. Man prägte ein Wortspiel: »Wucherei = Fuggerei«. Auch Luther nahm es auf, obwohl gerade er mit etwas biederem Nationalstolz zu erzählen wußte, daß der Papst einst den französischen und englischen Gesandten gefragt habe, ob ihre Könige in zwei Tagen drei Tonnen Gold aufbringen könnten. Als die Gesandten verneinten, habe der Heilige Vater gesagt: »Aber ein Bürger von Augsburg, der kann es.« Das war beim Tod Meckaus gewesen, als die Kurie plötzlich dessen Nachlaß an sich zu ziehen begann.

Wortführer in der Agitation gegen die Fugger wurde der Ritter Ulrich von Hutten. Er hatte sich mit dem Junker Adelmann befreundet, begeisterte sich für den Türkenfeldzug und Italienfeldzug (wobei er vergaß, daß beide Feldzüge von Fugger finanziert wurden), stritt für Schlichtheit, Deutschheit, gegen die Internationalität des Kapitals, gegen die Monopole und die hohen Gewürzpreise. Als er eine Frankfurter Patriziertochter heiraten wollte, wurde ihm die Hand der Braut verweigert, weil Hutten die Syphilis hatte. Das steigerte seinen ritterlichen Zorn gegen das Großbürgertum zu blinder Wut. Er verfaßte eine Flugschrift »Das Fieber«, in

welcher er die Seuche bat, seinen Leib zu verlassen und sich bessere Herberge zu suchen. Wenn es schon nicht Kardinal Cajetan sei, möge sie den reichen Fugger befallen, wo sie es gut haben werde.
Nun fand er Anschluß an Luther, denn auch der, ein Sohn Mansfelder Bergleute in Fuggers Dienst, fand es unbegreiflich, wie man mit hundert Gulden im Jahr zwanzig hinzuerwerben könne, »und das alles nicht aus der Erden oder dem Vieh«, sondern durch Handel und Bankgeschäft. Hutten führte den Angriff gegen die neue Kapitalwirtschaft weiter. Die Fugger wurden ihm, seit er ihr Augsburger Haus gesehen, zu Lügnern, Betrügern und Urheber allen Übels. Auch die frommen Stiftungen Jakobs wurden verspottet.
Das Zeitalter hatte sich gewandelt. Luther selbst mußte von der Wartburg nach Wittenberg kommen, um Karlstadt und seine Anhänger zu vertreiben, die in seinem Namen Kirchen und Klöster stürmten und die heiligen Bilder verbrannten. Sibylle ging täglich in Begleitung ihrer Zofe in den Dom, um die Predigt zu hören. Die Imhof, Langenmantel und Rehlinger trafen sich dort. Hoffte Konrad Rehlinger, eine Ketzerehe mit dem Weib seines Nächsten schließen zu können?
»Du hörst die neuen Prediger, Sibyll?«
»Willst du nicht, daß ich in den Dom gehe?«
»Gefällt er dir, der andere Glaube?«
»Ich höre Gottes Wort, wie es in der Bibel geschrieben steht. Urbanus Rhegius sagt, das sei der rechte Glaube.«
»Ich sehe nur Aufruhr und Zerstörung«, sagte Jakob.
»Auch dein Freund Nachtigall ...«
»Was ist mit dem Nachtigall ...«
»Clemens Sender sagt, auch er ...«
»Der Nachtigall? Es kann nicht sein.«
»Überall in der Welt kommt die neue Lehre, Jakob, siehst du es nicht? Sogar in Ungarn.«
Er winkte ab. In Ungarn hatte die Krone zu ihrer Entschuldigung eine Verschlechterung der Münze durchgeführt. Anfangs zeigte sich der magyarische Landtag begeistert. Bald aber schlug das Zaubermittel in das Gegenteil um. Das Ausland weigerte sich, das schlechte Geld zur Zahlung anzunehmen, die Wut des Volkes aber wandte sich gegen die landfremde Thurzos-Fugger Gesellschaft. Sie habe den König mutwillig in Schulden gebracht, plündere das Land aus,

besitze die Monopole, stütze die Prälaten. Man fand die Schuldigen in Georg und Alexi Thurzo. Georg hatte sich längst mit seiner Gattin Anna Fugger, des Streites müde, nach Augsburg zurückgezogen. Er suchte Jakob zu bestimmen, die Geschäfte in diesen unsicheren Zeiten fahren zu lassen, alles abzuwickeln und sich mit dem Vermögen auf den erworbenen Gütern zur Ruhe zu setzen. »In Ungarn droht der Türke, in Italien der Franzose, in Deutschland der Bundschuh – ich mag nicht mehr. Ich will meine Tage in Augsburg beschließen.« Georg war schwach von Gesundheit, das Elend und der Widerwille schauten ihm aus den Augen.

Jakob setzte ihm zu: »Geh zurück, Georg! Sollen wir dem Alexi alles überlassen? Der hat seine Hofämter und steckt bis zum Hals in Intrigen.«

»Raimund ist wendiger als ich, er wird sich durchsetzen. Ich sehe nur e i n e Möglichkeit, Jakob: löse den Handel auf, wenigstens den ungarischen! Dieser ewige Streit mit dem König, den Ständen, die Begütigung über den Papst, die Rivalität mit Polen, mit Böhmen, der Streit mit Lübeck – daß du nicht genug hast!«

Da war sie wieder, die Frage, die er so oft hören mußte. Sanft suchte Jakob dem Aufgeregten zuzusprechen: »Das ist nicht so rasch möglich, Georg. Die Verbindlichkeiten des Kaisers lassen sich nur im Laufe vieler Jahre abwickeln. Andererseits habe ich Gläubiger, wie den Wettiner Herzog. Wollte oder sollte ich ihn plötzlich auszahlen, gäbe es ernsthafte Schwierigkeiten.«

»Warum fängst du immer neue Unternehmen an, Jakob? Man hört, du stündest mit dem Dänen wegen Erzvorkommen in Verbindung, mit Schweden ebenfalls ...«

»Es sind große Vorkommen in Skandinavien entdeckt, Schwager. Mein Gott, wenn dein Vater lebte, mit welcher Lust würde er hinfahren und eine Industrie wie in Neusohl aufbauen!«

»Mag sein, mein Vater fand Entgegenkommen und Hilfe. Wir finden Widerspruch, Dünkel, nationale Eifersucht.«

»Das ist es«, sagte Jakob, »diese stete Auseinandersetzung. Ich will gewinnen, solange ich kann!«

»Dann zahle mich aus, Schwager!«

»Nein, eher Alexi als dich! Nimm Vernunft an, Georg, geh nach Budapest zurück! Ich setze dir ein hohes Gehalt aus, gebe dir einen eigenen Etat!«

Georg Thurzo wollte nicht. Er war krank, der Keim muß viel tiefer gesessen haben, denn noch im gleichen Jahr starb er in Augsburg.
Nun wurde die Firma in Budapest von Alexi und einigen Faktoren vertreten. Ferdinand, des Kaisers Bruder, hatte sich ehelich die Nachfolge in Ungarn gesichert, die Kurie nahm und empfing Gelder von Budapest durch die Fuggerbanken. Die Gefährdung der Bergwerke und Schmelzereien durch die Türken legte es nah, die habsburgische Südostpolitik zu stützen. Soeben hatte sich der Däne verpflichtet, einen Teil des ungarischen Kupfers abzunehmen, mochte die Hanse auch protestieren. Außerdem kam der Metallhandel mit Rußland in Gang. Aus allem ergab sich, daß man den ungarischen Handel nicht opfern dürfte: Lieber einige zehntausend Gulden in die Rüstungen stecken, damit der Türke vertrieben werden konnte; es zeigte sich, daß die Türken nichts Ernstliches wagten, wenn man fest auftrat und ein Heer zur Verfügung hatte.
Die hansischen Kaufleute hatten schon ungern gesehen, daß Fugger die skandinavischen Gelder nach Rom übermittelte. Jetzt hatte Fugger Fühlung mit Dänemark und Schweden wegen der Kupfervorkommen aufgenommen. Sollte nicht die Bemühung um die Ablaßgelder nur ein listiger Vorwand des schwäbischen Montanindustriellen gewesen sein, das schwedische Erz zu bekommen? Lübeck ging in die Front der Fuggergegner über.
Der einflußreiche Godert Wigerinck war 1518 gestorben, er hatte die Oberdeutschen gefördert. Fugger hatte eine prächtige Grabplatte aus der Werkstatt des Nürnberger Meisters Peter Vischer nach Lübeck gebracht und sie war über das Grab Wigerincks in der Marienkirche gelegt. Aber der Sohn des alten Wigerinck rückte nach, und die vielen Lübecker Kaufleute, die mit Fugger gute Geschäfte gemacht hatten, atmeten auf. Der Fuggersche Faktor, Gastel Fugger vom Reh, erwies sich als gewandt und verbindlich. Wenn es den Fuggern gelänge, in die Lübecker aristokratische Oberschicht zu dringen, dann wäre für den baltischen und russischen Handel Wachs gegen Kupfer und Tuche – nichts mehr zu fürchten. Dann wären auch alle Schwierigkeiten für die Fugger auf den Gewässern der Ostsee behoben. Schon schrieb Dr. Peutinger eine geographische Abhandlung über die »beiden Sarmatien«, also Rußland. Wenn die Fugger die wissenschaftliche Publizistik benutzten, mußten ihre Pläne weit gediehen sein.

Bürgermeister Brömse von Lübeck ließ die Schrift durch seine Juristen studieren. Dann befahl er den Leiter des hansischen Nachrichtendienstes zu sich. Die Herren saßen im Lübecker Rathaus unter einer gewaltigen, mit Seilen an der Decke befestigten Kogge, dem Sinnbild hansischer Macht, und tranken Rotwein.

Brömse war ein gemütlicher, aber verschlagener Herr; er sagte zu seinem Stadtschreiber: »Was hat man herausbekommen über die Absichten des Schwaben in Rußland, he?«

Der Schreiber entfaltete umständlich ein Blatt, eine in hansischen Kreisen übliche Wegekarte mit scharf punktierten Handelsniederlassungen. Er sagte: »Die Fugger haben Faktoren in Breslau, Stettin, Frankfurt an der Oder und Danzig. Nominell handelt es sich um Durchgangsplätze des ungarischen Kupfers. Aber jeder dieser Faktoren ist Diplomat und Kriegsoberst: wenn es sein muß, riegeln sie den ganzen Osten ab.«

»Da hören Sie es, meine Herren«, sagte Brömse. »Seit Danzig wegen dem Fuggerschen Kupfer Erleichterungen in Brügge fordert, kommt die Bewegung des Fuggerschen Kupfers auf unsern Wasserstraßen nicht mehr zum Stehen. Im vorigen Jahr hat Hamburg uns die schmerzliche Überraschung bereitet, daß es Sonderrechte für Fuggersches Kupfer in Brügge will. An Lübeck fahren die Schiffe einfach vorbei. Für Fugger gibt es keine hansischen Privilegien.«

»Er bietet mehr!«

»Nicht nur das. Wir Hansen haben bisher unsere wirtschaftlichen Ziele mit Kriegsschiffen erreicht, daher jetzt der teure Krieg mit Christian von Dänemark. Fugger aber erklärte kürzlich auf der Frankfurter Börse ganz offen, ihn interessiere als Kaufmann nicht der Krieg, sondern der Friede. Wir sollten uns mit Dänemark vertragen, der Deutsche Orden solle sich mit den Polen vertragen. Schon hat Danzig uns mit Rücksicht auf den Fuggerschen Hafenumschlag die Unterstützung gegen Christian von Dänemark abgesagt.«

»Wir müssen auf Einhaltung unserer Gesetze bestehen.«

Brömse lächelte nachsichtig: »Meine Herren, nicht bestehen! Lernen wir von unserm großen Gegner! Was interessiert die Londoner unser Gejammer, wenn Fugger ihnen die Ware billiger bringt? Was nützen unsere Drohungen gegen den russischen Großfürsten, wenn Fugger mit Hilfe des von ihm abhängigen polnischen Königs den

Zeitgenossen und Freunde Jakob Fuggers: Conrad Peutinger, Augsburger Humanist *(oben links)*, Dr. Johannes Eck, Gegner Luthers *(unten links)*, Faktor Wolfgang Ronner in Schwaz *(oben rechts)*, Erasmus von Rotterdam, Humanist *(unten rechts)*.

Dem ernvesten weysen
herrn Jacob fugger zue
aug(s)p(ur)g meinem herren

In Camera federspiel

eilendt

+ 1529 ·
adi 2 Jenner aus Rom

Großfürsten überredet, ihm Nowgorod als Handelsplatz zu überlassen?«
Die Lübecker Herren wollten nicht so rasch nachgeben, man beschloß, sich mit Köln, einigen Städten und Ständen zusammenzutun und Klage beim Reichskammergericht zu erheben gegen den Monopolismus der oberdeutschen Handelshäuser.
Eines Morgens heftete ein Reichsherold in allen Reichsstädten die Ladung des Reichskammergerichts ans schwarze Brett. Da konnte jedermann in Augsburg lesen, daß Jakob Fugger vor das höchste Gericht gefordert wurde wegen sträflicher Handlungen und Geschäfte. Als Jakob davon erfuhr, machte er sich selbst auf den Weg zum Rathaus. Scheu wich der Haufe vor ihm zurück. Als er nach Hause kam, wartete der Herold bereits und übergab die Vorladung.
Fugger bat alle angeklagten Herren auf einen der nächsten Tage in die Goldene Schreibstube. Dr. Peutinger werde sein Gutachten abgeben.
Peutinger saß an einem Ende der Tafel. Neben ihm Fugger und sein Neffe Ulrich aus Schwaz. Ferner saßen dort ein Welser, ein Gossenbrot, ein Herwarth, ein Manlich, ein Imhof, ein Dettighofer aus Memmingen und ein Tucher aus Nürnberg. Höchstetter fehlte.
»Die Anklage, meine Herren«, begann Peutinger etwas kurzatmig – denn er war fett –, »vertreten durch den Reichsanwalt, will Sie wegen Fürkaufs und Wucherei vor ein Reichskammergericht stellen.«
»Man spricht heute soviel von Rechtfertigung«, sagte Jakob Fugger mit ruhiger Stimme und entrollte ein Pergament vor seinem Platz: »wollen wir also dem Reichskammergericht eine Rechtfertigung vorlegen. Dies Gutachten hat Peutinger auf mein Ersuchen, in meinem Auftrage und dem der Welser-Kompanie aufgestellt. Dr. Peutinger – wollen Sie dazu sprechen?«
Peutinger sagte, der erste Vorwurf beträfe die allgemeine Verteuerung der Gewürze. Darauf sei die Antwort: »Die Preise für Pfeffer, Muskat und Ingwer bestimmt jetzt eine königliche Hoheit zu Lissabon, nicht der deutsche Großhändler.«
Der zweite Vorwurf betraf die Vermischung alter und neuer Spezereien. Die Antwort: »Solche Vermischung ist kein kaufmännisches Monopol, sondern ein Gewohnheitsrecht jedes Kaufmanns,

Eigenhändige Briefanschrift Anton Fuggers aus Rom an Jakob Fugger mit dessen Empfangsvermerk 1519.

auch des kleinsten. Wozu haben die Märkte ihre Pfefferschmecker, Safranbeschauer und Weinprüfer, die sie hoch bezahlen? Jede Ware darf verkauft werden, wenn sie gut ist.«
Der dritte Vorwurf betraf die schwankenden Preise. Die Antwort: »So ist die Natur, sie teilt die Güter ungleich aus. Keine Ernte ist der früheren gleich. Wer aber weiß besser als die Großhändler, ob der Safran in Venedig oder in Lyon zur Zeit billiger ist? Nur der Großhändler verbilligt die Preise.«
Der vierte Vorwurf betraf die Schätze unter der Erde. Peutinger antwortete darauf: »Der Erzhandel ist ein ganz besonderes Geschäft und hat mit Spezerei nichts zu tun. Wer kennt die Kunst, ein Bergwerk anzulegen? Wer schätzt die Kosten seines Unterhalts? Wer weiß von den Mühen, die edlen Metalle zu fördern? Wer kennt die Schrecken der Grundwasser, der schlagenden Wetter, des Lebendigbegrabenseins? Wenn aber Klage geht, das Gold- und Silbergeld im Reiche werde immer schlechter, so hat das nichts mit dem Erzhandel zu tun. Da ist eine allgemeine Münzhoheit nötig, und die Stadt Augsburg wird mit ihrer neuen Münze ein Beispiel geben.«
Der fünfte Vorwurf betraf die Schädigung der kleinen Geschäftsleute durch die großen Firmen. Peutinger sagte: »Warum soll der Große den Kleinen schädigen, der ihm doch die Ware unter die Leute bringt? Der Große braucht den Kleinen, der Kleine kann als Helfer des Großen Kredit erwerben und seinerseits zu Reichtum und Ehren gelangen. Ist doch der Handel aus fremden Landen und wieder dahin nur den Großen möglich wegen der Entfernungen und der bedeutenden Mittel. Nimmt man den deutschen Großkaufleuten den Handel, so kommt er bald in fremde Hände und nimmt Wege, die nicht mehr durch das Reich führen.«
Ein zweiter Teil der Schrift wies gegnerische Vorschläge zurück, etwa daß die Firmen nur drei Faktoren auswärts haben sollten (Fugger allein hatte neunzig), oder daß man das Grundkapital auf 50 000 Gulden beschränken solle. (Soviel Geld hatte der alte Fugger seinen Söhnen bereits vor 50 Jahren hinterlassen.) Als Warnung wurde Polen von Peutinger genannt, das im Jahre 1500 von Staats wegen Höchstpreise und Planwirtschaft eingeführt habe. Die Folgen seien schlagend gewesen, zuerst Warenmangel, dann Stillstand des gesamten Geschäftslebens und zuletzt, um den Handel wieder in Gang zu bringen, eine dreifache Preiserhöhung.

Fugger nahm abschließend das Wort und sagte: »Es handelt sich bei der Vorladung vor das Reichskammergericht nicht um eine berechtigte Klage gegen Monopole. Die größten Monopole der Christenheit haben der Papst und die Könige; der Papst das berühmte Alaunmonopol, die Könige die Bergwerks-, Quecksilber- und Zollmonopole. Die Hansen haben lange das Monopol des Osthandels innegehabt. Es handelt sich vielmehr um einen politischen Prozeß der niederen Stände gegen die höheren, und dies Motiv verquickt sich mit dem Kampf nationaler Beschränkung gegen internationale Verpflichtungen. Es ist ganz klar, daß man uns beim Reichskammergericht verurteilen wird ...«
Es war, als überliefe die kleine Versammlung ein Schauer. Fugger sah jeden seiner Freunde und Konkurrenten fest an:
»Dieser Tatsache müssen wir ins Auge sehen! So wie die Dinge in Deutschland jetzt liegen, beim Stande der öffentlichen Meinung gegen uns Reichsstädter und das mit ihnen verbündete Kaisertum, so wie sie, Gott sei's geklagt, von den Predigern der neuen Lehre mit religiösen Motiven umschleiert werden, bleibt nur e i n Mittel, und das werde ich benützen: Niederschlagung des Prozesses durch die höchste Instanz, durch Erzherzog Ferdinand und den Kaiser selbst.«
Es geschah, wie Fugger sagte, er wandte sich an den Kaiser. Die beklagten Firmen hatten nur die Kosten des jahrelangen Prozesses zu begleichen, 18 000 Gulden. Lübeck aber hatte den Ärger, ein Schreiben der Majestät aus Valladolid entgegennehmen zu müssen, darin der Stadt befohlen wurde, jene acht Kauffahrer von Danzig nach Lissabon, die den Fuggern gehörten und mit Kupfer beladen waren, ungehindert durch den Sund passieren zu lassen.

23

Die Türken nahmen Belgrad ein. Wieder wurde der europäischen Christenheit bewußt, daß die größte Gefahr im Osten sei. Der zwanzigjährige Erzherzog Ferdinand dachte an die ungarische Krone, Fugger an seine ungarischen Bergwerke. Von seiten des fernen Kaisers geschah nichts. In großartiger Majestät hielt er sich zurück. Seine Truppen standen fast ohne Sold in Italien, seine Schwester

Isabella lebte in unglücklicher Ehe in Dänemark. Er ließ endlich Fugger um ein Darlehen bitten, er brauche unbedingt eine Summe von 25 000 Gulden.

Jakob Fugger antwortete nicht selbst, sondern ließ, wie stets in heiklen Fällen, durch leitende Angestellte, in diesem Fall durch Wolf Haller, abschlägig antworten, und zwar unter Berufung darauf, daß den Fuggern noch nichts von den älteren Forderungen bezahlt sei. Weder aus Tirol noch aus Spanien seien die Zusagen erfüllt. Das war Anfang 1523; nur wenig später schrieb Jakob seinem Kaiser persönlich nach Toledo:

»Allerdurchlauchtigster, großmächtigster römischer Kaiser, allergnädigster Herr!

Ew. kais. Majestät werden ohne Zweifel wissen, wie ich und meine Vettern bisher dem Haus Österreich zu dessen Nutzen und Wohlfahrt in aller Untertänigkeit zu dienen geneigt sind. Deshalb haben wir uns auch mit dem verstorbenen Kaiser Maximilian, Ew. kais. Majestät Ahnherrn, eingelassen und uns – Seiner Majestät zu untertänigem Gefallen – verpflichtet, für Ew. kais. Majestät die römische Krone zu erlangen, weil eine ganze Anzahl von Fürsten ihr Zutrauen auf mich und sonst niemand setzen wollten. Wir haben dann den von Ew. kais. Majestät eingesetzten Kommissaren, um den genannten Zweck zu erreichen, eine beachtliche Summe Geldes vorgestreckt. Diese Summe habe ich nicht allein bei mir und meinen Vettern aufgebracht, sondern auch bei andern mir gut gesinnten Herren und Freunden, und zwar mit großen Nachteilen, damit das Vorhaben Ew. kais. Majestät nur ja in Erfüllung ginge.

Es ist allgemein bekannt und liegt offen zutage, daß Ew. kais. Majestät die römische Krone ohne mich nicht erlangt hätten, wie das auch aus allen Schreiben von Ew. kais. Majestät Kommissaren hervorgeht. Ich habe in dieser Sache nicht an meinen eigenen Nutzen gedacht; denn wäre ich vom Hause Österreich zu Frankreich übergegangen, hätte ich bedeutende Vorteile an Gut und Geld, die man mir anbot, gehabt. Was aber Ew. kais. Majestät und dem Haus Österreich daraus für Nachteil entstanden wäre, das wird Ew. kais. Majestät Klugheit nicht verborgen geblieben sein.

Inzwischen sind Ew. kais. Majestät mir die Summe, die Ew. kais. Majestät mit mir auf dem Wormser Reichstag verrechnet haben, schuldig geblieben. Ich wurde auf Tirol verwiesen, von dem ich noch

nicht zu Ende entschädigt bin. Jedenfalls war mit Herrn Vargas, dem Schatzmeister, verrechnet, daß ich seit Ausgang August 1521 gemäß zwei Kontrakten ausdrücklich 152 000 Dukaten mit Zinsen zu bekommen hätte. Ich selbst muß von diesem, damals anderweitig aufgebrachten Gelde Zinsen zahlen, und für diese Summen hatten sich auch die drei Tresaurare und insonderheit Herr Vargas in aller Form schriftlich verpflichtet – doch habe ich bisher nichts erhalten. Als Grund geben sie an, sie hätten keinerlei Einkünfte aus ihren Landen.
Demnach ist meine untertänige Bitte an Ew. kais. Majestät, Sie möge meine untertänigen Dienste, die Ew. kais. Majestät zu hohem Nutzen gediehen sind, gnädig bedenken und durch Herrn Vargas oder sonstwie veranlassen, daß mir meine ausstehende Summe Geld samt den Zinsen ohne längeren Verzug entrichtet und bezahlt wird. Das um Ew. kais. Majestät zu verdienen, will ich in aller Untertänigkeit erfunden werden und empfehle mich hiermit Ew. kais. Majestät untertänig.

Euer kaiserlicher Majestät
untertänigster
Jakob Fugger.«

Lange saß Jakob über dem Schreiben. Es war wohl das erstemal in der deutschen Geschichte, daß ein Untertan seinem Kaiser solch einen Brief schreiben mußte. Endlich schickte Fugger den Boten fort. Die Majestät mußte erinnert werden, daß Kredit wie gegeben so auch geschuldet wird.
Der Kaiser verband sich in dieser schwierigen Lage mit dem Papst, und Hadrian verstand sich dazu, dem Kaiser erblich die Großmeisterschaft der drei spanischen Ritterorden Santiago, Alcantara und Calatrava zu überlassen. Riesige Einkünfte fielen damit der spanischen Krone zu. Praktisch war das Quecksilbermonopol mit ihrem Besitz verbunden. Der letzte Pächter, Alfonso Gutierrez, dessen Pacht eben ablief, hatte in drei Jahren allein am Quecksilber 1 770 000 Maravedis (1 Maravedi ist etwa 1 Pfennig, der Gulden hat 240 Pfennige) verdient. Georg Reihing schloß für die Fugger einen neuen Vertrag mit dem Kaiser. Die Pacht kostete für drei Jahre 400 000 Dukaten. Man einigte sich, daß 200 000 Dukaten an den Kaiser gezahlt wurden, mit dem Rest sollte die Wahlschuld der

Majestät abgeschrieben werden. In der vorläufig vereinbarten Zeit von drei Jahren verdienten die Fugger an den Gruben 2 200 000 Maravedi.
Als Fugger unterschrieb, erschöpfte sich die Bedeutung des Vertrags keineswegs in der wirtschaftlichen Seite, ebenso wichtig war die juristische; wenn der Kaiser nämlich das Quecksilbermonopol in Fuggers Hand gab, so schloß das die Durchbrechung der alten Monopolgesetzgebung des Reiches ein. Der Kaiser hatte eindeutig die Partei der Handelshäuser gegen das konservative Reichskammergericht ergriffen. Tatsächlich gelang es Fugger, in den nächsten Monaten in Toledo eine neue Montangesetzgebung zu erwirken. Der venezianische Gesandte berichtete nach Hause, der Kaiser sei aus aller Not, und obendrein habe Fugger auch Erzherzog Ferdinand 75 000 Gulden geborgt. Schlecht hingegen waren die neuesten Nachrichten aus Ungarn. Nicht der gefürchtete Türke, sondern ein Aufruhr der ungarischen Magnaten raste durch das Land. Eines Tages stand Raimund Fugger aus Preßburg mit Frau und Kindern als Flüchtling in Augsburg: »Ungarn ist verloren, die Adelsgemeinschaft droht mit offener Empörung, wenn der König die Fremden nicht aus dem Land weist, vor allem uns; ich habe meine Familie in Sicherheit gebracht, Ungarn ist verloren . . .«
»Raimund – du hast dich überrumpeln lassen.«
»Es ist wahr, Oheim, die Niederlassung in Ofen ist vom Pöbel gestürmt, das Silber ist fort. Der König in seinem Palast hörte den Lärm, unternahm aber nichts zu unserm Schutz. In Neusohl wird gestreikt, und Ladislaus hat auch den Polenkönig aufgefordert, die Fugger zu verjagen.«
»Eins nach dem andern, es kann nicht alles zugleich wahr sein.«
Emmerich Szerentses, ein getaufter Jude, war für die ungarische Münzverschlechterung mitverantwortlich. Man hatte ihn eingekerkert, doch er hörte nicht auf, die Thurzo-Fugger-Gesellschaft zu beschuldigen. Sie allein habe durch die steten Exporte von Silber und Kupfer das Land arm gemacht. Der König, aufgehetzt von seinen Magnaten, sah eine günstige Gelegenheit, sich der Fuggerschen Schulden zu entledigen und hatte tatenlos von seinem Schloß in Ofen zugesehen, wie die Masse außer dem Haus des Szerentses und des Erzbischofs das der Fugger plünderte. Man fand bedeutende Silber- und Kupfervorräte, wenig bares Geld, jedoch kostbares Mo-

biliar und Silbergeschirr. Die Fuggerschen Faktoren hatte man festgesetzt und wollte sie zwingen, die Geschäftsbücher herauszugeben. Die waren in Neusohl, denn in der Nacht war ein Bote aus Neusohl gekommen, da auch dort Unruhen begonnen, um Verhaltungsmaßregeln zu bitten. Man hatte ihn mit dem Rat, alles Geld und alle Geschäftsbücher eilig nach Krakau zu bringen, zurückschicken können. Obgleich der König Reiter hinter ihm herjagte, fanden diese das Neusohler Nest leer. Zwei Wagen mit Geld und Unterlagen waren schon in Polen.

»Und die Bergwerke?« fragte Fugger.

»Liegen still – die Arbeiter streiken, weil die Regierung ihnen den Lohn nicht zahlen kann. Es geht drunter und drüber, Oheim, wir können Ungarn abschreiben.«

»Und Alexi Thurzo?«

Raimund zuckte die Achseln: »Auf Alexi ist kaum Verlaß. Wenn er gefangen ist, wird er alles unterschreiben.«

Fugger ging hinaus und rief Schwarz. Der kam: »Herr Fugger?«

»Die ungarische Buchführung.«

Schwarz legte die Bücher vor; ein Blick zeigte dem Handelsherrn, daß dort Millionen auf dem Spiele standen. Allein der König hatte über eine halbe Million Schulden bei der Firma. Die Bergwerke, der Maschinenpark, die Hüttenwerke waren schwer zu schätzen. Der ganze Handel nach Polen, Rußland und zur Ostsee stand hier auf dem Spiel. Fugger beschloß, gleich zu handeln. Mit irgendeinem kleinen Geschäftsmann könnten die Könige vielleicht so verfahren wie sich König Ladislaus von Ungarn es dachte, aber nicht mit ihm. Er müßte Erzherzog Ferdinand, Sigismund von Polen, den Herzog von Leipzig, die Kardinäle und Bischöfe, alle Schuldner oder Gläubiger der Fugger, in Bewegung setzen.

»Dulden Sie nicht die geringste Unordnung im neuen Jahr, Schwarz, von keinem Angestellten, keinem Faktor!«

»Ich dulde keine Unordnung, Herr.«

Gegen Abend schrieb Schwarz folgenden Brief an den Faktor in Breslau: »Lieber Hans Pühler. Du hast die Anordnung, Kupfer zu verkaufen, jede Sorte für ihren Preis und gegen bar. Der kommst Du nicht nach, Du machst Schulden! Sieh zu, daß Du sie los wirst, das schreib' ich Dir in bester Meinung und zur Warnung. – Lieber Hans Pühler, ich schreib' Dir das dermaßen aus mir selbst, als wärst

Du mein Bruder. Ich gönne Dir Ehren und alles Gute, aber sieh, daß Du die Schulden einbringst! Sollte Herr Fugger davon hören, wird es Dir übel bekommen. Gib Kupfer nur gegen Geld her, sonst laß es lieber liegen! Du hast vielleicht auch Schulden an Bargeld? Das wäre nicht recht. Der Herr verbietet nichts mehr, als daß man Schulden macht. Erst kürzlich hat er einen oder zwei ernsthaft bestraft. – Dein getreuer Matthäus Schwarz, Hauptbuchhalter.«

Von allen Seiten schienen nur Hiobsposten zu kommen. Die Bauern rings um die Fuggerschen schwäbischen Lande waren in hellem Aufruhr. Mordend, sengend und brennend zogen sie von Dorf zu Dorf, brachen die Schlösser, führten Pfarrer und Kirchenfahnen mit sich. Sie griffen auch auf Fuggersche Gebiete über – aber sonderbar, die sonst so wilden Horden zündeten kein Fuggersches Gut an. Wohl zogen sie vor die Stadt Weißenhorn, da aber zeigte sich, daß die Fuggersche Verwaltung vorgesorgt hatte und die Stadt in gutem Verteidigungszustand war. Aber die Felder lagen brach, das Vieh wurde verschleppt.

In unmittelbarer Nachbarschaft Augsburgs tauchten Wiedertäufer auf. Der Organist der Fuggerschen Kapelle von St. Anna schloß sich der neuen Lehre an. Und der von Fugger als Prediger dorthin berufene Dr. Speiser erregte durch seinen Lebenswandel unliebsames Aufsehen. Fuggers Arm reichte freilich weit; so peinlich es war, er ließ Speiser seines Amtes entheben. Im Sommer 1524 kam es zu offenem Aufruhr in der Stadt. Ein Mitglied des Barfüßerordens, Johann Schilling, führte die Massen. Der Rat mußte Truppen anwerben, und die Lage wurde so undurchsichtig, daß Jakob für einige Tage auf sein Schloß Biberach übersiedelte.

Papst Hadrian war nach kurzem Pontifikat gestorben, man sprach von Gift. Sein Nachfolger, Clemens VII., begann mit der Fuggerbank abzurechnen, offenbar wollte er die Beziehungen lockern, und nahm im Herbst 1524 den Fuggern, gegen die bestehenden Verträge, die päpstliche Münze wieder ab.

Nur aus Spanien kamen günstige Nachrichten, und die betrafen die Neue Welt. Wolf Haller konnte an Cristobal de Haro herantreten, den Beauftragten des Kaisers, und eine Beteiligung der Fugger an den Reisen erwägen. Vor allem sollte Haller den sagenhaft kühnen Deutschen ausfindig machen, der unter den achtzehn Überlebenden der »Viktoria« Europa wieder erreicht hatte.

Das gelang Haller leicht. Eines Tages stand eine abendteuerliche Gestalt vor ihm, die zerrissene Schaube keck um die Schultern geworfen, eine rote Mütze über das wirre, weißblonde Haar gestülpt: »Ich bin Georg Wandler.«

»Wollen Sie Fuggerscher Faktor in Übersee werden?«

»Der Fugger«, lachte der andere, »des reichen Augsburger Fugger?«

»Er ist mein Herr«, sagte gemessen Wolf Haller.

Wandler war bereit, für die Fugger jedes Geschwader in alle Teile der Welt zu führen. – Es war gut, daß der Augsburger seinen jüngsten Faktor nicht persönlich sah, vielleicht hätte er ihn nicht in seine Dienste genommen. Wandler war eine Landsknechtsnatur. Er hielt dem die Treue, dem er sich verschrieben hatte. Das erkannte Haller gleich.

Im September vorigen Jahres war die »Viktoria« unter Führung des Sebastian Elcano nach Spanien zurückgekommen. Die fünf Schiffe, mit denen Ferdinand Magalhães, der bucklige Kapitän, 1519 mit 280 Mann von San Lucar aufgebrochen war, hatten im Oktober 1520 tatsächlich eine Durchfahrt in den zweiten, den fernen Ozean gefunden und waren, immer westlich steuernd, nach Wochen auf viele kleine Inseln gestoßen, die von menschenfressenden Ungeheuern bewohnt waren. Magalhães selbst war im Kampf mit Eingeborenen gefallen. Aber die Schiffe waren weitergefahren, hatten zum zweitenmal, von der Ostseite kommend, die Molukken, die Inseln der Nelken, entdeckt. Hier hatte man die ersten arabischen Gewürzhändler getroffen, und wieder hatte es Mord und Totschlag gegeben. In den Stürmen der Heimreise waren alle Schiffe außer der »Viktoria« untergegangen, und mit einer mäßigen Ladung Nelken war man im September 1522 nach La Coruña heimgekehrt. Der Jubel Spaniens kannte keine Grenzen.

Kaiser Karl V. hatte zur Ausrüstung einer neuen Flotte aufgerufen. Während man noch die Schiffe baute, kam die zweite Flotte des Cortez aus Amerika mit Gold und Silber beladen nach Sevilla zurück. Cortez war Statthalter in Mexiko geworden und hatte die Hauptstadt der Azteken gefunden. Der portugiesische König klagte zwar beim Papst über Verletzung der Demarkationslinie, doch die Majestät verstand dem Papst zu schmeicheln, ließ den heiligen Jakobus zum Gewürzpatron und Schutzherrn der Weltumsegler erklären und rief sein Grab, Santiago de Compostella, am westlichen

Ende der Alten Welt, zum Heiligtum Spaniens aus. La Coruña sollte den Handel mit Nordeuropa, ohne Rücksicht auf die Portugiesen, nun an sich ziehen.

Auch in Lübeck vernahm man diese Nachrichten. Bedeuteten sie das Ende der hansischen Vormacht? Man war so betroffen, daß man gar nicht gewahr wurde, daß unterdes die oberdeutsche Konkurrenz, Fugger, in Ungarn die größten Schwierigkeiten hatte. Bei einiger Geschicklichkeit und bei Ausnützung der ungarischen Geldnot hätte man sich an die Stelle der vertriebenen Fugger-Thurzo-Gesellschaft setzen können. Einige Nürnberger versuchten es. Jakob schrieb darauf einen drohenden Brief an den Rat der Stadt. Im Gegensatz zur Ansicht Georg Thurzos und Raimunds wollte er nichts aufgeben – gerade der Kampf reizte ihn. Zu gut kannte er die Schwächen Ungarns. Schon begann die Exportblockade wirksam zu werden. Die Ungarn wunderten sich, daß die Herzöge von Österreich, Sachsen, Schlesien und der ungarische König, Finanzschwäche vorschützend, ihnen kein Kupfer abkaufen wollten. In Wirklichkeit hatte Jakob die Diplomatie gegen Ungarn bemüht. Sogar die Kurie riet zum Einlenken. Wer anders als der Fugger solle die Gelder zur Türkenrüstung vorstrecken?

Jakob wurde krank. Er war nun Mitte der Sechzig und außer einer Lungenentzündung, die er sich vor einigen Jahren in der Christmette geholt hatte, war er nie krank gewesen. Er mußte sich zu Bett legen, behielt die Fäden des Geschäfts aber in der Hand. Wie gut, daß er Schwarz hatte! Auch Raimund war zu brauchen. Die hilfsbereite Regina erschien am Weinmarkt, den Herrn Schwager zu besuchen, obwohl sie selbst von der Gicht geplagt war. Der Diener Lukas gab ihr Bericht: der Graf verspüre heftige Schmerzen im Leibe; auch litte er an Übelsein und Erbrechen. Regina Fugger meinte, ob er nicht das gleiche Leiden wie der Herr Ulrich selig habe, das diesen so gequält und entstellt hatte, bis er an den Folgen der Operation gestorben sei. Doch eifrig widersprach Lukas. Herr Ulrich sei lange ein kränklicher Mann gewesen und habe schon frühzeitig mit der Galle zu tun gehabt. Herr Jakob aber sei bis vor kurzem gesund gewesen, habe nicht eine einzige schlechte Stunde gehabt. »Nie, solang ich im Hause diene«, schloß Lukas, »hat der Herr nachts nach mir verlangt, auch nach den größten Geschäften hat er keine Minderung des Schlafs gekannt.«

Regina schüttelte bedenklich mit dem Kopf. Das Erbrechen bei leerem Magen wollte ihr nicht gefallen.
Sie trat zu Jakob ins Zimmer, hoch aufgerichtet lag er dort, durch mehrere Kissen gestützt. Auf den ersten Blick erschien er etwas mager, und der gelbliche Glanz auf Stirn und Wangen gab ihm ein verändertes Aussehen.
Der Kanonikus von Herrieden, dachte Regina – damals war sie noch glückliche Braut. Und Herrieden war die einzige unter den vielen Kirchen und Stiften, die in Jakobs Testament nicht genannt wurde.
»Wo ist die Sibylle?« sagte sie in fränkischer Leichtzüngigkeit. Doch schon bereute sie die Frage.
»Sie wird in ihrem Zimmer sein«, sagte Jakob, »du kannst gleich hinübergehen – wenn der Schwarz kommt. Neues in der Stadt?«
»Immer das gleiche, der Pöbel lärmt.«
»Wer führt denn den Pöbel? Die Leute wissen nicht, was sie tun, aber die hinter ihnen stehen, Regina! In Ungarn ist es der Siebenbürge, der Zapoly. Das wissen wir jetzt.«
»Und bei uns der junge Herwarth, er hat den letzten Haufen vors Rathaus geführt.«
Mit Schlürfen und Räuspern betrat Schwarz das Zimmer, er konnte es nicht ausstehen, wenn Fremde bei seinem Herrn waren; er verbeugte sich tief vor der gnädigen Frau, dann vor Jakobs Bett. Regina mochte ihn nicht, sie hielt ihn für einen Heuchler. Schwarz war eitel, und jeden Monat ließ er sich in einem neuen Gewand für ein Kleiderbuch porträtieren. Ein liederliches Frauenzimmer vorm Fischertor hielt er aus. Regina wußte den Stadtklatsch. Und dieser gleiche Schwarz war jetzt der Meister aller Faktoren in Rom, Venedig, Bozen, Hall, Schwaz, Innsbruck, Wien, Breslau, Ofen, Warschau, Neusohl, Prag, Nürnberg, Leipzig, Danzig, Frankfurt, Köln, Kopenhagen, Stockholm, Reval, Nowgorod, Lissabon, Madrid und weiß Gott noch wo! Sie nickte Jakob zu und ging hinaus.
Anton Kolb aus Venedig hatte geschrieben. Das Geschäft war mehr als flau, Metalle, vor allem Silber, wären stark gedrückt. Seit Mai lagerte Tiroler Silber im Fondaco und ging nicht weiter.
»Das liegt am amerikanischen Silber«, bemerkte Schwarz, er war kein Freund der neuen Beteiligung in Übersee.
»Unsinn, Schwarz, das liegt daran, daß Venedig wartet, ob es nicht

selbst wieder ins Tirol kommt – wenn die Bauern uns dort verjagen, oder wenn der Fugger stirbt.«
Schwarz erschrak: »Herr Fugger, daran dürfen Sie nicht denken! Ich schlage vor, die 7000 Zentner Silber in Barren, mit einem Lieferpreis von 30 000 Gulden, an Alexo Nerli im Stichgeschäft zu tauschen.«
Nerli war Florentiner. »Hat der Nerli soviel Damast und Seide?«
»Hier sein Angebot, hervorragende Ware, ich habe Proben gesehen! Nächstens brauchen wir ja die feinen Stoffe, zur Siegesfeier«, scherzte Schwarz.
»Lachen Sie nicht, ich glaube an den kaiserlichen Sieg in Italien, wenn ich auch kein Militär bin. – Also einverstanden mit dem Silbergeschäft, mein lieber Schwarz.«
Als er die gute Laune seines Herrn bemerkte, zog Schwarz ein Manuskript hervor, die letzte Abschrift seiner Musterbuchhaltung. Fugger blätterte in dem Buch und las die Titel: »Was das Buchhalten sei . . . Was Journal sei . . . Was das Schuldbuch sei . . . Was Kassa sei . . .«
Schwarz, der geschmeichelte Autor, nickte.
»Sie meinen, ich soll das dem Anton Sorg zum Drucken geben? Ich hab' Sie doch nicht als ersten Buchhalter, Schwarz, damit Sie es aller Welt beibringen!«
Abgeblitzt, dachte Schwarz, aber er würde nicht lockerlassen. Welche Gönner könnte er sich mit solch einem Werk verschaffen! Neulich war ein Geschäftsmann aus Danzig da, nur um sich abends in der Wohnung des Herrn Schwarz die »Musterbuchhaltung« abschreiben zu können, während der Musterbuchhalter selbst im Nebenzimmer mit einer hübschen Augsburgerin trank und lachte.
Schwarz ging. Fugger war allein mit Gedanken und Papieren. Er dachte klar und schnell wie je. Wenn Gott ihm nur die Zeit ließe, die Geschäfte abzuwickeln, welche eine untrennbare Einheit bildeten: Kaiserlicher Monopolbrief, ungarische Blockade, Abwehr der Nürnberger in Ungarn, Täuschung der Hanseaten mit dem Schwedenerz (damit sie nicht an Ungarn dächten!), Fäden nach Amerika und die goldenen Fesseln für Erzherzog Ferdinand! Jedes Geschäft für sich war einfach, aber die Verknüpfung der Dinge war das Schwierige. Die Politik, die Montanindustrie, die Geldtransaktionen, der Tuchhandel waren zusammengewachsen.

Vielleicht würde Antoni, wenn das römische Geschäft abflaute, hier in Augsburg besser am Platze sein, besser als der zu stille Ulrich, der zu stürmische Raimund. Aber wer ginge nach Rom? Zink war kürzlich gestorben.

Katharina, die geborene Thurzo, herrschte jetzt in der Familie, sie war schön und klug zugleich; sie hatte bei den Damen der Gesellschaft die ungarische Mode durchgesetzt, obwohl das böses Blut gegeben hatte. Sie vertrat jetzt bei den großen Gesellschaften am Weinmarkt die Hausfrau, denn Sibylle blieb gern allein, Unpäßlichkeiten vorschützend.

Neulich mußte sie neben Katharina zur Tafel erscheinen, als des Kaisers Bruder, Ferdinand, mit seiner jungen Gemahlin, Anna von Ungarn, und Kardinal Matthäus Lang Gäste der Fugger waren. Wie hatte da die Erzherzogin ihre Landsmännin mit schmeichelhaften Worten ausgezeichnet! Auch Sibylle erhielt ein paar Worte, denn sie hatte sich an jenem Tage auffällig zurechtgemacht. Sie trug ein enges Kleid aus weißem Damast mit weit geschlitzten Ärmeln, aus denen goldener Brokat leuchtend hervorschaute. Im Haar hatte sie ein blitzendes Diadem getragen. Die Blicke der Damen waren immer wieder verstohlen zu dem unerhört großen funkelnden Diamanten zurückgekehrt. Sie saß neben dem Kardinal, der nicht versäumte, ihr Komplimente zu machen. Sie war in den letzten Jahren etwas voller geworden, fast üppig. –

Ein rascher Schritt nahte, nein, es war nicht Sibylle. Die kam nur, wenn er rief, oder morgens zu einer freundlich knappen Begrüßung. Raimund trat ein. Es hatte Fugger nicht gefallen, daß Raimund Ungarn damals verlassen hatte, nun aber gab er ihm recht. Alexi Thurzo hatte sich in Gefangenschaft erpressen lassen – aber Alexi war nur mit einem Zwölftel an der Gesellschaft beteiligt, seine Stimme wog nicht viel. Raimund setzte sich neben das Bett, er trug einen Band der »Göttergespräche« des Lukian in der Tasche, den Nachtigall kürzlich herausgegeben hatte.

»Oheim«, sagte er zögernd, »ich muß Euch eine Mitteilung machen. Ich war heute vor dem hohen Rat. Man warf mir vor, ich hätte schlechte Reden gegen Dr. Frosch von St. Anna geführt.«

Jakob Fugger sagte nichts. Ihm war schon hinterbracht worden, daß Raimund vom Rat der Stadt wegen Reden gegen die neue Lehre verwarnt war.

»Ist das Regiment wirklich lutherisch gesinnt?« fragte Raimund.
»Ich fürchte es, Raimund.«
»Muß man Angst haben?«
Jakob lächelte: »Angst?«
»Ich weiß, Oheim, Ihr kennt keine Angst.«
»Zur Sache, Raimund.«
»Ihr seid Patron so vieler Kirchen, könnt Ihr nicht die Schwätzer aus dem Amt tun? Es wird gegen jede Ordnung geredet.«
»Der Nachtigall kommt nach St. Moritz«, sagte Jakob.
»Oh, das ist gut. Nachtigall wird kommen!«
Nach einer kleinen Pause sagte Fugger zu seinem Neffen: »Raimund, versprich mir etwas. Ich habe es schon testamentarisch verfügt, aber du sollst mir in die Hand versprechen, begrabt mich in geweihter katholischer Erde, wenn es soweit ist.«
Raimund blickte auf, er lief rot an. Noch nie hatte der Onkel vom Tod gesprochen. »Gewiß doch, Oheim, in der Kapelle, wo mein Vater liegt.«
»In der Kapelle hat Frosch kürzlich geheiratet, Raimund, ich fürchte, daß St. Anna eine Kirche der neuen Lehre wird. Dann grabt meinen Leichnam aus und beerdigt ihn in geweihtem Boden – wenn es sein muß, auf einem Dorffriedhof.«
»Und all die Stiftungen, Oheim, die herrliche Kapelle . . .«
»Nichts, nichts, Raimund. Ich will begraben sein wie ich gelebt habe. Versprichst du es mir?«
Statt einer Antwort kniete der Neffe an dem Bett nieder und küßte dem Oheim die Hand.
»Keine Nachrichten aus Ungarn?«
»Der König verlangt 604 000 Gulden, die Königin verlangt 400 000 Gulden von uns. Man wirft uns vor, wir hätten Zahlungen in schlechter Münze an die Majestäten geleistet, nachdem sie zuerst so stolz auf die Erfindung der Münzverschlechterung waren. Szerentses sagt jetzt, niemand habe gewußt, daß die Fugger jährlich 53 000 Mark Silber und 5000 Mark Gold in Ungarn gewonnen hätten.«
»Da hat er recht, niemand hat es gewußt, nicht einmal Fugger in Augsburg. Salomon Szerentses hat geträumt«, spottete Jakob.
»Wie steht es mit der Molukkenflotte?«
»Erlaubt, Oheim – sollen wir nicht doch in Ungarn zu liquidieren suchen?«

»Nicht, solange ich lebe! Was ist mit der Molukkenflotte?«
»Wolf Haller ist in Antwerpen und besorgt Kupfer, Mastenholz, Pech, Teer, Segeltuch und Seile auf kaiserliche Rechnung für La Coruña.« Der Kaiser hatte den Fuggern auf ihr Ersuchen gestattet, sieben Schiffe auszurüsten – also ein starkes Geschwader. Fugger hatte 10 000 Dukaten für das Unternehmen gezeichnet und Wandler zum Beauftragten Fuggers bestimmt.
»Ein Protest aus Venedig . . .«
Fugger machte eine erledigende Handbewegung. Antwerpen war der wichtigere Umschlagplatz geworden.
»Dann ist da eine Anweisung der Römischen Majestät auf die Einkünfte Neapels.«
»Das ist sehr gnädig von der Majestät, Raimund, und freut mich um so mehr, weil es eine freiwillige Anerkennung ist und weil auf diese Weise Tirol entlastet wird. Vielleicht hat die Majestät schon erfahren, daß die Venezianer ihre Tiroler Hoffnungen beleben.«
Man hörte draußen eiligen Hufschlag. Jakob richtete sich gespannt im Bett hoch: »Schau hinaus, Raimund, die Stafette ist da.«
Von Tag zu Tag erwartete Fugger Berichte aus dem kaiserlichen Lager. Die Entscheidung mußte in diesen Tagen fallen.
Raimund trat ans Fenster und sagte: »Es ist die Italienstafette. Ich schaue, was sie bringt.« Er ging hinunter und kam nach wenigen Minuten zurück: »Der Kaiser hat gesiegt, bei Pavia! Italien ist unser, König Franz ist mit seiner Ritterschaft gefangen!« Er ging auf den Onkel zu und gab ihm die Depeschen.
»Am 25. Januar«, sagte Fugger, »ei, ei, am Geburtstag der Majestät.« Er las: »Was französisch ist, flieht aus dem Lande, die ganze Artillerie erbeutet. – Sieh, Raimund, wir haben doch auf die richtige Karte gesetzt.«
An der Spitze seines Heeres war Franz I. auf die spanisch-italienischen Truppen Pescaras und Bourbons gestoßen. Die Romantik der Ritterzeit schien noch einmal aufgeboten, aber den Kern der Heere bildeten Landsknechte: auf kaiserlicher Seite zehntausend Söldner unter Georg von Frundsberg, auf französischer Seite unter Peter von Diebach achttausend Schweizer und fünftausend Deutsche, die gefürchtete schwarze Schar. Eine Stunde ehe die Sonne im Mittag stand, verließ ein mächtiger Raufbold den Haufen der schwarzen Schar, trat hundert Schritte vor die Front und forderte einen aus

Frundsbergs Reihen zum Zweikampf heraus. »Verräter!« schrien die Deutschen, und ein Kugelregen streckte den Verwegenen zu Boden: es war Georg Langenmantel, der ungeratene Sohn Christoph Langenmantels aus Augsburg, der 1518 Luther zur Flucht aus der Stadt verholfen hatte.

Nun rührten sich die Trommeln. »Her, her, her!« schrien die Haufen und stampften im Schlamm der Poebene aufeinander zu. Es kam zum Gemetzel. Die französischen Ritter versuchten, durch einen Seitenangriff die Entscheidung zu erzwingen, gerieten aber in deutsches Artilleriefeuer und fielen reihenweise. König Franz wollte die Nachricht nicht glauben und stürzte sich mit seinen letzten Rittern in das Getümmel. Noch stand die schwarze Schar im Donner der Frundsbergschen Feldschlangen wie eine Mauer. Da wurde Franz durch die österreichischen Reiter des Grafen Nicklas von Salm von den Seinen abgedrängt und gefangengenommen.

Die schwarze Schar hielt aus, Deutsche standen gegen Deutsche, aber gegen Abend, als die Nachricht von der Gefangennahme des Königs bekannt wurde, wich sie. Die Kaiserlichen folgten Schritt für Schritt. Dann gab Frundsberg Befehl, keinen Deutschen zu schonen, der noch im Dienst der Franzosen kämpfe, sei es auch Edler und Herr. So fielen noch in der Nacht der Herzog Franz von Lothringen, der Graf von Nassau und fünfzig Ritter und Patrizier. Die Franzosen verloren zwanzigtausend, die Kaiserlichen zwölftausend Mann an Toten. Es hatte sich gezeigt, daß die Macht der Schweizer Söldner gebrochen war, seit die deutschen Landsknechte unter Kaiser Max deren Taktik übernommen hatten. Auch die Lieblingswaffen Maximilians, die Kanonen, hatten ihren Anteil am Siege. Sie waren in den Fuggerwerken bei Villach gegossen.

In Mailand empfing der kaiserliche Statthalter Lannoy aus den Händen Franz I. den Degen Frankreichs. Der Kaiser war Herr Europas, der französische Italientraum war für Jahrhunderte zu Ende. König Heinrich von England bot Karl V. an, er wolle Frankreich mit ihm teilen. Die Portugiesin mit den 300 000 Sack Pfeffer wurde ihm abermals zur Ehe angeboten. Am gleichen Tage, als der Kaiser in Spanien die Siegesnachricht empfing und befahl, Franz zu ihm in Gefangenschaft zu bringen, unterschrieb er den Erlaß, daß die Montanindustrie nicht unter die Monopolgesetze des Reiches fiele. Damit war der Prozeß Fuggers und seiner Freunde vor dem

Raymund Fugger, Kopie nach einem Gemälde von Martin Schaffner

Katharina Fugger, geb. Thurzo von Bethlemfalva, Kopie nach einem älteren Gemälde.

Reichskammergericht erledigt. Noch ohne diese Nachricht zu haben, wurde Jakob gesund. Es bestand jetzt keine Gefahr mehr, daß die Regierung und der Schwäbische Bund durch Bauernunruhen gestört würden. Im Westen war man aller Sorgen ledig.

24

Jakob Fugger fuhr mit Raimund nach Kirchberg und Weißenhorn, die neuen Webstühle zu beschauen; in und um Weißenhorn gab es nämlich eine blühende Leinenweberei, die der Fuggerschen Handlung zustatten kam. Dann wollte er Gerichtstag in Schmiechen halten und für Zucht und Ordnung Recht sprechen. Er hatte beschlossen, Raimund die Herrschaft Biberbach in Schwaben und Fuggerau in Kärnten in Verwaltung zu geben. Raimund schien sich zum Großgrundbesitzer mehr als zum Kaufmann zu eignen. Er hatte in den weiten Fuggerischen Gebieten zu Kirchberg, Weißenhorn, Pfaffenhofen, Mauerstetten, Wullenstetten, Buch, Schmiechen, Schwabmünchen, Ettelsried, Öttingen und Graben die herrschaftlichen Rechte und Ansprüche der Familie zur Zufriedenheit des Oheims vertreten. Raimund liebte das freie Leben auf den Gütern, verstand sich mit den Bauern und war mit der schwäbischen Ritterschaft durch viele Freundschaften verbunden. Kaspar von Bubenhofen, Vogt der Fugger zu Weißenhorn, und Melchior vom Stein, Vogt der Fugger zu Kirchberg, waren seine besonderen Vertrauten.

»Ohne unsere Hilfe«, sagte Jakob, während sie gemütlich durch das Land reisten, »wäre der Schwäbische Bund nicht mit den Bauern fertig geworden, das haben auch die Städte anerkannt. Der Staat beruht auf dem Recht, die Kaufmannschaft auf Ehrlichkeit und Kredit.«

Der ungarische Streit kränkte den Alten wie kein früherer. Man hatte sein Recht gebrochen, Verträge nicht eingehalten! Immer kehrten seine Gedanken dorthin zurück.

Um ihn abzulenken, brachte Raimund das Gespräch wieder auf die Bauern: »Wegen der vier Dienste im Jahr hätten die Bauern nicht mit uns anzulegen brauchen, auch nicht wegen der acht, die sie anderswo leisten müssen. Es ist eine unselige Verquickung von Religion mit Wirtschaftsfragen.«

Fugger schüttelte den Kopf: »Nichts gegen die Verquickung, Raimund, die Fugger leben davon, denn sie gehören zusammen. Aber diese armen Teufel von Bauern, die ich nun in Schmiechen aburteilen soll, sind aufgehetzt und mißbraucht von Leuten, welche Hintergedanken haben. Denen liegt nichts an der Erleichterung des bäuerischen Schicksals, sondern sie hetzen und wühlen solange, bis die Unzufriedenheit losbricht.«
Sie kamen nach Schmiechen zur Verhandlung gegen Bauern, die die Fron verweigerten. Jakob saß unter der Gerichtslinde, in seinen Zobel gehüllt. Trotz ihrer kecken oder mürrischen Art schienen ihm die Bauern keine bösen Rebellen zu sein. Raimund saß neben ihm. Der Verwalter brachte die Klage vor, und Fugger sprach zuletzt ein mildes Urteil. Nachher sagte er zum Neffen: »Es ist ein Gemisch von Strenge und Milde vonnöten, wenn man regieren will, schwer auszumachen, eine Frage des Charakters, nicht der Geburt, wie die sogenannten Herren meinen, die ihre aufsässigen Bauern zu Hunderten ersäufen lassen, als seien es junge Katzen.«
Lange hatte Jakob gebraucht, bis er sich durchsetzte gegen jene höher Geborenen, die keinem niedriger Geborenen Gehorsam zu schulden glaubten.
»Wenn jetzt der ›arme Konrad‹ im Land umgeht mit zwölf heimlichen Artikeln, so haben die hochgeborenen Herren die Schuld, die als Bauernleger in Schwaben und Franken ihre Untergebenen um Freiheit, Gut und Ehre gebracht haben«, sagte Fugger zu dem Neffen.
Auf der Rückreise befahl Fugger, über Graben zu fahren. Der Pächter wußte sich kaum zu fassen über den unvermuteten Besuch, als Oheim und Neffe in das Stammhaus gingen. In tiefen Gedanken trat Jakob Fugger dann an der hölzernen Kapelle vorbei auf den Acker hinaus. Der Flachs würde bald blühen, er schaute über das Feld hinweg die Straße nach Augsburg entlang. Was wäre die Stadt wohl geworden ohne die drei, die dreißig, die dreihundert und jetzt mehr als dreitausend Webstühle der Fugger? Raimund verstand nicht recht, warum sich der Onkel so lange in dem kleinen Dorf aufhielt, aber er schwieg. Als sie wieder in der Kutsche saßen, sagte Jakob: »Keiner ist sicher, so hoch er steht, daß er vor seinem Ende nicht noch verhöhnt werde. Ich denke an Lukas Fugger, den prächtigen Herrn vom Reh, der ist bettelarm in Graben gestorben, und der

Schimpf hat ihn verfolgt bis an sein Ende.« Weit vor ihnen stiegen am abendlichen Himmel die Türme der goldenen Stadt auf. Hell glänzten die Bastionen, bestückt mit gewaltigen Mörsern.
Als sie zurückkamen, waren Antoni Fugger aus Rom und Dr. Nachtigall aus Straßburg gekommen. Beide hatte Fugger rufen lassen, Antoni als seinen eigentlichen Nachfolger in der Leitung der Firma, Nachtigall als Prediger auf die Kanzel Dr. Speisers. Täglich kamen sie zusammen. Fugger neigte, durch Briefe seines Freundes Herzog Georg von Sachsen bestärkt, gleich Peutinger der Ansicht zu, es handle sich bei allen reformatorischen Bestrebungen im Reich um Reformversuche innerhalb der Kirche. Doch Nachtigall widersprach mit Nachdruck, es handle sich um etwas grundsätzlich Neues.
Wäre er gar ein heimlicher Lutheraner?
Beileibe nicht, verwahrte sich Nachtigall; aber man müsse einsehen, daß zum Beispiel die Verheiratung ganzer Konvente mit allen Überlieferungen bräche. Schon habe Luther den Papst für einen Antichristen erklärt und wettere gegen die kirchliche Hierarchie. Habe Dr. Luther in Worms nicht gesagt, er könne nicht anders als er tue und sage? Worauf berufe er sich? Auf sein Gewissen ...
Nachtigall schwieg, jeder verfiel seinen traurigen Gedanken.
Am 6. August lag Jakob Fugger wieder krank zu Bett, draußen lärmten die Anhänger Speisers und Schillings, des Barfüßers. Sie schrien ein Hetzwort Martin Luthers wie einen bösen Kehrreim: »Dem Fugger soll ein Zaum ins Maul!« Der Rat griff zu; Speiser wurde geköpft, Schilling entkam.
Antoni Fugger hatte Station gemacht, um seinen kranklichen Bruder Ulrich aus Schwaz mit nach Augsburg zu nehmen.
Er kam ans Bett des Oheims und berichtete aus Tirol, er hätte in drei Tagen mehr gehört, als Ulrich in der Zurückgezogenheit des Städtchens Schwaz. Der ganze Adel schien unter Führung Balthasar von Starhembergs auf Luthers Seite zu stehen. Ein tiefer Widerwille gegen die Hure Babylon, wie man Rom nenne, hätte nicht bloß die Städter, sondern auch die Bergleute, selbst die Bauern erfaßt. Sie wollten in den Predigten das »reine Wort« Gottes hören. Matthäus Lang, der Salzburger Erzbischof, sei nach Wien geflohen.
Jakob nickte bloß. In den nächsten Tagen versammelte er, leidlich bei Kräften, die vier Neffen in der Goldenen Schreibstube. Er machte ihnen längere Eröffnungen über die Verwaltung der Güter und

Herrschaften. Die Gesamteinkünfte aus allen Besitzungen, einschließlich aller Grundzinsen, Gerichtsgelder, Hochzeitsgelder, Sterbegelder und Zölle hatten im Jahre 1523 für insgesamt vierundneunzig Dörfer 1933 Gulden in bar betragen. Die Naturalerträge waren: 3 Rinder, 4 Hammel, 2 Lämmer, 49 Gänse, 517 Fastnachtshennen, 2352 Hühner, 14 400 Eier, 135 Laib Käse, 45 Schoppen Öl, 2 Scheiben Salz, 3 Metzen Obst, 2 Karren Kraut, 15 Fuder Holz, 10 Fuder Heu, 561 Irnen Roggen (1 Irne = 6 Metzen = 1½ Schaff), 453 Irnen Hafer, 11 Irnen Gerste, 1 Irne Flachs und 5 Tagwerk Stroh. – Die Kaufsumme der Güter hatte ehedem 92 000 Gulden betragen. Es ergab sich also für das Jahr 1523 eine Verzinsung von 3,05 per cento.

»Bin ich nun ein Bauernschinder gewesen?« fragte Jakob.

»Oheim!« rief Antoni abwehrend, als dürfe solch ein Wort im Hause Fugger nicht gehört werden.

»Der Fürstabt von Kempten, Sebastian von Breitenstein, und andere Herren haben Schuld«, sagte Raimund.

»Rom hat Schuld, die babylonische Hure«, rief Hieronymus, und sein hohläugiges Gesicht zeigte den Ausdruck des Abscheus.

Graf Ulrich hörte nur unwillig zu. Er fühlte sich in der Augsburger Luft nicht wohl. Die Stadt, ihr Lärm und Staub beengten ihn.

»Ulrich!«

»Oheim!«

»Willst du nach Schwaz zurück?«

»Laßt mich ziehn, Oheim, sobald Ihr es für richtig haltet.«

»Was machen wir mit Hieronymus?« fuhr Fugger fort, als er sich schon aus dem Sessel erhob. Die Brüder und Vettern schwiegen. Alle sahen das magere Antlitz mit dem Christusbart, den blaugrau flakkernden Augen, die bald bittend, bald ironisch, bald müde im Kreise umhergingen. Hieronymus Fugger war fünfundzwanzig Jahre alt, er war unstet und unruhig. Auch jetzt verließen ihn die Nerven – er sprang auf und lief aus der Goldenen Schreibstube.

»Er bekommt seinen zustehenden Anteil aus Erbe und Gewinn«, sagte Jakob, »er ist ein armer Narr. Die Utopia des Sir Thomas Morus, sein Lieblingsbuch, hab' ich kürzlich gelesen und nicht viel Gutes darin gefunden. Noch zehnmal könnt' ich mein Leben auf dieser Erde von vorn beginnen, aber die Menschen werden immer dieselben sein. Wer das blanke Geld mit jedermann teilen will, ist und bleibt ein Narr. Kleingeld soll jeder haben als Lohn für die Arbeit, Großgeld wird nur denen gegeben, die Ordnung halten können. Wer aber Geld aus Habsucht und Völlerei braucht, aus Eitelkeit und Hoffart, der ist nicht wert, daß er einen Gulden besitzt.«

Ein langer, mißvergnügter Winter folgte diesen Ereignissen. Weg und Steg waren verschneit. Wölfe brachen aus den Wäldern und bedrohten die Dörfer. In Tirol traten die Bäche über die Ufer, den Gruben drohte das Ersaufen. Obst und Wein waren nicht gediehen, selbst in Neapel war die Ernte schlecht. Stürme auf dem Meer versenkten die Schiffe. Man mußte um die Gewürzflotte Wandlers fürchten. In den Städten freilich merkte man von den Unbilden wenig, dafür stritt man in Trinkstuben und Zunfthäusern um so eifriger über die Religion. Die alte Gemütlichkeit war dahin. Den älteren Leuten schien es, als sei mit Kaiser Max die gute Zeit gestorben.

An sonnigen Tagen blieb Schlittenfahren noch immer das Vergnügen der reichen Bürger. Auch Sibylle Fugger ließ sich oft in die Auen des Lech fahren, nur von einer Zofe begleitet. Einmal kutschierte sie mit einem männlichen Begleiter nach Landsberg. Doch der Klatsch mußte schweigen, als bekannt wurde, daß dieser Begleiter ihr Neffe Antoni war, der seit kurzem ein Bärtchen trug. Mit ihr konnte sich Antoni über eine junge Dame unterhalten, Anna Rehlinger von Horgau.

Aus Italien kamen die Truppen zurück, Sebastian Schertlin und Georg von Frundsberg räumten mit den Bauern auf. Dr. Martin Luther erließ eine Flugschrift, »Wider die räuberischen und mörderischen Bauern.« Da konnte man lesen, man solle sie alle würgen, stechen, heimlich und öffentlich, wer da kann, wie man einen tollen Hund totschlagen muß. – Da glaubten sich die Bauern völlig verraten und wüteten mit dreifacher Gewalt. Der Truchseß von Waldburg überraschte ihren besten Haufen bei Böblingen und ließ ihrer achttausend zusammenhauen. Dann eroberte er Weinsberg und ließ den Bauernführer Jäcklein Rohrbach mit Genossen in einen brennenden Ofen werfen. Blutgericht folgte auf Blutgericht. Der Ritter Berlichingen verließ die Bauern. Der Pfalzgraf von Hessen folgte Luthers Worten würgend und mordend. Georg von Sachsen hing

Thomas Münzer an einen Galgen. In Augsburg und Tirol half Frundsberg, wie im Allgäu, zur Unterdrückung der Aufstände. Auch Raimund Fugger mußte, auf Befehl Erzherzog Ferdinands, mit hundert Söldnern in die von den Bauern besetzten Gebiete seiner Familie einrücken – aber kein Fuggerscher Besitz, kein Schloß, kein Gut wurde von den Bauern geplündert oder in Brand gesteckt. Ihre Wut galt Herren und Prälaten.

In Tirol hatten die Aufregungen dieser Zeit ein müdes Herz zum Stehen gebracht. Graf Ulrich Fugger starb, kinderlos, fünfunddreißig Jahre alt, in Schwaz. Schon nach einigen Wochen baute der Oheim neue Brücken, um den Tiroler Handel weiter zu vergrößern. Er hatte in Hans Höckl aus Schwaz den Mann gefunden, der seinen Absichten entsprach. Aus einem Bankrott der Kufsteiner Baumgartner waren Bergwerksanteile zu Rattenberg, Linz, Kufstein, Gossensaß und Klausen zu erwerben. Antoni übernahm die neuen Betriebe unter der Bezeichnung »Berg- und Schmelzwerke Südtirol«.

Wolf Haller meldete aus Spanien, der Abbau der Quecksilbergruben in Almaden könne früher als vorgesehen beginnen.

Ende Oktober erlitt Jakob in der Goldenen Schreibstube einen heftigen Anfall von Gallenkolik. Er mußte in einer Kutsche abgeholt und in sein Haus am Weinmarkt gebracht werden. Nach einer früheren Vorschrift des Paduaner Arztes bereitete der Diener Lukas in einem ausgeblasenen Ei aus Safran, Theriak und Senf das Medikament, welches Kaiser Maximilian in seinen schlechten Tagen so gute Dienste geleistet hatte. Aber die Schmerzen nahmen zu. Der Arzt verordnete einen heißen Wickel aus Schellkrautabsud, während er gegen die Schmerzen ein Mittel aus Mohn und Milch bereitete.

Bald sprach sich die schwere Erkrankung Fuggers des Reichen herum. Vergeblich hatte sich Jakob, im Interesse der politischen Verhandlungen, bemüht, seinen Zustand zu verheimlichen. Er ließ die Fäden keineswegs aus der Hand. Sorgsam beobachtete er nach wie vor die ungarische Frage. Zwar hatte die Krone unverschämte Forderungen gestellt, aber die inzwischen aus der Haft entlassenen Faktoren und Alexi Fugger widerriefen jetzt Abmachungen und Unterschriften, die erzwungen gewesen waren. Die Krone versuchte, die Bergwerke mit eigenen Kräften in Betrieb zu setzen, es gelang nicht. Man mußte froh sein, daß die Bergwerke nicht absoffen.

Nun bot man Fugger einen neuen Vertrag unter verschärften Bedingungen an. Aber Jakob verbot das Nachgeben.

Schlimm war, daß er abermals von Versuchen der Nürnberger erfuhr, ungarisches Kupfer abzunehmen. In Tirol suchten die Venezianer im trüben zu fischen. Die Hauptsorge blieb die Hanse. Jakob mußte lächeln, wie eifrig die Hanse sich gegen seine baltischen und skandinavischen Interessen wandte. Kürzlich hatten sie im Sund wieder ein Fuggersches Kupferschiff aufgebracht und verweigerten die Herausgabe. Wenn sie bloß nicht an Ungarn dächten!

Jakob bat Antoni zu sich. Dessen unabhängig kluge Art entsprach noch am meisten der eigenen Natur. Er glaubte, in ihm den rechten Nachfolger als Regierer des Hauses gefunden zu haben. Auch der überlegene Schwarz fand Antoni erstaunlich reif. Mit Antoni und Schwarz besprach Fugger jetzt alles. Die Männer wunderten sich, wie klar er trotz seiner Schmerzen dachte. Große Mühe machten ihm die langen Briefe an Georg von Sachsen und Ferdinand. Der Erzherzog hatte wieder ein Darlehen erbeten und erhalten: »Ich will die Habsburger mit goldenen Ketten an das Haus Fugger schmieden«, sagte Jakob lächelnd.

»Sollten wir nicht doch in Ungarn nachgeben?« meinte Schwarz.

»Unmöglich, dort werden jährlich 7500 Mark Silber und 30 000 Zentner Schwarzkupfer gewonnen. Das ist für 120 000 Gulden. Wie soll ich da 100 000 Gulden Pacht zahlen? Schließlich haben wir ein Risiko im Bergbau! Jetzt sind die Gruben verlottert. Bis alles wieder läuft, braucht man ein oder zwei Jahre – und in drei Jahren soll die Pacht enden und alle Werke und Maschinen gehören den Ungarn?«

»Der König schuldet dem Hochmeister des Deutschen Ordens 2000 Gulden. Die sollen wir zahlen.«

»Dem Hochmeister? Der soeben mit der Kirche bricht? Nein.«

Fugger merkte, daß es mit ihm zu Ende ging; er machte nochmals sein Testament und empfing Besuche. Dr. Eck lobte die Fuggerei als christliche Tat und gutes Beispiel für alle. Die Fuggerei war Jakob ans Herz gewachsen. Das machte ihm so leicht niemand nach, mochten sie ihn Kapitalisten schimpfen: er, Jakob Fugger, wußte, wie man mit Geld umzugehen hatte. Nun kam Peutinger als Notar, Regina kam, Sibylle saß an seinem Bett – Regina hatte sie dazu anregen müssen. Fugger hatte kein Glück mit der Ehe gehabt, er hatte auch keinen Freund gehabt. Als in eben diesen Tagen Erzherzog Ferdinand nach Augsburg kam, des Reiches Macht als Vertreter des meist abwesenden kaiserlichen Bruders zu demonstrieren, ritten sechzehn Fanfarenbläser an der Spitze des Zuges, rot und weiß gekleidet. Dann folgten acht Standarten mit dem grünen Stadtpyr, dahinter sechzehn Trommler und ein Korps von Pfeifern und Trompetern. Ein riesenhafter Landsknecht trug die Fahne des Reiches zwischen der Fahne der Stadt und Habsburgs. Dann kam Ferdinand selbst, trotz des rauhen Dezemberwetters von Tausenden begrüßt. Der Jubel schlug dem Erzherzog aus allen Gassen entgegen.

Doch als der Zug zum Weinmarkt kam, ließ der Fürst Pfeifer und Trommler verstummen. Ferdinand hatte das Barett gelüftet. Nun senkte er das blonde Haupt und sein Gefolge folgte dem Beispiel. Die vor dem Fuggerpalais gestaute Menge wurde unwillig: was das Verstummen der Fanfaren bedeute? Doch dann begriff sie und alle nahmen die Mützen ab. Der kommende König der Deutschen hatte dem Sterbenden die letzte Reverenz erwiesen.

Seit Weihnachten 1525 wartete eine ganze Welt auf Jakob Fuggers Tod. In Rom, in Wittenberg, in Innsbruck, in Ofen, in Valladolid und Paris, in Venedig und Antwerpen, sogar bei den russischen Fürsten in Kiew mußte man sich klarmachen, was der Tod Fuggers bedeutete. Von ihm hing der Türkenkrieg ab, die Geltung der deutschen Wirtschaft, die Stellung Karls V. zu Franz I. und nicht zuletzt das Schicksal der deutschen Reformation, soweit sie eine politische und Machtfrage war. Jakob Fugger hatte ein halbes Jahrhundert lang maßgebenden und schließlich entscheidenden Einfluß in der Hochfinanz gehabt. Er war größer als alle vor ihm, hatte alle überholt und war nie besiegt worden. Sein Charakter war unantastbar. Er hatte Könige und Kaiser gezwungen, wie Kaufleute ehrlich zu sein.

Ferdinand blieb in der Stadt um Jakob Fuggers willen, bis er Kunde erhielt, daß im Haus am Weinmarkt eine Ära beschlossen sei. – Am Christtag um die Vesperzeit bildete sich oberhalb der Liebfrauenkirche ein schwarzer Regenbogen. Alles staunte und glaubte darin ein Vorzeichen für Jakob Fuggers Ende zu sehen.

Am 28. Dezember hatte Jakob Fugger bei klarem Verstande alle laufenden Geschäfte für seine Person abgeschlossen. Die Zeit, welche ihm noch blieb, sollte der Vorbereitung auf die andere Welt dienen. Mit großer Andacht empfing er die Sterbesakramente und dann wurde ihm auf eigenen Wunsch von Nachtigall die Leidensgeschichte Christi nach den Evangelien vorgelesen. Nachtigalls Gelehrsamkeit und Frömmigkeit ließen ihn zu diesem Dienst geeignet erscheinen – und seine unverbrüchliche Treue zu der Religion Jakobs selbst.

Am Freitag, den 29. Dezember, erwartete man, daß es zu Ende gehe, aber Jakob lebte und war klar bei Verstand. Samstag morgens um drei Uhr fiel er in einen totenähnlichen Schlaf. Nachtigall las mit lauter Stimme in den heiligen Berichten vom Tod des Heilands. Da unterbrach Fugger die Lesung zum erstenmal und bat, daß man ihn auf die andere Seite lege. Eine Magd tat es. Dann fing er an schwer zu atmen und verschied leise, fast schmerzlos, wie ein Kind, als die Türme Augsburgs die vierte Stunde des Morgens des 30. Dezember 1525 schlugen. Jakob Fugger war sechsundsechzig Jahre alt geworden. Feierlich sagten die Neffen den Potentaten der Welt den Tod ihres Oheims an. Wahrhaftig – es war ja einer aus deren Reihen gestorben.

25

Ein heftiger Schneesturm hatte seit dem frühen Morgen des 3. Januar die bemalten Fassaden der Fuggerschen Prunkhäuser am Weinmarkt gepeitscht und gefegt, die breiten Toreinfahrten und die Laubengänge mit glitzernden Barrikaden vermauert, die hohen Fenster mit Flocken verklebt. Nun lagen die Giebel wie unter einem Leintuch und im Damenhof beugten sich die Ziersträucher unter ihrer Schneelast.

Im ersten Stock des Fuggerhauses hüpfte ein rötliches Licht geschäftig hin und her und malte Flecken in die Wölbungen der Fenster. Die Mägde deckten eine lange Tafel. Lukas gab die Befehle. Nun sein Herr das Zeitliche mit dem Ewigen vertauscht hatte, schien auch der Diener, wie in unabänderlicher Gefolgschaft, dieser Zeit entrückt und mit seinen Gedanken in eine Vergangenheit gebannt, in der es noch prunkvolle Aufzüge und feierliche Prozessionen, Turniere und Geschlechtertänze und den bunten Hofstaat Kaiser Max' gab, nicht aber das selbstgefällige Getue unfroh hastender Menschen, keinen Schilling und Hutten, keinen Dr. Frosch und Dr. Luther, die alle seinen guten Herrn, Jakob Fugger, da sich sein Leib in Schmerzen quälte, als Monopolisten, Zinsnehmer und Wucherer beschimpft und verhöhnt hatten. Was die Gassen über das Eheleben des Grafen Fugger und seiner Gemahlin Sibylle zu erzählen wußten, wagte Lukas nicht zu denken.

Mehr als dreißig Jahre hatte Lukas neben seinem Herrn gewacht und geschlafen. In seine Kammer lief die Seidenschnur mit dem Silberglöcklein. Die Kammer des Herrn war nicht verschieden von der des Dieners. In beiden stand der Betschemel in der Fensterecke unter dem Kruzifix, in beiden stand das schmale Bett an der Wand. Auch eine Truhe stand in jeder Kammer fast an gleicher Stelle und in ihnen lagen Dinge, die den Besitzern persönlich am Herzen lagen. In Lukas' Truhe waren das vor allem die Geschenke seines Herrn: ein goldener, venezianischer Ring mit Steinen, eine Dose aus geschnittenem Bernstein aus Danzig, ein bei Koberger in Nürnberg gedrucktes Brevier mit goldenem Verschluß und ein Rosenkranz aus Rom, denn Lukas war wie sein Herr ein frommer Mann und verstand zu lesen und zu schreiben. An seinen Bruder in Kempten hatte er gestern einen Brief geschrieben: »Mein Herr Fugger ist tot und ist in Gott wie ein Kind gestorben.«

Dr. Othmar Nachtigall hatte am Morgen dieses Tages in der St. Sebastian-Hauskapelle eine Totenmesse für den Freund gelesen. Der schmale Raum mit dem kleinen Altar hatte im Schein von sechsundsechzig Kerzen gestrahlt. Lukas hatte die Lichter genau gezählt.

Diener und Mägde waren mit dem Herrichten der Festtafel fertig. Lukas ließ die goldenen Leuchter anzünden und die breite Tür öffnen, welche den großen Saal mit dem Empfangszimmer verband. Vertäfelte Holzdecken spiegelten sich in den kunstvoll eingelegten Böden. Rahmenwerk aus feiner Schnitzerei rankte sich um Türen und Fenster, besonders prächtig war der Erker des Saals verziert, ehedem Lieblingsplatz der Hausfrau, doch auch des Kaisers Maximilian, wenn er die Huldigungen seiner Augsburger entgegengenommen hatte.

Lukas überprüfte mit den Augen die einzelnen Gedecke. An den Längsseiten des Tisches lagen je fünf, an den Schmalseiten je drei; silberne Teller für Fisch und Fleisch, irdene Schälchen für Suppe,

Pokale für das Bier und venezianisch geschliffene Gläser für den Wein, Mund- und Handtücher gehörten an jeden Platz. Silberne Gabeln und Messer, kleine goldene Löffel, Zahnstocher aus Elfenbein lagen zur Hand. Das feine Fuggersche Tafeltuch, seit über hundert Jahren in den Truhen des Hauses, leuchtete weißer als frischer Schnee.

Lukas hatte die Türen der Kapelle weit öffnen lassen. Nun drang der Geruch des Olibanums langsam aus dem heiligen Raum durch das Haus, über die Treppen, bis in die Festräume. Ein Geruch von Weihrauch füllte die Räume des Palastes. Der Alte gab mit der Hausglocke das Zeichen zum Beginn des feierlichen Totenmahls der engeren Familie. Nach dem Begräbnis in St. Anna, dem Leichentrunk der Weber in der Zunftstube am Judenberg und der Feier des städtischen Regiments am Perlach, sollte der Abend des vierten Tages nach Jakob Fuggers Tod die Mitglieder der Familie untereinander versammeln.

Zwei Paare traten in den Saal. Ein Mann mit rotem Vollbart, stattlich, im Gewand eines Landadeligen, den Hirschfänger an der Seite, schritt neben einer Frau, die in der Reife ihrer Jahre noch voll Anmut war. Es waren Markus Freiherr von Bubenhofen, der seine Gemahlin Eva Maria Fugger erst im vorigen Jahr verloren hatte, mit Anna Fugger, Witwe Georg Thurzos von Bethlemfalva, Kammergrafen zu Kremnitz, den der ungarische Aufstand Besitz und Leben gekostet hatte. Das zweite Paar waren der Bruder des Bubenhofers, Hans Kaspar, als Vogt von Weißenhorn in Fuggerschem Dienst, und Ursula Fugger, die Witwe des Freiherrn Philipp von Stein zu Jettingen. Ursula und Anna waren Schwestern.

Nach ihnen betraten Raimund Fugger und seine Frau, Katharina Thurzo, die Schwester Georg Thurzos, den Saal. Raimund trug den Bart nach der Mode der deutschen Landsknechte viereckig abgestutzt und straff nach den Seiten gekämmt, das gab seiner Miene ein fast martialisches Aussehen. Ihn und Katharina verband, wie Augsburg wußte, eine große Liebe. Sie hatten neun Kinder, von denen sieben lebten. – In Begleitung Raimunds, doch mit höflichem Abstand, hatte Melchior von Stein den Saal betreten, Landedelmann aus Schwaben, Turnierheld von einigem Ruf, Vogt der Fugger auf Kirchberg und Raimunds besonderer Günstling. Dann kam ein junges Paar, es wirkte schlicht und schien aus einem Winkel der Provinz zu kommen. Das waren Georg Freiherr von Stetten auf Boxberg mit seiner Gemahlin Susanne Fugger, der letzten Tochter Ulrich Fuggers. Susanne hatte von ihrer Mutter, Veronika Lauginger, nicht nur die zarte Gestalt, sondern auch den musischen Geist und die Neigung zu den Wissenschaften geerbt. Ihr Mann war mehr Bücherwurm als Ritter und Schloß Boxberg eine Herberge reisender Dichter und Gelehrten.

Wieder verbeugte sich Lukas vor einem jungen Paar. Georg Fuggers einzige Tochter, Regina, kam am Arm ihres Mannes, des kaiserlichen Rats Hans Baumgartner, Herrn zu Hohenschwangau und Erbach. Er galt als der liebste Schwager der Fugger und wurde von Raimund mit lautem Gruß willkommen geheißen.

Dann kam Antoni, der neue Chef des Hauses, zögernden Schritts, den Blick leicht gesenkt, er führte Sibylle, die Witwe Jakobs, in den Kreis der Verwandten, und mit ihnen kam Antonis Mutter Regina. Man trat an den Tisch. Im gleichen Augenblick wurde die Tür zur Bibliothek aufgestoßen, und alle wandten sich einer dort erscheinenden Dominikanerin in der weißen Tracht ihres Ordens zu. Die Haube umrahmte ein wohlgeformtes Gesicht, das deutlich die gewölbten schwäbischen Backenknochen der Fugger zeigte. Es war Felizitas, Ulrichs fünfte Tochter, Klosterfrau zu St. Katharina zu Augsburg. Nach einer gemessenen Verbeugung gegen alle reichte sie dem Bruder Hieronymus die Hand, der etwas verlegen abseits gestanden hatte.

Man setzte sich zu Tisch. Es war ein Bild prunkvoller Symmetrie, welche zu wahren Antoni die Schwäger eingeladen hatte. Regina gab, zwischen ihren Söhnen Raimund und Antoni sitzend, mit einem Nicken Lukas das Zeichen zum Beginn des Mahles. Der brachte das Salzfaß, ein Riesenspielzeug aus getriebenem Silber, vierbeinig, und gut eine Augsburger Elle hoch. Der berühmte Goldschmied Jörg Seld hatte es für Jakob gearbeitet, zweiteilig für Pfeffer und Salz. An der Spitze des Gefäßes war ein Helm mit Hörnern, zwischen denen die Fuggerschen Lilien standen.

Jeder Gast erhielt nach der Sitte Salz und Pfeffer auf einer Scheibe Brot zugeteilt. Indessen gingen zwei Mägde mit einem kupfernen Wasserkessel um den Tisch. Die Herren netzten sich die Hände und trockneten sie im Handtuch, dann waren sie den Damen behilflich, indem sie deren weite Ärmel vorsichtig hochhielten. Dann wurde die

Suppe aufgetragen, Fleischbrühe, fettig und safrangefärbt. Jeder erhielt eine Schüssel und aß mit dem Löffel, den Rest ditschte man mit einem Stück Weißbrot auf. Als zweiter Gang kam eine Krebssuppe, die man, um den Appetit zu reizen, stark gepfeffert hatte. Dann folgten Aalpasteten, die man auf flachen silbernen Tellern spreiste. Lukas füllte die Krüge mit Bier oder Wein: Dame und Herr tranken aus dem gleichen Gefäß, und der Herr hatte der Dame auch beim Teilen und Schneiden der Speisen behilflich zu sein. Kaum war die Aalpastete unter Lobsprüchen auf die Fuggersche Hausküche verzehrt, kam an einem Spieß ein Hirschrücken, der den Beifall der Herren fand, für die Damen etliches Geflügel auf langen Silberplatten. Der röstige Duft verdrängte nun allmählich den schweren Weihrauch. Die Hühnchen waren mit süßen Zwetschgen garniert.

Das Mahl war feierlich stumm, seine Üppigkeit erreichte nach alter Sitte den Hohepunkt mit dem berühmten Fasan. Man hatte den Vogel geschmort und wieder in sein goldenes Gefieder gesteckt: welch eine Augenweide für die verwöhnten Esser; in sechzehn Teile, nach der Zahl der Gäste, war der Fasan zerlegt, und Lukas legte jedem vor. Die Herren hatten die besten Stücke herauszustechen und ihren Damen in kleine Bissen vorzuschneiden. Man trank Falerner und Tiroler dazu.

Zum Nachtisch gab es eine Süßspeise aus Dattelmus, Rosinen und Nüssen, die man mit dem kleinsten der goldenen Löffel aß, die an den Plätzen lagen. Auch die Herren sprachen der Süßspeise zu. Nach dem Essen wollte eine etwas lebhaftere Stimmung aufkommen, die Herren tranken bereits den Damen zu, doch nun erhob sich Antoni und erzwang ein neues Schweigen. Er sprach leise, in gesetzter Rede, Worte des Gedenkens für den großen Oheim. Sibylle sah schweigend vor sich nieder. Antonis Stimme nahm an Nachdruck zu: er verlas der Familie das Beileid seiner Majestät des Kaisers und seines Bruders, des Erzherzogs Ferdinand, und die Herren hatten sich dazu von den Sitzen erhoben.

»Und nun laßt uns, liebe Verwandte und Freunde«, fuhr Antoni fort, »die Worte hören, die das Epitaph seines Grabes späteren Geschlechtern bewahren soll ...« Während Antoni den lateinischen Text vorlas, drängte sich manchem an der Tafel der Gedanke auf, daß der große Schaffierer, gegen seinen Willen und auf Beschluß der drei Neffen Raimund, Antoni und Hieronymus, an der Seite seiner Brüder Ulrich und Georg in der Kapelle von St. Anna, dem entweihten Gotteshaus, die letzte Ruhe gefunden hatte. Antoni wiederholte den Wortlaut in deutscher Sprache. Der Text war von Clemens Sender entworfen:

† Dem besten und größten Gott †
Jakob Fugger aus Augsburg,
seines Standes und Volkes Zierde,
Reichsgraf und kaiserlicher Rat
Ihrer Majestäten Maximilians I. und Karls V.,
durch die Erwerbung ungewöhnlicher Reichtümer zu hohen Ehren gekommen, doch an Freigebigkeit, Sittenreinheit und Seelengröße
keinem nachstand:
wie er im Leben mit niemand zu vergleichen war,
ist auch nach seinem Tode
nicht zu den Sterblichen zu zählen.
†

Am folgenden Morgen, während es noch dämmerte, begab sich der neue Chef des Hauses zu den Büros. Ein dicker Pelz verhüllte die Gestalt. Als er am Heumarkt einbog, sah er die breite Ausfahrt des Hauses freigeschaufelt. Ein Ballenbinder erkannte ihn und öffnete zuvorkommend das schwere Tor mit Lilien und Löwen. Antoni grüßte freundlich. Der junge Mann stammte aus Kirchberg und war seit einem halben Jahr bei der Firma angestellt, ein guter schwäbischer Bursch, der lieber zu den Fuggern als zu den Landsknechten gegangen war. In der Halle verstummte ein lautes Gespräch, einige Köpfe verbeugten sich vor Antoni, der jetzt die breite Treppe nach oben stieg. Wie oft war er da mit ein paar Sätzen hinaufgesprungen, um sich von Matthäus Schwarz einen Auftrag »über Land« geben zu lassen. Dann war er nach Horgau zu seiner Anna geritten. Jetzt müßte sie bis zum Frühling auf den Bräutigam warten. Im Buchhalterbüro des ersten Stocks waren Jakob Sauerzapf, der zahlengewandte, und Sebastian Kurz, der sprachgewandte, mit ihren vier Helfern schon an der Arbeit, während der Hauptbuchhalter Schwarz noch nicht da war. Sauerzapf öffnete Antoni die Tür der

Goldenen Schreibstube. Milde Wärme erfüllte den Raum, Buchenscheite knisterten im Kamin; das Feuer warf einen flackernden roten Schein auf die goldenen Lilien, Helme und Federn, Leisten und Prägungen der Wände und Sitze. Zu Lebzeiten hatte sich niemand in den großen Stuhl Jakob Fuggers zu setzen gewagt, selbst der Kaiser nicht. Antoni stützte sich auf die Lehne und schaute in Gedanken auf die schwarze Marmorplatte des Schreibtisches. Saß Anna Rehlinger von Horgau vielleicht am Fenster und sah über die dunklen Wälder hinweg, ob man Augsburgs Türme im Morgenglanz erblickte? Antoni griff in die Mappe aus gelbem Leder, setzte sich in den Sessel und blätterte in den Papieren, die Schwarz seit vier Tagen für den Chef gesammelt hatte. An den Wänden standen hohe schmale Kästen aus Ebenholz. Farbige Schnüre mit Siegeln hingen heraus, es waren die Verträge und Dokumente der Firma. Breite Zettelkästen auf mannshohen Regalen zeigten in gotischen Aufschriften die Namen der Städte, nicht nach Ländern, sondern um Augsburg gruppiert. Es waren die Handelsstrecken:

Augsburg–Innsbruck–Bozen–Trient–Venedig
Augsburg–Mailand–Florenz–Rom–Neapel
Augsburg–Regensburg–Wien–Preßburg–Ofen
Augsburg–Nürnberg–Leipzig–Breslau–Warschau–Danzig
Augsburg–Ulm–Frankfurt–Köln–Antwerpen–London
Augsburg–Basel–Lyon–Barcelona–Valladolid-Lissabon.

Dieses Zimmer am Heumarkt glich dem Privatkabinett eines Monarchen. Der junge Fugger nahm die Tischglocke zur Hand. Lautlos ging die Tür auf, Schwarz trat ein: »Herr Antoni . . .«, und verbesserte sich räuspernd: »Herr Fugger?«

Antoni war zweiunddreißig Jahre alt, hatte ein schmales, etwas blasses Gesicht mit braunen Augen. In seinem schlank machenden schwarzen Wams wirkte er fast unscheinbar neben dem achtundzwanzigjährigen, elegant gekleideten Buchhalter, der ein stark gerötetes Gesicht, fröhliche Augen und breite Lippen hatte. Er war bekannt für Damenbekanntschaften und gut Essen und Trinken.

»Schwarz – im Augenblick legen Sie mir bitte nur Dringliches vor . . .«

»Jede Zeitung ist dringlich, sagte der Herr Oheim.«

»Ich weiß es; mein Plan ist, neue Geschäfte möglichst nicht abzuwickeln, sondern alles offenzuhalten, bis die alten auf ihren Wert geprüft sind.«

»Das muß ich loben, Herr Fugger. Die Zeiten haben sich geändert. Die Zahlungen aus Spanien gehen zwar, seit dem Brief des seligen Herrn an die Kaiserliche Majestät, pünktlich ein – aber die Summen sind klein. Der Kaiser wird sein Lebtag nicht mit Schulden fertig, wenn die Raten so gering bleiben. Die Pacht der drei Ritterorden kostet uns selbst 200 000 Gulden im Jahr. Mit Naturalabgaben kommen die nicht herein: wir müßten die Quecksilbergruben in Almaden in Betrieb nehmen. Das spanische Quecksilber könnte das ungarische Kupfer ersetzen.«

Antoni schwieg. An Ungarn ließ er sich nicht gern erinnern. Müßte man einen Vergleich mit der Stephanskrone schließen?

»Im dänischen Sund nichts Neues?« sagte Antoni, »dann können wir die Zölle mit den Lieferungen aus der Hütte Hohenkirchen an König Christian verrechnen.«

»Sehr wohl.« Schwarz war ein Freund dieser Verrechnungen. »Wir müssen beachten, daß sich in Leipzig unser Mansfelder Kupfer nach dem Ausfall des ungarischen spielend verkauft.«

»Lüneburg, wir müssen nach Lüneburg, Schwarz, später nach Hamburg!«

»In Lüneburg sitzt Lütike Reinstorff, dem kann man die Faktorei übertragen.«

»Einverstanden! Bauen wir die Linie Thüringen, Lüneburg, Dänemark, Hamburg, Antwerpen aus – wenn Breslau und Danzig flau werden.«

»In Antwerpen haben wir Vorräte auf einige Jahre, Herr Fugger. Wenn doch in Schweden und Norwegen das Geschäft größer würde! Aber die Skandinavier geben die Hoffnung nicht auf, selbst eine Industrie mit Erzen aufbauen zu können.«

»Lieber in der Nähe bleiben, Schwarz. Ich war kürzlich wieder in Weißenhorn und hörte, daß die Ulmer bereits in Schwaben und im Rheinland die Weißenhorner Konkurrenz bejammern. Wir sind früher Weber gewesen, und dieses Weißenhorn liegt mir am Herzen.«

Schwarz nickte beistimmend mit dem Kopf, er hielt zwar nicht viel von solch altväterischen Meinungen, aber für schlechte Zeiten mochte das Barchentgeschäft nützlich sein. Um Fugger abzulenken, sagte

Anton Fugger, Kopie nach Hans Maler zu Schwaz, Schloß Wellenburg.

Anna Fugger, geb. Rehlinger, Kopie nach einem Original ca. 1580.

er: »Die Livländer haben zu einem Tag nach Wolmar gebeten. Dorpat und Reval werden dort gegen unsere Rigaer Geschäfte vorzugehen suchen.«

»Das werden sie kaum wagen, denn wenn sie uns in Riga ernstlich behindern, vergrämen sie den russischen Großfürsten und müssen fürchten, daß er ihnen den Hof von Nowgorod schließt, und dann wäre das russische Geschäft ganz in unseren Händen.«

»Das ist gut«, sagte Schwarz; er war erstaunt über den politischen Blick des jungen Herrn. Doch er kam wieder zu seinem spanischen Lieblingsthema: »In zwei Jahren ist die Pacht von Almaden zu haben, und wir müssen sehn, daß Genua uns nicht zuvorkommt.«

»Ich behalte es im Auge, Schwarz. Im Augenblick müssen wir etwas Wichtigeres tun, das ist die Aufstellung einer Bilanz . . .«

»Die Erben werden ihre Anteile erhalten«, antwortete, sich räuspernd, der Hauptbuchhalter.

»Hat Pühler in Breslau seine Schuld bezahlt?«

»Der zahlt, keine Sorge. Aber der Rat Armstorffer schreibt neuerdings aus Wien im Auftrag Erzherzog Ferdinands.«

»Ich habe kein Geld auszuleihen, solange ich die Bilanzen nicht kenne«, entgegnete Fugger ungeduldig.

Schwarz verbeugte sich und fuhr geschmeidig fort: »Was wollen Sie tun, Herr Fugger, wenn morgen eine Standeserhöhung kommt – wenn Sie Graf Fugger werden?«

Antoni schwieg. Diese Standeserhöhungen! »Aus Rom nichts Neues?«

»Zeitungen, die ungünstig für den Kaiser lauten. Kardinal Santi Quatro hält zu Frankreich. Auch uns ist Papst Clemens seit drei Jahren, wie Sie wissen, nicht gerade gut gesinnt. Zwar dürfen wir die geistlichen Gefälle in Nord- und Osteuropa weiterhin kassieren, aber Florenz ist mächtiger in Rom als alle andern. Ein Medici denkt mediceisch. Aber Neapel! Wir liefern a conto Seiner Hoheit des Erzherzogs Ferdinand Feigen, Orangen, Zitronen auf Augsburger, Nürnberger, Frankfurter und Wiener Tafeln.«

»Das sind Ferdinands Schulden noch vom Großvater, Kaiser Max, scheint mir?«

»Ganz recht. Ungarn . . .«

Antoni winkte ab. Schwarz zog die Brauen hoch, schwieg, nahm seine Akten und ging.

Nun war es wieder still in dem großen Zimmer. Antoni empfand mit einem Mal, wie einsam er war. So also hatte der Oheim, der reiche Jakob Fugger, fünfzehn Jahre lang vor diesem Schreibtisch gesessen, allein am Webstuhl der Fuggerschen Handlung. Antoni dachte an seine Europareise vor acht Jahren, die er mit Raimund zu eigenem und der Firma Nutzen gemacht hatte. Sie waren wohl die ersten Europäer, die den ganzen Kontinent ein Jahr lang ohne bares Geld bereist hatten, nur mit den kleinen Fuggerschen Scheinen versehen. Überall in der Welt hatte man ihnen darauf Quartier, Pferde, Wagen oder Schiff gegeben. Wie jugendstolz waren die Brüder damals gewesen! Hatten sie bedacht, daß Wille und Energie des einen Mannes in diesem Sessel ihnen, um des Namens Fugger willen, in aller Welt Kredit gegeben hatten? War es nicht unfaßlich, wie sich die Menschheit im Verlauf eines einzigen Menschenlebens vom schwerfälligen Warenaustausch zu einem mühelos alle Länder umspannenden Kreditverkehr entwickelt hatte, obgleich die Völker Europas von einem Krieg in den andern, von Fehde zu Fehde gestürzt waren, obgleich die Städte Revolutionen erlebt hatten, die Kirche gesprengt war, obgleich es das Zeitalter der Raubritter und Meuchelmorde gewesen war?
Schwarz und Sauerzapf machten die erste Bilanz der Fuggerschen Handlung. Jeden Nachmittag berichtete Schwarz dem Chef. Jakob Fugger hatte seine erste Bilanz 1510, nach dem Tode der Brüder, gemacht und darin folgende Gewinnanteile festgesetzt:

Ulrich Fugger	145 459	Gulden
Georg Fugger	94 757	„
Jakob Fugger	85 999	„
in Summa	326 215	Gulden

Jakob hatte 1511, »alleiniger Regierer« geworden, nach Auszahlung von 39 424 Gulden an seine Person und die Kinder der Brüder, folgende neue Anteile in die Handlung eingelegt:

Konto Jakob Fugger . . .	88 875	Gulden
Konto Ulrichs Söhne . . .	55 659	„
Konto Georgs Söhne . . .	52 257	„
in Summa	196 791	Gulden

Kaufmännischer Betrieb im 16. Jahrhundert. Aus den Holzschnitten »Allegorie des Handels« von Jost Amman, Berlin, Kupferstichkabinett.

Der vorläufige Überschlag, den man jetzt, Februar 1526, vornahm, ließ erkennen, daß das Anlagekapital von 196 791 Gulden in den abgelaufenen fünfzehn Jahren einen Gewinn von annähernd zwei Millionen Gulden erzielt hatte, das bedeutete 66,6 Prozent für jedes einzelne Jahr!

Während Antoni über der großen Bilanz saß, hatte Raimund die Huldigung Weißenhorns entgegengenommen. Kaspar von Bubenhofen hatte den Adel der Umgebung eingeladen. Obgleich jeder wußte, daß die Grafschaft Kirchberg und die Herrschaft Weißenhorn von Kaiser Max im Jahre 1507 Jakob mit der formalen Bedingung späteren Rückkaufs überlassen war, zweifelte niemand, daß die Fugger ihre besten Pfänder vom Haus Habsburg nicht mehr aus den Händen lassen würden. Auch hätten die Habsburger schwerlich das Geld zur Rückzahlung der Pfandsummen aufgebracht.

Die Huldigung hatte mit einem feierlichen Gottesdienst begonnen, dem folgte ein Schmaus für die Ritter und ihre Damen. Am nächsten Tag fand auf geschmückten Pferden ein Umritt durch alle neunzehn Dörfer von Weißenhorn statt. Dann meldete sich die Grafschaft Kirchberg mit sechzig Dörfern. Ohne Damen ging es weiter auf Huldigungsfahrt nach Wullenstetten und Pfaffenhofen, Schwabmünchen, Graben und Schmiechen. Danach wurde Raimund nach Augsburg gerufen, weil seine Mutter an einem Gichtanfall darniederlag. Sie sprach den Söhnen eindringlich ins Gewissen; im Sinne Jakobs stellte sie ihnen vor Augen, daß *einer* der Regierer sein müsse, und das sei Antoni, ihm schuldeten sie Gehorsam. Regina Fugger hatte für ihren absonderlichen Neffen Hieronymus immer mütterliches Verständnis gehabt und seine Abneigung gegen die Kaufmannschaft selbst vor dem großen Jakob zu entschuldigen gewagt. Als echte Imhof beurteilte sie die Hinneigung des Hieronymus zu den Reformatoren mit einer gewissen Nachsicht. Nun solle man ihn in Frieden bei seinen Büchern und Freunden lassen. –

Die Gewinnberechnung der Buchhaltung hatte ergeben:

Drei Millionen Aktiva, davon entfielen auf

Bergwerke und Bergwerksanteile . .	270 000	Gulden
Unbewegliche Habe	150 000	„
Warenlager	380 000	„

Geld in Truhen	50 000	„
Außenstände	1 650 000	„
Konti der Gesellschafter	430 000	„
Schwebende Geschäfte	70 000	„
in Summa	3 000 000	Gulden

Die Passiva betrugen 870 000 Gulden, davon entfielen auf

Spanien	340 000	Gulden
Laufende Wechsel	290 000	„
Verschiedene Konti	240 000	„
in Summa	870 000	Gulden

Matthäus Schwarz hatte die ungarischen Besitzungen der Fugger als sichere Forderung in die Aktiva aufgenommen, das waren 210 000 Gulden. Er sagte: »Erworbene Rechte darf selbst der Kaiser nicht bestreiten.« Trotzdem blieben für König Ladislaus und Ungarn weitere 206 700 Gulden als zweifelhafte Forderungen bestehen. Dazu kam ein Debet Alexi Thurzos von 113 000 Gulden und ein Debet des Papstes Leo von 21 000 Gulden. Erzherzog Ferdinand stand mit 60 000 Gulden Privatschuld in einem Hofbuch der Firma.
Die Warenlager enthielten vor allem Kupfer, allein in Antwerpen lagerten für 200 000 Gulden. Andere enthielten Leinwand, Seide, Barchent und Damast, Messing und Silber.
Das Bargeld lag in Augsburg und vierzehn anderen Kontoren der Fugger. Jakobs Geschmeide und Juwelen waren verbucht, doch fehlten genauere Angaben über ein Kronjuwel des Sultans von Kairo, das damals 29 800 Dukaten gekostet hatte. Der Kauf war durch die venezianische Bank Pisani vermittelt. Schwarz hatte den Stein nie gesehen, und Sibylle erklärte, sie habe sich vor ihm gefürchtet und Jakob gebeten, ihn an sich zu nehmen.
Am Tage darauf berief Antoni die Erben in die Goldene Schreibstube. Alle Mitglieder der Familie Fugger waren versammelt mit Ausnahme Reginas, die im Sterben lag, und der Nonne Felizitas. Schwarz und Sauerzapf unterstützten ihren Herrn beim Aufruf der Erben. Bernhard Kag, Notar der Firma und Teilhaber Dr. Konrad Peutingers, übte die Kontrolle über die umfangreichen testamenta-

rischen Verfügungen des großen Schaffierers. Die Hinterlassenschaft bestand aus:

Liegenden Gütern . . .	70 880 Gulden	
Beweglicher Habe . . .	213 200 „	
in Summa	284 080 Gulden	

Davon erhielten als Erben Jakob Fuggers:

Die Witwe Sibylle Fugger	18 000 Gulden		
Stiftungen	15 000 „		
Diener Lukas	200 „		
in Summa	33 200	=	33 200 Gulden
als Erben Georg Fuggers:			
Die Witwe Regina . . .	11 500 Gulden		
Sohn Markus †	7 000 „		
Tochter Regina Baumgartner . .	14 000 „		
in Summa	32 500	=	32 500 Gulden
als Erben Ulrich Fuggers:			
Anna Thurzin	7 300 Gulden		
Ursula von Stein . . .	4 000 „		
Veronika Ehinger † . .	5 000 „		
Sibylle von Bubenhofen †	11 000 „		
Susanne von Stetten . .	11 000 „		
Klosterfrau Felizitas . .	1 500 „		
in Summa	39 800	=	39 800 Gulden
Summa Summarum			105 500 Gulden.

Der größere Teil des privaten Erbes Jakobs ging an seine drei Neffen Raimund, Anton und Hieronymus.

Es waren liegende Güter im Werte von . . .	70 880 Gulden
und der Rest des Barvermögens von . . .	107 700 „
in Summa	178 580 Gulden

Darüber hinaus erhielten die drei Haupterben aus dem Gesamtgewinn der Firma von . . . . 1 820 000 Gulden,
ein Achtel als Dividende . . . . 227 500 „

Es verblieben somit als Betriebskapital . . . 1 592 500 Gulden, genannt »das rechte Kapital«.

Die drei Haupterben hatten unter sich brüderlich zu teilen ihren
Dividendengewinn von . . . . 227 500 Gulden
und ein Resterbe von . . . . 178 580 „

in Summa 406 080 Gulden.

Somit entfielen auf jeden der drei Fugger 135 360 Gulden.
Mancher private Wunsch des Verstorbenen war noch zu erfüllen, manche fromme Stiftung war nicht ausgezahlt, weil die unsicheren kirchlichen Verhältnisse es sinnlos machten. Andererseits wurde die Masse der von Jakob Fugger noch zu Lebzeiten verfügten und gestifteten Messen, Ämter, Gebetsmeinungen und Liturgien infolge der reformatorischen Umwälzungen nicht gehalten. Die meisten Mönche von St. Anna hatten sich verheiratet. Im Hause des Bildhauers Daucher, der das Grabmal ausführte, sammelten sich die Wiedertäufer, und jene Prediger von St. Moritz, welche Jakob zu Zucht und Ordnung hatte bringen wollen, wurden wegen Leichtfertigkeit verjagt oder wegen übergroßen Eifers verfolgt. Nirgends zeigte sich deutlicher, daß die Welt Jakob Fuggers, als er starb, schon dahin war. Sibylle Fugger heiratete in unschöner Hast, wenige Wochen nach dem Tode ihres Mannes, Konrad Rehlinger nach evangelischem Ritus. Es war zu erregten Auseinandersetzungen gekommen, vor allem mit Raimund, der Sibylle haßte. Er gab ihr die Schuld, wenn der Oheim die Neffen nicht neben sich hatte hochkommen lassen.
Am 13. März 1526 starb Regina, Georgs Witwe, die letzte aus der Generation Jakob Fuggers. Man begrub sie an der Seite ihres Mannes.
»Sei ein guter Fugger und mehre dein Erbe!« flüsterte sie sterbend, als ihr Sohn Antoni das letzte Vaterunser mit ihr gebetet hatte.

26

Die Fugger hatten beschlossen, den Reichstag von Speyer nicht zu besuchen. Die Stände seien nicht imstande, sich zu einigen, meinte Schwarz, und Antoni wollte sich den unvermeidlichen Zumutungen fürstlicher Geldsucher nicht aussetzen.

Die Reformation schien in Harnisch zu kommen. Die Religion kam in die Hände devoter Juristen römischer Schule, die den Staat als Besitz des Fürsten definierten, die Landeskinder als sein Sacheigentum. Dr. Martin Luther vermochte nichts zu ändern. Er schloß die Ehe mit einer entsprungenen Nonne. Sein Landesherr, der Sachse, richtete eine Separatkirche ein, welche ihre Trennung von der Reichskirche in Lehrsätzen und Einrichtungen ausdrücklich vollzog. Landgraf Philipp von Hessen folgte dem Beispiel. Der Hochmeister des Ordens in Preußen eignete sich mit dem Religionswechsel das Ordensland erblich zu. Sein Vetter Kasimir von Kulmbach setzte sich in Sachen des Evangeliums über einen Vatermord hinweg. In Pommern, Mecklenburg, Braunschweig und Anhalt wurde die Reformation eine Sache der Fürstenhäuser. In Nürnberg hatte Klarissa Pirckheimer, Oberin des Klosters zu St. Klara, Willibald Pirckheimers Schwester, die vornehmsten Mädchen der Stadt als Novizinnen um sich versammelt. Nun forderten die Familien der Ebner, Nützel und Tetzel im Eifer neuen Glaubens ihre Töchter gegen deren Willen aus dem Kloster zurück. Der Hohe Rat gab seinen Bürgern Erlaubnis, die Töchter mit Gewalt aus dem Kloster zu holen. Willibald Pirckheimer war sehr ungehalten über dies Vorgehen und verlor, wie weiland Peutinger in Augsburg und Erasmus von Rotterdam zu Basel, alle Sympathie für die neue Lehre. Die gekrönten Häupter des Speyrer Reichstags bewunderten als Vorbild Heinrich VIII. von England, der sich für Vielweiberei, Völlerei und Verschwendung als sein eigener Papst die Absolution erteilte.

Erzherzog Ferdinand forderte eine Reichshilfe gegen die Türken. Soliman II. rüstete zu einem Vorstoß die Donau hinauf. Frundsberg rief der Versammlung zu: »Rettet die Christenheit, das Reich und die kaiserlichen Lande!«

Da erhob sich von den Bänken des niedern Adels eine Stimme: »So ihr von Ungarn sprecht, mögen die Fugger helfen!«

Gelächter und Hohnrufe wurden laut.

Neben den Berichten der Agenten, den Botschaften der Potentaten, kamen auch Briefe von Eck und Erasmus über die Speyrer Ereignisse zu den Brüdern. Erasmus äußerte Worte von prophetischer Wucht: Jede Hoffnung auf eine gerechte Reform der Kirche – an Haupt und Gliedern – sei dahin. Fürsten und Städte hätten alle Gewalt der Willkür fest in Händen. Das Ende des Reiches sei da. Schon hätten protestantische Stände in Anwesenheit Luthers, Melanchthons, Jonas' und Bugenhagens einen bewaffneten Bund in Torgau zum Schutz der neuen Lehre geschlossen. Ein allgemeiner Religionskrieg werde in Deutschland ausbrechen und einer werde, im Namen Gottes, des andern tödlicher Feind sein. Erasmus wolle das ketzerische Basel verlassen, und Hans Holbein gehe auf seine Empfehlung nach England zu Thomas Morus.
Sogleich mußte Hieronymus im Auftrag Antonis Erasmus feierlich einladen, als Gast des Hauses Fugger nach Augsburg zu kommen. Auch Holbein möge er veranlassen, daß er in seine Vaterstadt Augsburg zurückkehre. Albrecht Dürer hatte gleichfalls an Hieronymus, seinen Antwerpener Gastgeber, geschrieben. Er fühlte sich kränklich, mußte aber im Auftrag des Rates die Befestigungsarbeiten der Stadt überwachen, »in dieser teuflischen Zeit und bösen Zwiespalt der Nation«. Jetzt malte er in freien Stunden, sich selbst den rechten Weg zu weisen und seiner Stadt zur Verehrung, die vier Apostel, Petrus und Johannes, Markus und Paulus.
Raimund aber erhielt ein Schreiben von Sebastian Schertlin, dem schwäbischen Haudegen. Der Unterführer Frundsbergs bei Pavia hatte für gutes Geld in Nürnberg die Stelle eines Stadtkommandanten übernommen, die Stadt in Speyer vertreten und war nun wieder der Werbetrommel Frundsbergs gefolgt. »Für Kaiser und Reich wohl, aber nicht für den Papst«, schrieb er, »kann der Luther unser Papst nicht sein, dann hat der Himmel uns verlassen.« Raimund amüsierte sich nicht wenig über die ketzerische Rede des Haudegens.
Der Kaiser hatte den gefangenen Franzosenkönig gegen Ehrenwort aus der Haft entlassen. Franz hatte das Wort für ungültig erklärt. Der Kaiser stutzte. Hatte er mit einem Kavalier oder einem Betrüger verhandelt? Antoni Fugger beschloß, mit finanziellen Verhandlungen zu warten, bis der nach Augsburg ausgeschriebene Reichstag ihn mit dem Kaiser persönlich zusammenführen würde.

Raimund hatte zwischen der Kapuziner- und der Armenhausgasse acht baufällige Häuser erstanden, um 40 000 Gulden. Hier wollte er in großem Stil bauen. Jeder der drei Fugger solle seine eigene Residenz haben: Antoni das Haus am Weinmarkt, Hieronymus das ältere Haus nach St. Anna hin und Raimund für die Seinen, abseits vom Lärm der Stadt hinter den Bastionen der östlichen Mauer, den neuen Bau. Raimund hatte acht Kinder – eben war ein Sohn geboren, der Ulrich getauft wurde.

Die Fugger warteten nicht mehr auf die Heimkehr der mit 18 000 Gulden ausgerüsteten Gewürzflotte Loyasas. Allmählich wurde sie überfällig, und es wurde klar, daß Jakob Fugger sich in ein ungewisses Abenteuer eingelassen hatte. (Die sieben Karavellen und ihre Kapitäne sollten nie zurückkehren.) Noch ehe das Schicksal dieser Flotte in Europa bekannt war, hatte Antoni Fugger den Oheim zur Beteiligung an einer zweiten Flotte von zwanzig Schiffen veranlaßt. Siebenundsechzig Kaufherren aus allen Ländern hatten sich an dem Unternehmen beteiligt. Vor einem Jahr war die Flotte unter Sebastian Cabot von La Coruña aus in See gegangen. Das Ziel waren die Molukken. Wolf Haller, der spanische Faktor, hatte in Antonis Auftrag 10 000 Dukaten gegeben und einen Oberdeutschen namens Johann Prunnbecher als Supercargo geheuert. Jetzt hatte der Kaiser im Indienrat verkünden lassen, er habe die Rechte auf die Molukken seinem Schwager König Manuel von Portugal übertragen. Der galt bei den Kaufleuten als Fuchs und Wolf. Sein Leibspruch hieß: »Die Pfeffersäcke sind unsere Geldsäcke.« Das war ein Grund mehr für Antonis Entschluß, sich bis auf weiteres den Verstrickungen der Welt fernzuhalten.

Die Ereignisse überstürzten sich. In Ungarn brach eine neue Adelsverschwörung gegen den König aus. Der Rebellenführer Johann Zapolya hatte sich zum Gegenkönig ausrufen lassen und Sultan Soliman als Verbündeten gewonnen. Der Faktor zu Ofen, Hans Alber, sandte diese Zeitung nach Augsburg.

»Das legen wir zu den Akten«, sagte Schwarz, und schaute den Chef mit dreisten Blicken an. Er wünschte diesem ungarischen Ladislaus Feuer und Schwefel unter den Rücken.

»König Sigismund von Polen interessiert sich für Ungarn«, sagte Antoni, »hier sind Briefe von Pühler und Jörg Hegel.« Neugierig spähte Schwarz über den Tisch. Die Briefe des Krakauer Faktors Hegel waren wichtig, weil Sigismund als Schutzherr der Fugger für den polnischen Transit galt. Sigismund war Zapolyas Schwager. »Hans Alber glaubt zu wissen, der türkische Balkanvormarsch werde französisch finanziert.«

Alles bestätigte sich, Schlimmeres folgte. Die Thurzos wandten sich verzweifelt an Raimund, ihren Schwager. Der Bischof von Krakau hatte an Hieronymus geschrieben, die Fugger möchten dem ungarischen König noch einmal beispringen, sonst sei alles verloren. Raimund und Hieronymus bestürmten jetzt Antoni, doch der zuckte die Achseln: »Drüben im Fach liegen die uneingelösten Verschreibungen König Ladislaus'. Wir haben Hunderttausende durch seine Schwachheit und Treulosigkeit eingebüßt.«

Raimund: »Wir sind Christen, die Schänder des Heiligen Grabes marschieren auf die Burg St. Stephans los . . .«

Schwarz winkte ab: »Herr Fugger, verzeihen Sie, es ist ein Politikum – wie man zu Wien sagen würde – höchsten Grades und hat wenig mit Rittertum und Christentum zu tun. Erzherzog Ferdinand ist der Erbe der ungarischen Krone, unser Interesse ist das des Hauses Österreich. Ihr seliger Herr Oheim hat sich vor elf Jahren nach Wien begeben, damit die Verträge in diesem Sinne geschlossen wurden – und jetzt, wo der Erbfall sozusagen vor der Tür steht, sollen wir gegen ihn entscheiden?«

»Sie sind ein Eisblock, Schwarz!« Raimund spielte gern den Ritter und Edelmann. Der moderne Geschäftston der Finanzmänner an den Höfen zu Wien, Madrid, London und Paris war ihm in der Seele zuwider.

»Schon hat der Türke Rhodos, er hat Bulgarien und die Walachei«, wandte Hieronymus ein, »sollten wir nicht eine sittliche Verpflichtung haben, Antoni?«

Antoni Fugger antwortete: »Wo sind die Verpflichtungen des Königs Ladislaus gegen uns geblieben? Die Herren wissen zu nehmen, aber nicht Wort zu halten. Die Christenheit, die Humanisten, die Fürsten – alle beschimpfen uns als unchristliche Räuber und Wucherer. Ich muß mich sehr wundern, Raimund und Hieronymus, daß ihr plötzlich zu ihren Verteidigern werdet. Plötzlich soll das verachtete Geld das Abendland retten? Was tun jene Ritter und Fürsten?«

Einige Zeit darauf traf überraschend aus Wien ein allerhöchster Gnadenerweis ein. Kaiser Karl hatte die Gebrüder Antoni und Raimund sowie ihren Vetter Hieronymus mit ihren Leibeserben und deren Leibeserben männlichen Stammes in Stand, Würde, Ehre, Gemeinschaft und Gesellschaft derer vom Adel zu Grafen, Banner- und Freiherren erhoben.

Damit war geschehen, was Schwarz gefürchtet hatte: eine Erhebung im heiklen Augenblick. Antoni Fuggers Verlegenheit war groß, als ihm der kaiserliche Rat, Paul von Armstorffer, das Schreiben überbrachte. Bei Tisch wies der Gesandte auf die schwierige Lage hin, welche dem Reich durch den Aufstand des Zapolya im Osten entstanden sei. Antoni gab dem Gespräch eine andere Wendung. Doch später, als die Pokale kreisten, sicherte Raimund auf eigene Faust Hilfe zu. Armstorffer war befriedigt, aber Antoni verhehlte dem Bruder seinen Unwillen nicht. Er hatte Schwarz rufen lassen, dieser erklärte, die vorschnelle Zusage Herr Raimunds sei nicht weiter bedenklich, denn weder der ungarische König noch Erzherzog Ferdinand dürften ohne kaiserliche Einwilligung Zusicherungen für Anleihen geben.

Der Fuggersche Faktor in Ofen wurde angewiesen, 50 000 Gulden gegen die Türken beizusteuern. Hans Alber aus München blieb auf dem Posten, als Solimans Heer über Belgrad und Peterwardein zur Drau marschierte. Am 15. August wurde die christliche Vorhut der ungarischen, böhmischen und österreichischen Ritter bei Esseg über die Donau gedrängt. Am 13. hatte der ungarische König Ofen mit seinem Heer verlassen. Hans Alber sah ihn abreiten. Am 29. August kam es bei Mohacs zur Schlacht. Den prächtig aufgeputzten ungarischen Rittern in ihren schweren Rüstungen stellte Soliman seine Janitscharen mit langen Spießen entgegen. Nach einer Stunde war alles vorüber. Ladislaus fiel an der Spitze seiner Ritter. John Hacket, der englische Agent in Ofen, schrieb an seinen Herrn: »Hätte König Ladislaus 150 000 Dukaten im Säckel gehabt, sich lange Spieße zu kaufen, dann wäre er bei Mohacs nicht unterlegen.«

Ferdinand übernahm mit der böhmischen die ungarische Krone. Er schwamm glücklicherweise in genuesischem Geld, denn Karl hatte das allzu vorsichtige Augsburger Bankhaus durch genuesische Bankiers abgelöst. Noch saß Zapolya in Ofen, gehalten von einem Janitscharenregiment des Sultans und 30 000 Lyoner Kronen von Franz I. Aber Ferdinand zog nun, wie sein Grovater Max, dem er glich, als strahlender Kriegsheld in Ofen ein. Zapolya floh ins Banat.

Kaum hatte er die Regierung ergriffen, da rief Ferdinand den Fuggerschen Faktor zu sich und eröffnete Verhandlungen über die Verpachtung der ungarischen Kupfergruben. Höchstetter, Welser und Genuesen waren mit im Spiel, wie man in Augsburg wußte. So hielt man Ferdinand vorsichtig hin. Erst als der König versprochen hatte, die Schulden Ladislaus' anzuerkennen, jede den Fuggern zugefügte Unbill wieder gutzumachen und dem Faktor zu Ofen königlichen Schutz zu gewähren, stimmten Antoni und Schwarz den Verträgen zu. Auf fünfzehn Jahre erhielten die Fugger alle Rechte auf ungarisches Kupfer und Silber für eine jährliche Pachtsumme von 20 000 ungarischen Gulden. Die Thurzos wurden trotz Raimunds Fürsprache von allen Verträgen ausgeschlossen.

Schwarz sagte zu Antoni: »Das einzige Debet dieses Geschäfts sind die Türken. Aber jedes gute Geschäft hat sein Risiko.«

Antoni Fugger hatte nun die ganze Erbschaft des Oheims in Händen, das Vermächtnis war erfüllt. Das Haus Fugger hatte die richtigen Karten ausgespielt, und Schwarz konnte zu Sauerzapf und Kurz sagen: »Unser Herr Antoni wird ein ganzer Fugger, meine Herren.«

»Dieser Ungar«, sagte Sauerzapf, »statt sich an Kaiser und Papst zu halten und unsere Hilfe anzunehmen, verließ er sich auf seine Magnaten und Ritter!«

»Alle Torheit rächt sich auf Erden«, meinte Kurz. Schwarz nickte vielsagend und zuckte die Achseln. Er hielt nicht viel von solchen Gedankengängen.

In diesen Jahren wandten die Fugger, durch Erfahrungen gewitzigt, ihre Aufmerksamkeit Spanien und der Neuen Welt zu. Zwar hielt der alte Columbus bis an sein Ende die von ihm entdeckten Länder für Indien, und deshalb nannte man auch das königlich-kaiserliche Ministerium für Amerika den Indienrat, aber der Mitwelt war klar, daß es sich um einen anderen Erdteil handeln müsse, einen Erdteil von ungeheurer Ausdehnung, mit Strömen, deren Mündungen Meerbusen waren, mit undurchdringlichen Wäldern und Schätzen.

Die Fugger und Welser konnten seit der Finanzierung der Wahl des spanischen Königs zum deutschen und römischen Kaiser mit Gnadenerweisen und Zuvorkommen rechnen. Während die Fugger sich zurückhielten und fast zögernd an den Ausbau der Almadener Quecksilbergruben gingen (das Quecksilber brauchte man zur Gewinnung von Zinnober und zur Scheidung von Metallen), hatten sich die Welser in koloniale Unternehmen eingelassen. Nicht nur der Dank war Karls Motiv, wenn er gleichzeitig mit den Spaniern den Welsern das Recht zur Amerikafahrt verlieh und bald allen Deutschen, die genügend Schiffe und Geld hatten. Er erkannte, daß für die Ausbreitung des entstehenden Kolonialreichs möglichst alle Kräfte benützt werden müßten, die sich anboten und der Krone gegenüber loyal waren. Nach Lage der Verhältnisse waren das Spanier, Deutsche und Italiener, also die Untertanen des Kaisers und Königs. Er wollte Amerika für seine europäische Politik nützen.

Ab 1525 durften mit den Spaniern die Deutschen den neuen Kontinent betreten. Neben den Welsern traten die Ehinger in Erscheinung, vor allem im Auftrag der Welser. Ein Ehinger führte die Verhandlungen mit deutschen Bergleuten, die man in Amerika verwenden wollte, ein Ehinger leitete die erste deutsche Faktorei auf amerikanischem Boden. Der große Vertrag des Hauses Welser über ihre Herrschaft in Venezuela, 1528 abgeschlossen, trug die Unterschriften Heinrich Ehingers und Hieronymus Sailers – in spanischer Schrift: Enrique Eynguer und Jeronimo Syler. Auch von Georg und Ambrosius Ehinger war da die Rede, während der Welsersche Name nicht fiel. Erst 1530 wurde der Vertrag auf Bartholomäus und Georg Welser umgeschrieben, da die Ehinger auf eigenes Verlangen aus der Gesellschaft der Welser ausschieden. Ambrosius Dalfinger war im Auftrag der Augsburger Welser der erste Statthalter von Venezuela. Er war der erste deutsche Kaufmann in Amerika, kein Abenteurer, sondern Vertreter deutsch-spanischer Handelshäuser. 1530 fuhr Georg Ehinger mit hundert neuen deutschen Siedlern im Auftrag der Welser nach Venezuela. Als er dort ankam, befand sich Ambrosius auf einem großen Entdeckungszug ins Innere des Landes, von dem er nicht zurückkehren sollte.

Welser und Fugger interessierten sich vor allem an dem ertragreichen Handel zwischen Spanien und Santo Domingo. Die jungen Kolonien waren trotz aller Entdeckungen und Eroberungen für ihre meisten Bedürfnisse auf Europa angewiesen. Selbst Lebensmittel

mußte man nach Amerika einführen, da die ansässigen Indianer, als Feinde behandelt, nicht lieferten. Santo Domingo war der Mittelpunkt des spanischen Kolonialreichs, Sitz der hohen Behörden, der Gerichte und des Handels. Alle Schiffe liefen Santo Domingo an. Die nach Amerika auslaufenden Schiffe mußten in Sevilla registriert werden. Die Welser unterhielten eine eigene Flotte zwischen Antwerpen und Sevilla zur Belieferung der Amerikafahrer. Ihr Bestreben ging dahin, selbst nach Amerika fahren zu dürfen. Der Kaiser sagte zu, und bereits 1528 tauchten die ersten Schiffe der Fugger und Welser am La Plata auf. Man beförderte auf der Rückfahrt das begehrte Brasilholz und Zucker. Daneben spielte die Passagierschiffahrt eine große Rolle. Nicht nur deutsche Bergleute wünschte man, die als die tüchtigsten galten, die Mineros alamanes, sondern Neger. 1528 verpflichteten sich die Welser, innerhalb von vier Jahren viertausend Negersklaven nach Amerika zu schaffen. Für die deutschen Bergleute galten gleiche Bedingungen wie für die deutschen Mineure in Asturien. Sie kamen fast alle aus dem deutschen Erzgebirge. Aber sie konnten die deutsche Sitte des Biertrinkens nicht aufgeben, und das bekam ihnen in den tropischen Ländern schlecht.
Man baute in Mittelamerika Kupfer und Silber ab, auch gab es Goldwäschereien an den Flüssen. Diese Bergwerksunternehmen erregten das Mißtrauen der Fugger. Die Kunde von amerikanischen Gold- und Silberstädten hatte sich zwar als Legende erwiesen, die Zeit des Tauschens von Gold und Silber bei den Eingeborenen war mit der brutalen Eroberung abgeschlossen. Wie aber, wenn sich in Amerika eine Montanindustrie entwickelte? Dann würden die Fuggerschen Monopole für Kupfer und Silber gebrochen. Man mußte sich daher einzuschalten suchen.
Mit den Höchstettern hatte man in Spanien bereits Schwierigkeiten gehabt. Der polternde Ambrosius Höchstetter, stadtbekannt in Augsburg, wollte dem jungen Herrn der Fuggerschen Firma klarmachen, daß die Höchstetter in Spanien die gleichen Monopolrechte auf Quecksilber hätten wie die Fugger auf Kupfer in Ungarn. Antoni wich nicht aus den erworbenen Rechten seines Oheims. Zuviel Fuggersches Geld war angelegt. Zuviel Arbeitskraft Fuggerscher Bergleute aus Tirol war im Tage- und Tiefbau der Almadener Gruben investiert. In fünf Stockwerken wurde dort gefördert. Das

technisch schwierigste Problem war die Entwässerung. Tag und Nacht zogen Morisken und Neger die Eimer über fünf Bühnen an langen Seilen hoch.

Höchstetter verarbeitete Quecksilber lediglich zu Zinnober und beherrschte mit diesem Farbstoff fast alle europäischen Märkte. Die Fugger hingegen hatten neue Verfahren entwickelt, Edelmetalle durch Quecksilberverbindungen reiner und besser zu gewinnen. Antoni war unnachgiebig und komplimentierte den weißhaarigen Kauz mit größtem Geschick aus der Goldenen Schreibstube.

Antoni hatte kürzlich die Tochter Hans Rehlingers von Horgau, Anna, geheiratet. Es hatte Hirschjagden, Sauhatzen, Mummenschanz, Festessen und Gottesdienste gegeben, bis das Paar am dritten Tag im Dom durch Bischof Christoph von Stadion getraut wurde. In den Zeiten Kaiser Maximilians hätte der Abend solch eines Tages mit einem Geschlechtertanz auf der Herrenstube geendet. Aber die großen Familien standen sich seit der Reformation neidisch und zankend gegenüber. Auch an eine Hochzeitsreise großen Stils war nicht zu denken, doch ein überraschender Besuch aus Basel sollte das junge Paar entschädigen. Desiderius Erasmus von Rotterdam, der Gelehrte, Polyhistor, Theologe und Philologe, das gefeierte Haupt des Welthumanismus, der »göttliche Geist Europas«, kam nach Augsburg als Gast zu Antoni und Hieronymus Fugger.

Erasmus war zweiundsechzig Jahre alt. Er trug einen weiten Klerikermantel, die Hände waren von den Ärmeln fast überdeckt, wenn er sie nach seiner Gewohnheit bedächtig auf die Knie legte. Er hatte gedankenvolle Augen und schlug sie rasch nieder, wenn die Lippen nach ein paar kurzen klaren Sätzen wieder verstummten. Seine Stimme war leise, doch wohltönend. Seinen Kopf bedeckte eine Gelehrtenmütze. So groß das Haupt war, so klein, fast kümmerlich erschien das Gesicht mit der spitzen Nase. Erasmus hatte seit sechs Jahren in Basel im Hause des Buchdruckers Froben gelebt, wo er die Herstellung seiner Bücher persönlich überwachen konnte, vor allem die Drucke der Klassiker und der Heiligen Schrift auf Griechisch. Erasmus war ein Dreisprachenmann, denn er konnte Lateinisch, Griechisch und Hebräisch – von modernen Sprachen nicht zu reden. Er hatte Latein zur Sprache der gebildeten Welt Europas gemacht und eine wohllautende griechische Aussprache durchgesetzt. Antoni und Hieronymus Fugger waren begeistert, als er ihnen die

Anton Fuggers eigenhändiges Abschlußblatt zur Gesellschaftsinventur 1527.

4512.	9.	4	hall	9185.	12.	3	pozen
[illegible]237.	19.	4	schwaz	58358.	9.	2	hall
871.	6.	—	fuggerau	213402.	5.	8	schwaz
438.	4.	5	wien	[illegible]524.	3.	4	[illegible]
100[illegible]	—	6	krakau	14612.	13.	9	wien
2928.	6.	3	hochkirch	3070.	5.	3	krakau
6077.	4.	—	ofen	6074.	19.	7	hochkirch
1988.	2.	8	neusol	48345.	16.	8	neusol
889.	—.	—	venedig	163446.	11.	10	antorf
3952.	13.	4	augsp. handel	26064.	17.	10	nurnberg
				481.	13.	1	Coln
				25524.	4.	9	Venedig
				651638.	—.	8	hispania
				217083.	—.	—	augsp. handel
73995.	17.	10		1429812.	14.	2	

gelt

2852.	9.	—	prassla	2000.	—.	—	krakau
55830.	11.	9	antorf	26433	—	—	prassla
8689.	9.	7	nurnberg	400000	—	—	antorf
100.	—.	—	Coln	20000	—	—	nurnberg
16960.	19.	7	antorf	16350	—	—	[illegible]
71376.	16.	1	Rom	363889	—	—	[illegible]
337210.	9.	11	spania	37103.	13.	4	Rom
290780.	7.	7	augsp. handel	51089.	8.	8	spania
10000.	—.	—	diener	66229.	3.	4	augsp. handel
				127902.	—.	—	[illegible]
793801.	3.	6		1570776.	5.	4	
73995.	17.	10		1429812.	14.	2	
867797.	1.	4	summa [illegible]	3000588.	19.	6	ein
				867797.	1.	4	aus
				// 2132791.	18.	2	

ein waren 1429812. 14. 2
aus waren 73995. 17. 10
rest waren 1355816. 16. 4

ein gelt 1570776. 5. 4
aus gelt 793801. 3. 6
rest gelt 776975. 1. 10

also ware es preis $\frac{3}{4}$ waren und 40 [illegible] gewinnst

prob. waren 1355816. 16. 4
gelt 776975 1. 10
// 2132791. 18. 2

Pro anno [illegible] 1527 [illegible]

18
24
7

Hexameter Homers so las, wie sie vielleicht ein Grieche gelesen hätte.

Erasmus war wie Luther einst Augustinermönch gewesen, doch besaß er zuviel Welterfahrung, um nicht zu sehen, daß die Reformation, der er anfangs wie alle bedeutenden Geister wohlwollend gegenübergestanden, engherzig und engstirnig geworden und von den Fürsten mißbraucht war. Die Fehde mit Hutten hatte Erasmus und die Fugger zusammengebracht. (Hutten war inzwischen ein Opfer seiner Seuche geworden.) Mit Luther lag Erasmus in scharfem Gefecht um Willensfreiheit und Rechtfertigung. Luther schmälerte die Bedeutung der Sakramente und wollte nur Taufe und Abendmahl gelten lassen. Erasmus verurteilte zwar die Veräußerlichung der kirchlichen Praxis, mißbilligte aber die Abschaffung kultischer Bräuche und forderte gar zur höheren Ehre Gottes eine Entfaltung der Liturgie.

Bei Tisch kam auch Raimund und brachte das Gespräch auf Holbein. Der lebte bei London im Hause des Thomas Morus und malte die Großen von England, Peers und Kaufleute. Für Augsburg war er längst verloren.

»Kann sich Augsburg mit London nicht messen?«

»Durchaus. Seit ich Augsburg zuletzt sah«, erwiderte Erasmus, »ist es sauberer, reicher an Türmen und Brunnen und schöner geworden – und das will was heißen.«

Die Fugger lächelten zustimmend. Doch Erasmus' Lob ging weiter, denn er lobte die Bürgermeister Paumgarten und Bimel, daß sie Eitel Hans Langenmantel und seinen wiedertäuferischen Anhang aus der Stadt verbannt hätten.

Erasmus war bester Laune. Die junge Hausfrau Anna ließ sich Komplimente von ihm sagen, und man veranstaltete, da er Laute und Harfe liebte, allabendlich ein Hauskonzert. Man sprach natürlich auch von Politik. Erasmus hatte eine gewisse Erfahrung seit seinen Diensten für den Bischof von Cambrai.

Aber auch Erasmus hätte nicht für möglich gehalten, was etwas später zum Entsetzen der Christenheit geschah: deutsche Söldner des Kaisers, unter Schertlin und anderen Condottieri, plünderten das Rom des mediceischen Papstes und vernichteten den Reichtum und Ruhm des Rom der Renaissance. Die Fuggerbank allein blieb verschont. Sie wurde Zuflucht aller Kapitalien und Wertsachen, die

Donauwörth, Fuggerhaus, 1536 von den Fuggern erworben.
Unten: Schloß Glött, 1537 in A. Fuggers Besitz gekommen.

der Plünderung entgehen konnten. Schertlin verrechnete später seine persönliche Beute mit der Augsburger Bank, es waren über 15 000 Gulden. Raimund Fugger verkaufte ihm dafür das Gut Burtenbach. Er freute sich auf die Nachbarschaft und Kumpanei des Generals, der gegen 200 Gulden jährliche Löhnung Augsburger Stadthauptmann auf Lebenszeit werden sollte.

Das Geschäft wurde durch einen neuen Angriff der Türken aufgehalten. Alle Stände des Reiches sandten Hilfe, die großen Häuser der Fugger, Welser, Höchstetter, Bimel, Herwarth, Arzt gaben Rüstungskredite. Schertlin rückte mit dem Fähnlein des Schwäbischen Bundes nach Wien und unterstellte sich dem Kommandanten Nicklas Graf von Salm. Die verzierten Riesenkanonen, welche Nürnberg und Augsburg Kaiser Max einst geschickt hatten, wurden von den Wällen Wiens auf das türkische Lager abgefeuert. Tiroler Fuggersche Knappen trieben Gegenminen unter die Stollen der Belagerer. Am 14. Oktober befahl Soliman den entscheidenden Sturm, er wurde abgewiesen. Tags darauf fiel der erste Schnee. Der Sultan gab die Belagerung auf, und Schertlin wurde auf dem Marktplatz von Wien zum Ritter der goldenen Sporen geschlagen.

Als er nach Augsburg zurückkehrte, saß sein Freund Raimund Fugger – zugleich mit Götz von Berlichingen – gefangen im Gögginger Torturm. Er hatte nach dem Faustrecht vergangener Zeiten den Landfrieden gegen den neugläubigen Matthäus Ehem gebrochen. Er wurde erst auf Bitten hoher Herren freigelassen und mußte zur Sühne hundert Gulden an Ehem zahlen und zehn Wagen gebrannter Ziegelsteine zur Fortifikation der Augsburger Stadtmauer liefern. So kam er gerade frei, als sein Palast an der Kapuzinergasse schlüsselfertig geworden war.

27

Augsburg, die goldene Stadt! Golden, silbern und kupfern blitzten die Zinnen. An den Fassaden der Häuser sah man die Geschichte des Reiches und der Kirche gemalt. Hans Burgkmaier, Christoph Amberger und Jörg Breu erzählten in Farben von Heiligen und Helden. Burgkmaier hatte die Ostindienfahrt der Welser, Höchstetter und Gossenbrot genau nach den Angaben des Welser-Faktors Balthasar Sprenger mit farbigen Holzschnitten verherrlicht. In Lissabon hatte er mit eigenen Augen die Menschen der Neuen Welt, Indianer mit roter Haut, gesehen. Im Auftrag der Tucher von Nürnberg malte er Mohren. Der Mohrenkopf wurde im Wappen großer Handelshäuser zum Wahrzeichen für Weltgeltung.

Wieviel Goldschmiede da vom Heumarkt zum Judenberg saßen! Man konnte sie kaum zählen, und die fremden Besucher meinten wohl, allein von diesen Handwerkern rühre Augsburgs Wohlstand. Da schmiedeten und löteten die Hierlinger, Baier, Flicker, und der dicke Wilhelm Boß war Münzmeister der Stadt.

Wilhelm Fugger vom Reh hatte Barbara Wanner zur Frau und arbeitete für die vornehmste Kundschaft. Bernhard Ravensburger ließ seine Söhne in Bologna studieren. Konrad Peutinger stammte ja aus einer alten Goldschmiedefamilie, und die mittlere Generation der Fugger, die Brüder Andreas und der ältere Jakob, hatten eine Goldschmiedlehre neben der Weberei durchgemacht.

Jörg Seld war Lieferant Jakob Fuggers des Reichen gewesen. Er hatte einen Plan der Stadt Augsburg gezeichnet, der helle Bewunderung erregt hatte, weil alle Einzelheiten so scharf und genau dargestellt waren, daß man glaubte, auf diesem Plan zwischen Toren und Türmen spazierengehen zu können. Jeder Garten, jede Bleiche, die Häuser, Kirchen und Plätze waren zu sehen. Jörgs Sohn, Dr. Siegmund Seld, stand nun als Sekretär im Dienst Herzog Wilhelms IV. von Bayern und war in diplomatischem Auftrag zwischen München und Wien unterwegs.

Die Stadt hatte sechzig große Paläste, und der Kaiser würde Wohnung nehmen in dem neuen Bau Raimund Fuggers am Kapuzinerwinkel. Das Haus lag großartig da mit breiten Fassaden und mehreren Erkern vor der Front. Jakob Zwitzel hatte den Entwurf gefertigt, und Thomas Krebs führte den Bau auf. Der alte Zwitzel kannte Italien, aber sein Herz hing an dreistöckig breiten deutschen Fassaden mit hohen Giebeln. Er hatte am Fuggerhaus am Heumarkt schon vor sechsunddreißig Jahren mitgewirkt, als Geselle Engelbergs hatte er die gewölbten Hallen des Erdgeschosses gebaut. Dann war von ihm das Höchstetter- und Granderhaus gebaut worden, und Burgkmair war mit seinen Farbtöpfen hinter ihm her gezogen und hatte die Straßenfronten bemalt. Der Hof des Fuggerhauses verlor sich nach welscher Art im Grünen, war also offen: es gab in Augsburg keine zweite solche Anlage.

Noch immer galt Deutschland als das reichste Land Europas, und die Fremden wunderten sich, daß man Wohlstand und Frieden durch die religiösen Streitigkeiten aufs Spiel setze. In den Flüssen wusch man Gold. An Isar, Iller, Lech, Inn und Donau sah man die Goldwäscher, abenteuerliche Gestalten, die in Holzwannen den weißen Flußsand in der Sonne rösteten und allerhand abergläubisches Zeug murmelten: Flimmerten in der geschwärzten Wanne dann ein paar gelbe Stäubchen, wurde das Goldbett aufgestellt, ein fußhohes Holzgestell mit einem Leintuch, auf dem der Schlamm mit Wasser geschwemmt wurde. Der leichtere Sand wich, das Gold blieb.

Überall prägte man jetzt goldene Münzen, Gold und Silber hatten ihren Wert im Verhältnis 1 : 15 reguliert. Gulden, Zechinen, Dukaten und Ecud'or waren aus Gold. Im böhmischen Joachimstal prägte man dagegen Silbertaler von enormer Größe, die im Wert den kleineren Goldmünzen entsprachen. Immer noch war Tirol mit zwei Dritteln des Weltbestandes der wichtigste Silberlieferant. Eine Spottfigur aus dem Bauernkrieg zeigte ein Bäuerlein mit blank gewölbtem Hintern, aus dem ein Haufen Dukaten fiel; das war der seither berühmt gewordene Geldscheißer. Hieronymus Fugger fand bei Vergil das Wort vom auri sacra fames – der scheußlichen Gier nach dem Gold.

Kürzlich hatte Höchstetter das fünfundzwanzigjähre Bestehen seiner Bank für das Volk begangen. Alle Edelleute, Handwerker, Bauern, Knechte und Mägde, welche Ersparnisse bei Ambrosius angelegt hatten, erhielten an diesem Tag eine Prämie zu Zins und Zinseszins. Jetzt aber durchlief die Straßen ein erschreckendes Gerücht: der Höchstetter habe in Antwerpen mit seinem Zinnober fallit gemacht! Der Brüsseler Hof habe ihn mit 200 000 Gulden aufsitzen lassen! Richard Gresham, englischer Finanzmann, habe Höchstetter gezwungen, den Zinnober weit unter Preis zu verkaufen, damit andrängende Gläubiger befriedigt werden könnten.

Am 5. April erschien der alte Höchstetter persönlich in der Goldenen Schreibstube, aber Antoni Fugger lehnte es ab, die Forderungen der Augsburger Gläubiger – 400 000 Gulden – auf das Haus Fugger zedieren zu lassen. Höchstetter setzte seine Aktiva mit 660 000

Gulden an, aber Fugger errechnete nur 180 000 und Schwarz gar bloß 70 000 Gulden als sichere Posten.
»Mein Quecksilber!« stöhnte Ambrosius.
Was nützten die schönsten Monopole der Welt, wenn der Betrieb stillstand? »Banca rotta!« Schwarz sprach das verhängnisvolle Wort als erster aus.
Ganz Augsburg schien zu erbeben. War es möglich, daß man an einem einzigen Tag alles verlieren konnte, nicht nur der reiche Ambros, sondern auch die kleinen Leute, die ihm ihr Geld anvertraut hatten? Joachim und Andreas, die Söhne Ambrosius', hatten in der Verwirrung das Weite gesucht. Der Alte mußte am nächsten Tag vor einem bestellten Ausschuß von Fachleuten der Stadt seine Lage offenbaren. Dann konnten 200 000 Gulden an die Augsburger Gläubiger bezahlt werden. Aber es fand sich niemand, der Höchstetter die nötigen weiteren 100 000 Gulden lieh. Der Rat verhängte ein Moratorium. Die Söhne kehrten zurück. Augsburg geriet in Aufruhr: die Höchstetter durften bei Todesstrafe ihr Haus nicht verlassen, Schertlin stellte die öffentliche Ordnung mit Waffengewalt wieder her. Dann schmückte man Tore und Türme zum Empfang des Kaisers zum Augsburger Reichstag von 1530.

Seit dem Frieden der Damen von Cambrai war der europäische Korridor, von Neapel über Mailand, Dijon, Arras und Antwerpen, fest in Karls V. Hand. Andrea Doria, kaiserlicher Admiral, beherrschte das Mittelmeer. Von Frankreich war ein Lösegeld für die gefangenen Prinzen zu erwarten, man sprach von 1 200 000 Lyoner Kronen. War endlich Europa geschlossen in des Kaisers Hand, der französische Störenfried bezwungen? Die Welser und Herwarth beeilten sich mit Angeboten an den Hof von Brüssel, denn es war offenes Geheimnis, daß beide Häuser seit Jahren Geschäfte mit der französischen Krone gemacht hatten. Nun hatte der Papst als Entschädigung für die Plünderung Roms 30 000 Dukaten verlangt und den Kaiser in Bologna gekrönt. Es war für Karl ein Augenblick von höchster politischer und geistiger Bedeutung. Für ihn war die Entgegennahme der Krone des Heiligen Reiches, der Krone seines Vorbildes Karl d. Gr., mehr als ein Ritus, es war die Erfüllung seiner Idee vom Herrn der Christenheit als Herrn der Welt.

Als der spanische Hofstaat nach Augsburg gehen wollte, waren die Kassen des kaiserlichen Börsenverwalters Vargas leer, denn das französische Geld war noch nicht da, das spanische an Spanien gebunden. Die Fugger und Welser sollten helfen, indem sie 1 500 000 spanische Dukaten auf Wechsel übernehmen sollten.
In der Goldenen Schreibstube erklärte sich Antoni, als Bartholomäus Welser ihn aufsuchte, bereit, für die Majestät durch seinen spanischen Faktor Wolf Haller 150 000 Dukaten an der Grenze Spaniens, in Fuentarrabia, in Empfang zu nehmen und insgeheim, damit jedes Aufsehen vermieden würde, über Antwerpen und Augsburg zum kaiserlichen Hof zu bringen. Außerdem erhielt der Kaiser einen Vorschuß von 200 000 Kronen auf das französische Guthaben. Die Summe wurde in Italien zur Bezahlung des Feldzuges gegen Florenz, des Papstes, der Krönung und der Lieferanten verwandt. Als die Majestät mit Gefolge über Mantua und Verona nach Tirol kam, hielt Antoni bereits ein eigenhändiges Schreiben des Kaisers in Händen, lateinisch geschrieben: die Majestät habe abermals keinen Dukaten in der Kasse.
»Der Kaiser ist mein Gast«, sagte Raimund, »ich werde ihm nach Innsbruck entgegenreiten.«
Gäste über Gäste trafen in Augsburg ein, von den Hökern und Freudenmädchen bis zu den Fürstlichkeiten und Juristen, Bischöfen und Bankiers. Die Tagesordnung stand einigermaßen fest: Türkenhilfe, die neue Strafordnung der Carolina, die deutsche Königskrone für Ferdinand, die Auseinandersetzung mit den Ketzern. Luther war nicht von der Reichsacht entbunden und konnte daher selbst nicht kommen.
Im Mai hatte Raimund den kaiserlichen Hof in Empfang genommen. Fuggerscher Kredit geleitete ihn fürsorglich über die Alpen nach Deutschland. Die Schwazer Bergleute hatten, auf Veranlassung Raimunds, eine Silbermünze im Gewicht von tausend Dukaten gefertigt. Vier Knappen trugen das Monstrum, das den Beifall aller Herren, vor allem des Vargas, fand. Der schwarzbärtige kaiserliche Tresorier war wie ein Luchs auf jedes Geldstück aus. Täglich müsse man ihm, schrieb Raimund, die Versicherung geben, daß die Fugger gut kaiserlich gesinnt seien. Auch Ferdinand erschien und gab zu verstehen, er hoffe, die Königskrone mit Fuggerscher Hilfe ebenso sicher zu gewinnen wie sein Bruder 1519 die Kaiserkrone

erhalten habe. Raimund schwelgte in ritterlichen Gefühlen und ließ sich von den klugen Spaniern und ihrer Grandezza bezaubern. Es schien, als wolle er den ganzen Hofstaat in seinem Palast am Kapuzinerwinkel einquartieren.

Augsburgs Bastionen waren mit roten und weißen Fahnen geschmückt. In den Straßen waren Triumphbögen aus frischem Laub gebaut und über ihrem Grün prangte die goldene Zirbelnuß. Alle Goldschmiede arbeiteten an Geschmeiden und Juwelen. Die Kunstschmiede und Plattner fertigten Harnische, Rüstungen, Waffen und stellten sie zur Schau. Die Gießer stellten Geräte her, die Metallschneider zeigten Siegelstempel, Wappen, Plaketten und Hauszeichen. Am Vorabend des Fronleichnahmstages näherten sich der Kaiser, sein Hofstaat, seine Wachen und sein Troß im Schein einer majestätischen Abendsonne den Befestigungen des Roten Tores. Die Bürgermeister und der Rat begrüßten den Kaiser mit einem Kniefall, und Dr. Peutinger hielt als Syndikus eine lateinische Rede. Dann rollten Trommeln, schmetterten Trompeten, und Karl V. betrat in Begleitung seines Bruders Ferdinand die festlich geschmückte Stadt. Das Antlitz der Majestät drückte Befangenheit aus, als die gedrängt stehenden Menschen mit lauten Rufen dem Kaiser huldigten, doch lächelte die Majestät wohlwollend und wandte sich gnädig zu Raimund Fugger, als ein roter Baldachin, von sechs Ratsherren getragen, den Gast bei der Leonhardikapelle erwartete. So geleitete man den Kaiser zum Dom, wo Bischof Stadion die heilige Pforte öffnete. Kardinal Campeggio zelebrierte als Vertreter des Heiligen Vaters unter Assistenz des Erzbischofs von Mainz und des Augsburger Hirten ein feierliches Hochamt, dem alle altgläubigen Fürsten und Herren, die Vertreter der Stadt und die vornehmsten katholischen Familien Augsburgs beiwohnten, unter ihnen die Bankiers aus den Häusern Fugger, Welser, Herwarth, Bimel und Adler.

Nach dem Gottesdienst zog sich der Kaiser in die bischöfliche Pfalz zurück. Am folgenden Tag sollte die Fronleichnamsprozession in alter Form unter Beteiligung aller orthodoxen Fürsten und Herren stattfinden, vom Dom nach St. Ulrich und wieder zurück.

Die universale Kirche trug festliches Gepränge an diesem Tag zu Ehren des Altarsakramentes. Aus den Gassen der Vorstädte drängten die Anhänger der neuen Lehre, um den Kaiser und sein Gefolge bei diesem Aufzug zu sehen. In modischer Tracht, das enge Wams reich mit Gold verziert, ein rotes Barett auf den Locken, das Bärtchen gestutzt, ging Kaiser Karl feierlich einher, nicht unähnlich dem kürzlich gemalten Bild Tizians. Das deutsche und spanische Gefolge trugen sich wie die Majestät. Die abenteuerliche Landsknechtsmode Maximilians war der spanischen gewichen. Mit Beifall sah man Ferdinand, der seinem Großvater erstaunlich ähnlich sah. Aufsehen erregten auch die drei Fugger, Raimund ritterlich prächtig, Antoni mit einem modischen Bärtchen, Hieronymus mit Christusbart und gesenktem Blick. Zwischen dem Getöne der beiden Domgeläute schritt des deutschen Reiches Macht sichtbar einher. Der Erzbischof von Mainz trug das Allerheiligste, gleich hinter ihm ging der Kaiser, den Blick der dunklen Augen wie auf ein fernes Ziel gerichtet, die Lippen im Gebet.

Abends fand in Raimunds neuem Palast ein großer Empfang statt, am Nachmittag war der Kaiser mit Gefolge zum Kapuzinerwinkel umgezogen. Hinter Raimunds Portal standen Statuen des Apoll und der Athene, des Herkules und der Artemis, eine breite Treppe führte hinauf. Räume öffneten sich da auf Räume, als sollte alle Schönheit der Welt in diesem Haus der Fugger ihren Ort finden. Wände, mit Ebenholz verkleidet, trugen Brüsseler Teppiche oder venezianische Spiegel. Die Decken waren in Eiche oder Nußbaum getäfelt, die Fußböden mit verschiedenen Hölzern zu Mustern ausgelegt und spiegelblank gebohnert. Die Fenster gingen hinab zu den Gärten, und dort gab es in Pergolas und Glasveranden auch Pflanzen, die sonst nur in Italien gediehen. Man sah Blumenbeete in kunstvoller Anordnung der Farben, Springbrunnen mit Figuren und Pavillons. Alle Säle hatten zierliche Kamine, alle Türen gingen aufeinander in der Mitte zu, daher konnte man von Raum zu Raum durchgehen. Gemälde hingen an den freien Wänden. Im Speisesaal gab es Erz- und Bronzewerke erster Meister, eine Sammlung antiker Münzen, aber auch neue Münzen, darunter eine, die Raimund auf sich selber hatte schlagen lassen mit seinem Bild und der lateinischen Umschrift »Raimund Fugger aus Augsburg in seinem 37. Jahr«. Auf der Schauseite stand ein Mann in römischer Toga mit einem Bein auf der Weltkugel, mit dem andern auf einem Geldsack, der zur Hälfte über die Welt entleert war.

Ein Saal enthielt marmorne Statuen, vollständige und trümmerhafte, einzelne von mächtigem Umfang. Es folgten eine Rüstkammer, eine Wehrkammer, eine Sattelkammer, und sie waren voll von Harnischen, Büchsen, Spießen, Reit- und Schlittenzeug. Für den Kaiser waren zwei Räume besonders elegant und reich ausgestattet, außerdem Räume für das Gefolge und die Dienerschaft, das Gemach des Hausherrn, der Damensalon, das Musikzimmer, die Kammer der Hausfrau, die Kinder- und Badezimmer.

Es gab ein großes Bankett, und während seines geräuschvollen Verlaufs fanden sich der Kaiser und Antoni Fugger zu einem ersten vertrauten Gespräch. Karl sprach lateinisch mit spanischem Akzent, aber klar und gewählt. Antoni benützte das elegante Latein des Erasmus. Die Majestät erinnerte sich durchaus der Wormser Tage. Dieser Kaiser war nicht wie sein Großvater Maximilian, der sich als Augsburger Bürger am wohlsten gefühlt hatte, um dann aller Welt mitzuteilen: »Wir tanzen hier zu Augsburg bei einem Pfeifer und auf einer Stelze.«

»Imperium universum et christianum mea et vostra voluntas – das universale und christliche Reich ist mein und euer aller Wille!« Dies Reich sollte Europa in sich aufnehmen. So sprach der Kaiser jetzt. Seine politisch-geistige Leidenschaft war erstaunlich. In lebhafter Teilnahme für die Toleranzidee des Erasmus ergriff er Antoni Fuggers Hand. Es fiel ein Wort über die deutschen Ketzer, doch es war kein hartes Wort: die Majestät will beiden Konfessionen Zeit lassen, sich zu vergleichen – doch sollen sie dabei das Reich nicht spalten.

Der Reichstag fand im Kapitelsaal der bischöflichen Pfalz statt. Am Abend des ersten Tages ließ Raimund Fugger den Gästen in seinem Garten beim Schein der Fackeln ein Spiel aufführen, als dessen geistigen Urheber man allgemein Antoni Fugger ansah.

Ein Herold huldigte der Majestät des anwesenden Kaisers. Dann erschien ein Darsteller in der Maske des Humanistischen Reuchlin. Er trug ein Bündel Hölzer auf dem Rücken, ihre eine Hälfte war gekrümmt, die andere recht struppig, so daß sie sich gegeneinander sperrten. Unwillig warf der grundgescheite Reuchlin die Hölzer durcheinander zu Boden und ging kopfschüttelnd ab. Ein zweiter Darsteller betrat die Szene als Erasmus von Rotterdam. Er versuchte die struppigen Hölzer zu entästen, die krummen gerade zu biegen. Vergebens! Kopfschüttelnd mußte auch er abziehen.

Nun kam Dr. Martin Luther in einer so echten Maske, daß ein erstauntes Gemurmel die Reihen der Zuschauer durchlief – war am Ende der Reformator hier erschienen? Luther ergriff sogleich eine brennende Fackel und warf sie in den Haufen der krummen Hölzer. Sogleich wurden auch die struppigen Hölzer mit ergriffen: alles brannte lichterloh.
Da eilte der Papst herbei, ein dicker Mann mit zwei Kannen in den Händen. Der Papst ergriff zum Löschen die falsche Kanne, welche Öl enthielt. Nun schoß das Feuer erst prasselnd und grell in die Höhe.
Dann erschien auf der taghell erleuchteten Szene der Kaiser. Man hatte einen Darsteller gefunden, welcher dem Original alle Ehre machte. Er ergriff die Kanne mit Wasser und löschte den Brand. Danach ging er mit festen Stiefeln in die Glut und trat sie völlig aus.
Beifall! Beifall um den Kaiser, Beifall für die Pantomime! – Aber die Protestanten fehlten ja im Kreise der Gäste.
Als auf der dritten Sitzung des Reichstags Melanchthon das Bekenntnis der Lutheraner in Anwesenheit des Kaisers, der Fürsten und Bischöfe, Ritter, Stände und Städte des Reiches verlesen hatte, begriff Dr. Eck am ersten, was geschehen war, er sagte: »Das ist keine Reform, das ist ein anderes Bekenntnis!« Luther wolle die Kirche zerstören und die Bischöfe entthronen, es fehlte nicht an Hohn: »Das ist ein neu Evangelium vom christlichen Adel deutscher Nation – aber wider die räuberischen und mörderischen Bauern.« Das waren Schatten des Bauernkriegs. Wo blieb da die Engelsmusik von der wahren Freiheit eines Christenmenschen? Es gab Fürsten, die innerhalb einer Stunde die Konfession wechselten.
Der Kaiser versprach in Ruhe gerechte Prüfung der Konfession, er selbst hielt Fühlung mit Melanchthon und besänftigte Ecks Abscheu vor den Ketzern.
Der Kaiser blieb Raimunds Gast, nahm an einigen Jagden teil, und erschien gegen seine Art gar auf einem Hausball der Fugger. Dann ließ er seinen Hofstaat mit seinem Gastgeber auf das Gestüt Mickhausen abziehen und war täglicher Gast Antonis am Weinmarkt. Christoph Amberger malte ihn hier, Othmar Nachtigall las dazu aus den Klassikern vor. Später kam Antoni und setzte sich zum

Kaiser in das große Erkerzimmer. Dort standen Tische mit Akten und Dokumenten. Matthäus Schwarz verhandelte. Sauerzapf und Kurz waren die Sekretäre von Fugger, während die Regierung durch zwei spanische Räte den Gang der Verhandlungen aufschreiben ließ.

»Die Fugger rechnen mit dem Kaiser ab«, erzählte man sich in Augsburg.

Antoni Fugger hatte seine große Bilanz aufgestellt und durch seine Faktoren der europäischen Geschäftswelt zur Kenntnis bringen lassen. Das »Hofbuch« verzeichnete folgende Schulden des römischen Kaisers bei den Fuggern:

Restschuld der Wahl, auf Tirol verwiesen .	162 000	Gulden
Verschreibung auf die Einkünfte Neapels .	156 000	„
Verluste in Ungarn übernommen	207 000	„
Diverses, verrechnet auf Neapel und die Salzpfannen von Hall	126 000	„
Private Schulden Ferdinands	60 000	„
Spanische Außenstände abgerechnet . . .	170 000	„
Summa Summarum	881 000	Gulden.

Karl bot dafür das französische Lösegeld, auf das die Fugger jedoch schon 200 000 Gulden Vorschuß geleistet hatten.

»Spanien hält uns fest«, sagte Schwarz vieldeutig.

»Die Million ist uns von Frankreich sicher«, bot der spanische Rat.

»Was haben Sie davon in Spanien stehen?«

»Noch nichts, aber alles kommt ein.«

Antoni wagte zu zweifeln, ob der Franzose gutwillig zahle.

Da nahm Karl das Wort: »Ich habe das Wort meines Herrn Bruders, Seiner Majestät des Königs selbst.«

Als die Fugger sich höflich verbeugten, aber schwiegen, fuhr Karl fort: »Zum Herbst nächsten Jahres ist die ganze Summe getilgt.«

Schwarz sagte keck: »Man hört von Schwierigkeiten mit der Soldzahlung in den Niederlanden.«

Granvella darauf ironisch: »Was haben Sie gehört, Herr Schwarz? Darf ich an die Steuerkraft Kastiliens erinnern? Unsere Söldner haben nie gemeutert. Pizarro in Peru . . .«

Schwarz hörte schon nicht mehr zu, sondern diktierte Sauerzapf mit gnomenhaftem Ausdruck eine Aktennotiz.
Antoni Fugger war auch ohne Granvellas Wortschwall dem Kaiser und seinen Plänen ergeben. Stimmten sie nicht in ihren Gedanken überein?
»Kaiserliche Majestät erhoffen in Ihnen den neuen Bankier der römischen Krone«, sagte Armstorffer zu Antoni.
Schwarz, der das hörte, schnitt Granvella gegenüber das Almadener Thema an. Die Gruben entwickelten sich vorzüglich, und es konnte nicht schaden, sich die Nutzung wieder bestätigen zu lassen, denn sie waren das größte spanische Objekt, das in Fuggerscher Regie geführt wurde. Schon waren die Einkünfte so hoch, daß die eingelegten Kapitalien sich bis zu vierzig vom Hundert verzinsten.
Die Spanier machten keine Schwierigkeiten, als Schwarz aber andeutete, auch ein Staatshaushalt müsse nach wirtschaftlichen Grundsätzen geführt werden, lachte der Rat ihm ins Gesicht: »Das wollen Sie der Majestät selbst sagen, Herr Schwarz! Ist der Kaiser ein Kaufmann? Wir haben die Einkünfte fest in der Hand ...«
»Durchaus nicht«, erwiderte der boshafte Schwarz, »denn sie pflegen auf Jahre vorher versprochen und verpachtet zu sein.« Der Rat seufzte und nickte, als wolle er sagen, all das wisse er längst. Und im übrigen – wozu hatte man seine Kaufleute als Bankiers? Es war der neue Stil der Zeit, selbst schwierige Feldzüge mit den Geldern privater Unternehmen zu führen.

Der Glaube an das Geld bestimmte das Zeitalter. Der religiöse Aufbruch des deutschen Volkes gab jeder herrschaftlichen Willkür ja den Anschein guten Rechts; der oberdeutsche Handel lag darnieder, die goldene Straße von Nürnberg über Augsburg nach Venedig wies nicht mehr den dritten Teil des Verkehrs vom Jahre 1500 auf. Überall hatten die Fürsten gewaltsame Grenzen errichtet, erhoben räuberische Binnenzölle – doch fielen sie gern mit ein in das Gerede von Wucherern, Pfeffersäcken und Monopolisten. Ein Überschlag zeigte, daß die Fuggersche Firma jährlich 2½ Prozent abwarf. Unter dem Oheim waren es 60 Prozent gewesen.
Schwarz machte sich Gedanken. Der junge Herr war vorsichtig. Das mußte man in diesen Zeiten loben. Er wollte den Handel nicht weiter ausdehnen. Auch das war zu loben. Überall hatte er den

Welsern, Höchstettern, den Genuesen und gar Neulingen den Vortritt gelassen und sich mit gewinnbringenden Vermittlungen begnügt – aber das brachte eben nur $2^1/_2$ Prozent. Nun hatte er sich mit dem Kaiser auf Gedeih und Verderb verbunden. Er konnte nicht Nein sagen, oder war dieser Kaiser wirklich der steigende Stern der Zukunft?
Wirtschaftlich gesehen gab es nur an einer Stelle der Fuggerschen Unternehmen einen außerordentlichen Gewinn, das war in Weißenhorn. Der dortige Barchent hatte den Ulmer überflügelt und wurde bereits in Spanien und England verkauft. Sollte man nicht versuchen, den Weißenhorner Barchent an die Stelle des ungarischen Kupfers in Antwerpen und London zu bringen? (Eines Tages stünde der Türke in Ofen und Neusohl.) Veit Hörl in Antwerpen erwies sich als glänzender Organisator dieses neuen Geschäftszweigs.
Antoni Fugger lud die Majestät ein, die Weber in Weißenhorn zu besuchen, und Karl sagte zu. Staunend sah der Kaiser die mit allerneuesten Webstühlen aus Flandern eingerichteten Stuben, in denen die Weber einer ganzen Stadt arbeiteten.
Zu Ende des Reichstages – die meisten protestantischen Stände hatten die Stadt bereits offen oder heimlich verlassen – erbat Höchstetter eine Audienz beim Kaiser. Er kampierte notdürftig im Hinterhaus seines ehemaligen Palastes und vermochte vor Tränen kein Wort hervorzubringen. Der Kaiser versprach ein Gnadengesuch an den Stadtrat mit der Bitte, Höchstetter, der um die kaiserliche Statthalterschaft in den Niederlanden große Verdienste habe, schonend zu behandeln.
Kurz vor der Abreise verlieh der Kaiser den drei Fuggerschen Vettern den erblichen Adel im Stand der Herren und Grafen für sich und alle männlichen und weiblichen Leibeserben. Sie durften nun mit rotem Wachs siegeln, Grafen- und Bannerlehen empfangen, sich nach ihren Gütern nennen und schreiben und darauf die hohe Gerichtsbarkeit ausüben, waren von allen bürgerlichen Lasten befreit, erhielten Freizügigkeit und waren ausgenommen von allen Vorrechten der Orte, an denen sie weilten. Gerichtlich waren sie nur vom Augsburger Stadtgericht zu belangen, nicht aber vom westfälischen Gericht der Feme, und durften in »peinlichen Sachen« an den Kaiser selbst appellieren.

Noch nie habe er je solchen Gnadenerweis verliehen, gestand Karl später dem Kardinal Matthäus Lang, und er sei auch nicht gesonnen, es je wieder zu tun.
Die Augsburger aber erzählten, Antoni Fugger habe die Schuldscheine des Kaisers im Kamin der Goldenen Schreibstube verbrannt. Fuggerscher Kredit verschaffte zum Schluß des Reichstags Ferdinand die Krone des deutschen Königs. Eine Million Gulden schuldete der neue König den Fuggern jetzt.
Raimund hätte sich gern an der Spitze eines Fähnleins zur prunkvollen Krönung nach Köln begeben, wie er es Ferdinand versprochen hatte, doch nun lag er krank in seinem Palast. Die nächtlichen Gelage, die anstrengenden Jagden und wilden Ritte in Mickhausen hatten seine Gesundheit erschüttert.

28

In Antwerpen wurde die »Neue Börse« eröffnet, ein Gebäude am Großen Markt, trotz dem rauhen nordischen Klima nach italienischen Mustern gebaut, mit einer offenen Säulenhalle rundum. Das stolze Brügge war müde und alt, sein Hafen längst versandet. Seine hängenden Giebel träumten über den Gassen von besseren Zeiten. Wie Lucca, Bologna, Florenz, Venedig und Mailand war es längst aus dem Mittelpunkt des Handels gerückt. Antwerpen war die Börse für alle Nationen. Dort hörte man alle Sprachen, sah alle Trachten. Zwischen dem großen Markt und dem Hafen staute sich der Warenverkehr: Die Engländer brachten Tuche, um sie in Bergen op Zoom zu stapeln. Den Hanseaten gehörten die großen Lagerhäuser am Hafen voll Getreide und Erz, Pelz und Bernstein. Die Norweger hatten ihre Bergener Messe gar nach Antwerpen verlegt. Der König von Portugal hatte hier einen Faktor, der den Lissaboner Pfefferhandel nach Antwerpen zog. Die Ober- und Niederdeutschen, Spanier, Italiener, Portugiesen und der halbe Orient trieben an der Schelde jetzt Handel wie ehedem an der Lagune. Fugger und Welser hatten wie alle großen Häuser ihre Niederlagen und Paläste in Antwerpen. Das Fuggerhaus an der Steenhouversvest war das prächtigste von allen. Den Auftrag dazu hatte Jakob noch erteilt, Dürer hatte den Bau schon 1520 bewundert. Hier residierte für die Fugger Matthias Oertel, ein hellhöriger Franke als künftiger Nachfolger des alternden Hörl. Oertels Preistafeln für Geldsorten waren die ersten sicheren Kurstabellen der Stadt, Kassa-Kurse, die selbst Schwarz in Augsburg Anerkennung abnötigten. Oertel wies auf neue Möglichkeiten finanzieller Art beim englischen Hof hin. Solle man den Engländer nicht gegen Frankreich unterstützen, obwohl er ein Ketzer war? Die Hansen hatten London praktisch geräumt, da der ewige Streit mit Christian von Dänemark all ihre Kräfte beanspruchte. Oertel schien der Mann zu sein, der dem verschlagenen Tudor das Wasser reichen konnte. In Augsburg zögerte man. Nicht nur bedrohte Soliman Ungarn, sondern die Religionsstreitigkeiten lähmten Handel und Wandel.

Dem Prediger Nachtigall war vom Rat die Kanzel von St. Moritz verboten, und der neue Pfleger von St. Moritz, Marx Ehem, war seit Raimunds Angriff ein Gegner der Fugger. Er hob die Frühmesse bei St. Moritz auf, welche Jakob auf ewige Zeiten für sein Seelenheil gestiftet und dotiert hatte. Die Begründung lautete, es fehle in diesen teuren Zeiten an jeglichem Aufwand, den Morgengottesdienst würdig durchzuführen.

Antoni Fugger, dem aus Pietät an Fortführung der Stiftung gelegen war, schenkte der Kirche aufs neue die auf unerklärliche Weise verschwundenen Geräte, Paramenten und Kerzen und ersuchte bei St. Ulrich um einen Priester. Doch am Karfreitag erschien, als eben der Gottesdienst begonnen, Marx Ehem unter Zustimmung der beiden Bürgermeister mit einem Anhang von Knechten und ließ den Altar abräumen, Fahnen und Tafeln entfernen.

Antoni Fugger hinderte ihn nicht. Doch am kommenden Ostertag hatte er die Kirche aufs neue mit Geräten, Fahnen, Tafeln und einem meisterhaften Bild des Heilands geschmückt. Es galt, die bei St. Moritz besonders festliche Himmelfahrtsfeier nach altem Brauch vorzubereiten.

Ehem aber, nicht faul, stieg abends auf den Dachboden der Kirche und vernagelte die Öffnung, durch welche das Christusbild in der Himmelfahrtsstunde feierlich emporgehoben werden sollte. Dann sperrte er die Treppe zum Kirchenboden ab. Antoni ließ die Treppe wieder öffnen. Als die Gemeinde versammelt war und der Gottesdienst schon begonnen hatte, erschien Ehem abermals mit Knechten, erzwang den Aufgang zum Kirchenboden und schnitt die Seile ab, an denen das Bild hing – und so stürzten der Heiland und die Engel mit großem Getöse in die Kirche hinab. Zum Glück wurde niemand verletzt, als es aber zum Handgemenge zwischen Marx Ehem und Raimund Fugger zu kommen drohte, erschien wie gerufen der Stadtvogt und räumte die Kirche. Antoni Fugger wurde wegen Ruhestörung zu achttägiger Turmstrafe verurteilt, Ehem erhielt keine Strafe. Antoni löste die Haft mit fünf Gulden den Tag und legte sich selbst acht Tage Hausarrest auf, denn am Weinmarkt sammelte sich der Pöbel.

Ähnliche Vorfälle geschahen überall im kleinen, aber auch im großen – bis zum Hochverrat eines Philipp von Hessen. Ulrich von Württemberg, vom Kaiser in allzu ritterlicher Haft gehalten, entfloh aus Innsbruck.

1535 starb Katharina Thurzo, Raimunds Gemahlin, in den Armen ihres Mannes. Sie hinterließ elf Kinder. Am Ende des gleichen Jahres ereilte auch Raimund der Tod, während er in vollem Galopp zu Pferde saß. Das Tier blieb stehen, als sein Herr die Bügel verlor. Gegen Raimunds Wunsch, der auf seinem Schloß Mickhausen beerdigt werden wollte, ließ Antoni den Bruder in der Familiengruft von St. Anna beisetzen.

Andrea Doria hatte die maurischen Seeräuber geschlagen, nun marschierte der Kaiser auf Tunis los. Im Bazar stellte sich Chaireddin Barbarossa zum Kampf, doch die Christensklaven, vor allem ehemalige Matrosen, bewaffneten sich, fielen über ihre Peiniger her und metzelten sie nieder. Am Abend war der Kaiser Herr des schwarzen Erdteils. Dann setzte er nach Neapel über, erklärte Franz I. von Frankreich zum ersten Friedensstörer Europas, Wortbrecher und als Verbündeten Chaireddins und Solimans zum Feind der Christenheit. Die neapolitanischen Französlinge verfielen einem grausamen Gericht des spanischen Vizekönigs. Auf der Via Appia zog Karl wie ein antiker Triumphator in Rom ein. Papst Paul III. hatte ihm mehrere Kardinäle entgegengeschickt, um ihn günstig zu stimmen und das Konzil in Aussicht zu stellen. Im Vatikan gab Karl, sonst wortkarg, vor Papst und Kurie in lateinischer Sprache einen Überblick über seine Politik. E i n Reich und e i n e Christenheit! – Alba fegte die Franzosen aus Italien, zugleich bedrohte der Graf von Nassau, vormarschierend aus den Niederlanden, das Herz

Schloß Oberndorf, Ökonomiebau, 1533 von Raymund Fugger erworben, 1537 an Anton Fugger übergegangen.

Schloß und Markt Babenhausen im Günztal kamen 1539 in Anton Fuggers Besitz. In der Pfarrkirche St. Andreas ist er mit seiner Frau Anna und einigen seiner Kinder beigesetzt.

Frankreichs. Franz bat um Frieden. Karl schien wirklich Herr der Welt zu sein. Doch in Schmalkalden schlossen sich die protestantischen deutschen Fürsten zu einem Bündnis gegen den Kaiser zusammen.

In Augsburg wurde die Reformation durchgeführt. Eine große Zahl der patrizischen katholischen Familien verließ daraufhin die Stadt, um auf ihren Gütern zu leben. Der Rat sah sich genötigt, die sehr verminderte Zahl der Geschlechter – nur die Hörwarth, Hofmair, Ilsung, Langenmantel, Ravensburger, Rehlinger und Welser waren übrig – durch Ernennung zu vermehren, damit der Republik Augsburg ihre politische Bedeutung und wirtschaftliche Macht erhalten blieb. Zwar protestierten die Gassen gegen solch patrizisch-katholische Machenschaften, doch diesmal umsonst. Die Zahl der Geschlechter wurde auf fünfzig erhöht. So zogen die Fugger, Paumgarten, Imhof, Peutinger, Arzt, Rem, Lauginger, Stetten und andere altansässige reiche Familien in die Steube der Geschlechter ein.

Antoni Fugger blieb gelassen, freundlich lächelnd nahm er die Ehrung hin, als spüre er die goldene Fessel nicht. Hieronymus jedoch, in seinem Gehäuse am Heumarkt, machte sich schnell aus der Welt, als wünsche er den Lärm solcher Feiern nicht. Sein Diener fand ihn in einer Lache Bluts morgens tot in seinem Bett. Auch er wurde in St. Anna beerdigt.

Damals war Antoni Fugger fünfundvierzig Jahre alt, und die Führung der weltumspannenden Handlung lag in seiner Hand. Das Vermögen machte bereits das Dreifache des einstigen Reichtums der Medici aus. Der Kindersegen der Fugger von den Lilien kam wie aus einem Füllhorn über die Paläste. Raimund hatte elf lebende Kinder hinterlassen, das jüngste davon, Ursula, zählte neun Jahre. Antoni und Anna hatten bereits sieben Kinder: Markus, Anna, Hans, Katharina, Hieronymus, Regina und Susanne. Der älteste Neffe war Raimunds Sohn Johann Jakob Fugger, eben zweiundzwanzig Jahre alt geworden. Er hatte in Ingolstadt Humaniora studiert und war in die Gesellschaft des jungen Herzogs Albrecht von Bayern gekommen. Dessen Hauslehrer, der Geschichtsschreiber Aventin, betreute auch seine Laufbahn. Das Leben eines Pagen zu Landshut und Ingolstadt hatte ihn in der Abneigung gegen die Kaufmannschaft bestärkt. Jetzt aber sollte er, bevor er in Padua weiter studierte, auf Wunsch des Oheims bei Matthäus Schwarz die Künste der Buchhaltung lernen.

Antoni Fugger hatte gelegentlich Vorgefühle eines frühen Todes; er wollte nichts versäumt haben, wenn die Firma ein neues Haupt brauchte. Allerdings fehlte den heranwachsenden älteren Söhnen Raimunds, wie überhaupt den Söhnen der wohlhabenden Leute Augsburgs, der religiöse Ernst der Väter und die Ehrfurcht vor ihren Taten. Das stete Gezänk um den Glauben hatte die Jugend teilnahmslos gemacht; sie war weder alt- noch neugläubig, sondern leichtfertig in persönlichen Pflichten.

Die Firma wurde rechtlich umgestaltet. Antoni nahm seine Neffen Hans Jakob, Georg, Christoph und Raimund auf, und das Unternehmen hieß jetzt »Anton Fugger und Bruders Söhne«. Antoni blieb, wie sein Oheim, unumschränkter Herr und war nicht einmal diesen Neffen über Gewinn und Verlust Abrechnung schuldig. Sie hatten ihm unbedingt zu gehorchen.

Man ging unsicheren Zeiten entgegen. Der Kaiser machte sich Gedanken, wie er einen Krieg mit dem Bund von Schmalkalden finanzieren sollte: die Dinge trieben der Entscheidung zu. Für Fugger mußte es außerordentlich heikel sein, den Kaiser zu unterstützen, denn Augsburg war eine protestantische Stadt geworden, es würde voraussichtlich im Kriege auf seiten der Kaisergegner stehen. Die Stadt würde mindestens Neutralität vom Fugger erwarten. So wandte sich der Großkomtur des Kaisers an italienische Bankhäuser.

Jedoch die Genueser, Mailänder, und Venezianer konnten die Kreditsummen nicht aufbringen. Man wandte sich nun an die spanischen Faktoren der Fugger und fand grundsätzliche Geneigtheit, aber man wollte vorsichtig sein. Auf jeden Fall mußte der Eindruck vermieden werden, als ob der Kaiser Fuggersche Kredite zu Rüstungszwecken aufnähme. Man wolle die Gelder als Anleihen für den kaiserlichen Hofstaat tarnen.

Die Fuggerschen Faktoren brachten in den Niederlanden eine Anleihe von 200 000 und in Italien 150 000 Dukaten auf. Die Fuggerbank selbst gab 150 000 Dukaten. Diese Summen wurden in dreiviertel Jahren flüssig gemacht und der Majestät übergeben. Von anderer Seite wurden in Genua 50 000 Dukaten aufgebracht, die Welser steuerten 25 000 Kronen bei – mehr könnten sie in dieser

Zeit nicht hergeben. Antoni Fugger wollte über weitere Summen auf dem Regensburger Reichstag mit sich reden lassen.
In Augsburg hatte der Sohn einer vor zwanzig Jahren aus Breslau zugewanderten Familie Hörbrot Bürgermeister werden können. Er war ein Neureicher und wurde an Vermögen nur durch die Fugger übertroffen, er hatte den Landsknechtführer und Stadthauptmann Schertlin auf seine Seite gebracht. Als eifriger Parteigänger der Reformation finanzierte er Landgraf Philipps von Hessen Armee gegen den Kaiser und galt als Geldgeber auch anderer Feinde Karls, des Markgrafen Joachim von Brandenburg und des Pfalzgrafen Ottheinrich von Neuburg. Er handelte mit feinen Pelzen, Teppichen und Gobelins und betrieb ein Bankhaus, in dem die Neugläubigen ihre Gelder besser aufgehoben glaubten als bei altgläubigen Bankiers. Man nannte Augsburg schon das goldene Faß des Schmalkaldischen Bundes. Hörbrot war überall, er hielt es in der Stadt mit den Zünften und propagierte eine Politik, welche der Stadt als freie evangelische Republik eine unabhängige Stellung im Reich bringen sollte. Die Fugger sah er als seine persönlichen Feinde an.
Antoni hatte seiner Gattin in Donauwörth ein Schlößchen gebaut, und dort verbrachte er einen großen Teil seiner Zeit, den Widerlichkeiten Augsburgs zu entgehen. Seine Gesundheit war nicht die beste, und die Unlust der Neffen an den Geschäften legte ihm den Gedanken nahe, sich ganz zurückzuziehen: er faßte im Sommer 1545 den Entschluß, die Handlung aufzulösen! Zu seiner Überraschung erklärten sich Neffen und Söhne sogleich einverstanden. Die Firma war längst aus einer offenen Handelsgesellschaft in den privaten Besitz der Familie übergegangen: rollendes Geld gerann mehr und mehr zu liegenden Gütern. Die Bilanz ergab, daß das Vermögen der Handlung mit fünf Millionen Gulden zwar seinen höchsten Stand erreicht hatte, aber ihm stand ein Besitz der Familie an Gütern, Lehen, Schlössern, Burgen, Häusern, Pfändern, Grundstücken, Gärten, Sammlungen, Bibliotheken, Juwelen, Schmuck, Gold- und Silbergerät, Fabriken, Bergwerken, Schiffen, Pferden und Möbeln im Wert von 63 Millionen Gulden gegenüber. Nun kamen Antoni, dem Zögernden, Wägenden, Bedenken bei solcher Einhelligkeit aller Erben: würde es möglich sein, den gewaltigen Webstuhl auf einmal stillzulegen? Er erbat Zeit. Matthäus

Schwarz, der nächste Befragte, erhob die stärksten Bedenken: »Die Wahlschulden des Kaisers sind noch nicht getilgt«, sagte er, »und wir sind inzwischen mit Hunderttausenden Gläubiger der kaiserlichen und königlichen Kronen geworden, solche Summen lassen sich nicht wie ein kleines Darlehen zurückerwarten, sondern man muß am Schuldner bleiben. Solange es den Kaiser gibt, ist er unser Schuldner; das verpflichtet auch uns!«

»Ich weiß, ich weiß«, wehrte Antoni ab, »ich hatte geglaubt, meine Neffen und Söhne würden mir das sagen, Schwarz, aber sie schienen froh zu sein, daß ich das Geschäft schließen würde wie irgendein Krämer, der sich, wenn er genug hat, zur Ruhe setzt.«.

»Oertel hat sich mit dem englischen Hof in Transaktionen eingelassen, von denen die beabsichtigte Landung Heinrichs in Frankreich abhängt – ein Geschäft, das ebenso heimlich ist, wie ...«

»Nicht jetzt«, sagte Antoni, und Schwarz verstand. Nicht einmal Sauerzapf kannte die geheimnisvolle Beteiligung der Fugger an den kaiserlichen Silberflotten aus Amerika, die soeben rentabel wurden.

»Diese Hörl und Oertel sind mir zu selbständig, sie wachsen uns über den Kopf.«

»Selbständig, selbständig – sie sind Kaufleute! Wollte Gott, wir hätten Männer mit nur halb soviel Klugheit und Geschick im Osten sitzen!« verteidigte Schwarz die Faktoren.

»Der Schüren in Danzig ist gut, auf ihn lasse ich nichts kommen: er verkauft Schiffbauholz nach Spanien mehr als wir beibringen können.«

»Der Alber in Ofen ist zu alt.«

»Er ist vorsichtig – jeden Tag können ihm die Türken über den Hals kommen. Da wir das ungarische Geschäft liquidieren müssen, ist es das Beste, wenn der Mann es macht, der es aufgebaut hat.«

»Das Liquidieren nimmt kein Ende mehr, Herr Fugger. Sie selbst haben vor dreißig Jahren die römische Bank glänzend aufgebaut – sie ist längst liquidiert.«

Antoni wand sich gequält in seinem Sessel. Wisse Schwarz nicht, daß der Glanz Roms seit der Plünderung durch die Spanier und Deutschen dahin sei? Dort bereite man sich zu andern Geschäften. Im Geist der Lehre und Zucht ergehe in diesen Wochen die Einladung nach Trient zum Konzil der Alt- und Neugläubigen. Päpste und Kardinäle seien nicht mehr spekulierende Herren wie unter Leo, sondern weltabgewandte Reformer.

Sauerzapf bemerkte trocken, Almaden werde Herr Fugger doch nicht abschreiben? Sonst verlöre Wolf Haller am Ende den Kopf. – Jeder Zentner Quecksilber brachte den Fuggern sechs Dukaten Gewinn. Bei einer Pachtsumme von jährlich 152 000 Dukaten hatte man vier Jahre hintereinander Gewinne bis zu 224 000 Dukaten, also 50 Prozent, erzielt – und eine Steigerung war möglich durch weiteren Ausbau der Gruben.

»Nein, Herr Fugger, nicht aufhören in solch einem Augenblick! Im Herbst kommen wieder die Faktoren nach Augsburg, dann können wir immer noch sehen, was man abstoßen muß.« So redete Schwarz.

»Von Schauer redet kein Mensch«, sagte Antoni. Schauer war der aus Rom abberufene Faktor, der erst in Augsburg gewesen war, dann die Handlung in Neapel übernommen hatte. Dort war er 1540 bei einem Überfall türkischer Seeräuber verschleppt worden und in Sklaverei verstorben.

»Pech – ganz besonderes Pech, Herr Fugger. Aber das sagt nichts für oder gegen das Geschäft mit Neapel.«

»Im nächsten Jahr müßten wir die Pacht der ungarischen Gruben auf fünf Jahre erneuern, aber wir geben Ungarn auf!«

»Wenn wir aufgeben, ist das ganze Ostseegeschäft sinnlos«, sagte Schwarz, »und vielleicht auch das mit der Adria.«

»Nichts überstürzen, sondern langsam, ohne viel zu reden, die Lager räumen! Kein Mensch darf, bevor die letzte Platte Kupfer zum vollen Preis abgesetzt ist, wissen, daß die Fugger Ungarn fallen lassen. Darum halten wir auch an den Kontrakten mit Schweden und Dänemark fest. Meinen Sie, ich hätte 650 000 Carolusgulden an Heinrich von England geben können, wenn ich im Osten stark bleiben möchte? Auch der Fugger kann das bare Geld nicht aus dem Ärmel zaubern.«

»Die Statthalterin der Niederlande ist gar nicht glücklich über unsere englischen Geschäfte.«

»Ich werde einen Neffen hinschicken, welcher der Dame klarmachen muß, daß Heinrich unser Geld zur Bezahlung deutscher Söldner gegen Frankreich verwendet.« –

Antoni mußte erkennen, daß es für einen Fugger keinen Rückzug nach Donauwörth auf ein Schlößchen gab.

Da starb Luther, vielleicht konnte man jetzt auf Einigung hoffen? Langsam verrannen indessen die Tage der Reichsstände in Regensburg. Man wollte von protestantischer Seite dem Konzil in Trient keine Bedeutung zuerkennen, dennoch erwartete man ungeduldig seine ersten Ergebnisse. Zweifellos würde es zur tiefgehendsten Reform der Kirche seit den Tagen Leos des Großen kommen. Otto Truchseß von Waldburg, der junge Bischof von Augsburg, bereits Kardinal, streng katholisch, erhoffte eine Wiedergeburt der Kirche durch eine junge, gebildete, sittenstrenge Geistlichkeit. Es galt, die eigenen Reihen schonungslos von den bequemen Pfaffen zu säubern, die Gott und der Welt soviel Ärgernis gegeben hatten. Otto stand mit Ignatius von Loyola und Peter Canisius in Briefwechsel, verachtete die Freuden dieser Welt und lebte im Feuer seines Geistes, erst dreiunddreißig Jahre alt, der größeren Ehre Gottes. Er verband als päpstlicher und kaiserlicher Legat die Kraft seiner universalen Katholizität mit politischem Blick. Das unteilbare Heilige Römische Reich Deutscher Nation war ihm das Reich Gottes auf Erden, das politische Schicksal Europas. Er beschwor Karl V., die Nachfolge in Deutschland seinem schwachen Bruder Ferdinand wieder zu entziehen, der sich herabgelassen hatte, von dem ketzerischen Millionär Hörbrot Geld zu nehmen. Auch für Augsburg fand der Kardinal böse Worte. Da er selbst wie ein Vertriebener in Dillingen lebte, erkannte er um so besser die Umtriebe der Gegnerschaft. Nicht einmal die Reichsacht gegen den Hessen hatte man in Augsburg offiziell zur Kenntnis nehmen wollen. Nun verbot der Rat allen Augsburgern, bei Verlust des Bürgerrechts, unter fremden Fahnen Dienst zu nehmen. Schertlin aber sollte im Lechfeld sechzehn Fähnlein für die evangelische Sache werben. Die Stadt verbarrikadierte sich, nachdem Vorräte an Getreide und Holz eingebracht worden waren. Unter Hörbrots Vorsitz wurde ein Kriegsrat gebildet. Er stellte eine zünftlerische Leibgarde auf und erklärte öffentlich, im Notfall werde er alle Gewalt übernehmen und ein eigenes Siegel führen wie ein Souverän.
Matthäus Schwarz verabschiedete sich von seinen Freundinnen und begab sich nach Antwerpen auf »Erholungsreise«. In Wirklichkeit sollte er das rollende Geld der Fugger durch tausend versteckte Kanäle aus Augsburg allmählich nach Antwerpen leiten und in der großen Faktorei an der Steenhouversvest eine zweite Goldene

Schreibstube unter Leitung Oertels einrichten. Oertel war eine Doppelnatur, wortgewandt und verschlossen, eigenmächtig und verläßlich, verwegen und vorsichtig. Selbst Schwarz erkannte seine Vorzüge an, folgte seinen Kurszetteln und Ratschlägen. Oertel war der beste Mann im Fuggerschen Bereich, er vertrat den neuen Typ des bloß noch rechnenden Geschäftsmanns, und war deshalb im Umgang mit den kalten Engländern und durchtriebenen Spaniern der Richtige. Schon 1539 hatte er Wechsel auf kaiserliche Majestät in summa von 900 000 Dukaten im Auftrag Antoni Fuggers an sich gezogen. Die übrigen Antwerpener Außenstände betrugen etwa 300 000 Gulden.

Noch immer war jedoch Schwarz der Hauptregisseur für politisch-kapitalistische Verwicklungen. Für den Fall eines Zerwürfnisses der Stadt Augsburg mit dem Kaiser hatte er die Rollen verteilt: der Chef sollte sich ohne viel Aufsehen, wie es seiner stillen Art entsprach, auf entfernte Güter der Familie begeben. Sauerzapf sollte in der Goldenen Schreibstube bleiben, Kurz hätte als Sekretär im Gefolge des Chefs die tägliche Korrespondenz zu besorgen.

Antoni hatte die Neffen in geheimer Sitzung vorbereitet. Georg, der zweite Sohn Raimunds, war bereits, jähzornig wie sein Vater, nach München gegangen. Ihm war der Schwager Baumgartner gefolgt. Hörbrot hätte daraufhin den verhaßten Fugger wegen hochverräterischer Gesinnung gegen die eigene Stadt gern hinter Schloß und Riegel gesetzt. Doch der zweite Bürgermeister, ein Welser, vermittelte einen Kontrakt, demzufolge sich einige Bürger, die zugleich dem Kaiser und der Stadt verpflichtet waren, an einen neutralen Ort begeben dürften, wenn sie zahlten: daraufhin zahlten Antoni 40 000, Bartholomäus Welser 30 000, die Gebrüder Herwarth 20 000 Gulden. Die Abmachung sollte vor dem Kaiser geheimgehalten werden. Auch mußte Antoni der Stadt die bevorstehende Ernte der Fuggerschen Güter verschreiben. Darüber hinaus wünschte Hörbrot einen Zehnten an Vieh und Pferden zu erheben, doch sein Kollege widersprach.

Antoni hatte schwere Tage, nur mit Mühe entging er weiteren Repressalien. Am 14. Juni ging Hans Jakob Fugger mit Familie und fünf schwer beladenen Fahrzeugen voll Büchern, Pergamenten und Geräten außerhalb der Stadt. Am folgenden Tag folgten zehn Wagen, dann drei Wagen durch das Gögginger Tor. Diese drei

Wagen wurden schwer bewacht, sie enthielten Geschäftsbücher und Dokumente der Firma; auf listenreichen Umwegen gingen sie nach Oberndorf bei Mertingen, dem unscheinbarsten Besitz der Fugger. Am gleichen Tag wurden einundzwanzig Truhen mit Hausrat und Geschäftspapieren nach Schwaz in Tirol in Fahrt gesetzt. Zwanzig Wagen gingen nach Schmiechen, zehn Truhen nach Ingolstadt. Am 17. Juni reiste Anna mit den eigenen und Raimunds Kindern nach Schmiechen, und am 20. Juni verließ Antoni selbst als letzter die Stadt.

Er fuhr in seinem Wagen aus dem Roten Tor und verabschiedete sich noch einmal von Sebastian Kurz. Dann zogen die Pferde an. Antoni sah zurück, hell und verlockend glänzten die Zinnen der Stadt. Doch dann war ihm, als sei er auf der Flucht, der Fugger aus Augsburg, und als stürze hinter ihm eine Welt zusammen. In Friedberg befahl er dem Kutscher, auf Regensburg zu halten: dort tagte der Reichstag, dort saß der Kaiser.

Die schwäbischen Städte hatten zögernd erklärt, sie träten auf die Seite der Protestanten. Aber Nürnberg versagte sich und wollte neutral bleiben. Hörbrot tobte gegen die Krämer von der Pegnitz. Nun zögerte auch Ulm. Albrecht Alkibiades, Markgraf von Ansbach-Kulmbach, ein politischer Abenteurer großen Stils, erklärte sich, obgleich er Protestant war, für den Kaiser. Moritz von Sachsen schien ihm folgen zu wollen.

Schertlin wollte den Kaiser angreifen, bevor das Heer gesammelt sei, doch Landgraf Philipp, der in Worten so blutdürstig war, zögerte, weil er einen Streit zwischen Karl und Ferdinand erwartete. Unterdessen marschierte Alba mit einer Armee aus Italien heran, Maximilian von Büren aus den Niederlanden. Daraufhin stieß Schertlin nach Tirol vor und wollte Trient nehmen, so daß die Prälaten dort schon die Maulesel bestiegen. Aber ein Befehl aus Augsburg wies ihn an, sich bei Günzburg mit den Hessen und Württembergern zu vereinigen.

Die Nachrichten, welche Antoni in Regensburg von den verschiedenen Faktoren erhielt, lauteten günstig. Gefahr bestand nur für die in Schwaben liegenden Güter und Herrschaften. Man hatte überall Ratschläge gegeben und die Festungen mit Munition versorgt, aber an ernsthaften Widerstand gegen eine feindliche Armee war nicht zu denken. So besetzten die Ulmer das konkurrierende

Weißenhorn, besudelten die Kirche und zerstörten einen Teil der Fuggerschen Webereien. Darüber gab es eine Auseinandersetzung im Rat der Stadt Augsburg, denn Joachim Langenmantel stellte die Frage, ob Augsburg nicht imstande sei, den auswärtigen Besitz seiner Bürger wenigstens vor Bundesgenossen zu schützen. Die Ulmer ließen sich nicht einschüchtern, und Philipp von Hessen forderte Zerstörung und Brandschatzung aller Fuggerschen Besitzungen.

Da der Kaiser nicht mehr in Regensburg war, reiste Antoni mit Familie weiter nach Schwaz, voll zwiespältiger Gefühle, ob der Kaiser ihm habe aus dem Weg gehen wollen oder gar ungehalten sei wegen der 40 000 Gulden, die er an Augsburg hatte zahlen müssen. In Ingolstadt zeigte sich der sonst vorsichtige Kaiser in Waffen inmitten seiner Truppen, sein Antlitz schien im Glanz einer furchtbaren Majestät zu sprühen. Obgleich die verbündeten Protestanten doppelt so stark waren, wagten sie keinen Angriff, außer einer Kanonade, die zur Folge hatte, daß sich die Kaiserlichen eingruben. Der Kaiser selbst zeigte persönlichen Mut und wäre bei einem Erkundigungsritt fast dem Gegner in die Arme gelaufen. Endlich traf Maximilian von Büren mit seiner Armee ein, neu bewaffneten Truppen, wodurch sich der Mut im kaiserlichen Lager erheblich hob.

Der Feldzug zog sich in die Länge, anstrengende Märsche wechselten mit befestigten Lagern. Schon wurde es den Italienern zu kalt, und etliche Tausend zogen ab. Im November verbreitete sich im evangelischen Lager die Schreckensnachricht: Herzog Moritz war in die Länder seines Vetters, des sächsischen Kurfürsten eingefallen. Der Sachse wollte daraufhin abziehen, um die Heimat zu schützen. Würde der Kaiser ihm folgen?

Die Fuggersche Handlung hatte bisher durch den Krieg nur drei ernste Verluste erlitten. Bremen hatte eine Kupfersendung im Wert von 30 000 Gulden auf dem Weg von Danzig nach Antwerpen in Bremen anhalten lassen. Im Coburgischen war eine Sendung von 4000 Gulden von Nürnberg nach Leipzig abgefangen, und schließlich brachte ein grobes Mißverständnis auf kaiserlicher Seite Schaden. Ferdinand hatte alles Vermögen der Feindseite in österreichischen Landen arretieren lassen, und übereifrige Beamte hatten die Fugger als Augsburger zu Anhängern der Schmalkalder gemacht. In Wien wurde der Fuggersche Faktor in Haft genommen.

Die Bergwerke in Tirol und Kärnten arbeiteten ohne Störung. Der Wechselverkehr zwischen Italien, Spanien und den Niederlanden war regelmäßig. Hans Jakob leitete den oberdeutschen Handel von München aus, denn die bayerischen Straßen waren sicher. Die befreundeten Tucher und Imhof in Nürnberg übernahmen die für Augsburg bestimmten Zahlungen. Oertel konnte in Antwerpen ein Kupfergeschäft mit England über 50 000 Dukaten abschließen und der Stadt eine Anleihe von hunderttausend Carolusgulden geben. Aus Neapel liefen Rentenanteile König Ferdinands in Höhe von 110 000 Dukaten ein, und Ferdinand bot den Fuggern nach dem peinlichen Vorfall mit der Inhaftierung des Faktors billiges ungarisches Kupfer. Antoni ließ durch Sauerzapf zwölftausend Zentner auf Lager Neusohl, Krakau, Thorn und Danzig nehmen. Als der Kaiser gegen Ulm zog, legte Hörbrot in Augsburg sein Amt nieder und ließ sich nicht mehr auf den Gassen sehen. Bald kam die Hiobspost, Ulm habe dem Kaiser die Kapitulation angeboten und sein Bürgermeister, Hans Besserer, habe vor dem Kaiser mit spanischen Worten um Gnade und Erbarmen gefleht. Ähnliche Botschaften mehrten sich: Frankfurt, Eßlingen und Darmstadt mußten sich unterwerfen. Straßburg bat um Gnade. (Die Prädikanten waren entflohen.) Nach Augsburg aber kam kein kaiserlicher Herold, um die Übergabe der Stadt zu fordern. Dann unterwarf sich Württemberg auf Gnade und Ungnade.

Nach Tagen fruchtloser Auseinandersetzung im Rat riß Dr. Claudius Pius Peutinger die Führung in Augsburg an sich, der Sohn des alten Syndikus Peutinger, von seinem Vater zum besten der Stadt beraten. Er brachte aus Ulm schlimme Kunde: Augsburg sei zutiefst in kaiserliche Ungnade gefallen. Von Bischof Otto war keine Fürsprache zu erwarten, der kaiserliche Rat Baumgartner lebte in Unfrieden mit der Stadt, Bartholomäus Welser erhielt keine Antwort von seinem Vetter Hans. So machte sich auf dringende Vorstellung des jungen Peutinger Antoni Fugger am Weihnachtstag auf und kam aus Schwaz in zwei Tagen im Schlitten nach Augsburg. Die erste Bitte des neuen Bürgermeisters Pfister, Fugger möge durch Schreiben an Kurz Verhandlungen mit dem Kaiser eröffnen lassen, schlug Antoni kurzweg ab. Bei Karl V. mußte solch plumpes Verfahren aussichtslos erscheinen. Nun beschloß der Rat, dreizehn seiner ersten Bürger zu einem Fußfall an den Kaiser zu senden.

Aber es fanden sich keine dreizehn Bürger, die der Majestät unter die Augen zu treten wagten –: Hörbrot und Schertlin waren nicht einmal in der Versammlung erschienen. In der gleichen Nacht beredete der junge Peutinger, von seinem Vater gedrängt, Antoni Fugger in eigener Person vor den Kaiser zu treten und um einen gerechten Frieden um der guten Stadt Augsburg willen zu bitten. Stunde um Stunde sträubte sich Antoni, in so schlechter Sache zum Kaiser zu gehen. Die ganze Nacht durch rang Peutinger mit dem Freund, der Morgen graute:

»Rette die Stadt, Fugger, rette die Stadt, ich beschwöre dich!«

»Dies Augsburg soll ich retten!?«

Endlich stimmte Antoni zu und erhielt am frühen Vormittag ein Schreiben des Kleinen Rats, den Gang zum Kaiser zu tun, »sofern es ihm nicht zuwider sei«.

Als Fugger seine Zusage offiziell gegeben hatte, schickte ihm der Rat sechs Artikel, worin Gnade gefordert wurde.

Man wußte nicht, daß der Kaiser mit dem Großtürken inzwischen einen fünfjährigen Waffenstillstand geschlossen hatte, daß Fiesko in Genua dem Doria unterlegen war, der französische König im Sterben lag und die schmalkaldische Sache im Reich als verloren galt.

In Weißenhorn erfuhr Antoni, der Kaiser sei Augsburg weiterhin ungnädiger gesinnt als irgendeiner Stadt im Reich. Er wolle nicht nur Schertlin und den Hetzprediger Occhino ausgeliefert haben, sondern die Stadt brandschatzen, ihre Mauern schleifen, ihre Verfassung stürzen und dadurch allen Ketzern ein Exempel geben. Antoni brachte es nicht über sich, solche Nachricht nach Augsburg weiterzuleiten. Da traf die Botschaft ein, die Stadt werde umzingelt, Alba stehe mit seinen Vorhuten vor Burtenbach.

In Eßlingen traf Fugger auf den Herzog selbst und öffnete ihm die Lippen mit einem Beutel Dukaten.

»Der Kaiser ist für Sie unnahbar, Fugger. Er will nicht mit der Stadt verhandeln, sondern Unterwerfung auf Gnade und Ungnade«, erklärte Alba.

Dennoch begab sich Antoni am folgenden Tag in das kaiserliche Lager zu Murbach. Kurz begleitete ihn. Der junge Granvella empfing den Handelsherrn mit großer Höflichkeit und geleitete ihn die Treppe hinauf. Fugger trug, dem Kaiser zu Gefallen, ein dunkles

Gewand von spanischem Schnitt, reich mit Gold durchwirkt. Auch sein Bart, länger als früher, war sorgfältig geschnitten. Ein Geschenk des Kaisers, die dreifach goldene Kette der Reichsgrafenschaft, zierte das seidene Wams. Karl stand in seinem Zimmer am Tisch, als Fugger eintrat und das Knie beugte. Der Kaiser hob den Blick, schien zu lächeln, gab Granvella ein Zeichen, sich zu entfernen und eilte Antoni, als wolle er ihn aufheben, entgegen. Auch der Kaiser war gealtert, graue Haare sah man im Bart. Nun wandte die Majestät den Blick wieder zum Tisch und sprach die Worte: »Augustam esse delendam – Augsburg soll zerstört werden.«

»Augsburg zerstört?« Antoni wollte einen Schritt auf den Kaiser zugehen, doch Granvella erschien bereits – die Audienz war beendet.

Fugger blieb im Feldlager und erbat am folgenden Tag eine neue Unterredung. Diesmal lenkte aber der Kaiser das Gespräch nur auf private Dinge, dann kam Dr. Siegmund Seld und bestätigte Antoni, der Kaiser wolle nichts von Schonung wissen.

Ein Zwischenbescheid Antonis nach Augsburg sagte, man müsse abwarten, noch sei nichts erreicht. Rat und Bürgerschaft zitterten um ihre Zukunft.

Am Tag darauf folgte er dem Kaiser nach Eßlingen, der Unterwerfung des Württembergers beizuwohnen. Über Geislingen ging es weiter nach Ulm. Der Kaiser bat Fugger zu sich. Abends schrieb Fugger an Peutinger: »So mögt Ihr noch einmal hoffen.«

Ein kaiserlicher Rat formulierte dann die Bedingungen für Augsburg: Unterwerfung auf Gnade und Ungnade, Zerstörung der Bastionen, drei Jahre kaiserliche Besatzung, Zahlung aller Schäden, Auslieferung Schertlins und Occhinos, Lösegeld für die Schuld. Man fand die Bedingungen unerträglich, sie bedeuteten das Ende jeder städtischen Selbständigkeit. Rat, Zünfte, Patrizier, selbst Hörbrot schrieben an Antoni, er möge weiter verhandeln. Peutinger kam und erhielt Audienz beim Kaiser, wurde aber ungnädiger als der Fugger abgefertigt. Er schrieb nach Hause: »Weil unsere Stadt die berühmteste in Deutschland ist, soll man in Frankreich, Italien, Spanien, England, Ungarn, Polen und in aller Welt hören und sagen: der Kaiser hat die goldene Stadt mit Gewalt bezwungen.«

Am 24. Januar sollte Augsburg mit Brandbomben belegt werden,

erfuhr Antoni. Der Kaiser war auf dem Fuggerschen Schloß zu Kirchberg, Antoni erzielte vierzig Stunden Aufschub. Ein Eilbote brachte die Nachricht nach Augsburg. Schertlin und Occhino wurden aufgefordert, die Stadt zu verlassen.
Am 29. Januar empfing der Kaiser den Rat Augsburgs zum Fußfall. Damit war die Stadt vorläufig gerettet – das weitere würde man bei Ende des Feldzugs sehen.
Fugger kehrte nach Schwaz zu seiner Familie zurück. Der Kaiser siegte bei Mühlberg, nahm den Sachsen gefangen, eroberte Wittenberg und erlaubte die Fortführung des lutherischen Gottesdienstes. Philipp von Hessen kam kniefällig nach Halle und wurde gefangen. Strahlend glänzte in diesen Tagen der Schein der Krone Karls des Großen auf dem Haupt des siebenundvierzigjährigen Habsburgers, Herrschers des alten Reichs und der neuen Welt, der sich zu seinem zweiten Augsburger Reichstag anschickte. Hier forderte der Kaiser 200 000 Dukaten Kriegsentschädigung. Den Augsburgern blieb die Zunge im Hals stecken. Fugger handelte 50 000 Dukaten herunter. Aber woher sollte das Geld kommen? Die Welser, Bimel, Herwarth erklärten, ihre Geschäfte seien durch den Krieg ruiniert. Hörbrot sagte, er habe sein bares Geld dem Schertlin anvertraut. Nur Fugger rechnete und rechnete. 100 Dukaten wurden von Oertel in Antwerpen zu 100 Lyoner Kronen, zu 145 rheinischen Gulden, gerechnet. »Das deutsche Geld ist schlecht, eure Fürsten haben es gemindert«, sagten die spanischen Herren.
Abends fragte Anna ihren Mann, wer das Geld aufbringen werde. »Ein Fugger muß es können«, antwortete Antoni und schwieg.

29

Die Julitage des Jahres 1547 lagen drückend auf der Stadt. Jeden Morgen machte der kaiserliche Kommandant Bernhard von Schaumburg seinen Ausritt über den Weinmarkt durch das Rote Tor. Seine Miene blieb undurchdringlich.
Vor zehn Jahren hatte der katholische Klerus die Stadt verlassen müssen. Ketzerische Prädikanten und der Hohe Rat hatten gegen Kaiser und Reich harte Worte geführt: nun umschloß des Kaisers Waffenring die evangelische Stadt. Allein und verlassen im gan-

zen oberdeutschen Land lag Augsburg vor seinem Besieger. An den Ecken stritten sich die Besserwisser.

Auch in der Goldenen Schreibstube am Heumarkt herrschte nicht die Einhelligkeit, die der große Schaffierer den Nachkommen zur ersten Pflicht gemacht hatte. Antoni war nachgiebig bis zur Weichheit, auch Gefühle sprachen bei ihm mit. Das Mitleid mit der Vaterstadt hatte ihn in die Rolle eines Vermittlers gedrängt, obgleich er sich hätte sagen können, daß er – als Bankier des Kaiser und erster Bürger der Stadt – in die schwierigste Lage kommen mußte.

Als den Neffen eröffnet wurde, daß die Fugger ein Sühnegeld von 150 000 Dukaten für die gedemütigte Stadt aufbringen sollten, protestierten sie. Johann Jakob, der Älteste, hatte selbst einige Zeit als Rechnungsleger in städtischen Diensten gestanden und verstand den Onkel. Aber Georg Fugger, jähzornig wie sein Vater Raimund, und Christoph, der dritte Neffe, von dem man sagte, er allein sei dem alten Jakob ähnlich, fanden harte Worte gegen Antonis Bereitwilligkeit. Nun forderte Christoph, siebenundzwanzigjährig, Auflösung der Firma.

Die Neffen hatten erfahren, daß der Oheim dem Kaiser an geheimen Geldern zur Fortführung des Schmalkaldischen Kriegs im Juni des Jahres 1546 zu Ulm 300 000 Gulden, im März des folgenden Jahres zu Wittenberg 230 000 Gulden geliehen und sich dabei »gar schwer entblößt« hatte. Nun verweigerten sie ihre Zustimmung zur Hergabe der letzten 150 000 Dukaten. Antoni erklärte, er könne sich der Verpflichtung nicht entziehen, er sei bereit, die Handlung in der kommenden Friedenszeit völlig aufzulösen, inzwischen eine Teilung der liegenden Güter unter den fünf Neffen vorzunehmen und Ulrich und Raimund, die jüngsten, da sie Geistliche wurden, mit Geld abzufinden.

Die Neffen waren nicht zufrieden. Sie rühmten die Gesellschaft der Welser: Die habe ihr Geld bei den Königen von Portugal und Frankreich angelegt und unterhielt reiche Kolonien in Venezuela.

Antoni entgegnete, daß Oertel in Antwerpen mit dem englischen König ins Geschäft gekommen sei, in Höhe von 100 000 Pfund flämisch. England nehme Kupfer und Weißenhorner Barchent ab. Man stehe in Verhandlungen wegen einer Anleihe von 400 000 Carolus-Gulden an die englische Krone, die 12 vom Hundert Zinsen trage.

»Amerika, Amerika!« drängten die Neffen.
»Ich bin froh«, erwiderte Antoni, »daß wir rechtzeitig die Abenteuer abgebrochen haben. Wenn Amerika wirklich Silber und Gold bringt, so fließt es sowieso in die Kassen unseres spanischen Gläubigers.«
Nach langen Verhandlungen gelang es Antoni, das Sühnegeld um 50 000 Dukaten herabzudrücken, denn es stellte sich heraus, daß die Welser, Herwarth, Rehlinger und Bimel überhaupt nicht zahlungskräftig waren. Er erzwang im Hohen Rat, daß der Hauptschuldige am Niederbruch der Stadt, der ehemalige erste Bürgermeister Hörbrot, 20 000 Dukaten auf sein eigenes Konto übernahm. Die restlichen 80 000 Dukaten wolle er der Stadt als unverzinsliches Darlehen, die 20 000 Dukaten an Hörbrot zu fünf vom Hundert Zins leihen.
Daraufhin zahlte Fugger die 100 000 Dukaten als »Sofortgeld« an den spanischen Finanzminister Erasso. Augsburg nahm 350 000 Gulden Kriegsschäden auf sich und dreitausend Mann Besatzung auf unbestimmte Zeit. Die Stadt war am Ende ihrer Kraft. Man verdoppelte die Steuern auf sechs Jahre und forderte die Gutsbesitzer unter den Bürgern auf, die kommende Ernte billig an die städtischen Kornhäuser abzuliefern.
Abermals stellten die Fugger eine Bilanz auf. Man hatte in sieben Jahren 2 900 000 Gulden, das waren jährlich neunzehn Prozent, verdient. Die drückende spanische Schuld war etwas gemindert, ebenso der Umlauf kurzfristiger Wechsel. Die Firma stand glänzender als je da.
Seit man die ungarische Pacht nicht erneuert hatte und nur die familieneigenen Bergwerke betrieb, war das Interesse der Firma an den Vorgängen im Osten weit gesunken. Antoni Fugger hatte sich nie für das russische Geschäft erwärmen können. Damit war der Versuch, in den ehemaligen Bereich der Hansa, Ostländer und Ostsee, vorzudringen, aufgegeben. Die Firma war mit den aufsteigenden Weltmächten, mit den Niederlanden, England und Spanien gegangen. Die stete Türkendrohung, der Streit mit Christian von Dänemark und Johann Zapolya hatten Antoni die Lust am Osten genommen. Nur mit den Wasa in Schweden hielt man engeren Kontakt – vor allem, um die Schulden einzutreiben.
Die englischen Geschäfte entwickelten sich allerdings nicht so, wie

der Kaufmann es wünschen mußte. Es war verdächtig, daß Heinrich VIII. immer neue Kreditforderungen stellte, andererseits aber das Fuggersche Barchentgeschäft durch ein Dumping zu stören suchte. Man war deshalb mit der Aushändigung jener 400 000 Carolusgulden vorsichtig. Man bot einen Teil der Summe in Kupfer, einen andern in Gestalt eines Juwels. Heinrich war nämlich ein Juwelenjäger besonderer Art: man erfuhr, daß der verschwundene Krondiamant des Sultans von Kairo in seinen Händen war. Jakob selbst hatte den Verkauf in aller Stille um 29 000 Gulden getätigt.

Heinrich entschuldigte das Dumping mit Absatzschwierigkeiten für Barchent; man drosselte daher den Absatz für einige Zeit, um Heinrich die bequeme Ausrede zu nehmen. Die schwierigen Verhandlungen kosteten Veit Hörl, den Alten, das Leben; ihn traf ein Schlaganfall.

Antoni Fugger konnte sich in der Zeit zwischen den großen Aktionen der Familie widmen. Wenn man schon an Auflösung des Handels dachte, mußte er den eigenen Söhnen einen umfangreichen Besitz mit Landwirtschaft, Gütern und Herrschaften sichern. Er faßte, als größere Zahlungen aus England und den Niederlanden in Aussicht standen, den Entschluß, von den Gebrüdern Rechberg die Herrschaft Babenhausen um 156 000 Gulden zu erwerben.

Babenhausen erhebt sich über dem Tal der fischreichen Günz, nicht weit weit von Weißenhorn, ein fürstliches Schloß. Giebel steigen in acht steilen Treppen empor. Mächtige Mauern umschließen den Besitz. An der südlichen Hausfront reift der Wein. Der älteste Sohn, Markus, verlobt mit einer Ebensteinerin, freute sich auf solch ein Erbe. Jakob, der Jüngste, wirtschaftete schon mit den Knechten. Die Familie zog um, doch Anna wollte eine Niederkunft in Babenhausen abwarten. Am elften März brachte sie den kleinen Peter zur Welt, doch er starb nach wenigen Tagen, und zwei Wochen später folgte ihm die dreiundvierzigjährige Mutter. Antoni war Witwer. Die Gruft von Babenhausen schloß sich über Kind und Frau. Antoni selbst fühlte sich kränklich. Zehn Kinder waren ihm geblieben, aber er fühlte sich allein und glaubte sich wieder dem Tod nah. Es war klar, daß er nicht die Vitalität des Oheims besaß, und wenn die Neffen und Söhne eher Adlige und Ritter als Kaufleute sein wollten, ihre Frauen aus Landadels- und Diplomatenfamilien holten, dann war es folgerichtig, ihnen Güter und Ränge zu kaufen.

War es überhaupt mit dem Bürgertum vorbei? Innerhalb von hundert Jahren hatte es eine Blüte der Städte herbeigeführt, die auf der Welt noch nicht erlebt worden war. Die geistige und materielle Kultur Italiens, Deutschlands, Flanderns und Englands hatte die europäische Welt verändert, und ohne Zweifel war das reiche städtische Bürgertum Träger der neuen Kultur gewesen.
Der Kaiser weilte in Burgau zur Jagd, als Dr. Siegmund Seld seinen ehemaligen Mitbürgern mitteilen mußte, der Kaiser habe nunmehr die Absicht, die Macht Augsburgs vollends zu brechen, das zweihundertjährige Regiment der Zünfte abzuschaffen und ein Patrizierregiment einzurichten.
Selbst Konrad Rehlinger, der jetzt achtzigjährige Patrizier, geriet in Aufruhr. Aber der Tag kam, es war der 3. August 1548. Der Kaiser erschien in der Stadt, ließ den Großen und Kleinen Rat zu sich rufen und gab seinem Dr. Seld mit dem Handschuh das Zeichen. Der hielt folgende Rede: »Senat und Volk von Augsburg! Es ist wohl zur Genüge bekannt, daß unter allen Städten des Reichs keine von dem hochseligen Kaiser Maximilian mehr Gunst und Gnade als Augsburg genossen hat, eure Stadt, die von sich behaupten konnte, unter allen deutschen Städten die erste zu sein. Traurig aber ist, daß diese blühende Stadt durch eigene Schuld von der Höhe ihres Ansehens nunmehr herabgestiegen ist und sich selbst zum Gegenstand kaiserlicher Ungnade gemacht hat. Doch der Kaiser, unser Herr, hat gnädig erkannt, daß nur die gegenwärtige Verfassung es ist, welche solche Unordnung und Verwirrung gebracht hat. Wie könnte es auch anders sein? Leute, welche ohne Kenntnis der Gesetze Recht und Macht handhaben, Leute, welche sich besser auf ein Handwerk als auf ein Regiment verstehen, können nicht Regenten eines Staates sein, der sein eigenes und größeres Glück – das sind Ruhe und Sicherheit – nur von einem weisen und verständigen Regiment allzeit erwarten darf. Des Reiches Oberhaupt, Seine Kaiserliche Majestät, enthebt daher alle Senatoren dieser Republik ihrer angemaßten Macht, jedoch ohne daß dadurch irgendeinem an Ehre und Namen ein Nachteil erwachsen soll. Seine Kaiserliche Majestät behält sich vor, diejenigen Männer alsbald bekanntzugeben, welche in Zukunft das Regiment der Stadt zu führen berufen sind.«
Die Zunfthäuser wurden geschlossen, Zunftbücher, Urkunden und Siegel wurden eingezogen und vernichtet.

Ein Provisorium unter Vorsitz Bartholomäus Welsers und Leo Ravensburgers übernahm die Regentschaft, unterstützt von einem Kleinen Rat aus einunddreißig Patriziern, drei »Mehrern der Gesellschaft« und sieben Gemeinen.

Augsburg war von stolzer Höhe gestürzt. Der Kaiser verließ die Stadt. Der jahrhundertelange Wettstreit der oberdeutschen Schwestern war zugunsten Nürnbergs entschieden. Die Nürnberger Börse am Herrenmarkt hatte den Perlach entthront.

Antoni Fugger saß auf Schloß Babenhausen und wurde in die Stadt gerufen. Er gehörte zu dem neu gebildeten Geheimen Rat, zu jenen einundvierzig patrizischen Männern, die allein die Geschicke der Stadt leiteten. Da saßen einundzwanzig Katholiken zwanzig Protestanten gegenüber. Als Geheimer Rat konnte sich Antoni nicht sträuben, sogleich tausend arbeitslosen Webern Beschäftigung zu geben.

Spanien war jetzt das erste Land Europas. Der Kaiser verfügte hier über feste Einnahmen aus dem Lande, über ein vorzügliches Heer, die größte Flotte der Welt und die immer reicher werdenden amerikanischen Kolonien. Karl hatte beschlossen, dies Weltreich für seine Ideen einzusetzen.

Durch die riesige Wahlschuld waren die Fugger auf die Einkünfte Spaniens angewiesen. Die Tilgung der Schuld erfolgte durch die Einkünfte der drei geistlichen Orden Santiago, Alcantara und Calatrava. Die Hälfte des Landbesitzes der drei Ritterorden war abgesondert und stand dem Großmeister zur Verfügung. Das war der Kaiser. Die Einkünfte bestanden in einer Grund- und Bodensteuer der Bewohner des Gebiets und im Zehnten aller Einkünfte aus der Landwirtschaft. Da diese Einkünfte schwer festzustellen waren – sie bestanden in Naturalien – hatte man sie pauschal an Geschäftsleute verpachtet, die ihrerseits sehen mußten, daß sie die Abgaben von Getreide, Wein und Vieh in Bargeld verwandelten. Die gesamte Pachtsumme betrug jährlich 135 000 Dukaten. Bis 1555 verwaltete Hans Schüren als Faktor der Fugger diese Pachten. Er verstand es, so glänzend zu wirtschaften, daß der Wert erheblich stieg und Konkurrenten bis zu 30 000 Dukaten Pacht im Jahr mehr boten als die Fugger zahlten. Aber außer den Welsern, denen der Kaiser gleichfalls hohe Beträge schuldete, blieben die Fugger alleinige Pächter.

Die Summen kamen in den acht Verwaltungsbezirken nicht nur in

Geld ein, sondern auch in Naturalien: jedes Jahr mehrere hunderttausend Scheffel Getreide und entsprechend viel Wein und Früchte. Diese Erträgnisse konnten die Pächter im ganzen Lande frei verkaufen, zum Teil auch ausführen. Die Bauern waren Siedler, welche die Pflicht zur Ablieferung hatten, daher hatten die Fugger gewisse Rechtsbefugnisse ihnen gegenüber, auch halfen sie bei schlechten Ernten mit Saatgetreide und Jungvieh aus. In den Jahren um die Mitte des Jahrhunderts waren die Gebiete in so blühendem Zustand, daß Gewinne von 50 bis 80 Prozent erzielt wurden, das waren jährlich teilweise mehr als 50 000 Dukaten. Aber die bedeutenden Gewinne konnten nicht zu regelmäßigen Abschreibungen der Schuld des Kaisers verwandt werden, da immer neue Kredite verlangt wurden.

Das berühmte Bergwerk von Almaden gehörte mit zu diesen Pachten. Schon die Römer hatten hier Quecksilber gefunden. Die Pacht der Gruben bedeutete ein unbedingtes Monopol für Spanien: alles Quecksilber, das nicht aus Almaden kam, wurde beschlagnahmt, selbst die Regierung durfte keine Genehmigung für ein zweites Quecksilberwerk erteilen. Der Handel mit dem Quecksilber war frei, unterlag keinem Zoll und keinen Abgaben. Längst war der Abbau über Tag nicht mehr möglich. Das Quecksilbererz bildete im Berginnern kompakte Massen. Die Fuggerschen deutschen Bergleute waren die ersten, welche durch systematische Abstemmung tiefe Stollen anlegten. Mit Eisenplatten und Keilen wurde der Erzblock abgetrieben, sein Gewicht konnte bis zu hundert Zentner betragen. Das Erz wurde zerkleinert und mit Eseln abtransportiert.

Das Grubenwasser wurde durch ein Hebewerk zutage gefördert, das zuletzt sieben Etagen hatte und von Morisken und Galeerensträflingen betrieben wurde. Auf jeder Etage standen fünf Mann; vier trieben die Aufzüge, der fünfte besorgte das Ausgießen.

Das Erz, zu Nußgröße gehauen, wurde mit feuchter schwarzer Asche gemischt und dann in großen Tonschüsseln mit je etwa 25 Pfund Erz mit Lehmdeckeln abgedichtet. Die Brennöfen nahmen Schüsseln mit insgesamt fünf Zentner Erz auf. Das Quecksilber stieg unter dem Einfluß der Hitze als Dampf gegen die Lehmdeckel und floß von diesen auf die zurückgebliebene Asche. Die Unkosten für Abbau und Schmelze betrugen 1543 pro Zentner zehn Dukaten. Der Verkaufspreis betrug das Doppelte, so daß den Fuggern,

nach Abzug der Pachtkosten von vier Dukaten, pro Zentner sechs Dukaten Reingewinn am Zentner Quecksilber blieben.
Das Bergwerk wurde mit Fackeln beleuchtet, und dadurch entstand im Jahr 1550 ein großer Brand. Ein Teil der Belegschaft kam um, und weil das Wasserhebewerk mit verbrannt war, ersoffen die Gruben in kurzer Zeit.
Nun begann ein langwieriger Prozeß. Die Fugger verlangten Schadenersatz für den Brand oder einen Erlaß der Pacht in Höhe der Wiederinstandsetzungskosten. Man hatte Vorräte auf etliche Jahre und deshalb keine besondere Eile. Als darum die Regierung das Bergwerk in Betrieb zu nehmen suchte, erlitt sie kläglich Schiffbruch, denn die spanischen Ingenieure hatten keine Erfahrung. Inzwischen hatten die Fugger 1553 begonnen, in Guadalcanal Silber zu fördern. Auch hier richteten die deutschen Techniker den Betrieb ein.

Moritz von Sachsen – mit dem Fuchsbart und dem schiefen Blick – hatte erkannt, daß die kaiserliche Politik für die Macht der deutschen Fürsten zu etwas sehr Unangenehmen führen müsse, nämlich zu einer Einigung der Konfessionen. Sie hätte das Ende der Fürstenmacht bedeutet. Daher brach er am 20. März 1552 überraschend auf. Als Generalissimus des Kaisers hatte er bedeutende Truppen in der Hand. Mit dem französischen König war er im Bunde und ließ sich monatlich 70 000 Kronen von ihm zahlen. Trotz Warnungen Ferdinands und anderer wollte der Kaiser nicht an einen Verrat Moritz' glauben. Er verachtete die deutschen Fürsten viel zu sehr, als daß er sie als Gegner ernst nahm. Doch Markgraf Albrecht war mit Moritz im Bunde, ihm winkten Bamberg und Würzburg als Beute, auch der Sohn Philipps von Hessen stand zu ihm. Man hoffte, diesmal die kaiserliche Verbindung Oberdeutschlands mit den Niederlanden unterbrochen zu haben.
Ende März wurde Antoni Fugger durch kaiserlichen Befehl aufgefordert, unverzüglich nach Innsbruck zu kommen.
Die Verbündeten hatten Donauwörth erreicht, da verbreitete sich die Kunde, daß Moritz dem Franzosen die Reichsstädte Metz, Toul und Verdun zugesichert habe. In Augsburg lebten alte Hoffnungen auf, da stritten Zünftler gegen Patrizier, Katholiken gegen Protestanten, Kaisertreue gegen Französlinge. Die Banden Albrechts wüteten zwischen Nürnberg und Augsburg ärger als die Türken.

Am 7. April begannen in Innsbruck die Verhandlungen zwischen Fugger und Erasso. Die Frage der Existenz des Reiches hing an Fuggers Antwort. Doch Antoni saß nicht mehr mit jeder Vollmacht seines Hauses vor dem kaiserlichen Minister. Zwar hatte er gleich bei Ausbruch des Krieges den Zahlungsverkehr für Oberdeutschland gesperrt und alle Wechsel wegen mißlicher Zeitläufte zu Protest gehen lassen, aber die Neffen hatten sich geweigert, ihm mit ihren Anteilen noch einmal in die große Politik zu folgen.
Unterdes empfing Hörbrot, wieder erster Tribun der Stadt, Moritz in Augsburg. Schertlin hetzte von Frankreich aus, man solle auf Kosten der katholischen Götzendiener 78 000 Gulden für ihn beibringen, dann käme er in Person wieder nach Augsburg. Moritz marschierte weiter, er nahm Füssen. Der Kaiser, gichtkrank in Innsbruck liegend, mußte in einer Sänfte nach Villach fliehen. Neben ihm fuhr in seiner Eilkutsche Antoni Fugger: aus seinem privaten Kapital übergab er der Majestät die Summe von 400 000 Dukaten. Davon sollten 100 000 aus Antwerpen kommen, 50 000 über Villach-Venedig, der Rest aus Genua.
Der Rückprall dieser gewaltigen Summe brachte das Heer der Verräter auf dem Weg nach Kärnten zum Stehen. Moritz sah sich gezwungen, das unruhige Tirol zu räumen und die Truppen bei Augsburg einzuquartieren. Ein Städtetag in Augsburg wagte – gegen Hörbrots Stimme – den Fürsten die Unterstützung zu versagen. Ferdinand vermittelte einen Vertrag in Passau, der den gefangenen Fürsten die Freiheit, Moritz die Gnade des Kaisers, den Protestanten die Religionsfreiheit brachte, der Reichsgewalt aber jede Autorität raubte. Karl V. mußte unterzeichnen. Er hatte sein Ansehen und Antoni Fugger sein Vermögen geopfert, damit das Reich nicht ganz zerstört wurde. Nun zog der Kaiser gegen Frankreich, während Albrecht in seinem Rücken allein um Nürnberg an hundert Dörfer verbrannte, dann plünderte er Magdeburg und Braunschweig und mußte schließlich vor dem Schwert seines eigenen Genossen Moritz nach Frankreich flüchten.
Die Rückeroberung von Metz mißlang dem Kaiser. Karl V. zog nach Spanien und verzichtete resigniert auf seine Kronen. Ferdinand wurde deutscher Kaiser, Karls Sohn Philipp spanischer König. Die Verzinsung und Abzahlung des ungeheuren Darlehens wurde von Erasso wiederum für die Fugger auf spanische Einkünfte ver-

wiesen. Als Philipp – damals noch Prinz – in den Niederlanden erwartet wurde, ordnete Antoni an, daß auf dessen Schiffen heimlich eine größere Summe Silber aus Spanien herausgeschmuggelt werden sollte. Wolf Haller gelang das tolle Unternehmen, doch nur die Hälfte der Summe von 200 000 Dukaten gelangte in Antwerpen in Matthias Oertels Hände. Oertel hatte, um alle Verpflichtungen seiner Firma ausgleichen zu können, in den Jahren 1552 und 1553 sehr viel fremdes Geld aufnehmen müssen, er hatte »Aktien« als käufliche Anteile an der Fuggerschen Handlung ausgegeben. Das Wort Aktien war seine eigene Erfindung. Fuggeraktien waren an der Antwerpener Börse ein begehrtes Papier.

Nun war Anfang Februar 1554 von privater Hand in der Goldenen Schreibstube ein Wechsel über 30 000 Gulden präsentiert worden. Antoni Fugger hatte Mühe, ihn einzulösen. Wiederholt mußte er Oertel auffordern, diesen »kleinen Betrag« aus Antwerpen nach Augsburg zu remittieren. Er schrieb: »Mir steht darauf mein Credito.«

Oertel schrieb zurück, er habe kein Geld zur Hand.

Antoni: »Mir ist am Spott der Leute ebensoviel gelegen wie an der Sache selbst.«

Oertel antwortete, man möge sich an Kaiser Ferdinand wenden, der damals in Brüssel seinen Sohn erwartete.

Fugger wurde ärgerlich und schrieb nach Antwerpen: »Daß der Kaiser nicht ins Reich hinaufkommt und der neue Reichstag dadurch in den Brunnen fällt, ist wahrhaftig traurig. So wird Deutschland zu einer Spelunke gemacht, wo jeder tun kann, was er will.«

Oertel suchte den Krieg in Frankreich zur Entschuldigung für die Geldknappheit anzuführen.

Fugger erwiderte: »Diesen großen Herren muß allmählich die Lust am Kriegführen vergehen wie die Lust am Geldleihen.«

Dann führte Oertel Klagen über Erasso.

Fugger schloß den Briefwechsel: »Was Erasso angeht, so handelt es sich bei ihm um jemand, mit dem ich am liebsten überhaupt nichts zu tun haben möchte.«

Nur langsam ordneten sich die Verhältnisse. Der Geldumlauf der Firma kam wieder in normale Bahnen. Oertel behauptete sich in Antwerpen, und es war ihm gelungen, die vorübergehende Schwäche so zu verdecken, daß niemand auf der Welt an der Fuggerschen Finanzkraft hatte zweifeln können. Er war sogar mit König Philipp ins Geschäft gekommen und hatte Schwarz von seiner Ansicht überzeugt, man müsse mit Spanien, nach der Trennung der deutschen von der spanischen Krone, in Verbindung bleiben, da nur die überseeische Welt mit ihren Reichtümern allein der Krone Spaniens gehöre.

»Spanien?« sagte Schwarz zu seinem Herrn. »Was geschieht, wenn König Philipp eines Tages nicht mehr zahlen will? Wir müßten das Geschäft langsam liquidieren.«

Schwarz dachte an den Osten. In den letzten Jahren waren die Fuggerschen Faktoreien in Krakau, Breslau, Danzig, Thorn nach und nach aufgelassen, man hatte die Bestände verkauft, die Angestellten versetzt und schließlich die Häuser und Liegenschaften an den Mann gebracht. Dafür entwickelte sich das Kupfergeschäft neuerdings sogar in den Niederlanden, und die Kölner Faktorei, welche früher nie hatte gedeihen wollen, nahm einen Aufschwung mit dem Weißenhorner Barchent.

»In Spanien laufen die großen Pachten weiter, es wäre dumm, das Werk dort im Stich zu lassen: noch immer ist der laufende Verdienst weit größer als die Pacht.«

»Ganz recht, Herr Fugger – aber die Kreditwünsche der spanischen Könige?«

»Almaden ist unsere größte Einnahmequelle. Wenn das Quecksilber verkauft ist ...«

»Immer noch liegen dreitausend Zentner auf Lager ...« fiel Schwarz ein.

»Also, wenn es verkauft ist, setzen wir die Gruben instand. Sie werden sehen, daß man uns dankbar dafür ist. Die Regierung ist bei ihren Versuchen gescheitert, Fremde darf sie laut Vertrag nicht zuziehen, also ist man auf uns angewiesen. Wenn wir diese Einkünfte nicht hätten, Schwarz, sähen wir keinen Pfennig mehr aus Spanien.«

»Wenn das der alte Herr gehört hätte«, brummte Schwarz und ging in sein Kontor hinüber. Jakob hätte längst mit höchster Überlegung, aber vollkommen undurchsichtig für die Gegenspieler, neue Schachzüge gemacht, daran zweifelte Schwarz nicht.

Antoni Fugger legte den Kopf auf die marmorne Platte des Tisches:

Gewiß, er war nicht der geniale Kaufmann wie sein Oheim, da hatte Schwarz recht. Aber was käme nach ihm? Wenn er Söhne und Neffen vor seinem geistigen Auge vorbeiziehen ließ, so fand er nicht einen, dem er das Geschäft hätte anvertrauen können – abgesehen davon, daß die jungen Herren keine Lust zur Kaufmannschaft hatten.

Schwarz kam zurück, wütend und aufgebracht, wie ihn Antoni kaum je gesehen, er warf ein Bündel Papiere auf den Tisch: »Das wagt der Oertel zu nehmen, sehen Sie das an!«

Antoni nahm die Papiere: »Rentmeisterbriefe.«

»Niederländische Rentmeisterbriefe! Dafür haben wir dem König die Truppen in den Niederlanden bezahlt, 200 000 Dukaten zu 12 Prozent, rückzahlbar in Spanien.«

»König Philipp erklärt, er hafte mit seinem Blut für die Briefe.«

»Was nützt uns das, Herr Fugger? Ich muß selbst nach Antwerpen und mit Oertel reden. Der Mann kann doch nicht für 1¼ Million Carolus-Gulden Rentmeisterbriefe annehmen! Die Niederlande sind heißer Boden für Spanien, wer weiß, ob König Philipp je seine niederländischen Anweisungen einlösen kann?«

»Soeben hat uns der König die Silberminen in Guadalcanal überschrieben; das sieht nicht nach bösen Absichten aus.«

»Dafür haben wir ihm seinen Hofstaat etablieren müssen.«

»Also fahren Sie nach Antwerpen. Oertel soll sich hüten, sich von dem Erasso für die neue Anleihe auf amerikanisches Gold vertrösten zu lassen.«

Antoni zögerte, eine gewünschte Anleihe, abermals über 200 000 Dukaten, herzugeben, denn er verhandelte über den Ankauf der Herrschaften von Kirchheim und Boos mit Walther von Hirnheim. Es waren Besitzungen im Wert von dreihunderttausend Gulden. Nun griff Antoni zu; Kirchheim war seinem Lieblingssohn Hans zugedacht.

Auf dem Reichstag in Regensburg erschienen damals sonderbare Gesandte. Sie kamen aus Moskau und ihr Herr war Iwan IV., den man den Schrecklichen zu nennen anfing. Die Gesandtschaft überbrachte eine Botschaft politischen und wirtschaftlichen Inhalts, verbrämt, wie es damals auch die Herren von England und Spanien liebten, mit theologischen und humanistischen Floskeln, und der Inhalt lief auf eine Umwälzung der Verhältnisse des östlichen Riesenreiches hinaus: Die westlichen Mächte sollten Techniker, Soldaten, Kaufleute, Gelehrte, Straßenbauer, Bergleute, Büchsenmacher, Kanonengießer und Geometer schicken, damit die Weiten des russischen Reiches aus wald- und sumpfreichen Wüsten in blühende Kulturlandschaften verwandelt würden.

Die Politiker in Regensburg trauten ihren Augen kaum. Wußte man von den Moskowitern ohnehin nicht viel mehr, als daß dort despotische Verhältnisse herrschten, so schienen die vorgelegten Programme das Verhältnis zu Polen und Türken zum Balkan und Baltikum umkehren zu wollen. Das Interessanteste und innerhalb der mysteriösen Vorschläge wirklich Greifbare war, daß der Zar siebeneinhalb Millionen Taler bei den Fuggern in Antwerpen und Augsburg deponieren wollte; in den Fuggern sähe man in Moskau »die reichsten und vermöglichsten Privatpersonen in aller Welt«. Man verlangte 5 Prozent Zinsen, zwanzig Jahre beiderseits unkündbare Verträge und neben Truppenhilfen allgemeiner Art einen gemeinsamen Feldzug von Zar und Kaiser gegen die Türken.

Die Aufregung war ungeheuer. Woher hatte der Zar diese Summen?

»Das ist der Tatarenschatz«, hieß es.

Wohin solle der Türkenzug führen?

»Befreiung aller christlichen Provinzen von den Türken, einschließlich Konstantinopels – diese Stadt will der Zar selbst einnehmen und behalten.«

Äußerst bedenklich! Sollte man die Türken vertreiben, damit der russische Despot einzöge?

Die Fugger überlegten hin und her. Da bot sich ein Riesenkapital zu unbegreiflich niederem Zinsfuß an. Die Fugger würden eine Art Zentralbank des Türkenkrieges, und höchstwahrscheinlich war, daß ihnen das Rußlandgeschäft gewinkt hätte, jenes große Geschäft, um das die Hansen gekämpft hatten, und das Jakob Fugger schon in Gang gebracht hatte, Antoni aber seit Jahren abbaute.

Hans Jakob Fugger, sonst geschäftlich nicht der eifrigste, wollte auf den Plan eingehen. »Was kümmern uns die Engländer und Spanier, Oheim, wenn uns Rußland das größte Geschäft aller Zeiten bietet!«

Doch Antoni dachte an Antwerpen. Wenn den Russen überhaupt zu trauen war, wenn sie wirklich solch enorme Mittel flüssig hätten – wie würde sich dann ein Zinsfuß von fünf Prozent auf der Ant-

werpener Börse auswirken? Alle Papiere und Werte würden ins Bodenlose sinken. Die jetzt schon schwachen niederländischen Rentmeisterbriefe verlören allen Kredit. Mit andern Worten, das Geschäft im Osten brächte den Bankrott im Westen. Außerdem gab Antoni zu bedenken, daß die Hereinnahme solch großer Summen in die Firma dem fremden Geldgeber ein Übergewicht geben müßte.
»Wäre das Geld ein Jahr früher angeboten, als Kaiser Karl noch regierte«, sagte Antoni, »und ich hätte mit der Riesensumme seinen Rücktritt aufhalten können: dann hätte ich gewußt, was tun. Aber jetzt? Wo soll ich solche Summen unterbringen und sicherstellen? Ich selbst fühle mich alt, krank, müde.«
Hans Jakob suchte ihn noch einmal zu ermuntern mit dem Hinweis, die Fugger könnten mit einem Schlage die hansischen Positionen übernehmen, um die der große Schaffierer gekämpft habe.
»Kürzlich hat Bremen die letzte Rate seiner Schuld an die Fugger bezahlt, damit ist jeder Streit mit der Hanse erledigt.« Es handelte sich um das vor Jahren von Bremen beschlagnahmte Kupfer.
So zerschlug sich eins der größten Projekte, das je an die Fugger herangetragen wurde. Man hörte nichts weiteres darüber, anscheinend trauten die Russen keinem andern Bankier im Westen.

Während dieser Verhandlungen war Matthäus Schwarz in Antwerpen. Oertel schien mit Erasso nicht mehr in rechtem Kontakt zu sein: »Ich weiß nicht, wie ich den Erasso ohne Geld uns zum Freund halten soll.«
Aber Schwarz, der selbstbewußte, welcher gewöhnt war, daß in seiner Augsburger Musterbuchhaltung alles wie am Schnürchen lief und abends beim Glas Wein auf andre Gedanken zu kommen liebte, fand sich in dem neuen Antwerpen kaum noch zurecht.
Schon im Frühjahr hatte die Überspannung der Bankkredite in allen Kreisen Bedenken erregt. Die Zahlungen der Frühjahrsmesse waren auf Anordnung König Philipps auf die Sommermesse verschoben worden. Die Stadt selbst hatte um Zahlungsaufschub bitten müssen. Offenbar hatte die Krone kein Geld. Das war schon oft vorgekommen.
Nun traf aus Madrid eine höchst beunruhigende Nachricht ein. Philipp hatte im Staatsrat geäußert, er ließe alle Zahlungen an die Gläubiger in Spanien und den Niederlanden einstellen.

Gab es so etwas?
Wenn ein Kaufmann die Zahlungen einstellen mußte, sagte man, er sei bankrott ...
Kardinal Siliceo, Bischof von Lugo, forderte eine Erneuerung des kirchlichen Zinsverbots; er stützte sich auf das Konzil von Nicäa und etliche päpstliche Schreiben aus dem Mittelalter. Man riet König Philipp, alle Pfänder und Einkünfte des spanischen Staates, die in privaten Händen wären, zu widerrufen.
Spanien befand sich in einer mißlichen Lage. Mit Aufgaben belastet, die weit über seine finanzielle Kraft gingen – steten Kriegen, Unterhalt großer Armeen in den Niederlanden und Italien, Erschließung der Kolonien und innenpolitischen Auseinandersetzungen mit Juden und Mauren – hatte sich Spanien zuviel zugemutet, genau wie Frankreich, das im gleichen Jahr bankrott war. Hatte Karl V. seine Verpflichtungen pünktlich erfüllt und dadurch den spanischen Kredit nicht angetastet, so wollte sich der Sohn durch einen Gewaltakt der Staatsschulden entledigen! Freilich wollte man nicht konfiszieren, sondern verhandeln. Der königliche Hafenverwalter in Antwerpen ließ sogleich zwei Silbersendungen im Wert von 570 000 Dukaten, die für die Fugger eingetroffen waren, am Kai beschlagnahmen.
Oertel eilte zu Erasso und gab ihm die Schuld an dem Vorfall, denn er wußte noch nichts von Philipps Entschluß.
Erasso blieb kalt: »Herr Antoni Fugger hat den Kaiser Karl schon gebeten, ihn mit Geschäften in Ruhe zu lassen.«
Oertel: »Beiden Majestäten, dem Kaiser und dem König, haben die Fugger recht gut gedient.«
Erasso: »Nehmen Sie Rentmeisterbriefe zu fünf Prozent, statt Verschreibungen mit zehn und vierzehn Prozent zu fordern – dann ist Philipp bereit, seine Schuld anzuerkennen.«
Schwarz lehnte ab. Wenn man diese Rentmeisterbriefe in Massen auf die Börse brächte, hätte es unabsehbare Verluste gegeben. »Unmöglich«, sagte er, und auch die andern Gläubiger des Königs erklärten ihren Unwillen. Die Fugger hatten drei Millionen Dukaten von Spanien zu fordern, das waren vier Millionen Gulden, und die Hälfte dieses Geldes hatten die Fugger – da das Gesellschaftskapital nur zwei Millionen betrug – in Nürnberg und Antwerpen mit einem Zinsfuß von acht bis neun Prozent aufgenommen. Die Lage

war dringlich; die alten Rentmeisterbriefe in Höhe von 900 000 Gulden konnte man so gut wie abschreiben, denn niemand in den Niederlanden war jetzt noch bereit, für sie aufzukommen.
Der König erklärte nun durch Dekret den Widerruf aller an Privatleute verschriebenen Staatseinkünfte. Wer sich dieser Regelung unterwürfe, solle sich zur Abrechnung einfinden; der erste Januar 1557 sei Stichtag. Von diesem Tage an gäbe es nur noch die fünfprozentigen Rentmeisterbriefe. Sofort wurde die Einstellung aller Zahlungen befohlen. Da auch der Barvorrat beschlagnahmt wurde, verfielen die Fuggerschen Dukaten, die in Antwerpen am Kai lagen. Antoni war empört und schrieb an Oertel. »Der Teufel danke Ihnen diese Faktorei«, denn Oertels Optimismus hatte die Fugger in die Katastrophe gesteuert. Schwarz erhielt Befehl, Oertel auf der Stelle zu entlassen.
Johann Jakob Fugger wurde sofort nach Spanien geschickt, damit er König Philipp persönlich beeinflusse. Doch der König blieb bei seinem Angebot mit fünf Prozent. Er wies darauf hin, daß die Welser auf diese Forderung eingingen.
Antoni blieb bei seinem Nein.
Matthäus Schwarz gab nun den Rat, einfach abzuwarten, denn so wie die Lage sei, werde die Stunde kommen, da der König die geldliche Hilfe der Fugger brauche. Dann möge man zäh sein. Philipp hatte die Katze mit den Worten, er wisse nicht, wie er seine Truppen bezahlen solle, schon halb aus dem Sack gelassen. Inzwischen wollte Schwarz mit der jungen Königin Elisabeth von England mit einigen zehntausend englischen Pfunden ins Geschäft kommen. Sie war die Gegnerin des spanischen Philipp. Neue Verpflichtungen? Antoni stimmte zu und schickte seinen Sohn Hans nach London, während Johann Jakob in Madrid gleichzeitig die weitere Pacht der spanischen Ritterorden, einschließlich Almadens, ablehnen sollte.
Die Bemühungen der Spanier, Almaden in Betrieb zu setzen, waren endgültig mißlungen; beim Abteufen hatte man einen bestimmten Stollen der Fuggerschen Anlage treffen wollen, der intakt zu sein schien. Als es soweit war, stellte sich heraus, daß der Stollen ein Luftschacht war! Auch die Gruben von Guadalcanal hatte man in eigene Regie genommen, nachdem die Fugger das Bergwerk mit deutschen Kräften ausgebaut hatten. Doch war die Ausbeute in wenigen Jahren von über dreißigtausend auf zehntausend Dukaten ge-

sunken. Die Regierung konnte sich ausrechnen, was es hieß, wenn die Fugger die Übernahme aller Pachtungen ablehnten. Als Philipp gar von Verhandlungen der Fugger mit Elisabeth von England hörte, mußte er nachgeben. Da nun auch Frankreich zusammenbrach und Papst Paul IV. zahlungsunfähig war, erkannte Philipp eine Schuld von 2 975 796 Dukaten bei Fugger an, die das Schatzamt mit vierzehn Prozent zu verzinsen hatte.
Karl V. lebte, dieser Welt müde, in der kaiserlichen Villa am Kloster San Geronimo de Yuste. Er verfolgte die Weltereignisse und hatte sich noch einmal so nachdrücklich an alle Banken gewandt, daß seinem Sohn einige hunderttausend Dukaten zuflossen – doch er hatte verzichtet und bereitete sich im Geist tiefer Frömmigkeit auf eine bessere Welt vor. Am 21. September 1558 starb er, erst achtundfünfzig Jahre alt.

30

Antoni Fugger hatte in den letzten Jahren seinen Neffen und Söhnen die Selbständigkeit gewährt, über ihre Person und ihr privates Vermögen nach Ermessen zu verfügen. Seine Hoffnung, auch nur bei einem einzigen der jungen Leute das Erwachen von Eifer und Leidenschaft für das Geschäft zu erleben, war vergebens. Alle neun schienen nur den einen Wunsch zu haben, die Last des Geschäfts möglichst rasch von sich zu tun.
Der spanische Staatsbankrott gab solchen Erwägungen für Antoni vorerst keinen Raum. Bald mußten Schwarz und Antoni erkennen, daß die Lösung aus der spanischen Verstrickung nicht mehr möglich war. Der neue Antwerpener Faktor Jakob Mair und der spanische Faktor Christoph Hörmann, beide gelehrige Schüler des Musterbuchhalters, warnten ausdrücklich vor einer Herausforderung der spanischen Mißgunst. Schwarz meinte, man brauche ein volles Jahrzehnt zum langsamen Abbau des spanischen Verhältnisses. Er stand noch in Briefwechsel mit Oertel, der nach der Entlassung aus Fuggerschen Diensten in seinem Haus ein beschauliches, leicht pessimistisch gefärbtes Leben führte. Er sagte nun einen Weltbankrott voraus: Zuerst werde der Wert aller Münzen in jedem Land auf die Hälfte herabgemindert, darauf werde in der Neuen Welt plötzlich soviel Gold auftauchen wie Sand am Meeresstrand von Vlissingen.

Damit sei des Goldes Herrschaft für alle Zeit gebrochen, und die Menschheit werde wieder anfangen, wie in alten Zeiten zu tauschen, Güter gegen Güter. Thomas Morus' Utopia war die Lektüre, welche dem einstigen Börsenmakler jetzt solche Gedanken eingab.

Antoni versammelte seine neun Neffen und Söhne und stellte ihnen den ältesten, Johann Jakob, als seinen Nachfolger vor. Der eigene Älteste, Markus, möge Johann Jakob beigeordnet bleiben – er war etliche Jahre jünger – doch sollte Johann Jakob die Oberleitung behalten. Antoni war seit Jahren merklich gealtert. Die Krankheit der feinen Leute und besonders der Fugger, ein Steinleiden, zehrte an seinen Kräften. Die Ärzte schlugen eine Operation vor. Aber Antoni dachte an seinen Onkel Ulrich, der nach dem Eingriff des Salernitaner Chirurgen gestorben war, und beschied sich in Demut und Geduld wie der große Jakob, der stumm den Tod erwartet hatte.

Ein Teil der liegenden Güter war den Neffen zu eigener Nutzung überlassen. Der jüngste Sohn, Jakob, kaum zwanzig Jahre alt, war offenbar ein geborener Landwirt und führte die Verwaltung von Babenhausen. Es war das von Antoni für seine eigene Nachkommen errichtete Reichsgrafentum mit den Herrschaften Boos und Kettershausen, ein Gebiet von 52 Quadratkilometern mit zehntausend Einwohnern. Antoni hatte das alte Rechbergsche Schloß rechts und links der Kirche um zwei Flügel zu vergrößern beschlossen, so daß ein offenes Viereck entstünde. Dort waren die Werkleute an der Arbeit. Unten in der Kirche lagen bereits Anna und ihr Kind. Hier wollte auch er selbst beigesetzt werden.

Georg, der zweite Neffe, hatte dem Oheim seit langem erklärt, er wolle nichts mit den Geschäften der Firma zu tun haben. Er war mit Ursula Gräfin von Liechtenstein verheiratet, und man sagte ihr entscheidenden Einfluß auf den Gemahl nach.

Christoph, der dritte Neffe, schien ein Egoist und Weiberfeind zu sein.

Ulrich, der vierte, war ein Verschwender. Er hatte den Ehrgeiz, eine Bibliothek der Reformatoren anzulegen und soll für eine angebliche Handschrift Zwinglis 10 000 Gulden bezahlt haben. Er liebäugelte mit dem Kalvinismus, verlieh sein Geld in großzügiger Weise an unsichere Schuldner und sollte der erste von den Neffen und Söhnen Antonis sein, der bankrott machte. 1561 bekannte er eine Schuld von 200 000 Gulden. Nach Deckung dieser Summe verblieben ihm aus dem gemeinsamen Vermögen noch 70 000 Gulden, und die Brüder und Vettern ließen ihn wählen, ob er gegen eine jährliche Rente von 1300 Gulden in Augsburg leben oder mit dem Rest seines Vermögens aus der Stadt gehen wollte. Ulrich wählte den Fortgang und ritt nach Heidelberg. Es folgten zehn Wagen mit Büchern, darunter die berühmte Manessische Liederhandschrift. Am Hof des kalvinistischen Kurfürsten Friedrich III. von der Pfalz, den seine Anhänger den Frommen nannten, wurde er Kalvinist und legte mit seinen Büchern den Grundstock zur Palatina, der großen Heidelberger Bibliothek.

Kaum hatte Ulrich Augsburg verlassen, als schon die liebsten Schwager der Fugger, der kaiserliche Rat Hans Baumgartner und seine Brüder, die Zerrüttung ihrer Finanzen zugaben; Baumgartner kam in Haft, ein geflohener Bruder ging unter die Räuber, wurde gefangen und geköpft. Durch dies rigorose Verfahren erschreckt, erklärten eine ganze Reihe von Handelshäusern, darunter auch Hörbrot, ihre Zahlungsunfähigkeit. Der Rat ordnete in allen Fällen Zwangsvollstreckung an. Die Chronik bemerkt: »Reiche Leute wurden über Nacht arm, und täglich nahm die Zahl der Armen in der goldenen Stadt zu.«

Die Unsicherheit der Straßen war ein ebenso großes Problem wie die vielen Fälle von Geldfälschungen. Raubritter, Wegelagerer und Fälscher waren im Bunde, sie ließen das gute Geld verschwinden und brachten das schlechte unter die Leute. Der tatkräftige Herzog von Bayern mußte helfen gegen die räuberischen Ritter, und Augsburg erließ eine scharfe Mahnung zur Beachtung der Reichsmünzordnung von 1559.

Alle Fuggersöhne hatten die große Welt auf feudale Weise kennengelernt und, als Freunde bayerischer Prinzen in Ingolstadt, auch wohl in Padua und Bologna studiert. Hans Fugger, der zweite Sohn, hatte sogar eine gewisse Zeit in Paris verbringen dürfen. Dieser Hans glich dem Vater Antoni trotz seiner Blondheit am meisten. Er wollte sich in München mit Elisabeth Nothafft von Weißenstein vermählen. Doch liebte er Augsburg, war auch in der Goldenen Schreibstube zu finden und verkehrte mit seiner Frau im Kreise der Augsburger Familien. Matthäus Schwarz hätte es am liebsten gesehen, wenn der Chef den Neunundzwanzigjährigen an die Spitze

der Handlung berufen hätte; denn Hans hatte im Jahre 1557 bei den Verhandlungen am englischen Hof mit Königin Elisabeth weltmännische und kaufmännische Gewandtheit gezeigt.
Der erste Sohn, Markus, lebte mit seiner schönen Gemahlin Sibylle, Gräfin von Eberstein, am liebsten draußen vor der Stadt. Sein Leibspruch war: »Nichts Besseres auf der Erd, als ein schönes Weib und ein schönes Pferd.« Er interessierte sich sehr für das Gestüt Mickhausen und hatte vor, es später im Tausch mit seinen Vettern zu übernehmen.
Der dritte Bruder, Hieronymus, saß wie sein Oheim gleichen Namens am liebsten hinter den Büchern.

Johann Jakob besaß eine Bibliothek, die größer war als die Ulrichs und auch größer als die der Stadt Augsburg. Im Palast seines Vaters Raimund war sie aufgestellt. Ihr Wert hatte damals 80 000 Gulden betragen. Ebensoviel wert war die Sammlung an gelehrten Büchern und wissenschaftlichen Geräten, die der Oheim Hieronymus 1538 dem sprachenbegabten Neffen vermacht hatte. Da Johann Jakob von seiner ungarischen Mutter musikalisch talentiert und gebildet war, erwarb er auch eine umfangreiche Musikbibliothek. Oft reiste er allein oder in Begleitung des bayerischen und kaiserlichen Rates Dr. Siegmund Seld nach Italien, um in Florenz, Venedig oder Neapel geistliche und weltliche Konzerte zu hören. Mit Seld hatte er einst die Universitäten von Padua, Bologna und Bourges besucht. Auf ihren Reisen nach Neapel machten die Freunde die Bekanntschaft des Niederländers Roland Lassus, der sich Orlando di Lasso nannte. Es gelang ihnen, diesen neben Palestrina bedeutendsten Tonsetzer des Jahrhunderts nach München zu bringen, denn Herzog Albrecht V. liebte die Musik.
Im Jahre 1556 war Johann Jakob in die Nähe dieses seines fürstlichen Jugend- und Studienfreundes gelangt, und der ernannte ihn zu seinem Berater in allen Fragen der Künste und gelehrten Sachen. Der Fugger hatte solchen Einfluß auf den Fürsten, daß die Firma Nutzen davon zog, obgleich Johann Jakob mehr in München als in Augsburg lebte. »Er regierte den Fürsten mit Macht«, schrieb man 1557 an Antoni, und die Gesandten fremder Mächte konstatierten das gleiche.
Herzog Albrecht wollte München zu einer Stadt der Künste machen.

Fuggers Antiquare wurden nun des Herzogs Antiquare, Fuggers Musikanten des Herzogs Musikanten. Das Fuggerhaus im Rosenthal Nr. 10 war wöchentlich zweimal der Schauplatz intimer Konzerte. Sidonia von Kolaus, die Gemahlin Johann Jakobs, liebte die Musik Orlandos mehr als jedes andere Vergnügen. Der Niederländer spielte vor einer erlauchten und reichen Gesellschaft seine Madrigale und Chansons, manchmal hörte man auch Motetten im Fuggerhaus. Sein Meisterwerk, die sieben Bußpsalmen Davids zu fünf Stimmen, sang Orlando mit seinen Schülern erstmalig zu Ehren der Hausfrau.

Johann Jakob wollte das Schrifttum der ganzen Welt und aller Zeiten in seiner Bibliothek zusammenbringen. Seine lateinische Abteilung, in gelben Einbänden prangend, war die vollständigste, die sich zu jener Zeit denken ließ. Seit 1548 schrieben zehn Griechen und Hebräer für ihn in einem eigens zu diesem Zweck am Rialto in Venedig gemieteten Haus griechische und hebräische Handschriften ab. In Augsburg wurden die Schätze grün und rot eingebunden. Die Bände der deutschen Schriftsteller waren weiß. 1552 erwarb Fugger die große Bibliothek Hartmann Schedels von dessen Enkel um den Spottpreis von 500 Gulden. In seinem Eifer nach Vollzähligkeit erwarb er alle deutschen Erstdrucke aus der Zeit Gutenbergs und zahlte für seltene Exemplare jede geforderte Summe. Er allein besaß die gesamte humanistische Literatur Deutschlands. Der berühmte Antiquar Jakob Strada aus Mantua schrieb an Herzog Albrecht, daß Herr Fugger der großen Bürde des Sammelns, die eines Menschen Kraft übersteige, zu erliegen drohe. 1550 erhielt Strada den Auftrag, in Rom und Venedig Handschriften, Münzen und Marmorbilder römischer Kaiser aufzukaufen und nach Augsburg zu schicken.

Der Fuggersche Faktor in Konstantinopel, Hans Dernschwam, ein Deutschböhme, welcher in Leipzig einst Philosophie studiert hatte, kaufte seit 1554 im Auftrag Johann Jakobs im ganzen Orient türkische und arabische Handschriften. Der Niederländer Stoppius vervollständigte die Fuggersche Musikbibliothek. Die kostbaren Bestände an Büchern wurden von dem griesgrämig-gelehrten Hieronymus Wolff aus Basel, dann von dem Belgier Samuel Quicchelberg betreut. Als Strada die Bibliothek sah, meinte er, sie habe nicht ihresgleichen auf Erden, nicht einmal im Palast der Medici.

Johann Jakob schrieb selbst drei Werke, nämlich »Das gehaim Eernbuch Mannesstamms und Namens des eerlichen und altloblichen Fuggerischen Geschlechts«, sodann eine »Wahrhafftige Beschreibung zweier der alleredlesten Geschlechter der Christenheit des habspurgisch oesterreichischen Gebluets bis auf Carolum den Fünfften und Ferdinandum den Ersten« und endlich ein aktuelles Werk »Der Schmalkaldische Krieg«, in welchem er die Ereignisse seiner Zeit wie ein Unbeteiligter zu betrachten versuchte.

Johann Jakob flüchtete, soweit seine Zeit es zuließ, aus Augsburg und eilte nach München in die Gesellschaft seiner adligen, gelehrten und künstlerischen Freunde. Mit Orlando, dem Geographen Apian, dem Juristen Wolf Hunger, dem Dreisprachenmann (hebräisch, griechisch, lateinisch) Vigilius von Zwichen und andern bildete er im Rosenthal einen Zirkel. Zugleich war er einer der ersten Kavaliere des Hofes und kaufte sich, um dem herzoglichen Freund und Gönner näher zu sein, das Gut Taufkirchen in Bayern. Seine Gemahlin war die erste Hofdame der Herzogin.

Im Laufe der Jahre war in Johann Jakob ein Wandel vorgegangen. Je mehr er, als Sammler und Mäzen, zu einem Repräsentanten des europäischen Geisteslebens emporwuchs, gewannen neue geistige Strömungen bei ihm Einfluß, denn er war nicht nur Sammler der Schriften, sondern auch mit ihrem Inhalt vertraut.

Seit dem Konzil von Trient hatte sich die Kirche mit verjüngter Kraft erhoben. Ein sieghafter Optimismus erfüllte die Träger der Reform; zur größeren Ehre Gottes wollten sie wieder Jubelchöre anstimmen und die universale Macht der Kirche vor aller Augen prächtig und wirkungsvoll zur Schau stellen. Im Jahre 1559 hatte Kardinal Bischof Otto Truchseß von Waldburg einen Jünger aus der Gesellschaft Jesu, Petrus Canisius, in das Amt eines Augsburger Dompredigers berufen, obwohl das Kapitel anfangs aus seinem Mißmut kein Hehl machte. Canisius war ein hinreißend wortgewandter Prediger, ein Weltmann, der die verirrten Schafe zu sammeln verstand. Zuvor hatte er in Köln das erste Haus seines Ordens in deutschen Landen mit einem Schulkollegium gegründet. Nun richtete er auf Betreiben Bischof Ottos eine zweite solche Bildungsstätte in Dillingen ein.

Bildung eines Christenmenschen! Dies Wort wurde zum Kampfruf der Zeit. Der Weltmann in Christo, zuchtvoll und gewandt, groß-

herzig und optimistisch, strenggläubig und innerlich frei, wurde zur Idealgestalt der Gegenreformation. Johann Jakob geriet bald in den Bannkreis des Dompredigers. Die glänzend vorgetragene Einheit von Glauben, Wissenschaft und Kunst ergriff seinen feurigen und vornehmen Geist. Johann Jakob stellte eine Verbindung zu Albrecht von Bayern her: so wurde Canisius die Universität Ingolstadt zur Reform anvertraut. Dillingen und Ingolstadt wurden die ersten Bollwerke der erneuerten Kirche in Oberdeutschland.
Durch Johann Jakobs Beziehungen zum bayerischen Staat und Herzog sollten sich auch für die Stadt Augsburg Verbindungen mit Bayern ergeben. Da er einerseits herzoglich bayerischer Rat, andererseits mehrfaches Mitglied des Augsburger Kleinen Rats war, war es ihm ein leichtes, das Mißtrauen des mächtigen katholischen Fürsten gegen die freie Stadt am Lech zu beseitigen. Er war nicht nur Kaufmann und Gelehrter, sondern auch Diplomat, oft lud er den jungen Herzog als Gast der Fugger nach Augsburg ein. Über Festlichkeiten und Gastereien hinaus kam es allmählich unter Führung Bayerns zur Bildung eines Landsberger Bundes, dem außer Augsburg und Nürnberg die Bischöfe von Salzburg, Eichstätt, Bamberg und Würzburg beitraten, dem zuletzt Kaiser Ferdinand sein Interesse zeigen sollte, als ihn Sorgen um die bevorstehende Krönung seines ketzerischen Sohnes Maximilian drückten.

Antoni Fugger fühlte sein Ende nahen. Da er nicht auf dem Paradebett im Palast am Weinmarkt sterben wollte, fuhr er nach Babenhausen, wo der Umbau noch nicht beendet war. Sein Werk war getan. Recht krank traf er dort ein und mußte bald wieder, noch kränker, nach Augsburg zurück, um das Schuldverfahren des Rats gegen seinen leichtsinnigen Neffen Ulrich in erträgliche Wege zu leiten. Nach dem Prozeß wurde er bettlägerig und mußte in der lärmenden Stadt bleiben.
Das Ende kam rasch. Von Schmerzen gequält, doch frei im Geist und mit gutem Gewissen, ging Antoni Fugger aus dieser Welt, am frühen Morgen des 14. September 1560, siebenundsechzig Jahre alt. Man beerdigte ihn, seinem Wunsch folgend, in Babenhausen an der Seite seiner geliebten Anna. Alle neun Brüder und Vettern, die eigentlichen Erben, waren zugegen. Man öffnete das Testament unter Vorsitz von Antonis Sohn Markus. Seine hager aufgereckte Rei-

tergestalt leitete den Fuggerschen Konvent. An barem Vermögen, eingerechnet die Kaufsummen der zuletzt erworbenen Güter Kirchheim (250 000 Gulden), Babenhausen (156 000 Gulden) und Wörth (56 000 Gulden), hatte Antoni fast sechs Millionen Gulden hinterlassen. Nach Abzug verschiedener frommer und akademischer Stiftungen sollte diese Summe unter seine zahlreichen Söhne, Töchter, Neffen, Nichten, Schwäger und Schwägerinnen verteilt werden. Jeder der neun männlichen Erben, ohne die Geistlichen, hatte eine halbe Million zu erwarten.

Die vier Söhne des Verblichenen hatten, einem Wunsch des Vaters folgend, beschlossen, die ihnen zufallenden Güter erst nach zehn Jahren durch das Los zu verteilen. Zu verschieden erschienen die Charaktere dieser Fugger und auch ihre Neigungen waren verschieden.

Als aber Markus Fugger bald darauf zur Zeichnung der neuen Geschäftsanteile aufforderte und mit seinen Brüdern Hans, Hieronymus und Jakob eine Gesamtsumme von 1 246 350 Gulden in die Handlung einlegte, zeigte sich, daß die Vettern nicht einmal ein Drittel dieser Summe für den Fortbestand der Firma hergeben wollten. Erst nach scharfen Auseinandersetzungen zwischen Johann, Jakob und Markus gab Jakob 562 065 Gulden, seine vier Brüder gaben zwischen 78 000 und 28 000 Gulden, so daß von den Vettern zusammen nur 773 874 Gulden eingelegt wurden. Zwei Millionen Gulden, die man unbedingt brauchte, waren also schlecht und recht aufgebracht. Die Handlung mußte nämlich, wie Schwarz darlegte, weitergeführt werden, denn allein der spanische König schuldete der Firma 4 400 000 Gulden; andere spanische Herren schuldeten zusammen fast eine weitere Million.

Unter solchen Enkeln konnte die Handlung der Fugger nicht gut gedeihen. Schwarz hatte schwere Monate. Johann Jakob suchte die spanische Fessel durch ein zweifelhaftes Manöver zu lockern, bei dem er betrogen wurde. Im Verlauf dieser Krise kam zutage, daß er auf Konto der Fuggerschen Handlung in drei Jahren für 400 000 Gulden Schulden gemacht hatte und verschiedenen Gläubigern über eine Million schuldete. Johann Jakob wich einer peinlichen Auseinandersetzung mit den Brüdern und Vettern aus und begab sich auf sein Schloß Taufkirchen. Herzog Albrecht brachte eine Vermittlung zustande, derzufolge Johann Jakob aus der Firma ausschied. Er trat als »Intendant der herzoglichen Hofkapelle« in bayerische Dienste und vermachte, in Abtragung seiner Schulden, dem herzoglichen Hause die Bibliothek: sie ist der kostbarste Grundstock der Bayerischen Staatsbibliothek, einer der an alten Handschriften und Drucken reichsten der Erde, geworden.

Markus Fugger, unterstützt von seinem Bruder Hans, übernahm die Leitung der Firma.

Die Bilanz sah nach dem Ausscheiden Johann Jakobs 1563 so aus:

Aktiva	
Forderungen an König Philipp	4 400 000 Gulden
Sonstige Aktiva in Spanien	180 000 „
Aktiva in Antwerpen	500 000 „
Forderungen an Mitglieder der Familie Fugger	370 000 „
Sonstige	170 000 „
in Summa	5 620 000 Gulden
Passiva	
Acht Gesellschaftsanteile	2 000 000 Gulden
Depositen Christoph Fugger	400 000 „
Fremde Depositen	2 700 000 „
Sonstige	300 000 „
in Summa	5 400 000 Gulden

Der Vergleich mit früheren Bilanzen zeigte, wie Matthäus Schwarz gleich hervorhob, eine wesentliche Verschlechterung der gesamten Lage. Allein die spanischen Forderungen bestimmten jetzt Wohl und Wehe der Firma. Es war in den vier Jahren seit Antonis Tod nicht geglückt, die spanische Schuld auch nur um einen Gulden zu mindern. Hingegen waren weitere spanische Forderungen in Höhe von 613 000 Gulden und niederländische Rentmeisterbriefe in Höhe von 430 000 Gulden durch Markus Fugger als uneinbringlich bezeichnet und überhaupt nicht mehr aufgeführt worden. Bei einem Ausmaß von fünf Millionen Gulden spanischer Schulden mußte das Gegengewicht von nur zwei Millionen des Gesellschaftskapitals zu ernsten Bedenken Anlaß geben. Die Fuggeraktien in Antwerpen, bislang eine sichere Kapitalsanlage, sanken denn auch, nach Veröffentlichung dieser Bilanz, auf die Hälfte ihres Wertes.

Noch schlimmer erschien Schwarz die Tatsache, daß unter den Passiva drei Millionen Gulden fremde Gelder waren, die zwischen fünf und elf Prozent verzinst werden mußten. Von hier drohte eine Erschütterung der Stabilität. Sollte man jetzt die Handlung auflösen? Im Gegenteil! Markus müßte den spanischen Herren freundliche Gesichter machen. Man beschloß, die Gruben von Almaden nach dreizehnjähriger Pause wieder in Betrieb zu setzen.

Damit ist die Geschichte der Fugger nicht aus. Die Firma bestand noch hundert Jahre mit wechselnden Schicksalen. Der Dreißigjährige Krieg brachte erst das Ende. Aber dreimalige spanische Staatsbankrotte, mangelndes Interesse der Söhne und Neffen, Verschwendung, Kriegsläufte, Betrug und Leichtsinn haben das Handelshaus, das unter Jakob dem Reichen und Antoni das erste Europas war, zu einer Bank unter vielen gemacht. Im Jahre 1639 fielen die Gruben von Almaden einer zweiten Feuersbrunst zum Opfer. Zweihundertfünfzigtausend Zentner Quecksilber waren seit 1563 geliefert worden. Die Gesamtforderungen des Hauses Fugger an das Haus Habsburg betrugen acht Millionen Gulden: es war ein Verdienst von hundert Jahren, der für eine große Sache geopfert und verlorengegangen war. Die ländlichen Güter aber blieben im Besitz der Familie. Sie blühten nach den großen Kriegen wieder auf und zeigen heute noch an Wappen und Zinnen die goldenen Lilien im blauen Feld.

Quellennachweis

Annalen der Stadt Augsburg [Staatsbibliothek München]:
Chronik des Hektor Mülich 1348–1487; Chronik des Burkhard Zink 1385–1474; Chronik des Clemens Sender 1488–1536; Chronik des Lukas Rem 1494–1541.

Augsburg:
Buff, Adolf, Augsburg, Bamberg 1893; Dirr, Pius, Augsburg, Leipzig 1924; Eberlein, Hans, Augsburg, Berlin 1939.

Geschichte:
Stetten, Paul v., Geschichte der Stadt Augsburg, Frankfurt 1743; Gullmann, Friedrich, Geschichte der Stadt Augsburg, Augsburg 1810; Braun, Placidus, Geschichte der Bischöfe von Augsburg, Augsburg 1814; Strieder, Jakob, Genesis des modernen Kapitalismus, Leipzig 1904; Landner, Josef, Das kirchliche Zinsverbot, Graz 1918; Pfister, Oskar, Der seelische Aufbau des Kapitalismus, Bern 1923; Jung, Erich, Das privatrechtliche Wesen des Geldes, Marburg 1926; Brinkmann, Karl, Die Umformung der kapitalistischen Gesellschaft, Tübingen 1926; Burri, Eduard, Christentum und Zins, Bern 1926; Dopsch, Alfons, Naturwirtschaft und Geldwirtschaft, Wien 1930; Strieder-Deininger, Das reiche Augsburg, München 1938.

Fugger [Allgemein]:
Pinacotheca Fuggerorum, Augsburg 1754; Ehrenberg, Richard, Das Zeitalter der Fugger, Jena 1896; Stauber, Anton, Das Haus Fugger, Augsburg 1900; Opitz, Wilhelm, Die Fugger und die Welser, Berlin 1906; Brandt, Otto, Die Fugger, Jena 1928; Hering, Ernst, Die Fugger, Leipzig 1939.

Fugger [Speziell]:
Dobel, Friedrich, Bergbau und Handel der Fugger, Augsburg 1882; Häbler, Karl, Die Fugger und der Gewürzhandel, Augsburg 1892; Schulte, Aloys, Die Fugger in Rom, Leipzig 1904; Schulte, Aloys, Kaiser Maximilian und die Papstwahl, Leipzig 1906; Jansen, Max, Die Anfänge der Fugger, Leipzig 1907; Lill, Georg, Hans Fugger und die Kunst, Leipzig 1908; Dirr, Pius, Die Augsburger Zunftverfassung, Augsburg 1913; Kirch, Hermann, Die Fugger und der Schmalkaldische Krieg, Leipzig 1915; Hartig, Otto, Gründung der Münchner Staatsbibliothek, München 1917; Weitnauer, Alfred, Der venezianische Handel der Fugger, Leipzig 1930; Andreas, Günter, Marx Fugger und die Pferdezucht, Diss. Berlin 1937

München, Ende September 1940. *E. O.*

Nachwort des Bearbeiters

Schon in Jörg Wickrams Rollwagenbüchlein (1555) steht eine Geschichte über die Fugger. Zahlreiche Künstler und Schriftsteller haben das Thema verwandt. Im neunzehnten Jahrhundert bildete Franz von Seeburgs populärer Zyklus »Die Fugger und ihre Zeit« eine Art Höhepunkt. Über etliche belanglose Dramen, Romane und Erzählungen erhoben sich dann Eugen Ortners Bände »Glück und Macht der Fugger. Der Aufstieg der Weber von Augsburg« und »Das Weltreich der Fugger. Die Fürsten der Kaufleute«. Sie erschienen 1939 und 1940 und beruhten auf gründlichen Vorarbeiten und liebevoller Versenkung in den Stoff. Ortner selbst plante eine raffende Überarbeitung, aber die elenden Zeiten und dann der Tod (1947) hinderten ihn an der Ausführung.
In den fünfzehn Jahren seit Erscheinen des Doppelromans hat sich vieles geändert. Vor allem ist die wissenschaftliche Forschung über die Fugger durch die Arbeiten Götz Freiherrn von Pölnitz' entscheidend beeinflußt und korrigiert worden. Seine Bücher »Jakob Fugger. Kaiser, Kirche und Kapital in der oberdeutschen Renaissance« (Tübingen 1949) und »Fugger und Hanse« (Tübingen 1953) haben das Bild von romantischen Übermalungen befreit. Diese Forschungen werden auf einem Spezialgebiet ergänzt durch Norbert Liebs »Die Fugger und die Kunst« (München 1952).
Bei Pölnitz wird Jakob Fugger als Person greifbar. Fugger war mehr als ein »königlicher Kaufmann«: Er stellt eine neue Gattung dar. Er schuf die Verbindung von Großhandel, Bergbau, Bankkapital und Politik und hat jene Macht repräsentiert, die erst im neunzehnten und zwanzigsten Jahrhundert den Wirtschaftsführer internationalen Stils hervorbrachte. Geldverdienen und Reichwerden waren nur eine Folge seiner Leistung. Zugleich war Jakob Fugger ein mittelalterlicher Mensch, was aus seinen Stiftungen deutlich hervorgeht. Ich habe die Ergebnisse der Pölnitzschen Monographie soweit in Ortners Werk eingebaut, daß Jakob der Reiche als die geniale Hauptperson des Familienromans erscheint. Dafür habe ich das stadt- und reichsgeschichtliche Rankenwerk der Ortnerschen Anlage beschnitten.
Von Ortner stammen das Kolorit, die Figuren und Charaktere, die Erarbeitung des historischen Stoffs aus den angegebenen und gewissenhaft benützten Quellen. Sein ist die Fülle der kulturhistorischen Einzelheiten, das mühsame Aufsuchen all dessen, was einem geschichtlichen Roman Echtheit und Treue gibt. Da seine Sprache sich der Chronik nähert, habe ich sie durchgehend modernisiert.

Curt Hohoff

Deutsche Goldwährungen im 15. und 16. Jahrhundert

Eine genaue Angabe des Werts von einem Gulden um 1368 nach der heutigen Währung ist nicht leicht. Man muß einmal unterscheiden zwischen dem Gulden als Rechnungsmünze und dem ausgeprägten Goldgulden. Das Ansehen des rheinischen Goldgulden, der nach dem Münzverein der vier rheinischen Kurfürsten von 1386 zu 23 1/2 Karat oder 3,5 g schwer geprägt wurde, bewirkte es, daß der Gulden in der Folgezeit sich in Süddeutschland mehr und mehr als Rechnungsmünze durchsetzte, wobei 1 Gulden (fl) zu 20 Schilling (ß) und ein Schilling zu 12 Heller (h) gerechnet wurde. Seit Beginn des 16. Jahrhunderts verbreitete sich ein zweiter Teilungsmodus, wonach ein Gulden zu 15 Batzen oder 60 Kreuzer gerechnet wurde.

Der ausgeprägte Gulden verlor mit der Zeit immer mehr von seinem ursprünglichen Goldgewicht. Um 1420 betrug der Feingehalt 19 Karat. Um 1530 prägte Nürnberg, das für weite Teile Süddeutschlands maßgebend war, 73 rheinische Gulden auf 1 Nürnberger Mark bei einem Feingehalt von 18 Karat 4 Grän Gold, 3 Karat 8 Grän Silber und 2 Karat Kupfer. Der Feingehalt betrug jetzt noch 2,48 Gramm Gold.

Inzwischen wurde mit der wachsenden Silberausbeute eine große Silbermünze als Äquivalent zum Goldgulden geprägt, die sich im Laufe des 16. Jahrhunderts als Guldengroschen oder Taler durchsetzte. Nach den Nürnberger Verhältnissen, die für Oberdeutschland maßgebend waren, betrug der Wert des rheinischen Gulden in Gramm Silber:

1504	26,2 g
um 1559	27,1 g

Der ab 1560 in Nürnberg zugrunde gelegte Reichsgulden repräsentierte einen Silbergehalt von 21,672 g.

Inzwischen (1559) kam die letzte große Reichsmünzordnung des Jahrhunderts zustande, wonach die Silbermünze des Guldengroschen oder Guldentaler (künftig Taler) zu 60 Kreuzer, der rheinische Goldgulden zu 75 Kreuzer angesetzt wurde. Die Wertrelation Gold: Silber betrug dabei 1 : 11 1/2. 1566 wurde der Reichsgulden zu 68 Kreuzer angesetzt.

Die Umrechnung von einem Gulden des 15. und 16. Jahrhunderts kann somit nach dem heutigen Gold- und Silberwert vorgenommen werden. Die Umrechnung erfolgt am besten in der Weise, daß man sich fragt, was kostet heute ein Karat bzw. ein Gramm Gold bzw. ein Gramm Silber.

Bei der Goldmünze muß beachtet werden, daß sie auch einen Zusatz von Silber und etwas Kupfer enthielt.

2. Eine solche Umrechnung ist allerdings nur eine bedingte Hilfe. Gleichzeitig muß man im Auge behalten, was man um 1400 bzw. 1500 oder 1550 für einen Gulden kaufen konnte.

3. Der venezianische Dukat hatte einen höheren Wert als der rheinische Gulden. 100 Dukaten currenti wurden 1527 126 rheinischen Gulden gleichgesetzt.

Literatur:

Ernst Scholler, Das Münzwesen der Reichsstadt Nürnberg im 16. Jahrhundert, Nürnberg 1912.

Friedrich Wieland, Münzen, Gewichte und Maße bis 1800, in: H. Aubin u. W. Zorn (Hg.), Handbuch der deutschen Wirtschafts- u. Sozialgeschichte I, Stuttgart 1971, 658 ff.

Ludwig Veit, Das liebe Geld, München 1969.

Verzeichnis der Abbildungen

140 Augsburg, Fuggerei, Herrengasse mit St.-Markus-Kirche und Senioratsbau, vor der Zerstörung 1944 (Aufn. Stadtbildstelle Augsburg).

173 Schloß Weißenhorn (Nordseite). Schloß und Stadt an der Iller wurden 1509 durch Jakob Fugger erworben (Fuggerarchiv Dillingen, Aufn. I. Vogel).

174 Augsburg, Weinmarkt mit Fuggerhäusern (links), von Jakob Fugger 1514 erworben. Holzschnitt von Hans Tirol 1566 (Städt. Kunstsammlungen Augsburg).

187 Halle und Hof eines Großkaufmanns aus dem 16. Jh. Holzschnitt aus »Petrarcas Trostspiegel«, Augsburg, Steyner, 1539.

191 Augsburg, Fuggerhäuser an der Maximilianstraße (früher Weinmarkt) vor der Zerstörung 1944. Der Fassadenbildschmuck stammte von 1860/63. Ansicht eines Innenhofes (Aufn. Stadtbildstelle Augsburg).

192 Innenansicht der Fugger-Kapelle St. Anna in Augsburg, 1509 von Jakob Fugger als Grabkapelle gestiftet (Aufn. Stadtbildstelle Augsburg).

203 Siebenspänniger Reisewagen, Holzschnitt von Schäufelein, aus: Leonrodt »Himmelwagen und Höllenwagen«. Augsburg, Otmar, 1517.

225 Büste aus dem Chorgestühl der Fuggerkapelle St. Anna von Sebastian Loscher, als Porträt Jakob Fuggers gedeutet (Bildarchiv Preuß. Kulturbesitz Berlin).

226 Rechtes Außenepitaph Jakob Fuggers von Sebastian Loscher in der Fuggerkapelle St. Anna zu Augsburg (Aufn. Stadtbildstelle Augsburg).

243 Ulrich Fugger, Kopie nach Hans Maler zu Schwaz (Schloß Wellenburg, Aufn. Fuggerarchiv Dillingen, I. Vogel).

244 Hieronymus Fugger, Kupferstich von Dominicus Custos 1593 (Aufn. Fuggerarchiv Dillingen).

261 Depotquittung Jakob Fuggers über die Wechsel zur Kaiserwahl Karls V. 1519 (Germ. Nat.-Museum Nürnberg, Aufn. Fuggerarchiv Dillingen, I. Vogel).

Ältester Brief König Karls an J. Fugger zur Eröffnung der Finanzverhandlung über die Kaiserwahl 1519 (F. u. G. Fuggersche Stiftungen Augsburg, Aufn. I. Vogel).

262 Karl V. von Habsburg, seit 1519 deutscher Kaiser, Gemälde von Tizian (Bayer. Staatsgemäldesammlungen München).

279 Zeitgenossen und Freunde Jakob Fuggers: Conrad Peutinger, Augsburger Humanist, Gemälde von Christoph Amberger (Städt. Kunstsammlungen Augsburg).
Dr. Johannes Eck, Gegner Luthers (Bildarchiv Preuß. Kulturbesitz Berlin).
Faktor Wolfgang Ronner in Schwaz, Gemälde von Hans Maler zu Schwaz 1529 (Bayer. Staatsgemäldesammlungen München).

Erasmus von Rotterdam, Humanist, nach einem Gemälde von Hans Holbein d. J. (Eremitage Leningrad, Aufn. Bildarchiv Preuß. Kulturbesitz Berlin).

280 Eigenhändige Briefanschrift Anton Fuggers aus Rom an Jakob Fugger mit dessen Empfangsvermerk 1519 und Handelsmarke (Fuggerarchiv Dillingen, Aufn. I. Vogel).

297 Raymund Fugger, Kopie nach einem Gemälde von Martin Schaffner (Privatbesitz, Aufn. Fuggerarchiv Dillingen, I. Vogel).

298 Katharina Fugger, geb. Thurzo von Bethlemfalva, Kopie nach einem älteren Gemälde (Maximilianmuseum Augsburg, Aufn. Fuggerarchiv Dillingen, I. Vogel).

315 Anton Fugger, Kopie nach Hans Maler zu Schwaz (Schloß Wellenburg, Aufn. Fuggerarchiv Dillingen, I. Vogel).

316 Anna Fugger, geb. Rehlinger, Kopie nach einem Original ca. 1580 (Maximilianmuseum Augsburg, Aufn. Fuggerarchiv Dillingen, I. Vogel).

319 Kaufmännischer Betrieb im 16. Jh. aus den Holzschnitten »Allegorie des Handels« von Jost Amman, Berlin, Kupferstichkabinett.

333 Anton Fuggers eigenhändiges Abschlußblatt zur Gesellschaftsinventur 1527 (Fuggerarchiv Dillingen, Aufn. I. Vogel).

334 Donauwörth, Fuggerhaus, 1536 von den Fuggern erworben (Aufn. Fuggerarchiv Dillingen, I. Vogel).
Schloß Glött, 1537 in Anton Fuggers Besitz gekommen. Aus Johann Andreas Rauchs Karte der Markgrafschaft Burgau 1613 (Bayer. Nationalmuseum München, Aufn. Fuggerarchiv Dillingen I. Vogel).

351 Schloß Oberndorf, Ökonomiebau, 1533 von Raymund Fugger erworben, 1537 an Anton Fugger übergegangen (Aufn. Fuggerarchiv Dillingen, I. Vogel).

352 Schloß und Markt Babenhausen im Günztal kamen 1539 in Anton Fuggers Besitz. In der Pfarrkirche St. Andreas ist er mit seiner Frau Anna und einigen seiner Kinder beigesetzt (Aufn. Foto-Müller, Babenhausen).

Zeittafel

1355	Karl IV. von Luxemburg läßt sich in Rom zum deutschen Kaiser krönen
1367	Die Fugger kommen als Weber nach Augsburg
1378	Tod Karls IV.
	Das große Schisma mit Gegenpäpsten in Avignon und Rom
1410	Sigismund, Sohn Karls IV., wird römisch-deutscher Kaiser (der letzte Luxemburger)
1414/18	Reformkonzil von Konstanz
1415	Johannes Hus als Ketzer verbrannt
1419	Mit dem Prager Fenstersturz beginnen die Hussitenkriege
1433	Kaiserkrönung Sigismunds
1437	Kaiser Sigismund gestorben
1440	Friedrich III. wird deutscher König
1452	Friedrich III. wird in Rom zum Kaiser gekrönt (letzte Krönung eines deutschen Kaisers in Rom)
1459	Maximilian I., Sohn Kaiser Friedrichs III., geboren
	Jakob Fugger geboren
1465	Erasmus von Rotterdam geboren
1471	Albrecht Dürer geboren
1473	Das Bankhaus Fugger in Augsburg tritt mit den Habsburgern in Geschäftsverbindung; erhält ein Wappen
1483	Martin Luther geboren
1486	Maximilian I. wird zum deutschen König gewählt
1486	Johann Eck geboren
1489	Die Reichsstädte sind von jetzt ab regelmäßig auf den Reichstagen vertreten
1491	Heinrich VIII. geboren
1492	Kolumbus sucht im spanischen Auftrag den westlichen Seeweg nach Indien und entdeckt dabei Cuba und Haiti
1493	Maximilian I. wird deutscher Kaiser
1498	Der Portugiese Vasco da Gama entdeckt den Seeweg nach Ostindien um Südafrika
1500	Karl V. geboren

1508	Maximilian I. nimmt ohne päpstliche Krönung den Titel »Erwählter römischer Kaiser« an
1508	Jakob Fugger wird geadelt
1509	Jakob Fugger finanziert dem Kaiser mit 170 000 Dukaten den Krieg gegen Venedig
1509	Heinrich VIII. wird König von England
1514	Jakob Fugger wird in den Reichsgrafenstand erhoben
1517	Luther schlägt zu Wittenberg seine 95 Thesen an
1518	Luther wird in Augsburg wegen Ketzerei angeklagt, verweigert den Widerruf und entflieht
1519	Tod Maximilians I.; Karl V. wird zum deutschen Kaiser gewählt; die Fugger finanzieren die Wahl gegen Franz I. von Frankreich
	In Leipzig findet ein Streitgespräch zwischen Luther, Karlstadt und Eck statt
1521	Luther wird auf dem Reichstag zu Worms in Reichsacht getan, als »Junker Jörg« auf die Wartburg gebracht
1524	Beginn des Bauernkrieges unter Führung von Florian Geyer, Thomas Münzer u. a.
	Luther wendet sich nach anfänglicher Vermittlung gegen die Bauern
	Erasmus von Rotterdam greift mit seiner Schrift »Über den freien Willen« Luther an; es kommt zum Bruch zwischen Luther und ihm
1527	Eroberung und Plünderung Roms durch kaiserliche Söldnertruppen
1529	Erste Türkenbelagerung vor Wien
	Luther schreibt seinen Katechismus
1530	Karl V. wird in Bologna gekrönt (letzte Kaiserkrönung durch einen Papst)
1547	Eduard VI. wird König von England
1556	Kaiser Karl V. dankt ab; Ferdinand I. (Bruder Karls V.) wird deutscher Kaiser
	Philipp II. wird König von Spanien
1557	Erster Staatsbankrott des Hauses Habsburg
1558	Elisabeth, Tochter Heinrichs VIII., wird Königin von England
1564	Kaiser Ferdinand I. gestorben

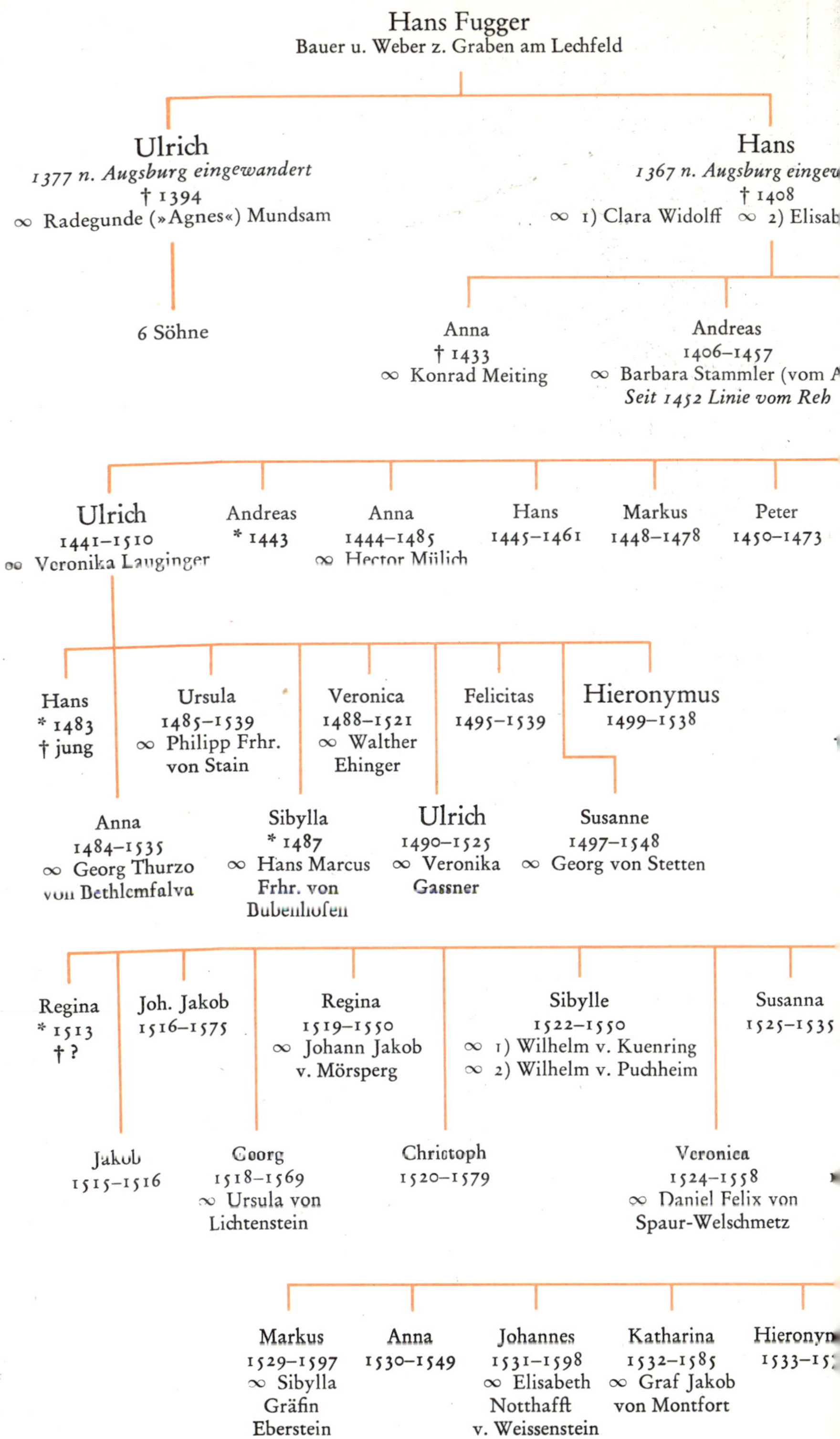
Hans Fugger
Bauer u. Weber z. Graben am Lechfeld
Ulrich
1377 n. Augsburg eingewandert
† 1394
∞ Radegunde (»Agnes«) Mundsam
Hans
1367 n. Augsburg eingew
† 1408
∞ 1) Clara Widolff ∞ 2) Elisab
6 Söhne
Anna
† 1433
∞ Konrad Meiting
Andreas
1406–1457
∞ Barbara Stammler (vom A
Seit 1452 Linie vom Reh
Ulrich
1441–1510
∞ Veronika Lauginger
Andreas
* 1443
Anna
1444–1485
∞ Hector Mülich
Hans
1445–1461
Markus
1448–1478
Peter
1450–1473
Hans
* 1483
† jung
Ursula
1485–1539
∞ Philipp Frhr. von Stain
Veronica
1488–1521
∞ Walther Ehinger
Felicitas
1495–1539
Hieronymus
1499–1538
Anna
1484–1535
∞ Georg Thurzo von Bethlemfalva
Sibylla
* 1487
∞ Hans Marcus Frhr. von Bubenhofen
Ulrich
1490–1525
∞ Veronika Gassner
Susanne
1497–1548
∞ Georg von Stetten
Regina
* 1513
† ?
Joh. Jakob
1516–1575
Regina
1519–1550
∞ Johann Jakob v. Mörsperg
Sibylle
1522–1550
∞ 1) Wilhelm v. Kuenring
∞ 2) Wilhelm v. Puchheim
Susanna
1525–1535
Jakob
1515–1516
Georg
1518–1569
∞ Ursula von Lichtenstein
Christoph
1520–1579
Veronica
1524–1558
∞ Daniel Felix von Spaur-Welschmetz
Markus
1529–1597
∞ Sibylla Gräfin Eberstein
Anna
1530–1549
Johannes
1531–1598
∞ Elisabeth Notthafft v. Weissenstein
Katharina
1532–1585
∞ Graf Jakob von Montfort
Hieronym
1533–15